Chronicon Galfridi Le Baker De Swynebroke

CHRONICON

GALFRIDI LE BAKER DE SWYNEBROKE

E. MAUNDE THOMPSON

London
HENRY FROWDE

Oxford University Press Warehouse
Amen Corner, E.C.

CHRONICLE OF GEOFFREY LE BAKER.

BODLEY MS. 761, f. 122.

CHRONICON

GALFRIDI LE BAKER DE SWYNEBR

EDITED WITH NOTES

BY

EDWARD MAUNDE THOMPSON

HON. LL.D. ST. ANDREWS; HON. D.C.L. DURHAM; F.S.A.
PRINCIPAL LIBRARIAN OF THE BRITISH MUSEUM

Oxford
AT THE CLARENDON PRESS
1889

[*All rights reserved*]

DA
220
B26

PREFACE.

The authorship of the chronicle and 'chroniculum' which a[re] printed in this volume is disclosed in the colophon of the smaller wo[rk] (p. 173). The writer, Geoffrey le Baker, of Swinbrook, an Oxfo[rd]shire village lying two miles east of Burford, there tells us that [he] wrote, or rather finished writing, this little chronicle at Osney [on] Friday, the festival of St. Margaret [20th July], 1347; and that t[he] work was done at the request of sir Thomas de la More, knig[ht]. The 'chroniculum' has no other historical importance. It is a jeju[ne] record of events, beginning with the six days of creation, the a[ge] of the world, and a few notes of early history, and proceeding w[ith] two short series in chronological sequence: the first from the birth [of] Our Lord to the year 1320, touching chiefly on matters of ecclesi[as]tical history and ending with the succession of bishops of cert[ain] English sees (pp. 158-164); the other beginning with the death [of] Augustus, but immediately passing on to events in English histo[ry] down to the year 1336-7 (pp. 164-173). The dates of the entr[ies] in both series are calculated both in the ordinary manner by the y[ear] of Our Lord, and also back from the year of compilation, 1347. Ba[ker] styles himself 'clericus'; but by this term he probably does not me[an] that he was a canon of Osney. Had he been one of the brethren [of] that house, we might expect that he would have found room in [his] brief record for more notes connected with the abbey than he [has] done. Only in two places does he mention Osney: the one referr[ing] to the benefactions of John de Pagham, bishop of Worcester (p. 16[); the other to the burial of Ela, countess of Warwick (p. 169).

The larger chronicle is also the work of Baker. Of this there can be no doubt, although his name does not appear in any part of it. Not only is the work found in company with the 'chroniculum' in the Bodley MS., but also in a certain passage the author addresses sir Thomas de la More, the same knight at whose request Baker had written the shorter work in 1347.

The occurrence of de la More's name has been the cause of depriving Baker of the honour of the authorship of at least a part of his work. For his history of Edward the second's reign came, by some accident, to be attributed to his patron, and has been quoted under the good knight's name by a succession of writers. Towards the close of the sixteenth century this portion of Baker's chronicle appears to have become popular by the dissemination of copies, transcribed, apparently with some abridgment and alterations, from MSS. now lost. The title which these transcripts bore was: 'Vita et Mors Edwardi secundi, Gallice conscripta a generosissimo milite, Thoma de la Moore.' I think that there can be little doubt that they were taken from MSS. which contained Baker's chronicle of Edward the second's reign only. Had MSS. (such as the Bodley MS. of our text) containing the whole chronicle and the 'chroniculum' also been used, the attribution to sir Thomas de la More could hardly have been put forward, with the evidence of Baker's authorship so manifest. And further, the condition of the Cotton MS., presently to be described, which has the text of Edward the third's reign only, copied apparently as a separate chronicle, favours the view of the two reigns having been in some copies treated as two distinct works.

The 'Vita et Mors' was first printed by Camden in his *Anglica, Normannica, Hibernica*, etc., in 1603; and it has recently had the benefit of being re-edited by the Bishop of Oxford[1]. Referring to the

[1] In *Chronicles of the reigns of Edward I. and Edward II.* edited by William Stubbs, D.D., LL.D. Rolls series; two vols., 1882-3.

original title of the work, it appears that, from the first, it was assumed to be the Latin translation of a life of Edward written in French by sir Thomas de la More. At the end of his history of the reign Stow, *Annales*, ed. 1605, has the colophon: 'Thus far out of Thomas de la More, a worshipfull knight, that then lived and wrote in the French tongue what he saw with his eies, or heard crediblie reported by them that saw and some that were actors. All which was (at the said sir Tho. de la Mores request) translated and more orderlie penned in the Latine toong by Walter Baker, alias Swinborne, chanon of Osney besides Oxford.' From this it is clear that Stow used a MS. which contained not only the chronicle but also the 'chroniculum'; for otherwise he would not have known Baker's name, blundered though it be. And yet, if it was this same MS. that he lent to Camden, it is strange that the latter should have entitled some extracts which he made from the years 1338–1352, (now in the British Museum, Lansdowne MS. 229, ff. 156 *b*, 157 *a*): 'Ex historia Thomæ de la Mare quam mihi accommodavit J. Stowe, 1577'[1]. The Bishop of Oxford, *Chronicles of the reigns*, etc. II. lviii, lxxv, has faith in the existence of the French life, and does not altogether despair of its re-discovery. I venture, however, to think that the assumption has been carried too far. The passage in the chronicle on which the theory of a French life is based is to be read on p. 27 of our text. Baker is there describing the proceedings of the deputation sent to the king at Kenilworth to procure his abdication; one of the members is Stratford, bishop of Winchester, and in Stratford's train is de la More, probably then a young man: 'quorum comitivam,' writes Baker, 'aderens predicto episcopo Wintoniensi, tu, generose miles, qui hec vidisti et in Gallico scripsisti, cuius ego sum talis qualis interpres, te dico, domine Thoma de la More, tua sapienti et inclita presencia decorasti.' These words surely refer immediately to the graphic scene which follows—the preliminary conference of the

---

[1] After comparing Camden's extracts, I think that Stow did not use the Bodley MS., but possibly a not quite accurate copy of it.

two bishops with the king; the arrival of the rest of the embassy; the introduction of the unhappy prisoner, clad in his sable robe; his sudden faint; the abdication; and the renunciation of homage—the scene in which de la More was himself an actor, and it is unnecessary to read our chronicler otherwise than in the obvious sense that he was indebted to his patron for a detailed account of it, without straining the words to apply to an entire history of the king's life. In fact the words 'hec vidisti et in Gallico scripsisti' confine the limits of de la More's contribution to what he himself actually saw.

The connection between Baker and his patron has been elucidated by the researches of the Bishop of Oxford, as set forth in his Introduction to the volume in which he has re-edited the 'Vita et Mors.' It is there most clearly proved that Camden and others who have followed him are quite wrong in identifying sir Thomas de la More as a member of a family of the name seated in the parish of Bitton in Gloucestershire. He belonged, in fact, as might have been expected, to a place much nearer to Baker's home. This place was Northmoor, formerly Mora or Moor, in Oxfordshire, lying only some eleven miles southeast of Swinbrook, not far from the Berkshire border of the county. 'In this place, in the seventh year of Edward i, one John, son of Stephen de la Mora, held thirty acres of land, a mill, and a passage over the Thames, under the prior of Deerhurst, the tenant in chief, by annual payment of 53s. and 4d. and suit at the hundred court of Chadlington. The family of de la More continued to flourish at Northmoor, for Anthony Wood found there fragments of their sepulchral monuments and evidence of their coat armour, argent a fesse dancettee gobony gules and sable between three mullets gules. Now in the first two parliaments of 1340 sir Thomas de la More sat as knight of the shire for Oxfordshire, and was a member of the great committee appointed in the second session to sit from day to day until the business was finished and the petitions turned into a statute. He was evidently a person of great consideration, was again elected in 1343 and 1351, and thus outlived the great plague. He may safely be identified with the patron of Geoffrey le Baker. I shall not venture to identify him with sir Thomas de la More who in 1370 was constable or vice-warden of Porchester Castle under the earl of Arundel, although, supposing him to have been a young esquire in the service of bishop Stratford in 1326, he may easily be supposed to have survived until the close of the reign of Edward iii'[1].

Whether Baker was a tenant or some such dependent of his patron is now beyond our power to show; but it is more than probable that the family of de la More had land in, or in the immediate neighbourhood of, Swinbrook, and that the chronicler held some relation of this kind towards the reverend knight[2].

There was also a greater Oxfordshire family than the de la Mores with whom Baker seems to have had some connection. The Bohuns, earls of Hereford, were lords of the hundred of Chadlington, in which Swinbrook lies. And it will not escape the observation of the reader that Baker speaks with particular reverence of the generous character of the unfortunate earl who fell fighting on the wrong side at Boroughbridge, and that he describes the manner of his death with some minuteness. The details also which he gives of the drowning of Edward Bohun in the north are somewhat fuller than in other chronicles. That this attention to the history of individuals is more than

[1] *Chronicles of the reigns of Edward I. and Edward II.*, vol. ii., Introduction, p. lxiii.
[2] A curious piece of evidence showing that, at a later period, at least one of the family was in possession of land on the very borders of Swinbrook parish has been kindly communicated to me by the Bishop of Oxford. It consists of the following memorandum of ownership, written in a copy of Bishop Hall's *Explication of all the hard texts of the Old and New Testaments*, which was quoted in a second-hand bookseller's catalogue last year: " Thomas More de la More dwelleth in Pagan's Court in Teynton nere Swinbroke and Burford, in Oxfordshire, Nov. 1652. Cornet to Tho. Fairfax, 1647." The village of Taynton lies a mile on the western side of Burford, while Swinbrook lies to the east; but there is an outlying portion of Taynton parish close to Swinbrook, and at the very southern extremity of it is " Pain's Farm," just half a mile north of the village This, I have no doubt, is the " Pagan's Court " where dwelt Fairfax's quondam cornet. Thus the names of More and Swinbrook are once more brought together some three centuries after our chronicler had passed across the scene.

the result of a natural interest in the great family of the neighbourhood is, I think, to some extent proved by the fact that the Bodley MS., to be presently described, in which is included Baker's chronicle, certainly belonged at an early date to some one closely connected with the Bohun family.

But while Baker's debt to de la More for material for his chronicle may have been over-estimated, the extent to which he borrowed from the work of Adam Murimuth, who was also probably a native of his county and a near neighbour, is very liberal. A family bearing the name of Murimuth appears to have been settled early in the fourteenth century at Fifield, five miles north-west of Swinbrook; and assuming, as we fairly may, that Adam belonged to it, we have at once the explanation of neighbourhood for the adoption by Baker of the other's work as the basis for the greater part of his own. We may, indeed, be pretty sure that the two men were acquainted, though Murimuth was the senior by some years. He appears to have died in 1347 in his seventy-second year; Baker was certainly living as late as 1358. Murimuth's chronicle passed through at least three editions. It was with the second edition, brought down to the year 1341, that Baker appears to have been acquainted. Although in some passages he copies his contemporary word for word, more generally he is content to follow the thread of the narrative, altering or amplifying the language; but he also makes very important additions, for which he obtained most of his information from living sources. It is, of course, these additions which give Baker's chronicle its historical value. For his knowledge of a part of the closing scene of Edward the second's reign he was indebted, as we have seen, to sir Thomas de la More; and, as his authority for details of the persecution of the unhappy king by his brutal keepers, he quotes by name one of the ruffians, William Bishop, who lived long enough to repent his wickedness and tell the pitiable story. And, in the course of both reigns, his descriptions of campaigns and battles are certainly founded upon information imparted

PREFACE.

by persons who had had a share in them, and in many particulars bear the stamp of unusual accuracy.

We may then be grateful for the preservation of so much that is of the greatest historical interest, and may also acknowledge a debt to Murimuth, feeling that, had his chronicle not existed, we might have lost the superstructure of Baker's picturesque descriptions; but the enjoyment is marred by the pedantic craze of the elder chronicler for making his historic year begin at Michaelmas, which his younger contemporary blindly adopts. Baker was certainly not strong in chronology. He evidently did not write his work from year to year. As already stated, he used an edition of Murimuth which ends in 1341; and he says that he had the story of Edward the second's persecution from William Bishop after the occurrence of 'magna pestilencia,' the Black Death, in 1348-9. It would appear then that he certainly did not commence his chronicle until after 1341, to which period he accepts Murimuth's dates without question, and that he may not have begun before the middle of the century. As evidence that he did not write with regularity, it will be noticed that in several instances he seems to have mixed the various information which he had gathered from eyewitnesses of different events some time after they had taken place. For example, he confuses the campaign in Brittany of 1342 (dating it 1344) with that of 1345 [1]; and other similar confusions are pointed out in the notes.

I may here briefly capitulate the particular events for the history of which Baker's chronicle is of special value. They are: the battle of Bannockburn; queen Isabella's invasion of England, her intrigues, and the fall of Edward the second; his persecution and his murder; the ignominious treaty with the Scots in 1328; the earl of Kent's restoration plot; the fall of Mortimer; the battle of Halidon Hill; the battle of Sluys; the march of Edward the third through the north of

[1] I have to confess to falling into this trap; having entered the later date, instead of 1342, in the margin of p. 76 and at the top of p. 77.

xii *PREFACE.*

France and the battle of Crécy; the battle of Neville's Cross; the siege and fall of Calais; the Black Death; the foundation of the order of the Garter; the sea-fight with the Spaniards off Winchelsea; the duel of Thomas de la Marche; the capture of Guines castle; the battle of Mauron; the duke of Lancaster's single combat with Otho of Brunswick; the Black Prince's march from Bordeaux to Narbonne and back, the route being described with a fulness which is found in no other writer; and, lastly, the battle of Poitiers, the details of which are set forth with remarkable precision. Baker's history of these events was drawn upon, to no small extent, by the historian Stow, who has imported into the 1605 edition of his *Annales* translations, more or less correct, of many long passages. And through this medium much of Baker's narrative has found its way into more recent works.

The two MSS. which have been used for the present edition are the only known copies of the chronicle, viz. Bodley MS. 761, and Cotton MS. Appendix LII. The former contains the chronicle and the 'chroniculum'; the latter, a portion only of the chronicle of the reign of Edward the third. The text in the Bodley MS. was printed in 1847 by Dr. Giles, as one of the publications of the Caxton Society. Giles made use of a transcript; his work was imperfectly performed; and there is very good reason for believing that he never saw the original MS. at all.

The Bodley MS. is a volume of 200 leaves (including fly-leaves) of paper, measuring 12 by 8 inches, of the stout make which was in use about the year 1360 or immediately after. It is still bound in the old oaken covers. The original contents are:—

1. Thesaurus pauperum: recipes for various complaints, in Latin, drawn from the Thesaurus Pauperum of Petrus Hispanus; followed by others in French. *Colophon*: 'Expliciunt secreta H. Sampsonis de Clouburnel.' f. 4.
2. 'Ici comence la novele cirurgerie en Franceis par rime.' *Begins*:

'Tut le corps est en langur, Quant le chief est en dolur.' *Colophon*: 'Explicit nova cirurgia in Gallico.' f. 21.

3. 'Issi comence le livre de herberie en Franceis, qi est apele cira instans': a translation from Joh. Platearius, De simplici Medicina. *Colophon*: 'Explicit liber herbarum, specierum et gummorum.' f. 28.

4. 'Liber de virtutibus herbarum, seminum, florum,' etc.: the Liber virtutum simplicium medicinarum of Joh. de Sancto Paulo. f. 42 b.

5. 'Liber cinonomorum de nominibus herbarum,' in alphabetical order. *Begins*: 'Alphita, Farina ordei.' f. 57 b.

6. Another list, giving Latin, French, and English terms. *Colophon*: 'Explicit nomina herbarum in Latino, Gallico, et Anglico.' f 67 b.

7. 'Medulla cirurgie Rolandi': extracted from the Chirurgia of Rolandus Parmensis. f. 71 b.

8. 'Issi commence le livre de xii. ewes,' with recipes in Latin and French. f. 84.

9. Transcript of a notarial instrument publishing the award by William de Honynton [? Will. de Cusancia], dean of the free chapel of St. Martin-le-Grand, in London, of an annual pension of 6s. 8d. to Thomas de Walmesford, canon of the same and prebendary of Fauconers in Godchester [Good Easter, co. Essex], as against Ralph de Brantyngham, also canon of the same and prebendary of Godchester; 10 Feb. 1355[6]. f. 91.

10. The Chronicle of Geoffrey le Baker, with this title added (in a hand of about A.D. 1600): 'Croniculum Galfridi le Baker de Swynebroke, clerici, de morte et vita regum Anglie, patris et filii, videlicet Edwardorum de Winchester post conquestum j¹. et de Carnarvan ij¹., anno regni regis Edwardi III. xxj°., ad rogatum Domini Tho. de la More militis conscriptum'[1]. f. 99.

11. The 'Croniculum' of Geoffrey le Baker. f. 149.

12. The Speculum Stultorum of Nigel Wireker. *Title*: 'Burnelli

---

[1] Giles prints this title without comment as if it were original.

speculum merito liber iste vocatur, Cuius sub specie stultorum vita notatur.' f. 160.

13. Poem, in French, on various proverbs, etc. *Begins* :

> 'Chier amy, recevez de moy
> Un beau present qe vous envoy,
> Non pas dor ne de argent,
> Mes de bon enseignement.' f. 180.

14. Prophecies on events of 1350–1365, in Latin and French. f. 184 *b*.
15. Bulls of pope John xxii, concerning the Franciscans and Minorites. f. 187.
16. Description of the Island of Angamanain [Andaman Isles] and of the Island of Seylam (from Marco Polo; see Yule's edn., vol. ii. pp. 292, 295), followed by some account of Egypt, Palestine, etc, in French. f. 195.

These sixteen articles are written in three different, but contemporary, hands: art. 1–8 being in the first; art. 9, in the second; and art. 10–16, in the third. On fly-leaves and blank spaces there are the following later additions, chiefly of the 15th century :—

17. 'Hoc est regimen domine Johanne Bohoun comitisse Herford [Joan, daughter of Richard Fitz-Alan, 3rd earl of Arundel, and widow of Humphrey de Bohun, earl of Hereford and Northampton, who had died in 1373 : see below, art. 22], secundum magistrum Georgium, medicum domini regis Henrici iiij[u], anno Domini 1408'; followed by recipes. The lady's complaints included fever, head-ache, buzzing in the ears 'tremitus auris,' and catarrh. f 2.
18. Recipes, in English, for the 'dimygreyn,' etc.; and one in French 'pur le pere' [stone]. f. 3.
19. Recipe, in French, of the ointment of William of Exeter, called 'loignement Dexetre.' f. 27 *b*.
20. Cure for the plague, in English (imperfect at the beginning, owing to the excision of a leaf). *Colophon* : 'Explicit tractatus contra

PREFACE. xv

epidimiam, editus a magistro de Burdagalia, anno Christi 1390.' f. 90.
21. List of herbal specifics, recipes, properties of herbs, etc., in Latin (written on various blank spaces, as they could be found). ff. 90, 97, 98, 145 *b*–148 *b*., 159 *b*., 185 *b*., 200 *b*.
22. Obits of Eleanor of Lancaster, countess of Arundel [daughter of Henry, 3rd earl of Lancaster, and wife of Richard Fitz-Alan, 3rd earl of Arundel], 11 Jan. 1372[3], and of her son-in-law Humphrey de Bohun, earl of Hereford [and Northampton], 17 Jan. [1373]. f. 97 *b*.
23. Medicinal notes, from Roger Bacon, in Latin. f. 158.
24. Astrological notes; on lunar influences, etc. f. 158 *b*.

From two of these later entries, articles 17 and 22, it will be seen that the MS. passed into the hands of some one connected with the family of Humphrey Bohun, earl of Hereford and Northampton. His death and that of his mother-in-law are recorded; and we have also the medical case of his widow, who, as mother of king Henry the fourth's late wife, Mary Bohun, is attended by the royal physician in 1408. From the fact of this case being entered in the MS., and from the character of the other additions, it seems not improbable that the volume became the property of the physician of the family. But there is also evidence of a still earlier link between the MS. and the Bohuns, dating back to the time of its compilation. For Thomas de Walmesford, in whose favour the award was made, as recorded in article 9 which forms a part of the original contents, was in 1328 presented to the rectory of Shenfield in Essex, and again in 1334 to the rectory of Lees Magna or Much Lees in the same county, by John de Bohun, earl of Hereford, who died in 1335. Walmesford then, was evidently a dependent, in some way, of the family, and if, as seems not improbable, the MS. was originally compiled for him, it is no matter for surprise that he should have included in it a chronicle written by one who was a well-wisher, if not also a dependent of the same powerful house.

The Cotton MS. does not appear to have formed any part of the Cottonian library, as catalogued. It was found among the burnt MSS. which suffered in the disastrous fire of 1731 at Ashburnham House, Westminster. It now consists of 22 leaves of vellum, which measure generally about 9½ by 6½ inches, the earlier leaves being rather smaller and more shrunken by the action of the fire, and the first half of the whole number being a good deal damaged and defaced. The writing is of the latter part of the fourteenth century, perhaps of about the year 1370. It contains, as already noticed, a part of Baker's chronicle for the reign of Edward the third only. and it probably never contained the earlier reign, for the condition of the first page, worn and defaced, is not that of one which has had the protection of leaves preceding it. Moreover, the text begins at the top of the page and with a decorated initial letter, as in the case of an independent work. All these circumstances point to the omission, from the first, of the history of Edward the second's reign; and support the suggestion, put forward above, that the two reigns were sometimes transcribed as separate works in different MSS.

The reason for this rather unusual proceeding is, I think, to be found in the arrangement of the text of the beginning of Edward the third's reign in the Bodley MS. Here we have, for the first three years, two versions (see pp. 34-43 below), the second written immediately after the first. The second version is that which appears in the Cotton MS. It would seem, then, that Baker, after bringing his chronicle to its present conclusion under the year 1356, intended to revise, or re-write, his history of Edward the third, and that he had actually commenced the work when, probably, death overtook him. For it will be seen from his concluding words (p. 155) that he was then writing as late as 1358; and, as the copy in the Bodley MS., the unrevised work of a careless transcriber, was written in or soon after

1360, it may be inferred that Baker died in the interval. The existence of the two versions, written, as they are, consecutively in the Bodley MS., goes to prove that the MS. was copied direct from Baker's own original work; he had probably begun his revised version on inserted leaves, with the result that the scribe of the Bodley MS. ignorantly incorporated the new with the old material. More intelligent copyists afterwards saw what the author intended, and transcribed the reign of Edward the third with its new commencing version as a separate work, just as we have it in the Cotton MS.

Of the text of that MS. nearly one half has been lost. The following are the lacunae:—After f. 1, one leaf (see pp. 39-41, below), after f. 9, one leaf (pp. 62-64); after f. 10, a quire of eight leaves (pp. 67-96); and, at the end, again a quire of eight leaves (pp. 132-155).

I have only to add that the readings of the two versions just referred to, as they appear in the Bodley MS., are here distinguished by the letters B and B^2. Among the Notes and Illustrations at the end of the volume I have printed many extracts from contemporary chronicles; and, as he has so largely adopted Baker's text and has in turn been so freely referred to by modern historians, I have thought it not amiss to give several passages from the *Annales* of John Stow.

E. M. T.

BRITISH MUSEUM,
November, 1888.

CONTENTS.

	PAGE
CHRONICON GALFRIDI LE BAKER DE SWYNEBROKE	1
CHRONICULUM EJUSDEM	156
NOTES	177
INDEX	315

CORRIGENDA.

Page   3, last side-note   *For* 23 Feb., *read* 25 Feb
  ,, 12, l 23.   *For* H[enricum], *read* H[ugonem]
  ,, 46, l. 25.   *For* hutesio, *read* cum hutesio
  ,, 76, l 10, margin   *For* 1345, *read* 1342
  ,, 77, l. 1,   ,,   ,,   ,,   ,,   ,,
  ,, 77, l 7,   ,,   *Insert* A.D. 1345
  ,, 79, first side-note.   *For* Geoffroi, *read* Godefroi
  ,, 85, l. 17   *For* Kayen, *read* Kayeu
  ,, 96, fourth side-note   *For* sir James, *read* sir William
  ,, 103, ll 24, 25   *Delete commas after* Gallicos *and* durantes
  ,, 129, l. 18.   *For* quorum, *read* quarum
  ,, 146, l. 29.   *For* redunitus, *read* redimitus
  ,, 148, l 3   *Delete comma after* mariscum
  ,, 153, last side note   *For* Lord Audley, *read* Sir James Audley
  ,, 155, l. 3   *For* Ville, Ernaldus, *read* Ville Ernal, dominus, *and delete the footnote*

CHRONICON GALFRIDI LE BAKER DE SWYNEBROKE.

ANNO ab incarnacione Iesu Christi regis omnipotentis unigeniti M.CCC.iij., Bonefacii pape huius nominis octavi anno viij., regni vero nobilis regis Edwardi de Wyncestre filii Henrici regis Anglorum xxxj., quia Scoti interfecerunt et prodiciose tractaverunt[1] custodes et ministros quos prefatus Edwardus prefecit custodie regni Scocie et castrorum, cum exercitu Scociam circa Pentecosten transequitavit, et, rebellibus quibuscumque captis, occisis, vel a facie gladii fugatis ad insulas seu latebras subterraneas[2], in Angliam remeavit. Rege reverso, Scoti de latibulis et exilio regressi castrum de Strivelin obsederunt[3], cui ad tutelam rex prefecit Anglicos xl. dumtaxat, qui, victualibus consumptis, equis, canibus, gliribus et muribus vescentes, tandem castrum, contra Scotos et, que solet munitissima expugnare, solam videlicet famem quamdiu defensum, salvis vita et membris, finaliter reddiderunt. Postea rex obsedit castrum de Vrihin et infra xx. dies expugnatum cepit.

Hoc anno, inter reges Anglie et Francie pace reformata, reddita est Anglicis Vasconia, que diucius iniuste extitit a Gallis ocupata.

Isto quoque anno, in vigilia Nativitatis beate Marie, captus est Bonefacius papa predictus in Campania, civitate Agnanie, de qua extitit oriundus, procurante rege Francie per suos nuncios W[illelmum] de Nogarito et W[illelmum] de Plasiano, atque consencientibus ipsius pape familiaribus et vicinis; tesaurus quoque ecclesie depredatus. Ipse

---

[1] tractataverunt. B.   [2] subterraneos. B.   [3] *om.* B.

A.D 1303.
His death,
1 Oct.
1303.

insuper papa, equo indomito insidens invitus et alligatus, facie versus caudam effrenis equi conversa, cursu nimio deferentis fatigatus, spiritum cum sentencia excommunicacionis in degeneres filios propaginis regalis sanguinis Francorum adusque nonum gradum terribiliter exspiravit, vj. idus Octobris, anno 1304.

Election of Benedict xi.

Anno sequenti, scilicet Christi M.CCC.iiij., Bonefacio predicto successit Benedictus papa xj., nacione Lumbardus, qui xj. kalendas Novembris Rome fuit electus et die Dominica sequenti coronatus.

He excommunicates Boniface's enemies.
A.D.1304.
His death, 7 July.

Iste prius fuit de ordine Predicatorum et postea cardinalis Hostiensis[1] finaliterque pater patrum, qui excommunicavit et excommunicatos denunciavit omnes qui capcioni predecessoris sui consenserunt, et postea, nonis Iulii, diem clausit extremum.

Edward reduces Stirling Castle.

Hoc anno rex Edwardus se transtulit in Scociam, castrum de Strivelin, quod custodiebat Willelmus Olifard, cum per nonaginta dies crebris insultibus viriliter obsedisset, obsessi repugnare non diucius valentes, discalciati et funibus colla constricti exeuntes, coram rege se prostrarunt, vitam et membra misericordie regis commendantes, quos ad vitam reservatos carceri tamen mancipatos in Angliam transmisit pietas regalis.

He keeps Christmas at Lincoln.
A.D 1305
Justices of trailbaston

Anno Christi M.CCC.v., Benedicti pape xj. anno primo, Edwardi primi post conquestum anno xxxiij. solempnitatem Natalis Christi Lincolnie rex celebravit; et iusticiarios de trailebaston per totam Angliam malefactores punituros ordinavit, per quos, multis castigatis, regis erarium valde fuerat ditatum.

Execution of William Wallace.

Hoc anno fuit subtractus, suspensus, et decapitatus Willelmus Waleys apud Londonias, qui prius contra Anglicos in Scocia et partibus finitimis multa facinora perpetravit.

A.D.1306.
Robert Bruce aims at the Scottish crown.
He slays John Cumyn.

Circa festum Purificacionis, Robertus le Bruys, nacione Anglicus, volens iure uxoris sue sine scitu et assensu ligii domini sui regis Anglie regnum Scocie[2] usurpare, fecit convocacionem magnatum Scocie, inter quos in ecclesia fratrum Minorum apud Dunfres dominum

[1] Hosticñ. B.   [2] ausus *interlined to follow* Scocie. B.

Iohannem de Komyn, fidelem amicum regis, conspiracioni sue dissencientem trucidavit.

Exinde, ad festum Pentecosten, rex filium suum primogenitum, Edwardum de Carnarvan, cingulo militari decoravit, et cum ipso alios centum milites ordinavit, apud Westmonasterium; filium quoque suum predictum ducatu Aquitannie dotavit. Petrus eciam de Gavestone ex precepto regis regnum Anglie abiuravit.

Demum, circa Nativitatem beate Virginis, Scociam repeciit rex cum milicia copiosa, ubi per totam hiemem et estatem sequentes prospere disponens multa que voluit, labores gravissimos morte prereptus suis posteris reliquit; nempe in festo Translacionis sancti Thome martyris, anno etatis sue lxix., regni vero sui a morte patris 35, et a coronacione sui xxxiij., et ab incarnacione Iesu Christi M.CCC.vij., ab hac luce migravit; cuius corpus apud Westmonasterium xxviij. die Octobris sepultum exspectat resurreccionem et regnum sempiternum.

Anno proxime notato[1], scilicet incarnacionis filii Dei M.CCC.vij., Edwardo de Wyncestre predescripto viam universe carnis ut prescribitur ingresso, successit filius suus primogenitus in regnum, Edwardus de Karnarvan, dictus secundus post conquestum. Qui statim post adepcionem diadematis paterni transfretavit, conciliaturus sibi animum Philippi le Beals regis Francorum, ab ipso perantea multum aversum; inter quos ignis Sancti Spiritus talem fervorem caritatis succendit, quod rex Edwardus Isabellam, filiam predicti regis Francie, cum magna celebritate regum atque procerum utriusque regni apud Boloniam ritu maritali sibi copulavit v. kalendas Februarii. Abinde rex Anglie cum uxore sua et magna nobilium comitiva v. die Februarii ad Angliam reversus, eodem anno, vij. kalendas Marcii, regiam portans coronam, cum regina coronata, apud Westmonasterium, Dominicam in Quinquagesima solemnizavit

Non extat pretereundum quod regi in partibus Gallie uxorem desponsaturo commoranti representavit se quondam sibi familiaris, set

---

[1] notato *repeated*. B.

A.D.1308. precepto patris abdicatus, Petrus de Gavestone predictus, quem [1] rex
Return of ab exilio in Angliam reduxit; cui eciam dedit comitatum Cornubie
Gaveston.
His promo- et filiam sororis sue, videlicet domine Iohanne de Acres, comitisse de
tion and Gloucestre, in uxorem. Erat iste Petrus nacione   [2], corpore
marriage.
His elegans et agilis, ingenio acer, moribus curiosus, in re militari satis
character. excercitatus; de quo valencium dicere testimonium quod, ipso in partibus Scocie ducatui milicie presidente, Scotos valde terruit et repulit a predis et aliis vesaniis magnanimitas Anglorum; quo per invidiam felices successus ipsius odiencium de medio subtracto, incanduit et invaluit in ministros regis Anglie castris Scocie deputatos versuta Scotorum vigilancia.

Foreign   Predicte coronacioni affuerunt Karolus frater regine, futurus rex
princes
present Francie, item Karolus de Valoys, frater regis Francie et pater Philippi
at the
coronation. primi intrusoris regni Francorum, et dux Britannie; item Henricus comes Luceburgie, postea imperator. Set Petrus de Gavestone, cultu et apparatu omnes transcendens, omnium invidiam et eius nefandum partum odium incurrebat, que sola excellenter nobilia lacescit.

A.D.   Anno Christi M.CCC.ix. et ipsius regis iij. rex, ut deliniret animos
1309-10.
Gaveston invidencium atque sedaret murmur detrahencium, P[etrum] ipsum
sent to
Ireland. transmisit in Hiberniam cum valida manu contra Ybernicos rebelles, assignans stipendium de regis erario ad scakarium ibidem recipiendum; et quedam prospere, set contra ruinam sui, exaltatus congessit. Set
He returns. non diu fortuna vultus continuavit illaritatem, nondum enim plene revoluto eodem anno rediit de Hibernia ad regis contubernium gratanter acceptus. Contra quem [3] non iam secreta set odia manifesta verbis et signis atrocibus expressa pullularunt arbitrancium se obsequium patrare Deo et reipupplice prodesse, si Petrum alienigenam, gloriam indigenarum [4] sua prosperitate eclipsantem, vita vel regni incolatu
A.D 1311. privarent. Unde rex, ut ipsum a satrapum potestate preservaret, posuit ipsum in castro de Bamborgh, asserens hoc factum ut satrapis placeret;

[1] quam. B.   [2] *The nationality om.* B.; *T. de la More has* Italus.
[3] quam. B.   [4] indigenum. B.

set nec evasit, quin contumelias et errores ipse rex piissimus passus est ab eiis.

Anno Christi M.CCC.xj., circa festum Nativitatis Ioannis Baptiste, pro defensione P[etri]. P[etrus] revocatus a castro de B[amborgh] committitur custodie Adomari de Valence, comitis Penbrochie, adiurati coram rege, inspecto sancto sanctorum sacramento altaris, quod ipsum indempnem quatenus posset contra omnes adversarios suos custodiret ad certum tempus, citra quod intendebat rex alico modo Petrum regni proceribus reconciliasse. Set fidem invidia inter summa lacescens et amor placendi inimicis Petri tutorem ipsius contra iuramentum in negligenciam abduxerunt. Ducitur[1] tandem Petrus quo non vellet per familiarem inimicum in mediam potestatem inimicorum, in manerium videlicet Dathintone, que est inter Oxoniam et Warewyc, ubi nec latibulum naturale nec castrum aut munimentum aliquod artificiale posset a vicinitate comitis Warewyc P[etrum] sequestrare. Adomarus nocte ab ipso Petro recessit, et in aurora G[uido] Warewyc cum comitiva mediocri et hutesio accessit. P[etrum] quoque ductum ad castrum Warewyk, habita deliberacione cum Thoma comite Lancastrie et comite Herefordie, in ipsorum conspectu in loco qui dicitur Caveresich xix. die mensis Iunii[2] fecit decapitari; cuius corpus in ecclesia fratrum ordinis Predicatorum de Langliþe rex honorifice commisit sepulture.

Eodem anno papa Clemens v. celebravit concilium Viennense primo die mensis Octobris incoatum et adusque Pentecosten protelatum, in quo dampnavit ordinem Templariorum, rege Francie Philippo dicto le Beals presente et id procurante, qui odiosum habuit magistrum magnum ordinis, propter impoitunam pecunie exaccionem quam sibi pro maritagio Ysabelle filie sue regine Anglie quondam accommodavit provincialis Francie primus. Supra sperabat unum de filiis suis in regem Ierosolimitanum coronandum idem rex Philippus, ditandum quoque prediis destruendorum militum templi Dei. Et hac occasione predictum magistrum aliosque multos illius ordinis regno suo constitutos pro-

[1] Ducit. B.   [2] Ianuarii. B.

6   CHRONICON GALFRIDI

A.D 1312.
Their property given to the Hospitallers.

curavit comburi, totum quoque concilium [et][1] ordinem adnihilari. Set propositum cupiditatem crudelem non saturavit, nam papa cassatorum terras et possessiones Ospitalariis assignavit; pro quibus ipsorum dominio liberandis misit in Angliam quemdam[2] cardinalem et sibi associatum episcopum Albanensem. Quibus restiterunt heroes Anglorum, quorum progenitores Templarios amplis prediis dotaverunt, et ipsi, ordine dampnato, possessiones reversas ocuparunt, ita quod dicti pape nuncii, infecto negocio pro quo venerant, redierunt.

Birth of Edward iii., 13 Nov.

Anno Christi M.CCC.xij., E[dwardi] secundi anno vj°.[3], die sancti Bricii confessoris, apud Wyndesore natus est regi ex Isabella regina magnificus Gallorum triumfator, Scotorum consternator, rectilineari propagacione de sanguine regali Anglie et Francie utriusque regni heres futurus, suo tempore vocatus tercius Edwardus post conquestum. Hoc anno leticia nati filii et regine quam nimium dilexit et tenerrime confovit, ne quidquam[4] molestie eii inferret, rex dissimulavit quam mo-

The king still mourns the death of Gaveston.

leste gessit mortem P[etri], ancipite quoque sua providencia, nescia cuius fidei sui concilia secreta aut vitam in periculis posset commendare amicabiliter; a cuius amicicia manifeste vel occulte Petri interitus sequestravit multos. Ipso propterea, armis neclectis, vacante solaciis quandoque veris nonnunquam simulatis, regni quoque proceribus in

Robert Bruce's successes.

necem Petri oportune infligendam ocupatis, Robertus de Bruys fere omnia castra atque fortalicia Scocie adquisivit, et custodes deputatos per regem et ipsius patrem amovit vel peremit.

A.D 1313.
Hugh Despenser, the younger, made chamberlain.

Anno sequenti, ex consilio et ordinacione prelatorum et aliorum nobilium, Hugo Despenser filius fuit ordinatus camerarius regis loco P[etri] prius de medio subtracti, quem, nisi valentes dicere[5] wlgo menciantur, rex antea nedum minime dilexit immo odivit; et eo libencius ad idem officium ipsum elegerunt, qui postmodum, regis animo erga ipsum in benignius commutato, eundem exosum habuerunt. Istius Hugonis pater tunc feliciter superstes erat, magne probitatis miles, consilio providus, armis strenuus, cuius confusionem et ignominiosum finem

[1] *om.* B.   [2] quamdam. B.   [3] vij°. B.   [4] quaquam. B.   [5] de. B.

accumulavit amor naturalis set deordinatus quem[1] visceribus paternis gessit erga predictum filium suum, corpore formosissimum, spiritu superbissimum, actu flagiciosissimum; quem[1] spiritus ambicionis et cupiditatis a viduarum et orfanorum exheredacione in necem nobilium regis precipuorum[2] et sui ipsius[3] atque patris interitum precipitarunt.

Anno Christi M.CCC.xiij., et ipsius regis vij., Anglie milicia, impaciens[4] iniuriarum quas Robertus le Bruys et sue conspirate infidelitatis contra regem Anglie prodiciosi fautores in Scocia perpetrarunt, sub ducatu regis iuxta pagum Scocie, quem[5] Strivelyn indigene nuncuparunt, se coadunavit, in vigilia Nativitatis sancti Iohannis Baptiste. Illuc Anglicorum pompa, usque tunc solita in equis belligerare, copias adduxit cursantium[6] dextrariorum, armorum radiancium, miliciamque copiosam, cuius temeritas nimium presumptuosa, sibi ipsi blandiendo promittens victoriam quam de suis viribus desperantibus solet Imperator universi conferre, de sua securitate adeo fuerat confisa ut, preter necessariam reii militari equorum et armorum atque victualium habundanciam, vasa quoque aurea et argentea, quibus qualibus pacis tempore solent mundi principum convivia luxuriare, secum facerent deferri. Nunquam tunc presentes antea vel post tantam nobilitatem tam nobilem apparatum tanta superbia intumentem viderunt[7] solo guerre Martis favori commendare, ut pauper ille Carmelita, frater R. Bastone, in suis heroicis de eodem bello, quo presens a Scotis captus, deplanxit luctuose. Vidisses illa nocte gentem Anglorum, non angelorum more vivencium set vino madencium, crapulam eructancium, 'Wassayl' et 'Drinkhail' plus solito intonancium; econtra Scotos silentes sanctam vigiliam ieiunio celebrantes, et amore patrie libertatis licet iniusto, tamen acri[8] et in mortem parato, estuantes. In crastino Scoti, campi locum nacti victoribus maxime oportunum, subfodiebant ad mensuram trium pedum in profundum et ad eiusdem mensure latitudinem fossas protensas in longum a dextro in sinistrum cornu exercitus, operientes illas cum plexis

[1] quam. B.   [2] precipucium. B.   [3] suipius. B.   [4] impacis. B.
[5] quam. B.   [6] cressencium. B.   [7] vidit. B.   [8] acro. B.

A.D. 1314. fragilibus ex virgulis et viminibus sive cratibus, id est 'herdeles,' cespite et herbis superstratis, peditibus quidem perviis saltim consciis cautele, set equitum pondera non valentibus[1] sufferre. Scotorum, quorum nulli, rege duce proibente, fas erat equum pugnacem asscendere, exercitu[2] in turmas ut assolet[3] diviso, non longe a predicta fossa, inter ipsos et Anglicos non dico dolose set caute excogitata, stetit solidissime acies ordinata. Ex adverso progredientis ab occidente exercitus Anglorum refulsit sol oriens in scutos aureos et galeas politas, cuius radii micantes aspectus armatorum reverberantes movissent magnanimum Alexandrum ut illis loco et die vel saltim hora diei congressum suspendisset, et solis meridiani, que fuisset illis dexter, iudicium exspectasset; set proth dolor! impetuosa cervicositas Anglorum, suspendio[4] conflictus mortem preeligencium, habuit in prima custodia phalangem dextrarios et grossos cursarios equitancium, quos latuit Scotorum fossa integumento fragili, ut dictum est, sofisticata; in secunda vero pedites cum sagittariis adversariorum fuge reservatis; in tercia vero regem cum episcopis et aliis religiosis viris et inter ipsos vecordi milite H[ugone] le Spenser. Equites acieii prime in hostes progressi, equorum titubancium anterioribus pedibus in fossam trans plexas perforatas affixis, precipites corruerunt, ceciderunt, et omnem insultum et crudelitatem adversariorum ruina ex alto prevenerunt; quibus collapsis insteterunt hostes, mactantes, capientes, et solis divitibus redimendis parcentes. Ibi tunc occubuit Gilbertus comes Gloucestrie, quem[5] Scoti redimendum libenter reservassent, si per togam proprie armature, quam tunc non induebat, ipsum cognovissent. Comitem comitabantur [in][6] mortis itinere Edmundus Maulie, Robertus de Clifford, Paganus Tiptoft, Egidius Dargentyn, et multi alii ordinis militaris. Ceterum inter viros redempcioni fuerunt reservati Wufridus de Bohun comes Herefordie, Iohannes de Segrave, Iohannes de Claveringhe, Willelmus le Latimer, et fere trecenti viri militares. Occisorum in predicto discrimine nonnullos detraxit in cladem falanx sagittariorum non

---

[1] valencium. B.   [2] exercitum. B.   [3] assoleet. B.
[4] suspendo. B.   [5] quam. B.   [6] *om* B.

habencium destinatum locum aptum, set prius armatorum a tergo¹ stancium qui nunc a latere solent constare. Ubi viderunt Scotos collapsis in fossam atrociter instare, sagittas quidam in altum casuras inter hostium cassides incassum, quidam vero in directum iacientes Scotorum paucos a pectore, Anglorum multos a tergo, necuere. Sic redit in nihilum hesterna pompa, rege cum episcopis et Dispensatore fuge presidium arripiente, quem² non ingenium mortale nec agilitas equorum aut involucra locorum a captura Scotorum liberassent, nisi precibus sue matris Christus, qui per medium Iudeorum incognitus abibat, ipsum regem a Scocie finibus eripuisset; quod non solum ipse, set qui cum ipso fugiebant postmodum confitebantur. In tanto fuge periculo rex vovit Deo et Virgini dilecte sue genitrici quod pauperibus ipsius Carmelitis, matris Dei titulo specialiter insignitis, fundaret monasterium aptum ad inhabitandum, in quo xxiiij. fratribus studio teologie deputatis de competentibus expensis subveniret. Votum ratificatum a domino papa Iohanne xxij. rex complevit, pallacium suum Oxonie, H[ugone] le Spenser dissuadente, fratribus predictis in puram et perpetuam helemosinam assignando, anno regni sui   ³, domini quoque pape Iohannis predicti   ³.

Anno Christi M.CCC.XV. Scoti sub ducatu Edwardi le Bruyus, qui se fecit a suis regem Hibernie nominari, vexillis desplicatis Hiberniam ingressi, sub vexillo domini Iohannis de Birmingham, tunc regis Anglie iusticiarii, cum suo seudo-rege fuerunt in numero maximo interfecti.

Eodem tempore in Anglia nimis invaluerunt pestilencia et fames, quarterio frumenti xl. solidis sterlingorum appreciato⁴.

Anno M.CCC.xvj., domini pape Iohannis vicesimi secundi anno primo, admissi duo cardinales in Angliam et Scociam pro pace reformanda inter regna, habito cum rege Anglie tractatu, itinerando versus Scotos in episcopatu Dunelmensi fuerunt depredati per Gilbertum de Midiltone militem, qui postea fuerat proinde suspensus et in quarterias⁵

¹ armatorum terga. B.   ² quam. B.   ³ *Blank*. B.
⁴ apprecii. B.   ⁵ quartas. B.

A.D. 1317. divisus. Nuncios speciales R[obertus] le Bruyus Scociam noluit[1] per-
Interdict mittere intrare, pro quo idem cardinales dictum R[obertum] et sibi
on Scotland. aderentes excommunicarunt regnumque Scocie supposuerunt ecclesiastico interdicto. Per Angliam tandem versus curiam reversi pro ablatis a predonibus dupplicia receperunt a rege et regni proceribus sponte collata.

A.D. 1318. Anno M.CCC.17 R[obertus] le Bruyus castrum et villam de Berewico
Bruce takes viriliter adquisivit, neminem occidendo qui voluit obedire.
Berwick.
The king Eodem eciam anno, mense Augusti, rex et comes Lancastrie
and the T[homas] prope Leicestriam in quadam planicie sunt concordati et in-
earl of vicem cum multis amplexibus osculati[2], qui a morte P[etri] de Gaveston
Lancaster
are reconciled. fuerunt in magnum regni periculum et applausum Scotorum sibi inimici[3].

A.D. 1319. Anno M.CCC.xviij., circa autumnum, rege transequitante magnam
Edward infeste[4] partem Scocie et ad obsidionem Brewici se disponente, Scoti
invades
Scotland, intrarunt Angliam, usque ad Eboracum predis et incendiis patriam
and the vastantes, regem infaustis nunciis ad proprii regni tuicionem revocantes,
Scots lay
waste the ipsis non regi obviam set per aliam viam reversis in regionem suam.
north of
England.
A.D 1320. Anno M.CCC.xix., mense Iunii, rex Anglie transfretavit, occurrens
Edward Ambianis regi Francie Philippo, et recepit ab eo comitatum Pontivie,
receives
back quem princeps Gallorum in sua novitate propter non factum homagium
Ponthieu. ocupavit.

A.D. 1321. Anno Christi M.CCC.xx., regni regis E[dwardi] secundi xiiij., oritur
f. 101ᵇ. inter regem et suos fideles ex una parte atque comites Herefordie et
Rise of the Lancastrie aliosque barones ex adverso discidium lamentabile; iniciata
movement
against the quoque fuit illa guerra intestina, que ab interitu baronum ad regis[5] de-
Despensers. posicionem et fere tocius sanguinis regalis exheredacionem inolevit.
Quippe contra Hugonem le Despenser filium, regis camberlinum, incanduit baronum regni odium ex invidia subortum. Fuerunt inter illos qui dixerant Hugonem, alterum regem, immo regis rectorem, animum regalem, ad instar Petri de Geveston, incantasse, et de regis familiaritate

---

[1] voluit. B. [2] osculanti. B. [3] invicem. B.
[4] infesti B. [5] regem. B.

ita[1] presumpsisse quod nonnullos nobiles frequenter a regis[2] colloquio artaret; quibusdam quoque nonnunquam pro diversis negociis se ipsos tangentibus regem alloquentibus, regia benignitate preocupata, ipse responderet, responsiones non optatas set adversas votis, regis tantummodo pretendens commoditatem, ipsis refunderet. Talia de Hugonis malo fateor, set non adeo quin wlgus garulus peiorem sciverit fingendo describere atque vere mala facto deteriora predicare. Pro talibus et similibus, in quibus regii ministri solent offendere, reddebatur[3] Hugo regni proceribus nimium odiosus. Unde in furibundum appetitum vindicte proceres accensi predia H[ugonis] patris, in odium filii ac eius aderencium, quecumque invenerant in principatu Wallie et in marchia ocuparunt, nemora ipsorum et cetera mobilia in Anglia reperta devastarunt, in utriusque preterea Hugonis necem atque cuiuslibet alterius amici, exceptis regio sanguine reverendis, sub sacramento iurisiurandi[4] conspirarunt. Horum fuerunt principales: comes Herefordie, R[ogerus] de Mortimer, Mauricius de Berkleye, B[artholomeus] de Baddesmare, R[ogerus] Damori, H[enricus] Tyeys. Occulte comes Penebrochie consensit eiis, set et comes Lancastrie ardenter et manyfeste. Hugo putans furorem iracundorum posse tractu temporis mitigari, absentans se ad tempus quandoque trans mare, quandoque in mari, de ordinacione regis navigio latitavit. Tandem in parliamento apud Westmonasterium celebrato, rege non consenciente nec tamen pre metu civilis discidii audente reclamare, uterque Hugo exulat, contra absentes sentencia promulgata.

Anno M.CCC.xxj. domine regine Isabelle[5], circa festum sancti Michaelis itinerando venienti ad castrum de Ledes in Cancia et in eo volenti pernoctasse, fuerat ingressus pertinaciter denegatus. Regine repudium rex estimans in sui contemptum redundare, per populares vicinos et illos de Essexia atque nonnullos Londonienses iussit castrum obsideri. Castri firmamentum tenuit B[artholomeus] de Baddesmere[6], in quo uxore et filiis relictis cum vernaculis ad eius defensionem aptis, proficissebatur

---

[1] inter. B. [2] rege. B. [3] reddebat. B. [4] iusiurandi. B.
[5] domina regina Isabella. B. [6] Biddesmere. B.

12 *CHRONICON GALFRIDI*

A.D. 1321. cum aliis baronibus ad demolicionem gazarum Hugonis. Obsidioni acriter insistente rege, inclusis desperantibus de castri tuicione, comites et barones H[ugonis] vastatores, armatorum suffulti magna comitiva, venerunt Kingestonam in vigilia apostolorum Simonis et Iude, rogantes per nuncios intermissos, dominos Cantuariensem et Londoniensem ac comitem Penbrochiensem, quod obsidionem rex amoveret, promittentes quod post proximum parliamentum castrum regi redditum subderent. Rex vero, perpendens castelanos non posse diu resistere et exasperatus rebellione inclusorum, peticiones baronum noluit exaudire ; quibus in partes alias regressis, castro tandem labore non modico expugnato, vj. de forcioribus in ipso repertis indilate suspensis, uxorem B[artholomei] de Baddesmere et filios eius misit turri Londoniarum custodiendos.

The mediation of the barons is refused.

Surrender of the castle.

Edward marches into the west.
A.D 1322.

In sequenti Nativitate Salvatoris rex, Cirencestrie celebrato Natali, cum exercitu collecto tendens in marchiam Wallie, declinavit Gloverniam, per quosdam barones paratos rebellioni ocupatam, per Wigorniam ad Briggenorthe dirigens exercitum, ubi, castro per tempus aliquot defenso set tandem per regem viriliter expugnato, castellanorum quibusdam occisis, quosdam fugatos utlagiavit et eorum possessiones ubicumque in suo regno repertas confiscavit. Exinde Salopiam rege progresso, uterque Rogerus de Mortuo mari[1] ad reverenciam et pacem regie magestatis se offerebat, quos turris Londoniarum custodie rex transmisit. Mauricium vero de Berkleye et H[enricum] Daudeleye, ad instar illorum de Mortuo mari regi subiectos, castro Walingfordie destinavit. Comes Herefordie, Gilbertus Talbot, R[ogerus] Damori, et omnes alii eis aderentes ad comitem Lancastrie, in plaga boriali ipsos expectantem, se transtulerunt. Istis peractis, archiepiscopo presidente in concilio Londoniis celebrato, fuit per prelatos provincie Cantuarie declaratum quod processus exilii dominorum H. et H. le Spenser fuit erroneus et de iure adnullandus ; unde cum concilio decreverunt exulatos honori pristino restituendos.

f. 102.

Submission of many of the barons.

Council at London.

Recall of the Despensers.

[1] Mortua matre. B. *This absurd mistake repeatedly occurs in* B.

Anno M.CCC.xxj., nihilo pacifico ex parte baronum oblato regi, set ipsis in sua pertinaci rebellione contra regni statuta, rege inconsulto immo invito, manum armatam convocantibus, sub vexillis desplicatis armatis militantibus, rex, exercitu recollecto, circa finem mensis Februarii in partes boriales suas copias promovit ; cuius adventum barones animose prestolantes, post conflictum qualemcumque inter acies regalem et comitum Lancastrie et Herefordie apud Bortone super Trentam, regiam preeminentem potestatem comites fugerunt, que ebdomada consequente per multos de Humberlandia, duce Andrea de Harkleye, crevit in augmentum. Tunc vacillavit baronum animositas, consulentibus quibusdam quod in regis[1] graciam et misericordiam, promissa reverencia et debita subieccione, se commendarent, quod quidem concilium reddebatur[2] odiosum comiti Lancastrie, quem sic securitavit affinis cognacio sanguinis regalis quod nullum infortunium, quia nullum timebat, ipsum terruit a cepto, presertim cum non contra regem set, ut dixit, contra regni proditorem Hugonem virum se armasset. Comitem vero Herefordie, Humfridum de Bohun, virum[3] per omnia bellicosum, corpore quidem strenuum, mente animosissimum, consilio satis providum, compulit inceptum facinus continuare timor de periculo militum simplicium in fas et nefas sibi famulancium, quos non sine mortis supplicio vel usque ad egestatem redemcione putaverat posse regi et Dispensatoribus reconciliari. Unde pietate quam habuit naturalem generosus ille comes commotus maluit bello vinci et secundum sibi visum pie mori, quam per asportacionem[4] suorum comilitonum vel carceris aut exilii maceracionem seu mortis punicionem sua mente pia diutine torqueri.

Tandem xvj. die mensis Marcii Martis furore concitant partes, vexillisque regalibus vexilla baronum sub ducatu comitum adversancia procedunt, que utinam contra inimicos crucis Christi plures in decuplo regis et comitum unanimi consensu fuissent displicata, et non Anglicus in Anglicum, cognatus in cognatum, affinis in affinem, miles in imperatorem fuisset debacatus. Congrediuntur acies apud Borubrigge, ubi

[1] regum. B.   [2] reddebat. B.   [3] vicerum. B.   [4] apporacionem. B.

14 *CHRONICON GALFRIDI*

A.D. 1322.
The Earl of Hereford slain.

Capture of the Earl of Lancaster.

piissimus comes Humfridus a quodam Wallico de sub ponte trans foramen tabule lancea[1] in inguinem ex parte secreciori, illa videlicet[2] qua non solebant milites armari, sub pedibus neminem habens[3] suspectum, proth dolor! transfoditur. Capiuntur in campo comes Lancastrie et cum eo barones, baronetti, et milites nonaginta, quinque scutiferis, clientibus, et aliis impotentibus guerram resuscitare diffugio dimissis, et inter illos quibusdam militibus occultis. Captos atque coram regni iusticiariis, domino Andrea de Harchleye[4] et aliis, raciocinatos cismate et rebellione et in capud regium conspiracione legitime convictos, ne impunitas illorum posteris tribueret incentivum taliter delinquendi, diversimode punivit censura legalis. Nempe tante cladis principalem presumptorem T[homam] comitem Lancastrie, cuius generositas et diviciarum amplitudo quasi immortali ceteros fecerunt aderere, vj. die post regis triumphum pupplica iusticia suspendio dampnatum, morte turpissima suum consanguineum non permisit tractari pietas regalis, set decapitacioni penam prodicionis misericorditer remisit. De numero ceterorum x. et octo in diversis locis Anglie tractis et suspensis, v. fugitivis exilio castigatis, ceteros squalore carcerali correptos, parcens multitudini, regia miseracio dimisit redempcioni.

f 102[b].
Executions.

The elder Despenser made earl of Winchester.
Invasion of Scotland.

Retreat.

Anno M.CCC.xxij. apud Eboracum parliamento post Pasca celebrato, Hugone le Spenser patre comite Wintone[5] constituto, magno exercitu coadunato, ad festum sancti Iacobi rex Scociam intravit. Scoti vero, destitutis aut secum deportatis ultra mare Scoticum omnibus que possent faciliter auferre, solum victualibus evacuatum, prescii futuri adventus ostilis, Anglicis reliquerunt. Patriam nullo resistente rex transequitavit[6], et exercitum fame laborantem in Angliam remisit. Quo cognito, Scoti, mari transmenso, die latitantes, de nocte laborantes, regem insecuti apud forestam de Blakemore, in regis ospicium de nocte obsessum insultum dedere; siquidem rege cum paucis ab ipsorum insidiis in australes partes elapso, captis ex eius comitiva comite Rechemundie, domino de Siliaco nuncio

---

[1] tablem lanceam. B.   [2] vide H. B.   [3] habentem. B.   [4] Harcheye. B.
[5] Abintone. B.   [6] transestavit. B.

regis Francie, cum multis aliis, Scoti, totam marchiam usque Eboracum rapinis et igne depascentes, villam de Rypouns sunt depopulati, et tandem Beverlacum pro quadringentis libris sterlingorum oblatis et statim solutis intactum declinaverunt, ad propria reversi. Anni sequentis mense Iunii inite fuerunt treuge cum ipsis per annos xiij. durature.

Anno M.CCC.xxij., Philippo filio Philippi, rege Francorum, universe carnis viam ingresso, germanus suus Karolus, regni fraterni adeptus diadema, misit in Angliam dominum Andream de Florencia et alium quemdam militem ad citandum regem ut se presentaret novo regi Gallorum et faceret homagium pro ducatu Aquitannie et aliis suis terris in predicti regis regno, et, licet Hugo de Spenser et R[obertus] de Baldok[1] precibus et meritis predictorum nunciorum mentes informassent sufficienter, ut ipsi putabant, quod causam sui adventus non notificarent regi, tamen in suo recessu monuerunt ipsum, quasi consulendo, quod homagium facturus tunc regi se presentaret. Super qua monicione seu citacione dictus dominus Andreas de Florencia, qui Karolo fuit notarius, concilio regis Anglorum hoc ignorante, fecit pupplicum instrumentum, cuius virtute rex Francie, contra regem facto processu, terras nonnullas de ducatu Vasconie et comitatum Pontivie in suas utilitates fecerat seysiri, rege Anglie putante, sicut fuit informatus, predictam citacionem non valuisse de iure. Prefatam seisinam ex parte Karoli regnantis cepit eius patruus Karolus de Valoys, vir habens Anglicos maxime odiosos, qui cum magno exercitu, fungens affectata legacione, pretensis regis Anglie, ut ducis Aquitannie, inobediencia et homagio non facto, comitatum Pontivie et totam Agennam in utile dominium regis nepotis sui seisivit. Tandem progrediens ad villam de Regula, invenit eam defensam per Edmundum de Wodestoke, germanum regis Anglie et comitem Cancie; inter quos finaliter initis treugis, duraturis per tempus quo posset de pace inter reges tractari, reddita quoque villa, utraque pars ad propria remeavit.

Anno M.CCC.xxiij., Rogerus de Mortuo mari, quondam in turri Londoniensi, ut superius dicebatur, incarceratus, auxilio proditorum,

[1] Kaldok. B.

A.D. 1323. custodibus corruptis muneribus, evasit et, in Franciam dilapsus, predicto Karolo de Valoys exul Anglorum ipsorum inimico inclinatus adesit, in novum discidium atque miserabilem guerram intestinam reservatus per seminatorem zizanniorum[1].

Roger Mortimer escapes into France.

A.D. 1324.
f 103.

Punishment of the bishop of Hereford.

Proxima Quadragesima, in parliamento Londoniensi, inquisicione facta contra Adam episcopum Herefordensem per legales viros de comitatu Herefordie, super eo quod predictus Adam adesit quondam illis de Mortuo mari, inimicis regis, accommodans eiisdem equos et arma iuvansque ad dicti R[ogeri] evasionem, ipso quoque episcopo de talibus accusato nolente respondere, omnia temporalia ipsius episcopi sive proditoris auctoritate regia confiscantur. Unde inexorabile odium contra regem et eius amicos concipiens Adam predictus, vir ingenio naturali calludissimus, et prudencie mundane maximus expertor, facinorumque arduorum factuosus, ad regis[2] degradacionem et multorum nobilium exinanicionem iracundie concepte venenum propinavit serie narranda. Contra comites Wintonie et Gloucestrie H[ugonem] et H[ugonem] procerum regni odium antiquum, post regis victoriam apud Borowbrigge aliqualiter mitigatum aut cercius timore potencie regalis occultatum, causa clariore quam fuerat antiquum vires non erectum set repens resumpsit. Multis nempe nobilibus sub comite Lancastrie contra regem armatis pepercit, ut dictum est, regia clemencia, quibus comites prefati, animum regis[3] quasi fascinatum ad libitum tractantes, intulerunt mortem de merito, quam non nisi per graciam predictorum comitum H[ugonis] et H[ugonis] evadere se posse non putabant; unde multi istorum diversas manerias pulcherrimas de sua hereditate pro securitate vite promissa predictis comitibus sepe nominandis non hilares datores set ex tristicia et ex necessitate vendiderunt. Comites igitur H[ugonem] et H[ugonem] fecerunt cunctis odiosos, non solum quia ceteris omnibus a rege plus amabantur, set quia, spiritibus superbie et ambicionis agitati, milites generosos per exaccionem crudelis redempcionis depauperabant, et eorum filios predia

He stirs hatred against the king and his friends.

Revival of enmity to the Despensers.

[1] zizannie. B.   [2] regem. B.   [3] regnum. B.

paternalia pro nihilo percucientes exeredabant. Cuilibet videbatur A.D 13
honus importabile tres reges simul in Anglia subferre; regem multi
peramabant, set reges H[ugonem] et H[ugonem] multo plures pre metu
odiebant, nam
     'Illum quem metuit quisque perire cupit.'[1]

Illos Herefordensis suis temporalibus privatus odiebat; illos Lincolniensis Henricus de Borewasch, quamquam regis promocione decoratus infula, tamen consimili culpa qua[2] supradictus Adam sciens se noxium, valde metuebat et per consequens odiebat. Contra universi militum et episcoporum istorum amici habuerunt animos egro dolore sarcinatos[3] et in furiam proclivos, et sola reverencia regie pacis manus continentes. Ad hoc contra seipsos in universum nefas rapidissimam iram femineam regine concitabant, eo quod, illorum avaro consilio et ordinacione familia consortis regie minorata, sibi certi reditus cum precisione fuerant taxati, parciori annona quam solebat victure. Unde avaricia insaciabilis feminina concupitis frustrata, aut certe prodigalitas muliebris artata, quarum alteri solet semper ille sexus indulgere, non solum contra Dispensatores, set et contra maritum, plus illos quam illam consiliis imitatum, exarsit in iras. Iam luget Francorum sanguinem regalem, immo regis filiam atque successive regum Lodowici, Philippi, et demum Karoli unicam sororem, regi set avaro maritatam; promissam fore reginam, set in condicionem ancillarem conversam, Dispensatorum, quos plus quam odio perfecto oderat, stipendiariam. Iam vellet cum fratre dominatore Francorum de marito queritura verba commiscere; iam cum patruo Karolo de Valesio, cuiuslibet facinoris artificioso, secrete consulere quomodo, in Dispensatores vindicata, animum regis mariti serviturum sibi inclinaret. Dampnat mare spaciosum, Neustrie litora ab Anglia distinguens. Annuit mare desiccatum aut certe pontem latum securum, ut posset quas misit fratri et avunculo crebras epistolas ipsa deferre. Angustiis talibus et aliis latentibus indignatam reginam quis consolatur[4], nisi Iesus per eosdem, scilicet Dis-

Hostilit of the queen.

[1] Cf. Ovid, *Amor.* II. ii. 10. [2] cupa quo. B. [3] farcinatos. B. [4] consolat. B.

18   *CHRONICON GALFRIDI*

A.D. 1324.
f. 103ᵇ.
She is incited by the bishops of Hereford and Lincoln.

pensatores, quos execratur ipsa, videlicet episcopus Herefordensis? Cum isto deflebat casus communes, et alias rupturi cordis cogitatus expressit. Tacentis forsan aliquando, plus fesse lacrimis quam querelis, non permittit nec ille calidus querelam finiri; set falsam compassionem pro causa sua veris, set pro iniuriis regine fictis, suspiriis et nonnullis lacrimis contestans, non lenivit set auxit indignacionem qua tursit virago. Conscius secretorum utrorumque fuerat Lincolniensis episcopus, qui, sciens qua cavea wlpem reperiret, regine blanditur[1], sofistice compatitur; et, ipso consenciente, novam brigam intestinam ingeniatur[2] presul Herefordensis, asserens regine votis quelibet votiva successura, si in Francia fratrem visitans et patruum eorum auxilium contra Dispensatores imploraret. Effectivo consilio votivo et finis quam volebat indubitanter efficaci applaudens, regina quesivit occasionem transfretandi. Erat illis diebus, ut tactum est, sentencia inter reges Anglie et Francie de pace tractanda, cuius legacionis nuncium competentem oporteret ordinare.

The Despensers dissuade the king from crossing to France.

Regi volenti pro tanto negocio transfretasse dissuadebant comites Wintonie et Gloucestrie, timentes ne, sui contubernio privati, inciderent in manus hostiles vicinorum, quibus sciebant se ipsos odiosos. Preterea nec audebant cum rege transfretare, quos non latuit quod ipsos rex Francorum faccione sororis sue et Rogeri de Mortemere violento veneno[3] odivit. Igitur, ipsius regine iam regi blandientis ceterosque

The queen sent to treat with her brother.

proceres prudentis femine sibi conciliantis atque pacem regnorum promittentis instancia non parva, predictis quoque episcopis in id idem occulte consules regios instigantibus, atque proceribus pro maiori parte ad hoc concordantibus, multum desiderata legacione fungitur regina.

A.D. 1325.

Anno M.CCC.24 Isabella regina, regis Francorum unici fratris sui unica soror, caris et desideratis aspectibus et osculis presentata, dum tractavit inter reges fratrem et maritum, ducem Aquitannie et comitem Pontiviacensem, rex eius maritus per totam Quadragesimam et estatem in Cancia perendinavit, ut inter ipsum et reginam nunciorum concursus faciles haberet, regina negocium pro quo[4] venerat tractanti. Finaliter

---

[1] blandit. B.   [2] ingeniatus. B.   [3] violentum venenum. B.   [4] *om.* B.

consensit parliamentum Francorum quod, si rex Anglie resignaret suum ius in ducatum Vasconie atque comitatum Pontiviacensem Edwardo primogenito suo, ipse rex Francie faceret predictum filium regis Anglie de predictis ducatu et comitatu habere plenam seisinam, contentus de homagio quod ab eodem duce novo, scilicet Edwardo, nepote suo foret recepturus. Super hiis rex Karolus literas suas patentes et alias misit de salvo conductu pro primogenito Anglie sibi mittendo. Super articulis prelibatis fuerant in Anglia multi tractatus apud Langedonam et Dovoriam, consulentibus quibusdam quod rex in propria persona mare transiret, et hii allegabant quod multa infortunia filio regis, Gallicis astutis et cupidis exposito, patris et Anglicorum proteccione destituto, possent contingere. 'Quis' inquiunt 'proibebit regem Francorum dispari cuicumque velit parvulum maritare, aut sibi curatorem vel tutorem assignare?' Istis veraciter recte consulentibus comites Wintonie et Gloucestrie non consenserunt, pro eo quod non erant ausi cum rege transfretare nec ipso transfretato in Anglia expectare, propter causas prius assignatas; quibus, in ipsorum dampnum, episcopus Lincolniensis vehementer assentivit, sperans ad finem deduci tractatum, quem[1] inter ipsum et reginam cum episcopo Herefordie fuerat machinatus, ut in parte tangit series prescripta. Predictis comitibus rex nimis compaciens, timensque ne, se ipso peregre profecto, in ipsorum comitum exinanicionem nobilitas baronum iterum deseviret et ab olim sopitam resuscitaret guerram intestinam, unde consulentibus quod filium[2] eius mitteret prebuit assensum.

Fecit itaque rex prefato filio suo cartam de prefatis ducatu et comitatu, habendis et tenendis sibi et heredibus suis, regibus Anglorum, addens quod, si, patre suo superstite, filius moreretur, predia prefata in patris dominium reverterentur, cavens eciam per quasdam condiciones ne rex Francie posset ipsum E[dwardum] maritare aut tutori sive curatori cuiquam submittere. Hec ordinacio fuit facta ex consensu prelatorum et aliorum regni nobilium apud Dovoriam, in crastino Nativitatis beate

[1] quod. B.   [2] filius. B.

Marie, anno regni regis xviij. Et die Iovis sequente prenominatus E[dwardus] regis primogenitus cepit enavigare, habens secum W[alterum] episcopum Exoniensem et alios nobiles in numero competenti. Exinde, circa festum sancti Mathei, fecit homagium avunculo suo regi Francie, sub protestacionibus factis ex utraque parte.

Completis negociis pro quibus in Franciam missa fuerat regina, statim post festum sancti Michaelis scripsit sibi eius maritus, precipiens quod filium suum in Angliam reduceret cum festinacione. Rescripsit ipsa mulier[1] quod dominus rex Francie frater suus nimia caritate foveret illos et secum invitos detineret, unde, remissa magna parte utriusque familie, residium illius anni certa negocia pro quibus ex intencione proficiscebatur ipsa transegit. W[alterus] episcopus Exoniensis non in Angliam iussus redire, a questione tamen secreti concilii regine videns se totaliter sequestratum, set R[ogerum] de Mortimer et alios profugatos regis domini sui inimicos locum suum quoad regine familiaritatem usurpasse, clam repatriavit. Commovebatur Anglia de regine mora ad regis displicenciam extra regnum filium suum detinentis, quibusdam asserentibus quod inviti detinebantur, aliis conicientibus quod illicitis complexibus R[ogeri][2] de Mortuo mari delinita, cum ipso et aliis profugis Anglorum quos in Francia reperivit, noluit redire; set has et alias[3] causas diversas quibusdam falsas, quibusdam vero semiplenas pretendentibus, episcopi Lincolniensis et Herefordensis, conscii negocii cuius finem expectavit irata virago, consciencie secretum dissimularunt.

Vindicta muliebris anni[4] dispendio iam excogitata, calicem propinandum suorum amatorum consultu finaliter preparavit. In fine quippe anni Hanegondie in partes regina profecta, toti mundo filium suum amabilem ac formidabilem absque concilio procerum Anglicorum maritavit, comitis Hanonie filiam Philippam sibi coniungens nupciis, licet inconsultis attamen prolis nobilitate multigena successu postero beatificatis, ut suo loco patebit. Colligitur exercitus armatorum de Hanonia

[1] mulieri. B. [2] et. B. [3] hiis et aliis. B. [4] anno. B.

et Germania; vocantur ad stipendia ex dotibus nove nupte persolvenda. Preerant exercitui militares viri Iohannes, comitis Hanonie germanus, et Rogerus de Mortuo mari, iam tunc secretissimus atque principalis de privata familia regine.

Classem ad Anglie littora ventus directam votivus depulit in portum Horewille die Veneris proxima ante festum sancti Michaelis; cui se obvios confederaverunt comes Mariscalli et Henricus comes Leicestrie, et cum eiis baronum atque commilitonum proterva multitudo. Nec defuerunt prelati ducibus contra patriam et patrie principem infideliter commixti; set tanti facinoris machinatores sceleratissimi sue discipule, armis docte sceleris, obviaverunt ad diem expectatum; non quidem lanigerorum aut ovium, set luporum armigerorum crudelium, pastores minus quam tiranni horum falangis precipue ducatum prebuere. Ibi duo seniores a quibus egressa est iniquitas Babilonica contra Susannam, set pro Iezabele, hii, inquam, Baal sacerdotes, alumpni Iesabel, scilicet Lincolniensis et Herefordensis, cum iis quoque Dublinensis atque Heliensis, cum eadem regina magnum exercitum congregarunt. Proditori facundo verba committuntur Herefordensi, qui pleno conspiratorum parliamento peroravit expediens fore regno quod tante nobilitatis ibi congregate consilio regendus rex coartaretur; regine quoque offensa inexorabilis per voluntatem suam factam de comitibus Wintonie et Gloucestrie placaretur. Set quia pro constanti fuit apud omnes quod rex, amicicie cultor fidelissimus, suos amicos comites predictos, in quorum necem fuerat regina debacata, non sine securitate sue comitive dimitteret, nisi invitus, itemque quod sui iudicio innocentes illos ab invidorum tiranide tueretur, consenserunt finali precipuorum iuratoria caucione quod manu armata regis presencia per illos peteretur[1]. Mittuntur ab exercitu epistole episcopales ad suos coepiscopos et alios amicos, tot duces, tot comites, totque barones Francigenas cum illorum copiis plenissimis per regem Francorum pro tuicione iuris regine sororis sue missos quod vix eorum victui Anglia sufficeret. Consternitur

[1] petiretur. B.

A.D.1326. pavore grex indigenus sine pastore, expectans triumphum partis unius, paratus se subdere virtuti pociori. Preterea prosiliit mendacium ab exercitu in omnes regni plagas divulgatum, quod scilicet pontifex Romanus omnes Anglicos absolvit a fidelitate iurata suo regi, fulminaretque sentenciam excommunicacionis in omnes contra reginam arma deferentes. Ad huius mendacii confirmacionem finguntur duo cardinales, exercitui[1] regine aderentes, nuncii premissorum.

Anno Domini M.CCC.xxvj., pontificatus domini Iohannis[2] pape xxij. anno xj., regis vero Anglie Edwardi xx. et ultimo, guerra intestina Anglicos consueta exercitare per exercitum descriptum renovatur, que proinde non poterat diu durare, quod rex et comites, quos expetivit manus armatorum prodiciosa, invalidos ad resistendum se putantes, municionibus aptis defensioni, quasi fugam consulentes, se commisisse frustra sunt conati. Rex nempe, percipiens per suos exploratores quod uxori sue tota pene regni communitas falsis territa rumoribus adhesit, cum duobus sepedictis comitibus et Roberto de Baldok, paucis[3] quoque aliis de sua secreta familia, ad partes Wallicas se transmisit, dimisso comite Wintonie ad tuicionem ville et castri Bristollie. Rex vero, deinde ad Chepstowe progressus cum comite Gloucestrie et magistro Roberto de Baldok aliis quoque valde paucis, se commisit navigio, intendens ad insulam de Londay proficisci. Lunday est insula in flumine Sabrina, duorum miliarium undequaque longa, habundans pascuis et avenis, cuniculos producit copiose, columbis, eciam strucionibus, quos vocat Alexander Necham Ganimedis aves, nidos habet pregnantes, aquas insuper recentes de fontibus scaturientes incolis ministrat, ipsa licet ab omni parte aquis amarissimis[4] fuerit circumcincta. Unum dumtaxat aditum habet iste locus, quo vix duo viri poterunt coniunctim pedites incedere; ex omni alia parte rupis horrende alta proeminencia proibens aggressum. Hanc insulam victualibus, ut dictum est, naturaliter habundantem, tamen ex habundanti vino, oleo, melle, frumento, braseo, piscibus, salsis carnibus, et terestri carbone instuffatam, regem volentem

Flight of Edward to Chepstow.

He attempts to reach Lundy island.

[1] ex exercitui. B.   [2] Iohannes. B.   [3] pacis. B.   [4] amarasissimis. B.

adnavigare ventus contrarius proibuit omnino; unde, sevas tempestates
maris vix declinans, applicuit in Clammorgan, et se transtulit ad abbathiam et castrum de Neth, ubi Wallencium, qui se promittebant secum
velle vitam et mortem communicare, falsa promissione nimium confisus
latitavit.

Regina, iam mulier potentissima, sub vexillo filii, non animo
malicioso set male ducti, patrem prosequentis, iussit exercitum in regis
persecucionem promoveri. A quibus perventum est Oxoniam, ubi,
coram universitate, presentibus regina et puero duce Aquitannie, set
ducto, R[ogero] quoque de Mortuo mari et aliis satellitibus, principalis
machinator tante cladis, Adam Herefordensis vocatus episcopus, de
adventu regine et causa exercitus pupplice predicavit, assumens pro
temate: 'Capud meum doleo,'[1] quam auctoritatem ad talem duxit
questionem, quod auferendum foret necessario capud languidum de
regno, nec ullis Ypocratis vinculis salutiferis alligandum. Deinde exercitum Cloverniam promotum auxerunt notabiliter multi boreales regine
supervenientes.

Hiis ita se habentibus, wlgus Londoniensis, regine et Rogero de
Mortuo mari volens complacere, bone memorie dominum Walterum episcopum Exoniensem xv. die Octobris in medio civitatis furiose captum
decapitavit, quosdam quoque alios regi fideles, ea sola causa quod regis
ministerio fideliter adeserunt, attrociter necuere. Capud vero episcopi
regine apud Gloverniam suo exercitui incumbanti, quasi sacrificium Deane
bene placitum, optulerunt. Intrantes insuper turrim Londoniarum omnes
incarceratos liberarunt, et ita per edictum pupplicum regine omnes fere
incarcerati per totam Angliam dabantur libertati. Banniti quoque et
fugitivi paci fuerunt revocati, ut, pretensis[2] generali pietate et misericordia, in novi regis, vetere[3] mitioris, coronacionem populi cupiditas[4]
excandesceret. Tunc quotquot erant facinorosi[5] aut quomodocumque
obnoxii regie magestati apud reginam cunctis imperantem summe

[1] IV. Reg. iv. 19.   [2] pretensi. B.   [3] veteris. B.
[4] cupidita. B.   [5] facinoros. B.

24 CHRONICON GALFRIDI

A.D.1326. gracie sublevamen faciliter sunt consecuti. Tunc regii ministri per totum regnum confusi sunt regem advocare aut se regis familiares nuncupare[1]; tantus pavor gregem perterruit, rege pastore persecuto. Omnes regii ministri reperti in turri Londoniarum per Londonienses amoti fuere, novi quoque constituti sub nomine domini Iohannis Deltham, pueri ix. annorum, filii regis, quem[2] custodem civitatis et turris nominarunt[3]. Fuit enim apud omnes regios adversarios cautela generalis, quod, nisi nomine alicuius filiorum suorum, nullum facinus lesivum regiam magestatem ordiretur, ut, si forsitan iusticia regalis ad libere faciendum quod vellet in regno et posset de iure foret aliquando resuscitata, in filios suos proprios, tamquam demeritorum principales auctores, deseviret[4].

John of Eltham made warden of the city and the tower.

Sic confusione[5] fas et nefas sunt collisa, ut omnes rapaces et homicidas et sub indifferencia quoscumque facinorosos sceleris impunitas et venie facilitas in sua flagicia provocarent. Sic crevit subito rapacitas impunita, ut, ubicumque reperiretur regius amicus, aut suis spoliaretur aut vita privaretur, set impune. Sufficiebat enim iniurianti exprobrare pacienti regis amiciciam. Profuit sub ista confusione cuilibet facinoroso suis flagiciis adicere prodicionem. Multis in isto modo crevit facultas, reddebatur libertas; et, si quos preterita iusticia regalis punivit prodiciosos, ipsos ad pristinas divicias et honores restituit potenter munificencia regine.

General confusion.

Gloucestria relicta, ad villam Bristollie, quam, ut pretactum est, ocupavit Hugo Despenser pater, regina cum exercitu properavit, obsessura tam villam quam castrum, si oportuisset. Set loca munitissima solita reserare desperacio compulit generosum illum comitem in irate femine misericordiam se et sua cuncta commendare. Reddebantur igitur villa cum castro; quo ingressa, virago iussit comitem predictum sine questione seu responsione finali supplicio detorqueri. Alligatur confestim strenuus ille miles, brachiis et tibiis in longum protensis, et, in ipsius viventis conspectu, viscera propria de ventre insciso crudeliter

Surrender of Bristol to the queen.

Execution of the elder Despenser.

[1] nuncupari. B.   [2] quam. B.   [3] nominaret. B.   [4] deserviret. B.
[5] confusioni. B.

extracta ignibus traduntur, residuum quoque corporis equis detractum in communi furca latronum fuerat suspensum.

Hiis ita confectis, ad partes marchie regina conversa, apud Herefordiam per mensem commorata, exercitum dividit[1], et cum eius una parte misit Henricum comitem Laicestrie et magistrum Resum ap Howel clericum, nacione Wallicum, comprehendere regem et sibi adcrentes. Predictus comes erat germanus sepenominati et heres comitis Thome Lancastrie; et iste Resus, secum missus, quondam iusticia regali in turri Londoniarum incarceratus erat, set per regine potenciam sue libertati restitutus. Tam comes predictus quam iste Resus habuerunt possessiones et ampla dominia iuxta locum in quo rex latitabat; fuitque preterea Reso tota patria valde nota. Predicti finaliter comes et clericus, non sine magne pecunie interventu Wallicis corruptis, regem in monasterio de Neth, Hugonem Dispenser filium, desertum pro fuge presidio capescentem, per exploratores Wallicos invenerunt. Captis igitur rege, Hugone predicto comite Gloucestrie, magistro Roberto de Baldok, et Simone de Redynge, aliis sine cura fuge dimissis, custodie comitis Leicestrie rex autoritate concilii episcopi Herefordensis commendatus, ad castrum de Kenelworthe[2] est adductus, ubi per totam hyemem in satis honesta mansit comitiva, nec aliter quam oportuit regem captivum custoditus.

Regina, ut predictum est, apud Herefordiam, cum magistro tocius sue malicie, episcopo scilicet istius civitatis, exercitui presidente, Edmundus comes Darundel, Iohannes Daniel, et Thomas Miceldevre, ad instanciam Rogeri de Mortuo mari, qui perfecto odio set non prophetico oderat illos, fuerunt decollati[3]. Postea comes Gloucestrie, Hugo de Spenser filius, in vinculis oblatus oculis terribilibus indignate, non expectata raciocinacione cuiuscumque iudicis, fuit ab eadem civitate, scilicet Herefordie, tractus, suspensus, decollatus, et in quarterias divisus; cuius capud fuit missum ad pontem Londoniarum, et quatuor quarteria ad quatuor regni partes fuerunt distributa. Simon eciam de Redynge fuit ibidem tractus et suspensus; set magister Robertus de Baldok, post multas contumelias, car-

---

[1] dicit. B.   [2] de Kenelw. castr. B.   [3] decollata. B.

26 *CHRONICON GALFRIDI*

A.D. 1326.
Ill usage and death of Robert Baldock

ceri episcopi Herefordensis fuit mancipatus, ubi nimis dolorosam egit vitam usque ad proximum sequens festum Purificacionis. Tunc siquidem episcopus Herefordensis, omnis huius mali architector, fecit ipsum ad se Londonias adduci; quo deductum Londonienses, non sine dissimulante consensu episcopi, rapuerunt et apud Neugate incarceraverunt, querentes occasionem contra ipsum, tamquam proditorem, ut possent distractum suspensumque mortuis adnumerare; set tandem, post multas inquisiciones in ipso non invenientes maculam prodicionis nec alius felonie, ita inhumaniter ipsum tractaverunt, quod eodem anno cito post Pasca obiit in tormentis. Tanti sceleris, scilicet rapine et iugulacionis clerici atque sacerdotis Dei, non improbabiliter aliquis putabit[1] autorem manifestum vel occultum qui de medio luporum misit in ovile suum tutissimum, carcerem videlicet episcopalem, pro ove sibi et lupis tradito tutele, quam pretendit[2], quod ab Herefordia ipsum Londonias fecerat traduci, a suo scilicet episcopatu in diocesim alienam, a loco munitissimo in montes pardorum[3]. Quid insuper significat quod clerici sibi traditi rapinam atque sacerdotis iugulacionem ipse potentissimus prelatus provincie, salva dignitate archiepiscopatus, debita diligencia non curavit punire? Credo quod in tali casu verum est illud Quintiliani. 'Torquentem vincit quisquis occiditur'[4]; et ideo sub silencio pallio querelam [tego][5], quam cum ecclesia sub altare Dei audivi per voces occisorum innocentum.

Descriptis et aliis non paucis per reginam, episcopum Herefordensem, et Rogerum de Mortuo mari, ut cuilibet illorum placuit, confectis,

A.D. 1327.
Parliament.

ipsi Londonias se pariter transtulerunt. Ubi, cito post Epiphaniam, in parliamento per ipsos, quibus nullus ausus est resistere, convocato, fuit ordinatum et constitutum quod ex parte tocius regni tres episcopi,

Deputation to the king.

duo comites, duo abbates, quatuor barones, et de quolibet comitatu Anglie duo milites, item de qualibet civitate et[6] villa capitanea cuiuslibet

f 106

comitatus, et similiter de portubus, duo burgenses mitterentur ad regem apud Kenelworthe custoditum, facturi infrascripta. Iohannes de Stratford

---

[1] putabitur. B. [2] portendit. B. [3] Cant. iv. 8. [4] Declam. xviii. 14.
[5] *Some such word is wanting to complete the sense.* [6] in. B.

episcopus Wyntoniensis, Adam de Torletone episcopus Herefordensis, et *A.D. 13*
Henricus episcopus Lincolniensis, college principales negocii tractandi,
fuerunt missi, quorum comitivam, aderens predicto episcopo Wintoniensi,
tu, generose miles, qui hec vidisti et in Gallico scripsisti, cuius ego sum
talis qualis interpres, te dico, domine Thoma de la More, tua sapienti et
inclita presencia decorasti. Precesserunt ceteros itinerando episcopi Wintoniensis et Lincolniensis, secrecius alloquentes regem una cum custode suo, *His abdi-*
comite Leicestrie, ipsum inducturi ut suo primogenito resignaret coro- *posed.*
nam. Astute satis isti tres circumvenerunt regem, promittentes sibi
non parciorem honorem post honeris deposicionem quam antea solebat
ab omnibus habere regia celsitudo. Adiciebant quoque adulterantes verbum veritatis, in quantum[1] foret meriti apud Deum, pro subditorum pace,
quam ea sola via spondebant affuturam, regnum respuere temporale;
in hoc non indubitanter cum Cayfa pontifice pontifices prophetantes.
Ex alia parte sibi comminabantur quod, nisi resignaret, populus, sibi
abdicato redditis homagio et fidelitate, filiis quoque suis repudiatis, alium
in regem exaltarent quam de sanguine regali. Istis et aliis importunis
promissis atque minis inflexum piissimum cor regale, non sine singultibus,
lacrimis et suspiriis, monitis episcoporum condescendit, paracior pro *The king*
Christo vitam finire, quam suorum filiorum exheredacionem aut regni *assents.*
diuturnam perturbacionem oculis viventis corporis videre, sciens quod
bonus pastor animam suam ponit pro ovibus suis. Finaliter ad castrum
regis inclusivum nuncios ceteros adduxit ille infandus imbassiator, Adam
Torletone Herefordensis, quos in regis camera secundum suas dignitates
ordinice collocavit, a multis temporibus affectata, ex omnium permissione,
sibi ipsi reservans. Tandem regia magestas, togam[2] nigram induta,
de secreciori camera progrediens, suis servis se representans, concius
negocii pro quo venerant, pre dolore subito sui impos effectus, corruit expansus. Cui accurrentes comes Leicestrie et episcopus Wyntoniensis, vix
regem semivivum erexerunt; quem[3] ad mentem et vires pristinas ut-
cumque revocatum alloquebatur Adam Herefordensis, exponens causam

[1] quanti. B. [2] togram. B. [3] quam. B.

28 CHRONICON GALFRIDI

A.D 1327.

adventus nunciorum, mira impudencia non confusus regis[1] animum attrectare, cui se putavit pre ceteris mortalibus exosum fuisse. Adiecit suis dictis ille Herefordensis quod oporteret regem regni diadema suo primogenito resignare, aut post sui repudium invite pati quod eligerent in regem quemcumque visum ipsis apciorem pro regni tutela. Hiis auditis, rex cum fletu et eiulatu respondit quod multum doluit pro eo quod populus sui regni taliter exasperatus foret contra ipsum, quod suam dominacionem fastidiret; finaliter quoque subiunxit suo beneplacito valde convenisse, quod scilicet filius suus populo sic fuit acceptatus, ut ipsum in regem affectarent habere. In crastino iidem nuncii homagia et ligiamenta domino Edwardo de Karnarvan nuper regi, per manus Willelmi Trossel militis, ex parte tocius regni refuderunt, et Thomas de Blount miles, regalis ospicii senescallus, fraccione virge, suum officium designantis, regiam familiam nunciavit esse licenciatam. Post hec ad parliamentum Londoniis reversi, responsionem regis plene, immo plenius quam facta fuit, retulerunt. Factam resignacionem communitas regni, veterum fastidiatrix, novorum semper appetitrix, gratanter admittens, suum primogenitum dominum Edwardum, bone indolis, undecim annorum, promptissime erexit, ut infra plenius dicetur; cuius puericia quibusdam eo plus cessit ad votum, quo sub tam molli pastore sperabant gregem regni suis libitis minare. Regine quoque, domine scilicet Isabelle de Cayrnarvan, fuit talis ac tanta dos assignata, quod regi filio suo et regine Philippe vix remansit tercia pars regie corone pertinencium. Domino vero Edwardo de Cayrnarvan, comitis Leicestrie deputato custodie, centum marcas pro mense expendendas ordinaverunt regina et episcopus[2] Herefordensis et Rogerus de Mortuo mari, de fisco regali tribuendas.

Itaque generosus dominus Edwardus, quondam rex, regie corone atque libertatis[3] privacionem pro amore Iesu Christi pauperis crucifixi paciencer admittens, cum suo consanguineo comite Leicestrie

He is addressed by the bishop of Hereford.

He agrees to abdicate.

The members of the deputation renounce homage.

Report to parliament

f 106ᵇ.

The queen's dower

Allowance for Edward.

He is kept in the custody of the earl of Leicester

---

[1] regem. B. [2] *An alteration apparently from* domnus. B.
[3] libertate. B.

Henrico mansit, nullo egens quo reclusus et quasi monasticus indigebat. Nullum infortunium in ima depressus deplanxit Dei servus, nisi quod uxor sua, quam non potuit non amare, nolebat ipsum videre, cuius amplexibus plus quam per annum vixit viduatus, et quod nec illa permisit filium suum novum regem aut aliquem[1] suorum liberorum sibi presenciale solacium prebere. Quot amorosa teleumata[2] voce submissa tamquam alter Orfeus concinuit, set incassum! Haa! quociens deflevit querulus quod tam generosa et tot nature dotibus tam speciosa potuit prodicionis amaricari felle! Auscultantibus quandoque non siluit sub iuramento quod, postquam primo vidit illam, nunquam aliam mulierem potuit amare. Amor languentis, in ceteris adversis paciencia, comitem custodem et omnes illorum familiares ad miseracionem tantam provocarunt, quod generosi militis amorem languidum uxoris sue cordi duriori incude adamantino non dimiserunt nunciare. Unde, non amore mota set furore[3] commota, ferrea virago secreto cogitatu cepit expavescere, ne unquam per ecclesiam, miseris consuetam misereri[4], foret compulsa viro repudiato iterum impertire torum. Excogitavit enim quod a forciori homines indifferentes et pietatis alumnos in sui miseracionem provocaret, qui suos inimicos, quos ipsa supra ministros ordinavit, per adversitatum tolleranciam et omnium virtutum uberem fraganciam ad pietatem sui inclinavit.

Talibus et aliis cogitatibus angustiata, truculenta leena, recurrens ad consilium sui magistri, sacerdotis Baal illius Herefordensis, ab ipso recepit ipsum responsum, quod certe sanguinem tetigit quando comes Edwardo suo consanguineo compaciebatur. Constituit igitur femina crudelis, ex ordinacione magistri sui subdoli[5], episcopi predicti, quod Thomas de Corneye et Iohannes Maltravers, duo milites nequam, ipsum Edwardum de custodia comitis Leicestrie receptum ducerent quo vellent, ita quod nullus sui benevolus seu indifferens persona ipsum libere adiret, vel sciret ubi diu perendinaret. Hiis duobus nequissimis proditoribus

---

[1] aliqd. B.   [2] *Perhaps* θέλγματα *or* κηλήματα, charms.   [3] furori. B.
[4] miseri. B.   [5] doli. B

A.D. 1327

He is taken from Kenilworth to Corfe, and thence to Bristol and Berkeley.

fuerat commissum autoritate principali, ut in quamcumque regni plagam declinarent, omnis fortalicii, castri seu ville, quamdiu ipsis placeret et quandocumque, custodiam haberent, quolibet de regno sub pena confiscacionis census et vite proibito contravenire huius rei mandato. Educitur de nocte a Kenelwortha Edwardus inter inimicos, securus de vita plena doloris, primo ad castrum de Corf, deinde Bristolliam, reclusus per tempus aliquot in castro, quousque illud foret quibusdam burgensibus de villa notum, qui ad ipsius liberacionem et abduccionem in partes transmarinas quam optabat se disponebant; quorum concilium ut primum innotuit custodibus Edwardi, sub noctis[1] cuiusdam opaco silencio ipsum de loco illo Berkeleiam abduxerunt. Inhumanitate maiori quam ferina Edwardum sui tortores tractavere, cui equitare non licebat nisi de nocte,

f 107

Brutality of his keepers

nec aliquem[2] videre, set nec ab ullo videri sibi amicabili. Equitantem compulerunt exiliter indutum capud habere discoopertum, volentem dormire non permisere, non quales volebat set quos[3] nausiabat cibos ipsi preparavere, verbo suo cuilibet contradixere, vesanum se esse calumpniavere, et, ut breviter concludam, in omnibus sue voluntati se ipsos contrarios exibuere, ut frigore seu vigiliis vel cibis intemperatis aut fastiditis vel saltim pre melancolia[4] alica communi infirmitate correptus exspiraret. Set e contra vir in naturalibus optime dispositus, fortis ad labores, et ad universos gracia Dei paciens languores, omnes versucias malignancium natura vel gracia superavit. Venenum quampluries propinaverunt servo Dei ministri Belial, quod aut fortitudine naturali evacuavit, sicud solent viri temperate complexionis, secundum Galienum in tercio simplicis medicine, aut, quod verius credo, manifestiori martirio suum confessorem Altissimus reservavit.

Attestata scribimus, miles reverende, que luce clariore intonarent mundo, si non timor emulorum regis devotissimi adhuc superstitum[5] veritatem clarere proiberet, que non poterit semper occultari. Tum abducitur[6] Edwardus, ut prescriptum est, versus Berkeleyam, satrapis

---

[1] nocte. B. [2] aliquam. B. [3] quas. B. [4] malencolia. B.
[5] supertistitum. B. [6] abducit B.

Satane equitans stipatus. Duxerunt exemplar paciencie per grangias castro Bristollie pertinentes, ubi de feno factam coronam capiti, iamdudum per oleum sanctum consecrato, imposuit nefarius ille de Corneye, ausus contingere christum Dei, cui illudentes yronia nimis acerba milites dixerunt: (tprut) 'Avant, sire kynge,' quod est dictu: (pedens)[1] 'Procede, domine rex.' Metuentes maligni ne pariter directe incedentibus obviaret aliquis amicus Edwardi vel manus misericors ipsum liberatura, declinaverunt ad sinistram, equitantes per mariscum ad fluvium Sabrine terminatum. Ingeniati sunt inimici Dei quomodo Edwardum difformarent, ne foret faciliter notus alicui; unde ipsius cesariem tam capitalem quam barbam radendam constituerunt. Venientes proinde ad fossam in itinere scaturientem, iusserunt ipsum rasu descendere. Cui assidenti super cuiusdam talpe monticulam, pelvem cum aqua frigida de fossa recepta attulit barbitonsor; cui et aliis asserentibus quod aqua talis pro tunc deberet sufficere ait Edwardus: 'Velitis nolitis, habebimus pro barba aquas calidas,' et, ut promissum veritas consequeretur. cepit profuse illacrimare. Ista mihi retulit vivens post magnam pestilenciam Willelmus Bischop, qui ductoribus Edwardi prefuit[2], unde confessus et contritus penituit sub spe misericordie divine.

Tandem devenerunt ad castrum Berkeleye, ubi paciencie exercens virtutem reclusus, ut anacorita, nobilis Edwardus, ubi, cum beato Job, regno temporali spoliatus, nedum per alienigenas set per uxorem, servos et ancillas, honorum et utilitatis dominio privatus, expectavit regnum eternum pro terreno. Uxor eius Isabella, impacienter ferens quod vita sui mariti, quem[3] nimium odivit, erat ita diu protelata, conqueritur magistro suo Herefordensi, fingens sibi sompnia pessima interpretatu, unde, sicud vera dixit, sibi timuit ne vir suus, aliquando dignitati pristine restitutus, ipsam tamquam proditricem ignibus aut servituti perpetue dampnaret. Episcopus eciam, lese regie magestatis sibi conscius, timuit hoc idem quod Isabella. Aliorum non minus ob eandem causam intendebatur metus, quos adversus Dominum et adversus christum eius

[1] pepedens. B.   [2] prebuit. B.   [3] quam. B.

32 *CHRONICON GALFRIDI*

A.D. 1327. diabolus confederavit. Placuit ergo non paucis utriusque sexus magne dignitatis, tam ecclesiastice quam secularis, quod causa[1] tanti metus foret cum Edwardo consopita, quem[2], ut quisque metuebat, perire concupivit. Mittuntur igitur litere increpatorie custodibus Edwardi calumpniancium fallacissime quod remissius quam deberent ipsum custodirent et nimis delicate confoverent. Intimatur eciam eiisdem, set semiplene, quod Edwardi interitus aut naturalis aut violentus indifferenter complaceret.

The bishop of Hereford's ambiguous message.
Hic vigebat sophistarum fallacia accensa[3] per episcopum qui scripsit: 'Edwardum occidere nolite timere bonum est.' Istud sophisma in duas proposiciones resolutum[4], quarum prima constet ex tribus primis terminis, videlicet istis: 'Edwardum occidere nolite,' et secunda ex aliis tribus, scilicet istis: 'timere bonum est,' nihil perfidie videtur persuadere; set receptores literarum, quos non latuit animus episcopalis, aliter sophisma commutaverunt, scilicet ad sensum istum: 'Edwardum occidere nolite timere,' et tunc subiunxerunt legendo: 'bonum est,' malum

f 107[b] dictamen conscii de malo, non dictantis, male accentuantes. Tali sofismate usus est ille callidus sophista, sciens quod sine sui inscripto consensu non audebant executores crudelis mandati Edwardum occidere, ne sine consensu maiorum de regno aliquando forent accusati hoc fecisse. Episcopus vero, in necem Edwardi finaliter determinatus et proinde sibi ipsi forsitan accusando de consensu, providit cautelose ut eadem autoritas, sui mandantis affectionum contrariarum expressiva, uno modo exposita vel accentuata animaret stultos in mortem innocentis, set sub alio sensu facinoris tanti ipsum immunem faceret putari; quod, ut fuit cogitatum, contigit de facto. Denique Edwardi interfectores, putantes proinde amiciciam Isabelle et episcopi sofistici deceptoris erga se fuisse confirmatam, invenerunt illam et episcopum ferventes exactores pignoris eiis traditi, scilicet domini Edwardi, et stipendium proditorum, scilicet mortem vilissimam, pro demeritis ipsis comminantes. Unde stulti confusi quid facerent ignoravere, nisi quod epistolam Isabelle et episcopi, aliorum eciam conspiratorum sigillis

[1] m. B.   [2] qui. B.   [3] accentus. B.   [4] resoluta. B.

munitam, in testimonium de ipsorum consensu eiis ostenderunt. Epistolam episcopus non recusavit, set suam et aliorum confitebatur; set interpretabatur illam ad sensum innocencia et fidelitate impregnatam, set ipsos, tamquam falsos suarum literarum expositores et innocentis autoritate propria malos tractatores, minis terribilibus et ipsos[1] in fugam coacturis[2] affligere non cessabat. Hec de litera sofisticata.

Ad castrum prenominatum ductus dominus Edwardus per dominum feodi Thomam de Berkeleye fuerat humaniter et benigne receptus et tractatus, set, post recepcionem epistole, predicti exercuerunt tortores Edwardi illis commissam potestatem de tutela castri. Iubetur protinus Thomas de Berkeleye nullam[3] cum Edwardo habere familiaritatem, cuius non solum penitens, set verecundus quod sibi fuit denegatum facere quod vellet et quod antea de iure liceret, domino Edwardo finaliter cum suspiriis salutato, ad alia sua loca transmigravit. Tunc incepit Edwardi consummativa persecucio, adusque sui mortem continuata. Primo nempe reclusum in camera tutissima per exalacionem cadaverum in subcellario positorum ipsum torserunt per multos dies pene usque ad suffocacionem. Unde fetorem illum intollerabilem fuisse penam maximam quam unquam sustinuit ad fenestram camere una dierum carpentariis ad extra laborantibus servus Dei deplanxit. Videntes tiranni quod viro strenuissimo non posset per fetorem mors prevalere, nocte, decima kalendas Octobris, in lecto cubantem subito preocupatum, cum pulvinaribus magnis atque gravi mole amplius quam quindecim robustorum ipsum oppressum et subfocatum, cum ferro plumbarii incense ignito trans tubam ductilem ad egestionis partes secretas applicatam membra spiritalia post intestinas combusserunt, caventes ne, wlnere in regio corpore ubi solent wlnera requiri per aliquem iusticie amicum reperto, sui tortores de lesione manifesta respondere atque pro illa penam subire forent coacti.

Taliter obruitur miles strenuissimus, emisso clamore, audientibus infra castrum et extra satis noto quod esset violentam mortem pacientis. Clamor ille expirantis multos de Berkeleya et quosdam de castro, ut

---

[1] ipsas. B.   [2] coactivis. B.   [3] ullam. B.

ipsi asseruerunt, ad compassionem et oraciones pro sancta anima migrante evigilavit. Sic quem mundus odivit, suumque magistrum Iesum Christum prius odio habuit, primo preceptorem de regno Iudeorum reprobatum, deinde discipulum regno Anglorum spoliatum recepit celsitudo regni angelorum. Gloriose atque bone finis Edwardi proditorios ministros, scilicet Thomam de Corneye et Iohannem de Maltravers, persecucio Isabelle et episcopi Herefordensis, ut proinde viderentur manus innoxias et mentes habuisse, utlagiavit, et, ut tactum est, ad exilium abegit. Ille de Corney Marsiliam fugitivus clanculo post infra triennium cognitus, captus, et versus Angliam reductus, penam pro demeritis recepturus, in mari fuerat decapitatus, ne forte magnates et magnos[1] prelatos et quamplures alios de regno sibi suum nefas monuisse et in illud sibi assensum prebuisse accusasset. Alter vero, Maltravers, partibus Teutonicorum agens penitenciam diu latitavit.

Postquam[2] gloriosus[3] rex Edwardus regni diadema, ut prescriptum est, suo primogenito, domino[4] Edwardo de Wyndesore, resignaverat[5], habitis de hoc certis rumoribus, in parliamento Londoniis regni proceres et prelati ipsum Edwardum Edwardi primogenitum[6], quindecim circiter[7] annorum adolescentem[8], Deo et toti mundo graciosum, in patris successorem[9] promtissime admiserunt, atque prima[10] die Februarii, apud Westmonasterium, per archiepiscopum Cantuariensem, Walterum Renald[11], coronari fecerunt. Tante solemnitati interfuerunt multi tam alienigene quam indigene[12] et precipue stipendiarii[13] Isabelle regine matris sue, quos, ut dictum est, de Hanonia et Germania ipsa invitavit. Novus itaque[14] rex regia corona insignitus, quam beatissimus confessor sanctus Ed-

---

[1] magnas. B.

[2] *Here the Cottonian MS. begins. The Bodleian MS. proceeds with its version to the end of the year* 1329, *and then gives the text as found in* C. *to that point.*

[3] devotissimus. C.   [4] *om.* B². C.   [5] resignavit. B. B².
[6] primogeniti. B.; filium. B². C.   [7] *quin. circ.*] *om.* B.; xiij. B².
[8] juvenem. B². C.   [9] in regem. B². C.   [10] secunda. C.   [11] Reynald. C.
[12] Anglici. B². C.   [13] *om* C.   [14] *om.* B². C.

wardus suus predecessor gestare solebat¹, quantumcumque gravis ponderis² et amplam, tamen ita³ viriliter ipsam gessit, ut inde mirarentur qui pueri teneritudinem et amplitudinem corone atque ponderositatem experti⁴ noverunt. Eodem die iij. filii Rogeri de Mortuo mari atque multi alii milicie cingulo fuerunt decorati⁵.

Hoc anno, in vigilia sancti Nicholai, fuit magister Iacobus de Berkeleye concorditer electus in episcopum Exoniensem, et Dominica media Quadragesime erat⁶ Cantuarie consecratus.

Post coronacionem suam³ novus rex Edwardus, huius nominis⁷ tercius post conquestum Normannorum⁸, cum matre sua et stipendiariis eius predictis, congregato magno⁹ exercitu, versus Scociam transmeavit¹⁰; cum quo plures iverunt¹¹ magis¹² voluntarie quam invite. Apud Eboracum exercitu profecto¹³, fuit gravis conflictus inter cives Eboracenses¹⁴ et Hanonienses, in quo multis civibus de nocte peremtis atque civitate partim incensa, post reformatam pacem Hanoniensibus nimis favorabilem, ad partes Scocie exercitus promovetur¹⁵, quem¹⁶ apud Stanoppark Scoti expectarunt. Et, licet exercitus Anglorum fuisset Scotorum in triplo maior et omnium iudicio maiori firmitate composicior, attamen Scoti, permissione quorumdam magnorum prodiciose¹⁷ cum ipsis confederatorum, sine scitu amicorum regis Anglie ad sua sine lesione sunt reversi¹⁸. Rex in Angliam, cum debili principio meliorem graciam precessurus, reversus, Hanonienses et alios stipendiarios ad suas partes remisit, magnam pecuniam et multa iocalia delicata sibi data secum deferentes.

Isto anno domino Iacobo de Berkeleye, episcopo Exoniensi, viam

---

[1] *quam .... solebat*] sancti Edwardi confessoris. B². C.
[2] gravem pondere. B². C. [3] *om.* B². C. [4] sufficienter. B². C.
[5] *milicie .... decorati*] milites facti fuerunt. B². C. [6] *om.* B.
[7] *hui. nom.*] *om.* B². C. [8] *post conq. Norm.*] *om.* B². C. [9] maximo. B². C.
[10] se transtulit. B². C.; Scociam *om.* B. [11] militarunt. B². C.
[12] *om.* B². C. [13] *exerc. prof.*] *om.* B². C. [14] *om.* B². C.
[15] *in quo .... promovetur*] multis de civitate occisis de nocte et civitate partim incensa. In crastino, facta pace, versus Scociam exercitus promovetur. B². C.
[16] quam. B.; *om.* B². C. [17] prodicione se. B.
[18] *sine .... reversi*] sine lesione ac scitu amicorum regis Anglie aufugerunt. B². C.

A.D.1327. universe carnis ingresso, dominus Iohannes de Grandissono, per provisionem pape, in festo sancti Luce in curia Romana fuit in episcopum
Exoniensem[1] consecratus.

John Grandison succeeds to the bishopric of Exeter.

Eodem anno transivit ad celestia dominus Edwardus pater regis,
ut dictum est supra[2].

Death of Charles of Valois. (A D.1325.)

Hoc anno Karolus de Valesio[3], patruus regis Francie Karoli[4]
atque Isabelle matris regis Anglie[5], qui Anglicos semper odio habuit,
et, ut dictum est, contra comitem Cancie in Vasconia duxit exercitum Francorum, convictus quod regem Francie nepotem suum,
filium scilicet Philippi le Beals fratris sui[6], invitatum ad venandum
et epulandum secum volebat iugulasse, traditur supplicio citra con-

His conspiracy against the king of France.

dignum. Post nempe venacionem, quidam regis clavarii intrantes
locum convivii celebrandi, comperta machinacione prodicionis et quod
viri armati, quibus erat pallacium in nemore consistens repletum, premissos[7] de secreta regis familia trucidarunt, et cordas sericas pro
nobilibus suspendendis trabibus inlaquearunt[8], non sine difficultate et
conflictu evasi[9], nunciarunt regi periculum in capud suum excogitatum[10].
Unde, in alias partes tuciores rege se committente[11], capitur ille Karolus
de Valesio, et, quamvis reus regie magestatis, tamen propter reveren-

Manner of his death

ciam sanguinis regalis non fuit suspensus nec decapitatus, set sine
femoralibus nudo marmori aquis frigidis resperso insedit, ubi frigore
finivit inveteracionem dierum malorum[12].

Hic Karolus erat germanus Philippi le Beals, regis Francie.

---

[1] *in episc. Exon.*] episcopus Exon. B². C.   [2] *Eodem .... supra*] Postea obiit Edwardus secundus, sicut scriptum est supra. B². C.   [3] Item hoc anno dominus Kar. de Valoys. B². C.   [4] Kar. fil. Phi. le Beals Valesiensis. B².; Car. filii Valesiensis. C.   [5] *atque .... Anglie*] om. B². C.

[6] *nepotem .... sui*] nepotem suum. B².; Philippum de Beals nepotem suum. C.
[7] pr'ssos. B.   [8] *et quod viri .... inlaqu*] om. B². C.   [9] exeuntes. B². C.
[10] *peric..... excog.*] om. B². C.   [11] *se comm.*] declinante. B². C.

[12] *capitur .... malorum*] capitur iste Karolus et convictus, non suspensus nec decapitatus propter reverenciam sanguinis regalis, sine femoralibus nudo marmore aquis frigidis resperso [respersus. C.] insedit, ubi frigore finivit diem ulcionis sue [ulc. temporalis. B².] B². C.

Philippus genuit tres filios, scilicet Ludowicum regem Navarrie, Philippum comitem Pictavie, et Karolum, comitem quondam Marchie iuxta Vasconiam, set impresenciarum regem Francie, et insuper unam filiam, scilicet Isabellam, de qua dictum est, reginam Anglie, cuius filius erat ille gloriosus rex magnificusque triumphator, Edwardus tercius rex Anglie. Karolus vero de Valesio prefatus genuit Philippum de Valesio, patrem Iohannis, de quibus infra dicetur. Post mortem Philippi le Beals, regis Francie, suus filius Ludowicus adeptus paternum diadema, concilio patrui sui Karoli instinctus, primo anno regni sui tradidit suspendio Ingeramum de Mareny, qui fuit principalis consiliarius patris sui Philippi. Regina quoque, uxor sua, filia comitis Burgundie, propter adulterium, scilicet impositum cum Philippo Daune milite, fuit suffocata. Demum de filia regis Hungarie sibi maritata, Clemencia nomine, genuit filium, qui vij. diebus precise vixit. Cui postmodum, per mortem patre suo migrante, successit[1] in regnum fraternum Philippus. Cui, sine herede corporaliter progenito patri et fratri mortis itinere obeunti, successit tercius illorum trium fratrum, scilicet Karolus, quem cum vidit patruus eius, vir mire calliditatis, Karolus predictus de Valesio, diu cum regina quondam comitissa non impregnata de prolis fecunditate desperatum, spem nactus, nec frustra, quod sibi aut suis heredibus regni corona laberetur, nitebatur speratam fortunam accelerare per abbreviacionem vite nepotis sui Karoli, tunc regis, festinandam. Ipsum quoque in tantam vesaniam stimulavit timor, ne rex Anglie, quem scivit fuisse de iure pro condicione matris sue Karoli avunculi sui regni Francorum proximum heredem, ipso et suis heredibus iuste repudiatis, loco suorum avi et trium avunculorum in Francia regnaret, qui tunc in Anglia, Hibernia, Vasconia, et aliis partibus hesperiis prospere regnavit. Cogitavit insuper vetulus iste prodiciosus quod, si rex Karolus nepos eius diu viveret quantumcumque sine progenito herede, nepos eius rex Anglie, cuius magestatem continue cressentem odiebat, ipsum de Valesio iam senescentem, suos quoque heredes, aut propria magnificencia aut

[1] successus. B.

A.D.1327. adopcione iusta magnatum Francie, vel spe regnandi frustraret vel regno iuste privaret. Hanc opinionem, ut infra per Dei graciam patebit, excogitatus effectus consequebatur[1].

Death of Robert Bruce (9 July, 1329).

Descent of the Scottish crown.

Hoc quoque anno moriebatur[2] Robertus le Bruys, relicto filio suo David, septem[3] vel octo annos habente, quem[4] Scoti receperunt in regem[5] tali iure: Alexander Scotorum rex habuit tres filias sine masculo, quarum primam maritavit Iohanni de Bayliol, alteram [Iohanni] de Comyn, et terciam Roberto le Bruyus predicto, nacione Anglico nato in Essexia[6]. Post obitum[7] regis Alexandri, de beneplacito Edwardi regis Anglie, Scoti erexerunt sibi in regem maritum senioris filie regis Alexandri[8], scilicet Iohannem de Bailiol, qui pro regno Scocie regi Anglie[9] fecit homagium et iuravit fidelitatem. Postea, ad instigacionem perturbatorum pacis regni Scocie, per suas literas regias et nuncios solempnes remisit Anglorum regi fidelitatem et homagium, qui fuerat ei obligatus, vel aliud aut aliam subieccionem promittens, quam ab eodem Edwardo rege volebat exigere. Nihilominus tamen propter hec regnum Scotorum detinuit, set non diu, namque rex Anglie predictus de Wintonia ipsum regem Iohannem regem Scotorum et suum filium

---

[1] *Instead of this paragraph*, B[2]. *and* C. *have the following* :—' Hic Karolus erat pater Philippi de Valoys, postea regis Francie, set iniuste, et germanus Philippi le Beaus, avi regis Edwardi tercii Anglie. Karolus iste cogitavit quod, si posset nepotem suum, Karolum regem Francie, non habentem heredem de proprio corpore, vita privare, tunc ipse aut [alius. C.] suus filius, Philippus de Valoys, regno potiretur ; et, propter hoc, predictum facinus excogitavit.'   [2] fuit mortuus. B[2]. C.

[3] quod vir. B.   [4] *om*. B.; quam. B[2].   [5] pro rege. B[2]. C.

[6] *alteram . . . . Essexia*] alteram Roberto le Bruyus, Anglice nato in Essexia, apud Wretle [*added by another hand*], et terciam comiti Holandie. B[2]. *The same in* C., *which, however, omits the name of Bruce's birth-place*.

[7] excessum. B[2]. C.   [8] *reg. Alex*.] *om*. B[2]. C.

[9] B[2]. *and* C. *continue thus* :—' Edwardo fecit homagium, quod postea per solemnes suos nuncios, ad instigacionem perturbatorum pacis regni Scocie, regi Anglie remisit, non minus regnum Scocie detinendo. Unde rex Anglie, Edwardus de Wyntonia [de W. *om*. C.], ipsum et filium suum fugavit potenter de Scocia ; qui in Franciam peregrinus moriebatur. Postea Scoti naturaliter rebelles tenuerunt pro rege maritum secunde filie regis Alexandri, scilicet Robertum le Bruyus, virum per omnia militarem, nisi quod, neglecta fide, contra suum dominum naturalem amore regni militavit. Igitur,' etc.

Edwardum de regno Scotorum fugavit brachio extento. Quibus in Franciam peregrinantibus, set castris et municionibus Scocie per regem Anglie ocupatis, Scoti, nil aliud quam inconsultam temeritatem consulentes, tenuerunt pro rege maritum secunde filie regis Alexandri, scilicet Robertum le Bruyus predictum, virum per omnia militarem, nisi quod, victus ambicione regnandi, neclecta fide, sine qua nullus[1] approbatur miles, contra suum dominum naturalem presumpsit rebellionem. Igitur isto Roberto, ut scriptum est, mortuo[2], Scoti suum filium regni proximum heredem et regem habuerunt; quorum concilium Edwardus le Bayliol, filius regis Iohannis et filie senioris[3] Alexandri regis[4], de Francia rediens, ad pacem Anglicorum, Dei auxilio et regis Anglie Edwardi tercii, cuius inclita gesta describere intendimus, dissipavit[5], ut infra plenius dicetur.

Anno Domini M.CCC.xxvij., dicti vero[6] Iohannis pape[6] xij., et Edwardi regis tercii[7] anno primo, Karolus rex Francie, avunculus regis Anglie et germanus Isabelle, matris regis[8], tercius quoque[9] illorum trium fratrum qui post obitum illorum patris Philippi le Beals regis in Francia successive[10] regnarunt, viam universe carnis est ingressus. Illi successit in regno Philippus de Valesio[11], filius patrui sui Karoli traditoris[12] supra descripti[13].

[1] ullus. B.   [2] Rob. le Bruyus mortuo. B². C.
[3] *Here* C. *has lost a leaf.*   [4] *Alex. regis*] om. B².
[5] *de Francia . . . . dissipavit*] in Francia degens, de auxilio Dei et regis Anglie E[dwardi] tercii dissipavit. B².
[6] om. B.   [7] *reg. tercii*] regis Anglie tercii a conquestu. B².
[8] *mat. reg.*] regine. B².   [9] *tercius quoque*] et tercius. B².   [10] om. B².
[11] Valoys. B².   [12] *fil. . . . . trad.*] filius Karoli. B².
[13] B². *continues thus* :—'qui in multis locis istius vocatur tirannus, Francorum traditor. Philippus de Valesio coronatus Francorum tenuit regnum Navarre in preiudicium domine Iohanne filie Ludowici regis Navarre et primi illorum trium fratrum qui sine herede masculo obeuntes regnum Francie reliquerunt. Huius domine maritus, scilicet Carolus comes de Averoys, filius Ludowici filii Philippi le conquerant regis Francie, instetit Philippo de Valesio, filio patrui sui coronato, allegans quod hereditas regni Navarre feminas non excludit, et ideo peciit hereditatem uxori sue debitam eii reddi. Cui fuerat responsum quod mater predicte uxoris sue, sicud adultera suffocata, non posset in filiam, cuius pater ignorabatur, ius hereditarium derivare. Proinde predicta domina

40 *CHRONICON GALFRIDI*

A.D.1328.
Parliament at Northampton.
Treaty with Scotland.

Hoc anno, in quindena Pasce, celebrato regis nomine set non ingenio[1] parliamento Northamptonie, facta est turpis pax inter Anglicos et Scotos[2], convento inter illos quod David filius Roberti le Bruyus, adoptatus ut prediximus in regem Scotorum[3], dominam Iohannam sororem regis Anglie duceret in uxorem, et pacifice cum illa regnaret suo iure[4] super Scotos; quod et postea effectus sequebatur. Eodem quoque anno rex Anglie iuvenis, non regens nec bene rectus set per proditores ductus[5], fecit Scotis cartam[6], cuius tenoris et continencie series[7] communiter ignoratur, et carta, per quam communitas Scotorum, una cum rege Iohanne de Bayliol, pro ipsis et eorum successoribus in perpetuum se ipsos regi Anglie submiserunt (et, in huius testimonium, regis Scocie sigillum, una cum sigillis procerum et prelatorum illius regni, fuerat[8] eidem carte appensum), in conspectu conciliorum utriusque regni super longam hastam apportata atque lecta, fuit omnino revocata et coram omnibus combusta apud Berewycum. Ubi, desponsata sorore regis Anglie, fuit coronatus; et oblatus altari ipsum maculavit ex dissentiriis quas parvulus paciebatur, unde quidam Scotorum, Iacobus Dowglas, dixit suis amicis: 'Timeo,' inquiens[9], 'ne iste totum regnum Scocie sit fedaturus'[10]. Vocabatur ab illo casu a blasfemantibus 'David dryt hauter'[11].

Charter granted to the Scots.

Marriage of David Bruce with Joanna of England.

David's nickname.

Omnium regum Scocie Iste primus fuit oleo sancto perunctus[12] in sua coronacione. Pecierunt Scoti in parliamento Eboraci quod lapis ille grandis, qui iuxta magnum altare in Westmonasterio sub regali cathedra ligaturis ferreis ecclesie fundamento incatenatur, super quem solebant

Iohanna, volens seipsam comprobare fuisse filiam legitimam regis Francie, scilicet Ludowyci, ad sui instanciam fuit exposita nuda leonibus fame trium dierum molestatis, qui ipsam ut filiam regiam venerantes omnino non tetigerunt; unde regnum Navarre petitum fuerat eii et per ipsam suo marito condonatum iudicio et pietate parium regni Francorum.'

[1] *set non ing.*] *om.* B². [2] *et Scotos*] *om.* B².
[3] *adopt..... Scot.*] *om.* B². [4] *suo iure*] *om.* B².
[5] *Eodem .... ductus*] Item rex Anglie iuvenis et prima etate existens. B².
[6] cartas. B. B². [7] *om.* B². [8] fuerant. B. B². [9] inquit. B².
[10] fediturus. B. [11] drit auter. B². [12] unctus. B².

reges Scotorum intronizari, et ideo vocatur regale Scotorum, foret eiis liberatus, ut super ipsum antiquato[1] more suum regem possent consecrare. Illis hoc petentibus consilium regis assentivit; unde nuncii solempnes pro lapide mittuntur. Set abbas Westmonasterii, nunciis auditis, scripsit regi et concilio quod lapis iste, quondam per avum regis[2] Edwardum de Scocia magnis laboribus abductus et ecclesie sue devote oblatus, non posset nec deberet ab ecclesia illa deportari. Cum tali[3] responsione nuncii ad Scotos sunt sine lapide reversi.

Ista sponsalia et omnia Scotis favorabilia fuerunt ex ordinacione et procurancia[4] Isabelle, matris regis, et episcopi Herefordensis Adam, et Rogeri de Mortuo mari, ex parte Anglicorum, et Iacobi Dowglas ex parte Scotorum. Timentes namque predicti Isabella, Adam, et Rogerus, ne propter interitum Edwardi patris regis aliqua persecucio, in ipsos iuste fulminanda, amicicia Scotorum se faceret egentes, vel ideo, ut dicebatur, Scotis favebant, ut, si rex Anglie alico infortunio fuisset mortuus, Rogerus de Mortuo mari auxilio Scotorum regnum et matrem regis Isabellam usurparet; et propter hoc[5] comitem Cancie, regis patruum et amicum sanguinis proximum[6], fuisse postmodum decapitatum, ut scilicet iuvenis rex E[dwardus] omni amicorum auxilio, ut quondam pater suus, fuisset privatus.

Celebratis apud Berewicum coronacione et nupciis predictis, predictus[5] Iacobus Dowglas adivit fronterium Ispanie versus Grenatum[7], ubi miles strenuus suam probitatem contra Mauros Saracenos laudabiliter ostendebat, et post multas victorias, quas ipso duce Christianis Deus commisit, simul contra v. Saracenos solus dimicans, v.[8] letalibus wlneribus ab ipsis est occisus, set et ipsos occidit, teste fratre Thoma de Lavyngtone[9] Carmelita, qui pro tunc secularis sub suo ducatu in exercitu Christianorum ut potuit laboravit. Habuit occasionem piam duplicem. Moriens nempe R[obertus] le Bruys ipsum honeravit sub tali forma:

[1] antiquite. B. [2] regem. B. [3] ista. B². [4] *et procur.*] *om.* B².
[5] *o m.* B. [6] regali s. B². [7] Gernatum. B². [8] *Here* C. *resumes.*
[9] Lavintone. B². C.

42 CHRONICON GALFRIDI

A.D. 1328. 'Vovi,' inquit, 'Deo, quod contra inimicos Christi forem corporaliter militaturus, quod, quia vivus non potero, te, tamquam Scotorum, quos summe diligo, virum probatissimum, exoro, ut cor meum contra inimicos nominis Christi deportes ad fronterium Granardianum.'[1] Cui Iacobus: 'Iuro,' inquiens, 'per invocatum cor Christi Iesu, cor tuum, ut rogasti, me delaturum, et contra predamnatos hostes moriturum.'[2]

The king present at Hereford at the marriages of Mortimer's daughters.

Rex Anglie, post predictam sue sororis desponsacionem, cito post festum sancte Trinitatis, se transtulit versus[3] Herefordiam, ubi fuerunt solemnes nupcie inter filias Rogeri de Mortuo mari et quosdam nobiles, videlicet filium comitis Marescalli et heredem domini I[ohannis] de Hastinghes[4]. Fuerunt eciam ibidem hastiludia solemnia, quibus interfuit mater regis.

Death of Walter Reynolds, archbishop of Canterbury (16 Nov 1327). Episcopal changes at Worcester and Hereford (1327).

Hoc anno, mense Novembris, obiit Walterus Cantuariensis archiepiscopus, cui successit per eleccionem canonicam magister Symon de Mepham, doctor in theologia. Hoc anno moriebatur magister Thomas de Cobham episcopus Wigorniensis; cui successit per provisionem pape Adam Torltoine[5], prius episcopus Herefordensis, ad curiam pro negociis propriis et matris regis profectus. Item papa providit ecclesie Herefordensi de magistro Thoma de Charletone, tunc in curia presente.

Parliament at Salisbury. Creation of earls

Anno Domini M.CCC.xxviij., ipsius regis Edwardi[6] tercii a conquestu anno secundo, post quindenam sancti Michaelis tenuit rex parliamentum Sarisburie; in quo fecit tres comites, scilicet dominum Ioannem Deltham[7], fratrem suum, comitem Cornubie, et R[ogerum] de Mortuo mari comitem Marchie Wallie, et pincernam Hibernye comitem de Ormonde[8].

The earl of Lancaster and others refuse to attend parliament They submit

Ab hoc parliamento comes Lancastrie et dominus de Wake, et alii[9] quidam nobiles se subtraxerunt, et in eorum comitiva dominus Henricus de Bellemonte et comes Marescallus; prope tamen venerant armati. Unde in offensionem regem commoverunt, set postmodum in estate, procurante archiepiscopo Cantuariensi, apud Bedeford gracie

---

[1] fronterii Gardianiam. B.   [2] *Habuit occasionem .... moriturum*] *om.* B². C.
[3] *om.* B.   [4] Hastinges. B².; Hastynges. C.   [5] magister Adam Thorlestone. C.
[6] *om.* B.   [7] Devtam. B.   [8] Dormound. B². C.
[9] *et alii*] et dominus Henricus de Beaumond, et comes Mareschallus et alii. B². C.

regis se submiserunt; non multumque postea comes Lancastrie cecus effectus ad pacienter Deo serviendum se totum ordinavit[1].

Eodem anno, circa festum Assensionis, rex mare transivit, fratre suo comite Cornubie custode regni relicto, et fecit homagium regi Francie, Philippo de Valesio, filio Karoli proditoris, pro toto ducatu Aquitannie et comitatu Pontivie, super quibusdam protestacionibus; quod homagium rex Francie Philippus recepit sub aliis protestacionibus[2], videlicet quod non admisit[3] homagium pro terris quas pater suus Karolus predictus adversus comitem Cancie, ut premittitur, transequitavit, set illas sibi detinuit et detinere voluit, quousque foret[4] sibi satisfactum de damnis et expensis que[5] pater suus ibidem militando recepit et exposuit.

Eodem anno archiepiscopus Simon Cantuariensis tenuit concilium provinciale Londoniis, in quo ordinavit aliqua ponderanda[6], scilicet quod in die Parasceves et in commemoracione omnium[7] fidelium animarum ab omni opere servili cessaretur, et in festo gloriose Concepcionis Virginis matris Dei[8] laudes celebriter exsolverentur Deo. Item, ipse et omnes episcopi presentes excommunicarunt et excommunicatos denunciarunt omnes illos qui in[9] dominum Walterum de Stapeltone[10], episcopum Exoniensem, quondam orribiliter interfectum, manus violentas quomodolibet iniecerunt, et omnes qui eis opem, assensum, vel concilium prebuerunt.

Anno M.CCC.xxix. quidam experturi quos haberet amicos Edwardus secundus, rex Anglie nuper extinctus, confinxerunt ipsum in castro de Corf laute vivere, set nusquam de die velle videri. Propterea fecerunt multis noctibus tripudia super muros castri et turres, preferentes[11] cereos et tortices accensos, ut ab ydiotis de patria forent percepti, quasi aliquem magnum[12] regem haberent custoditum, cui solemnizarent. Nova per

A.D.132

A.D.132 Edward goes to France a does homage for Aquitaine and Ponthieu

Provincia Council at London.

f. 111ᵇ.

Excommunicatio of the murderer of bishop Stapleton

A.D.133 Rumour that Edward 1 is still living at Corfe.

---

[1] *et in eorum .... ordinavit*] licet prope venerant armati. De quo [illo. C.] rex fuit offensus. Qui tamen postmodum in estate se gracie regis, procurante archiepiscopo Cantuariensi, submiserunt apud Bedeford. Non multum quoque [que. B².] postea comes Lancastrie cecus reperitur. B². C.

[2] *sub al. protest.*] eciam protestans. C.   [3] amisit. B. B².   [4] esset. B². C.
[5] quas. B.   [6] commendabilia. C.   [7] *om.* B². C.   [8] *matr. Dei*] Marie. C.
[9] *om.* B.   [10] Stapeldone. B².   [11] prefecerunt. C.   [12] aliquam magnam. B.

A.D. 1330 totam Angliam sunt expansa quod regis pater viveret. Unde comes Cancie misit illuc quemdam fratrem ordinis Predicatorum, exploraturum rei veritatem; qui, putans se muneribus corrupisse castri ianitorem, decipitur[1]. Introducitur nempe latiturus de die in camera ianitoris, visurus de nocte quem videre cupiebat. Nocte introducitur in aulam, iussus induere habitum secularem, ne perciperetur, videbaturque sibi ipsum videre Edwardum patrem regis cene splendide assidentem[2]; quod[3] ut credidit, ita retulit comiti Cancie se vidisse. Unde comes in presencia quorumdam, quibus non debuit fidem adibuisse, iuravit se laboraturum ad hoc, quod frater suus foret de reclusione ubi detinebatur liberatus.

The earl of Kent makes enquiries

He and others accused in parliament.

Eodem anno, scilicet regni regis tercio, ad instanciam odiencium patrem suum[4], rex tenuit parliamentum Wyntonie, ubi, procurantibus matre sua et R[ogero] de Mortuo mari, predictus comes Cancie, patruus regis, et multi alii nobiles et religiosi viri, scilicet provinciales ordinum Predicatorum et Carmelitarum beate Marie, et[5] frater Ricardus de Blitone, fuerunt accusati de eo quod conspiraverunt, ut dicebatur, regis patrem de carcere liberare et ad regni statum reducere, licet totum hoc fuisset falsum et fantasiatum. Tum comes predictus, propter quasdam confessiones suas et quasdam literas secum inventas, licet ulle illarum confessionum seu literarum, etsi vere fuissent, non[6] debuissent tantum virum tali supplicio dignum reddidisse, fuit decapitatus. Alii vero[5], ut provinciales Predicatorum et Carmelitarum beate Marie, fuerunt exulati; episcopus vero Londoniensis fuit manumissioni dimissus; Robertus de Tauntone clericus et fratres quidam de ordinibus Carmelitarum et Predicatorum[7] carceri fuerunt mancipati. Mors predicti comitis eo minus populo regni displicuit, quod malam habuit familiam, res popularium per patriam itinerando precio regali capescentem, parum vel nihil pro emptis solventes.

He is beheaded. Fate of others.

Reason why the earl of Kent was little regretted.

Hoc anno, circa mediam Quadragesimam, vacavit ecclesia Saris-

---

[1] fuit ipse deceptus, *misplaced*. C.   [2] assidente. B.   [3] cui. B.
[4] od. patr. suum] *om*. B.   [5] *om*. B.   [6] *om*. B.; *added*. C.
[7] quidam Predicatorum et Carmelitarum. C.

buriensis per mortem magistri Rogeri de Mortivaus[1]; cui ecclesie papa providit de domino Roberto de Wyvile[2], notario regie matris. Hoc anno, mortuo domino Iohanne episcopo Batoniensi, successit per canonicam eleccionem magister Radulphus de Salopia, doctor[3] decretorum et theologie, per Simonem archiepiscopum Cantuariensem consecratus.

Item, isto anno papa fecit graves processus iterato contra ducem Bavarie, imperium Romanorum tirannice usurpantem.

Isto anno 1329 Edwardus regis primogenitus et Wallie princeps, die Iunii xv., apud Wodestoke nascebatur de Philppa regina, in festo sanctorum Viti et Modesti[4].

Anno Domini M.CCC.XXX., ipsius regis Edwardi tercii anno iiij^{to}., die Veneris proxima post festum sancti Luce, fuit parliamentum apud Notyngham, ubi nimio fulsit honore marcessibili comes Marchie, R[ogerus] de Mortuo mari, tamquam regine Isabelle, ad cuius nutum omnia disponebantur, conciliarius principalis. Illum non alio nomine quam titulo comitis Marchie ausus est aliquis nominare; illum maior strepitus virorum comitabatur quam personam regis; ille quos amavit honoravit; regem permittens sibi assurgere, gradiens cum rege pari passu solebat arroganter ambulare, nunquam regem preferre, set ipsum aliquando anteire. Quemdam officiarium deputatum domino regi[5] pro ospiciis nobilium assignandis, ospicium in villa pro comite Lancastrie regis consanguineo capescentem, vehementer increpuit iste comes Marchie, querens quis eum fecerat audacem inimicum regine Isabelle tam prope illam hospitare; unde territus constabularius ospicium comiti Lancastrie ultra villam ad unam leucam domino assignavit, et comitem Herefordie Essexieque Iohannem de Bohun, constabularium Anglie, ospicio collocavit. Fit murmur inter magnates, quod ad aures populares avolavit, secreto dicencium quod ille de Mortuo mari, amasius regine et regis magister,

---

[1] Mortevauz. C. [2] Wyvyle. C. [3] per doctorum. B.
[4] *This paragraph om.* C. [5] Quibusdam officiariis deputatis regi. B.

46 *CHRONICON GALFRIDI*

A.D. 1330.

A plot is formed against him.

ad regalis sanguinis demolicionem[1] et regie magestatis usurpacionem anelaret. Terruit iste murmur aures regales et regis amicos, scilicet Willelmum de Monte acuto, Edwardum de Bohun et alios[2] qui, in salutem regis coniurati, arbitrati sunt, et iuste, obsequium salutis se prestituros regno, si ille de Mortuo mari morti committeretur. Consulunt sibi adiuratum[3] Robertum de Heland[4], qui speculator extitit in castro per multos annos et cui omnia diverticula castri secretissima nota fuerunt, quomodo de nocte ad cameram regine de territorio extra castrum, sine scitu ianitorum, rex et sui amici aditum haberent. Speculator predictus torticibus accensis duxit dominum suum regem per quoddam iter secretum subterraneum, quod incipit a remotis extra castrum et terminatur ad medium coquine vel aule turris principalis, ubi fuit[5] ospitata regina. De medio igitur fundo et tramite subterraneo prosilientes, regis amici ad cameram regine, quam per Dei graciam invenerunt apertam, armati strictis ensibus proficissebantur, rege eciam armato extra hostium camere, ne a matre sua videretur, expectante. Ingressi occiderunt Hugonem de Turpintone[6] militem, resistenciam eiis inferre conantem, domino Iohanne de Nevill' de Horneby ictum dirigente[7]. Deinde invenerunt reginam matrem quasi[8] paratam ad lecti soporem, et comitem

Arrest of Mortimer

Marchie quem volebant; et captum secum abducebant in aulam, clamante regina: 'Beal fitz, beal fitz, ciez pitie de gentil Mortymer.'[9] Suspectam enim habuit filii presenciam, quam oculo non[10] percepit. Mittunt celeriter pro clavibus castri, omnem firmaturam loci in manus regias capientes, set ita secrete quod hoc nulli patuit extra castrum, nisi regis amicis.

He is removed to London.

In aurora crastina hutesio et orribili clamore, ipso comite Lancastrie iam ceco hutesiante, adducunt R[ogerum] de Mortuo mari et quosdam alios amicos eius secum captos per Lowhtobergh[11] et Leicestriam versus Londonias, ubi in turri[12] ut quondam antiquitus carceri fuit[8] mancipatus,

[1] devolucionem. C. [2] ceteros. B. [3] adiuratum Willelmum de Monte acuto. C.
[4] Holand. C. [5] erat. C. [6] Turpyntone. C. [7] Joh. Nevyle de Hornebi illa dir. C.
[8] *om*. B. [9] Bealz fiz, bealz fyz, eyetz pite de gentiz Mortemer. C.
[10] *oculo non*] oculorum. C.
[11] *The letters* Lo *are written as* B, *in* B; Lowhtoborh. C. [12] turry. B.

et, apud Westmonasterium assidente regni parliamento, in vigilia sancti
Andree sequenti tractus et suspensus, guerras intestinas per totam
vitam suam crebro suscitatas, super communi furca latronum
apud Elmes, sua morte finivit. Per suos pares fuit morti condigne
adiudicatus, non tamen venit coram eiis nec responsioni ratiocinatus,
quoniam a morte comitis Lancastrie, Wintonie, et Gloucestrie, et Cancie,
non solebant nobiles ratiocinio deputari, set sine responsione atque legitima
conviccione perierunt; unde comes iste iure quod in alterum statuit[1]
usus extitit, et iuste eadem mensura[2] quam aliis mensus fuerat erat
eidem remensum. Cause vero mortis predicti comitis Marchie, secundum
quod sibi imponebantur, erant iste: Prima, quia fuit consenciens suffoca-
cioni patris regis. Secunda, quia ipse, recepta magna summa pecunie,
impedivit honorem regis apud Stanoppark, ubi signum dedit Scotis
ut fugerent, perpenso quod exercitus Anglicorum fuisset verisimiliter
prevaliturus, nisi ipse, qui quasi dux erat regis puerilis et exercitus,
tam gloriosis iniciis regalibus invidisset. Tercio, quia matrimonium
contractum inter sororem regis et filium Roberti le Bruyus, cuius
iam penituit amicos regios, ipse fieri procuravit, et insuper sub-
missionem Scotorum, regi Anglie antiquitus obligatam, per combustionem cartarum et indulgencia summe libertatis consuluit, immo quasi
iussit, dissipari serie prescripta. Quarto, quod pecunias repertas in
tesauris regis et comitum Wyntonie atque Gloucestrie superfluis expensis
ipsius et regine matris inutiliter consumpsit, nunquam compassus regis
egestati, quam in sui regni primordio paciebatur. Quinto, quod custodias
et maritagia pinguia in regis damnum non parvum sibi appropriavit.
Sexto, quod fuit regis ex intencione malus conciliarius, suam maliciam
tunc potissime ostendens, quando, ut sibi amiciciam regis Francie confirmaret, regem in Franciam proficisci et Philippum de Valesio verum regem
Francie[3], per exhibicionem homagii et fidelitatis, regis puerilem tracta-
bilitatem recognoscere instruxit; cuius eciam facti omnes amici regis,

[1] statuitur. B.   [2] mensuram. B.
[3] *confirmaret ... Francie*] om. B.

48   *CHRONICON GALFRIDI*

A.D.1330. ut decuit, penituerunt. Alias causas sue mortis wlgus non permittit operiri, quas consciencie secreto¹ et examini Iudicis eterni dimittamus.

Execution of his friends.
Moriebantur cum illo sui² amici Simon de Bereford miles et Iohannes Deverel scutiferarius, qui, in remissionem suorum peccatorum, libenter fecisset pupplicam confessionem de morte crudelissima³ et modo moriendi patris regis, si non per emulos iusticie et veritatis fuisset⁴ sibi tempus denegatum.

A.D 1331.
Edward's secret journey to France
Hoc anno dominus⁵ rex, cum episcopo Wyntoniensi et domino W[illelmo] de Monte acuto et aliis admodum paucis, transfretavit, sicut mercator, cum manticis absque hernesiis, vix secum habens xv. equites, pretendens se peregre profecturum, domino Ioanne Deltham, germano suo, custode regni relicto; et ante finem mensis Aprilis rediit, et fuit

Tournaments at Dartford and London
Accident to the queen
apud Derteford solempne torneamentum. Et parum ante festum sancti Michaelis Londoniis in Chepe pulcherrima hastiludia fuerunt, ubi domina regina Philippa cum magna dominarum comitiva de tentoriis, unde militares actus specularentur, noviter edificatis, ceciderunt, set illese. Carpentarios proinde puniri non permisit illa piissima regina, set ab iracundia regem et amicos regis precibus et genuflexionibus ita revocavit, quod in sui amorem omnes eius pietatem considerantes regina misericors concitavit.

Papal taxes on church goods
Hoc anno dominus papa I[ohannes] 22, anno sui xv., concessit regi decimas proventuum ecclesie Anglicane pro quadriennio, medietate sibi retenta.

Birth of the Black Prince, 15 June (1330).
Hoc anno, scilicet 1330, regis vero 4, die xv. mensis Iunii, apud Wodestok natus est⁶ primo regi suus⁷ primogenitus, dominus Edwardus de Wodestok, cuius laudes et magnificos triumphos, quos in captura regis Francorum habuit, et alios suis locis describere divina clemencia nos permittat.

Anno Domini M.CCC.xxxj., dicti⁵ I[ohannis] pape xvj., Edwardi tercii

---

¹ secreti. C.   ² sue. B.   ³ crudelissimo. B. C.
⁴ fuissent. B.   ⁵ *om.* C.   ⁶ *natus est*] *om.* B.
⁷ *pr. reg. suus*] *om.* B.

anno quinto, tenuit rex solempniter Natale apud Welliam usque ad Epiphaniam, ubi fiebant multa mirabilia sumptuosa.

Et circa festum sancti Laurencii proximo sequens venit in Angliam dominus Edwardus de Baylol, filius et heres Iohannis regis Scotorum, quondam, ut dictum est, exulatus[1], declarans ius quod habuit in regnum Scocie; cui adeserunt dominus Henricus de Bello monte et David comes Dassels et Ricardus Talebot et dominus Radulfus de Stafford baro[2] et Fulco filius Willelmi et multi alii nobiles, asserentes se ius habere ad terras et possessiones in dicto regno Scocie, iure hereditario vel dotum uxorum suarum sibi debitas, set per magnates Scocie detentas iniuste. Unde postularunt licenciam et auxilium a rege Anglie regnum et predia sibi debita recuperandi. Verum rex Anglie, contemplacione pacis inter regna nuper facte atque sororis sue regine Scocie, non permisit ipsos[3] per terram suam aggredi Scociam cum manu armatorum. Propterea domini predicti nacti navigium, mare Anglicum ingressi, Scociam velificando pecierunt, et apud Clinkhorn[4] iuxta abathiam de Donfermelin[5] litora capescentes magnam resistenciam et inopinam habuerunt. Set pedites Anglici pauci numero, celerius terram applicantes, omnes Scotos obvios compulerunt in fugam cum illorum ducibus, comite de Fyfe et Roberto le Brus[6], filio R[oberti] quondam regis[7]; et, antequam exercitus armatorum ad litus poterat incedere ordinate, multis Scotis interfectis, vexilla Edwardi Baylol et aliorum dominorum apud Deopplinmor pacifice sunt affixa[8]. Postea vero, die sancti Laurencii, apud Glastimore[9] habuerunt gravem conflictum, ubi duo milia Anglicorum vicerunt quadraginta milia Scotorum, pre multitudine et pressura eciam se ipsos opprimencium, de quibus quinque comites et alii multi interfecti et[10] oppressi fuerunt. In crastino Anglici ceperunt villam sancti Iohannis, victualibus refertam et bene munitam, quam postea non parvo tempore

---

[1] exulati. B.   [2] tunc baro de Stafforde. C.   [3] *om.* C.
[4] Chukhorn. C.   [5] Dounfermelyn. C.   [6] Bruys. C.   [7] filio antiqui. C.
[8] *apud ... affixa*] apide pacifice sunt affixa. B.; apide pacifice sunt Deopplinmor affixa. C.   [9] Glustemor. C.   [10] eciam. C.

tenuerunt[1], et hoc non humana set divina virtute. Ipsumque[2] Anglici tunc presentes factum retulerunt.

Hoc anno archiepiscopus Cantuariensis, visitans diocesim Batoniensem, tenuit Natale apud Wieveliscombe[3], rege apud Welliam, ut dictum est, commorante[4]. Mandavit archiepiscopus se velle visitacionem suam in ecclesia Exoniensi incoare die Lune proxima post festum Assensionis Domini; quod ne fieret episcopus Exoniensis appellavit. Set, hoc non obstante, dicto die Lune accessit archiepiscopus ad civitatem Exonie, non permissus ecclesiam clausam intrare pre multitudine armatorum resistente.

Anno Domini M.CCC.xxxij., regis anno vj., continuata guerra Scotica, anno proximo incoata, multi nobiles Anglici et viri bellicosi ad stipendia domini Edwardi Baylol et suorum complicium invitati, circa festum Nativitatis sancti Iohannis Baptiste Scociam profecti, et preter eos multi laudis avidi sumptibus propriis et eiis associati, villam et castrum de Berewyk obsiderunt. Rex autem Anglie, considerans multa vituperia sibi et suis antecessoribus per Scotos illata, iustam quoque causam domini Edwardi de Baylol regis Scotorum per conquestum, et quod concordia fuit inter ipsum et Scotos inita per prodicionem, ipso in minori etate notorie constituto et in custodia matris sue existente, que concilio Rogeri de Mortuo mari proditoris sui per omnia regebatur, factus autem vir, evacuans cum apostolo que parvuli erant, contra voluntatem matris sue collecta multitudine armatorum, non[5] defensionem aut exaccionem sui iuris, set promocionem et sustentacionem iuste calumpnie[6] sui amici Edwardi regis Scotorum pretendens, Berewicum viriliter est aggressus modicum ante festum sancte Margarete. Ubi obsessi multos cum rege Anglie et Scocie conquestore dolosos tractatus habuerunt, ut ipsos[7] compescerent ab insultu, et auxilium ab extra promissum expectarent; quod venit, set incassum.

---

[1] *quam ... tenuerunt*] om. B., *which repeats the word* ceperunt.
[2] *om.* que. B.   [3] Wyeveliscoumbe. C.   [4] comminante. B.
[5] non in. C.   [6] *iust. calump*] iuris B.   [7] *ipsos*] nostros. C.

LE BAKER DE SWYNEBROKE. 51

Anno Domini millesimo CCC^{mo}. xxxiij°., et anno regis Edwardi tercii vii°.[1], siquidem in festo sancte virginis Margarete, de tota Scocia congregata maxima multitudo, obsidionem si potuisset remotura, in tres exercitus divisa, regis exercitum ad preliandum provocavit, convencione facta inter partes adversas quod, si Scoti obsessi potuissent[2] illo die ab extra recipere victualia, in sua rebellione permanerent, si vero victualibus adventiciis non consolarentur, post diem transactum regi Anglie villa et castrum redderentur. Ordinantur proinde quadringenti armati cum parvis panibus eiis baiulatis, qui Anglorum exercitum a latere circuirent et panes quos habebant proicerent infra muros, ut saltim sofistice villa victualibus referta crederetur; set ordinati ad taliter villam restaurandum per continuos obsessores et illos de posteriori custodia exercitus fuerunt trucidati et a panibus eorum[3] spoliati. Divisus est ab Anglicis suus exercitus, parte obsidioni continuande deputata, alia iterum in turmas divisa, ad obviandum Scotis supervenientibus preparata. Ibi didicit a Scotis Anglorum generositas dextrarios reservare venacioni fugiencium, et, contra antiquatum morem suorum patrum, pedes pugnare. In principio certaminis exercituum super Halidone Heol[4], obviorum quidam satelles magne stature et ut alter Golias, in magna virtute corporali maiorem quam in Deo habens confidenciam, medius inter exercitus consistens, singulos Anglicos ad monomachiam provocavit; qui ab effectu 'Tauri versor,' Anglice 'Turnebole,' vocabatur. E contra dominus Robertus de Venale[5], miles quidam Northfolchiensis[6], petita genuflectendo regis benediccione, cum gladio et pelte gigantem aggressus, cuiusdam nigri molosi, qui adversarium comitabatur et ipsum iuvit, rapidissime[7] gladio precidit lumbos a dorso dividendo. Acrius proinde set vecordius instetit occisi canis magister, cuius pugnum sinistrum et postea capud amputavit miles. Continuo congrediuntur partes adverse, rege Anglorum suos sapienter atque decenti hilaritate confortante, set

---

[1] *Anno ... vij°.*] Anno 1333, regis 7; *in margin*. B.   [2] *obs. pot.*] *transposed.* B.
[3] *om.* C.   [4] Halidon Heel. C.   [5] dominus de Benhale. C.
[6] de Northfolchiensis. B.   [7] *iuvit rapid.*] *transposed.* B.

A.D 1333. vix per mediam horam diei naturalis attrocitate utrobique resistencium Scotis aliquali numero peremptis et iam illorum tribus aciebus in unum exercitum conglobatis, tandem necessarium fuge presidium arripientes dominus rex et sui, dextrariis concensis[1], celeriter persecuti, occidendo, capiendo, in puteos et lacus ipsos fugando, per quinque miliaria ventilarunt. Numerus estimatus Scotorum occisorum[2] excedebat sexaginta millia[3] virorum. Post istud bellum opinio falsa[4] fuit puppplicata quod guerra Scotica fuerat finaliter terminata, eo quod vix aliquis de illa nacione remansit, qui posset, sciret, et vellet preliaturos congregare, et regere congregatos. Prelati fere tocius regni Scocie in Franciam fugierunt, et eorum valenciores ad summum pontificem de illorum[5] infortunio adiutorium et remedium flebiliter requirentes. Post belli triumphum rex ad obsidionem Berewici reversus, tam castrum quam villam, per comitem Patricium custodem eorumdem reddita, suscepit. Et idem comes Patricius in proximo sequenti parliamento Eboracensi fidelitatem et homagium iuravit regi, et ab eodem multos recepit honores; set, iterum infideliter ad suam reversus rebellionem, secundam apud Dunbar[6] passus est obsidionem per dominum W[illelmum] de Monte acuto, comitem Sarisburie

Facta igitur voluntate regis de hiis[7] qui fuerunt in villa et castro, relictaque custodia suis fidelibus ville et castri[8], que suo dominio iure hereditario et conquestu suorum antecessorum dixit pertinere, dimisit regem Scocie, Edwardum de Baylol, et ceteros volentes secum manere ad custodiam tocius regni Scotorum; set et ipse in Angliam reversus, ad loca nonnulla[9] devota peregrinus, Deo laudes debitas devotus exsolvit

Eodem anno, circa festum sancti Kalixti pape, vacavit ecclesia Cantuariensis per mortem[10] magistri Simonis Mepham[11]; cui, ad peticio-

[1] arreptis. C. [2] *om.* B. [3] *altered from* miliaria. B. [4] vulgaris. C.
[5] tanto. C. [6] Donbar. C. [7] illis. C.
[8] castris. B. [9] *om.* B. [10] *per mortem*] *om.* B.
[11] Symonis de Mepham. C.

nem regis, papa providit de magistro Iohanne de Stretford¹, episcopo
Wintoniensi.

Anno Domini M.CCC.xxxiij., regis vero² septimo, dominus Edwardus
de Baylol, rex Scocie, tenuit parliamentum in Galewey, cito post festum
sancti Michaelis, ad quod venerunt nobiles regni Anglie, terras et possessiones in Scocia vendicantes, et ab inde pacifice in suum natale solum
revertebantur.

Eodem anno rex celebravit festum Nativitatis Christi apud Walingford³, cum regina pregnante, que postmodum apud Wodestok peperit
filiam suam Isabellam. Rex vero, profectus Eboracum, tenuit parliamentum, die Lune in secunda ebdomada Quadragesime incoatum; ad
quod rex Scocie conquestor, licet invitatus, non accessit, set misit pro
ipso excusatores solempnes, scilicet Henricum de Bello monte et Willelmum de Monte acuto comites, et quosdam alios barones et milites, qui
nunciarunt regi Edwardum predictum Scocie conquestorem non sine
grandi periculo atque resistencia contra Scotos in insulis latitantes ad
eius presenciam posse accedere⁴. Attamen ad sequens festum sancti
Iohannis rex predicti conquestoris recepit homagium apud Novum
castrum super Tyne; et cito post recepit homagium ducis Britannie pro
comitatu Richemundie. Et postmodum vocavit prelatos et magnates,
quod infra vj. dies post Translacionem sancti Thome venirent ad eum
apud Notyngham; ubi prefixit parliamentum Londoniis celebrandum. Ad
quod iterum convocati provincie prelati, die Lune post festum Exaltacionis sancte Crucis, concesserunt regi unam decimam; populus vero⁵
quintamdecimam prediorum⁶, et decimam mercature per totum regnum,
ad frenandam⁷ Scotorum maliciam concessit. Nunciatum quippe fuit
ibidem quod Scoti insurrexerunt et ceperunt R[icardum] de Talebot⁸
et vj. alios milites, multos quoque pedites occiderunt. In eodem quoque
parliamento dominus rex concensit quibusdam devotis et promisit se

---

¹ Stratford. C.   ² Edwardi. C.   ³ Wallyngford. C.
⁴ potuisse pro tunc accessisse. C.   ⁵ om. B.   ⁶ istorum. C.
⁷ refrenandam. C.   ⁸ Talbot. C.

A.D. 1334. iturum in Terram Sanctam propriis sumptibus, set ad hoc tempus certum non expressit. Ordinavit tamen archiepiscopum Cantuariensem ad papam et regem Francie profecturum, ut possent predicti reges, qui nondum fuerant in guerram commoti, unanimi assensu[1] tam sanctam peregrinacionem simul arripere.

Adam Orlton translated to Winchester, 1 Dec. (1333.)

Eodem anno, primo die Decembris, transtulit dominus[2] papa magistrum Adam de Horletone, antea episcopum Herefordensem et postea Wygorniensem, ad ecclesiam Wyntoniensem, unde quidam sic metrificavit:

'Thomam neclexit, Wlstanum non bene rexit,
Swithunum voluit; cur[3]? quia plus valuit.'

f. 114. Id est, dicior ecclesia fuit. Hanc translacionem Philippus de Valesio seudo-rex Francie fieri procuravit, et pro illa suas preces summo pontifici multiplicavit; set istam dominus rex Anglie diu distulit acceptare, imponens episcopo, iam alia vice translato, quod pro tempore sue legacionis ad regem Francorum (erat enim hic[4] nuncius regi coronato[5]) eii[6] plus placuit quam fidelis nuncius[7] potuit in illo casu, et ob hoc negocia domini sui[8] regis Anglorum inutiliter et false procuravit, et illud fuisse causam gracie invente in conspectu predicti seudo-regis, qui alias nunquam curasset de promocione unius Anglici, qui nunquam Anglicum[9] dilexit, neque pater suus, ut supra patuit et infra patebit. Allegavit iterum contra translatum quod promotus regis Francorum faciliter converteretur in sui prodicionem pro suo promotore, qui coronam Francie, iure hereditario sibi debitam, et possessionem patrum suorum[10] in Vasconia[11] contra iusticiam Dei et hominum falso detinuit et violenter. Nec racione curie Romane poterat[12] translatus regi placere, quia, sicud fuit allegatum, dominus rex Anglie scripsit domino pape pro uno alio clerico suo ad illum episcopatum promovendo, impacienter ferrens preces[13] regis Francorum attencius quam suas de episcopis[14] in suo regno creandis

---

[1] assensui. B.   [2] *om.* B.   [3] *om.* C.   [4] i̊. B.
[5] *regi coronato*] regis. B.   [6] *om.* C.   [7] embassiator. C.
[8] *om.* C.   [9] *qui nunq. Angl.*] Angl. enim nunquam. C.   [10] *om.* B.
[11] Wasconia. C.   [12] poterit. B.   [13] proceres. C.   [14] ipsis. B.

exaudiri. Hiis de causis dominus rex precepit confiscari temporalia episcopatus Wyntonie, que¹ tamen, die Veneris post Exaltacionem sancte Crucis proximo sequentem, ad preces episcoporum in parliamento Londoniis, graciose refudit.

A.D.1334

Hoc anno, per provisionem domini² pape, dominus Ricardus de Bury, cito post festum Nativitatis, in monasterio de Chertescye per dominum Wyntoniensem in episcopum Dunelmensem fuit consecratus.

Richard of Bury made bishop of Durham, (19 Dec. 1333.)

Anno Domini M.CCC.xxxiiij., regis Edwardi² viij., cito post festum sancti Dionisii Iohannes archiepiscopus Cantuariensis transfretavit versus Philippum de Valesio, vocatum³ regem Francie, quem libet de cetero vocare tirannum, quia inimicum iusticie communis et predicti sancti regni intrusorem. Ad predictum tirannum accedens episcopus predictus, vir magne sapiencie et doctor egregius utriusque iuris, peciit continuacionem amicicie inter regna fore prosperandam per mutuam dileccionem inter ipsum vocatum⁴ regem Francorum et dominum suum regem Anglie. Secundo peciit a tiranno quod civitates et castra, per patrem tiranni Karolum proditorem in Aquitannia capta et ab ipso detenta, domino suo regi forent restituta. Tercio, quod predictus tirannus dimitteret suam manum auxiliatricem a Scotis sibi impertinentibus, et contra illos iuvaret auxilio vel concilio seu favore suum cognatum, regem Anglie; annectens finaliter dominum suum regem sepedictum sub hiis condicionibus libenter⁵ paratum propriis sumptibus ad Terram Sanctam proficisci⁶ contra inimicos crucis Christi cum illo vocato rege Francorum. Ad hec tirannus adiudicavit regem Anglie indignum sua amicicia, quamdiu contra suos amicos Scotos, viros iustos et omni racioni, ut asseruit, obedire paratos, guerram iniustam exerceret, nec animum ad aliquem posse benevolum se habere, qui illos, scilicet Scotos, tam inhumaniter guerrando vexaret. Ad secundam peticionem noluit aliter consentire quam quod expense et dampna forent restituta, que pater suus Karolus de Valesio recepit et exposuit in Vasconia militando. Ad

Archbishop Stratford sent on an embassy to France.

¹ quas. B. C. ² om. B. ³ Phil. ... vocatum] om. C. ⁴ om. C.
⁵ et libenter. C. ⁶ profecturum. C

CHRONICON GALFRIDI

A.D.1334. terciam respondit se fuisse iuris amicum et iusticie communis, nec unquam per affinitatem[1] aut amiciciam carnalem a iusticia, quam dilexit, declinaturum, set se velle viis et modis quibus sciret aut posset super omnes perturbatores pacis regni Scotorum sue persecucionis iugum aggravare; 'Non enim,' inquiens in fine sermonis, 'pax erit perfecta Christianis, antequam rex Francie, in medio Anglie consistens pro tribunali, super regna Francie, Anglie et Scocie sit iudex et imperator.'

Failure of negotiations. Isti prophecie, quam[2] prophetavit, cum esset rex anni illius, non adiecit loqui set indignanter se subtraxit nuncius[3] ad alia profecturus.

Edward invades Scotland. Eodem anno rex se transtulit versus marchiam Scocie, et in illis finibus hiemavit. Set, audito quod comes Dasceles[4] fuit prodiciose ad *He keeps Christmas at Roxburgh.* Scotos conversus et quod dominus Henricus de Bello monte fuit a Scotis obsessus, Scociam intravit, et obsidionem fecit amoveri; et tenuit Natale apud Rokesborowh[5].

A.D.1335. f. 114ᵇ. *French envoys arrive to arrange peace between England and Scotland.* Cito post Epiphaniam tirannus Francorum misit regi Anglie suos nuncios, scilicet episcopum Abricensem[6] et quemdam baronem, pro pace Scotorum; qui usque ad diem Lune medie Quadragesime in Anglia expectarunt. Et tunc apud Notingham concesse fuerunt treuge usque ad festum sancti Iohannis proximo tunc futurum, ut interim fieret parliamentum super causis tangentibus pacem et statum regnorum. In *Parliament at York.* quo parliamento, apud Eboracum celebrato, extitit ordinatum quod rex cum exercitu Scociam ultra mare Scoticum transequitaret, quod cito *Negotiations with the Scots.* postea fuit factum; set Scoti, campestre bellum nolentes[7] expectare, finxerunt se velle pacem habere, ad quam circa festum sancti Michaelis multi venerunt, set precipue comes Dasceles[8], aliis pacem spernentibus. Unde postea comes de Morref[9] apud Edeneborgh[10] fuit captus[11] et in Anglia carceri mancipatus, et dominus Ricardus Talbot pro duobus *Death of the earl of Atholl.* milibus et quingentis marcarum redemptus. Comes vero Dasceles[4] volens ostendere quod ipse veraciter fuerat conversus, equitavit contra

---

[1] affinitacionem. C.   [2] *repeated.* C.   [3] nunciis. B. C.   [4] Dasseles. C.
[5] Roukesburh. C.   [6] Ebricensem. C.   [7] volentes. B.   [8] de Assales. C.
[9] Moref. C.   [10] Enedebuwrg. C.   [11] *fuit captus*] *om.* C.

Scotos ad obsidionem unius castri, et cum paucis equitans incidit in hostes quam plures, quibus nolens se reddere set resistere, cum xiij. tironibus est occisus, post festum sancti Michaelis. Rex autem semper in illa marchia Scocie morabatur, a qua[1] nuncii regis Francie nullatenus recesserunt, set[2] aliquam pacem vel longam treugam, nedum inutilem set nocivam Anglicis, expectarunt.

Hoc anno, circa festum sancti Martini, dominus Edwardus le Bohun, nobilis indolis, fuit in marchia Scocie submersus. Domicellum nempe suum volentem predam pecudum trans flumen fugare percepit periclitantem, in cuius adiutorium dextrarium suum in alveum direxit, ubi, pre limpitudine lapidum grossorum et spericorum super quos aqua decurrebat, dextrarius impotens stabilire pedem cecidit cum domino suo armato, antequam aliquis poterat iuvare, submerso in profundum.

Isto eciam anno, quarto die Decembris, obiit Iohannes papa 22us. in suo pallacio Avinione; et xx. die eiusdem mensis fuit electus Benedictus papa xij., et die Dominica post Epiphaniam sequentem coronatus.

Anno M.CCC.XXXV., Benedicti pape xij primo et Edwardi regis nono, rege in marchia contra Scotos continue remanente, mediantibus nunciis pape et Francorum, multi tractatus pacis inutiles habebantur et multe treuge ad instanciam Scotorum subdole agencium concesse fuerunt, set nihil efficaciter expeditum, quia treugis pendentibus interfecerunt comitem Dasseles[3], sicut supra proximo annali est expressum.

Hoc anno habuit rex decimam a burgensibus, quindecimam ab aliis, et decimam a clero; et circa Pentecosten habuit parliamentum Norhamptonie, ubi dimisit prelatos et alios tractare. Set ipse cum paucis adequitavit secrete Berewicum, et ibidem, assumptis secum paucis armatis, advenit villam sancti Iohannis, ubi sui stupebant de suo adventu, presertim cum tam parva comitiva. Dictam villam munivit fossatis et muris, et misit comites suos cum rege Scocie conquestore ad patriam transequitandum et scrutandum Scotos resistentes; set nulli

[1] quo. C. [2] set ut. B. [3] Dasceteles. B.

58   *CHRONICON GALFRIDI*

A.D 1336. audebant eos expectare, in montibus et paludibus ac nemoribus se occultabant.

Return of the French envoys to France.

Post[1] parliamentum predictum, nuncii tiranni Francorum, videntes quod rex Anglie et suum parliamentum parvipendebant literas sui domini Philippi de Valesio, quibus comminabatur regi Anglie inimicum se[2] fore futurum, nisi Scotorum paci adquiesceret, reversi sunt in Franciam, referentes quas treugas et paces ad sui instanciam rex Anglie cum Scotis in sui dispendium pluries contraxit, set et quomodo, suas literas comminatorias parvipendens, contra Scotos, amicos ipsius tiranni, guerram resumere intendebat. Congratulabatur tirannus nunciatis, non reminiscens treugarum quas pro sui gracia rex Anglie cum Scotis sibi

f. 115.

dispendiosas confirmavit, set, ruminans quod suas literas comminatorias parvipendebat, gavisus est occasionem se invenisse qua[2] contra suum consanguineum et regni Francie, cui incubuit, verum heredem vexillum liliatum[3] posset explicare. Inflatus igitur tirannus spiritu furoris et

Philip determines on war.

superbie, concitavit Gallos contra Anglicos; unde guerra terribilis fuit suscitata, quam ipse, de prelio navali et campestri pluries fugatus, post occisionem et capturam regum Boemie, Scocie, et Francie et multam Christi sanguine redemptorum sanguinis effusionem, non potuit terminare.

A D 1337.
Funeral of John of Eltham

Anno Domini M.CCC.xxxvj., circa Epiphaniam, rex et archiepiscopus de Scocia sunt[2] reversi pro sepultura domini Ioannis Deltham[4] comitis Cornubie, germani regis, qui in mense Octobris apud Berewyk morte

Parliament, 3 Mar.
Creation of peers

communi obiit; et[5] apud Westmonasterium ipsum sepelierunt. Et, convocato Londoniis parliamento ad diem Lune post festum sancti Mathie apostoli et Dominica Quadragesime[6], fecit dominum Edwardum filium suum primogenitum ducem Cornubie, et dominum Henricum de Lancastria, filium, comitem Derbie, dominum Willelmum de Bohun[7] comitem Norhamptonie, dominum Willelmum de Monte acuto comitem Sarisburie,

---

[1] Et post. C.   [2] *om.* C.   [3] *Misplaced after* invenisse. B.   [4] de Eltham. C.
[5] *om.* B.   [6] *et Dom. Quadr.*] *om.* C. *It should be* Quinquagesime.
[7] Bown. C.

dominum Robertum Dofford comitem Suffolchie[1], dominum Hugonem Daudele comitem Gloucestrie, dominum Willelmum de Clyntone comitem Huntyngdonie; et cum illis xxiiij. milites ordinavit[2].

In eodem quoque parliamento statutum fuit quod nulla lana crescens in Anglia regnum exiret, set quod ex ea Anglici pannificarent, et quod omnes fullones et textores quocumque gradu, ad pannificandum competenter instructi, undecumque venientes, in Angliam reciperentur et gauderent certis privilegiis; viverent insuper de fisco regali, quousque possent comode ex artificio victum adquirere. Istud statutum etsi in principio videbatur fuisse infructuosum, tamen exinde ars[3] pannificandi crevit in regno maior in vigintuplo quam ante fuit visa. Statutum fuit insuper in parliamento predicto, quod nullus[4] in posterum emeret deferendum pannum de factura transmarina, nec quod aliquis uteretur pellura nisi qui haberet in reditibus centum libras.

Anno Domini M.CCC.xxxvij., regis anno xj., cito post festum sancti Michaelis, habitis Londoniis parliamento per dominum regem et convocacione cleri per archiepiscopum, clerus regi concessit decimam triennalem, et itidem sibi concessit communitas burgencium et forinsecorum quintam decimam, in subsidium guerre[5] Scotice tunc ferventis et ad resistendum tiranno Francorum, suam sevitiam minis et factis crudelibus ostendenti[6]. Utlagiavit[7] nempe vel occidit aut incarceravit, catallis eorum confiscatis[8], omnes Anglice nacionis[9] in regno Francie repertos, comminatus se velle ulcisci Scotos, amicos suos. Insuper, de ducatu Aquitannie et comitatu Pontivie non reliquit[10] regi villam aut castrum quod in suas manus poterat seisire. Lanas ergo regni mercatoribus pro certa summa pecunie venditas, ut pecunias celerius quo posset reciperet, misit Brabanciam ad numerum triginta milia[11] saccorum, cum navigio, cui prestitit ducatum dominus comes Norhamptonie, habens in exercitu sagittarios et Wallen-

---

[1] Southfolkie. C. [2] *om.* B. [3] pars. C. [4] ullus. B.
[5] guerrarum. B. [6] ostendentis. B. [7] Tunc, *over an erasure.* C.
[8] *cat. eor. confisc.*] in quantum potuit. C. [9] Anglicos nacione. C.
[10] reliquid. B. [11] milium. B.

CHRONICON GALFRIDI

A.D. 1337

ses in magna caterva, qui animum comitis ducis Brabancie in amiciciam regis Anglie contra omnes suos[1] inimicos conversum confirmavit.

Alliance with Flemish princes

Eodem quoque anno scripsit literas expositorias inicia inimiciciarum inter ipsum et tirannum Francie exortarum continentes[2], quas Waltero le Magne[3], militi suo fideli, Burgundinensi, tradidit deferendas comitibus Hannonie, Gelrie, et Iuliacensi; qui omnes amiciciam et contra omnes iniustos suos adversarios fidelitatem regi per eorum literas patentes compromiserunt.

f. 115ᵇ.
Sir Walter Mauny slays the people of Cadsand.

Prefatus Walterus le[4] Magne[3], pro tempore sue legacionis vindicaturus sanguinem duorum Anglicorum, quos quesituros navibus aquas recentes indigene cuiusdam insule iuxta Flandriam necuere, omnes[5] quos invenit in eadem insula[6] iussit in ore gladii trucidari; quod effectualiter fuit impletum, ipso prestante[7].

The count of Flanders' brother liberated

Ibidem eciam cepit germanum comitis Flandrie, quem rex Anglie sibi adductum, pulcris muneribus, equis, et iocalibus honoratum, Flandriam remisit cum libertate.

The pope sends cardinals to England to mediate.

Iniciata per modum descriptum Gallica guerra, et deinde rumoribus ad curiam Romanam ventilatis, dominus papa misit duos cardinales pro pace reformanda inter reges, qui apud Westmonasterium exposuerunt coram rege causam sui adventus.

A.D. 1338.
Edward's answer.

Proinde concilio[8] regis convocato in crastino[9] Purificationis Virginis gloriose, post procerum consultum[10], rex cardinalibus finaliter respondit quod, quamvis ipsum ultra modum angustiatum affecerunt et[11] sibi denegatum ius commune, quo deberet in regnum avitum succedere, et crudelitas quam suus adversarius Philippus de Valesio exercuit in Anglicos, ipsos dumtaxat de regno Francie, tamquam Iudeos aut inimicos Christi, expellendo, trucidando, spoliando, et incarcerando, et sibi ducatum Aquitannie et comitatum Pontivie iniuste sine causa auferendo, et insuper Scotos suos rebelles favore, concilio et auxilio contra ipsum confovendo, tamen paci ecclesie et regnorum libenter condescenderet. Optulit his iniuriis condonandis cardinalibus,

---

[1] *omnes suos*] *transposed* B.   [2] *om.* B.   [3] Mawne. C.   [4] de. B.
[5] propterea *added by another hand before* omnes. C.   [6] *om.* C.
[7] preeunte. B.   [8] concilium. B.   [9] crastinum. B.
[10] de procerum concilio, *over erasures.* C.   [11] *om.* B.; *interlined.* C.

quasi regi Francorum, pro pace et pacifica possessione Aquitannie et aliorum feodalium que antecessores sui possederunt et ipse deberet de iure possidere, item pro dimissione manus auxiliatricis regis Francie a Scotis suis rebellibus—optulit, inquam, pro hiis summam pecuniarum[1] per ipsos racione media taxandam, aut maritagium filii sui primogeniti, et preter hec resignacionem iuris quod habuit ad coronam regni Francie atque comitivam suam contra Sarazenos[2]. Cum ista responsione leti recesserunt cardinales, estimantes guerram iam finiri; et in festo proximo Translacionis sancti Benedicti ingressi mare, secum habuerunt Iohannem archiepiscopum Cantuariensem et R[icardum] Dunelmensem et dominum Galfridum Scrop, militem[3], responsionem regis Anglorum tiranno Francorum delaturos et habentes autoritatem de pace tractare. Tot et tam racionabiles oblaciones nunquam potuerunt animum tiranni demollire, habentis fiduciam per auxilium Scotorum regem de regno Anglie et qualibet sua possessione potenter exheredare.

Anno Christo M.CCC.XXXviij., domini pape Benedicti, huius nominis xij., anno iiij[to]., Edwardus rex Anglie responsionem tiranni Francorum, qui[4] condiciones[5] supra proximo annali scriptas sibi oblatas atque comitivam sui contra Saracenos sprevit[6], celeriter recepit[7], conceptoque per signa manifesta et relacionem non deceptoriam suorum fidelium quod prefatus tirannus ad destruccionem Anglie, piratis conductis, suam miliciam non minus ordinavit, tucius diiudicans rex Anglie suo adversario in regno Francie quod vendicavit occurrere animose, quam ipsum in Angliam crudeliter affuturum vecorditer expectare, mare armatorum classe transivit, anno regni sui Anglie xij., in quodam die Veneris, qui erat xvij. kalendas Augusti. Igitur rex cum regina pregnante atque duabus filiabus eius in classe quingentarum navium applicuerunt apud Andewarp, ubi cum honore et pace recepti habuerunt obviam marchionem Iuliacensem, dominum marcravium et ducem Brabancie et comites Gelrie[8] et Han-

---

[1] *summ. pecun.*] suam pecuniam. B.   [2] *atque ... Sarazenos*] om. B.   [3] *om.* B.
[4] spernentis. C.   [5] concediciones. B.   [6] *comitivam ... sprevit*] om. C.   [7] cepit. B.
[8] Celrie. B.

A.D.1338. nonie et alios magnates illarum parcium, qui omnes sibi[1] fidelitatem et
Negotiations with the emperor. armatam comitivam contra quoscumque suos adversarios compromiserunt sub iuratoria caucione, dum tamen suis stipendiis militarent[2]. Postea rex Coloniam adivit, ubi cum Ludowico duce Bavarie, qui se dixit regem Alemannie et imperatorem Romanorum, habito tractatu, rediit Braban-
f. 116. ciam, et in villa Dandewerp[3] remansit ad tempus. Iterum cum predicto rege Alemannie rex conlocutus, atque, amicicia inter ipsos[4] confirmata, rediit ad Malines[5] in Brabancia. Cardinales vero et episcopi Cantuariensis et Dunelmensis, reversi de presencia tiranni Francorum, in civitate Atrabatensi[6] regem expectarunt.

Grant of wool, and of a tenth. Isto anno, in quodam concilio per ducem Cornubie regni custodem et prelatos et barones[7] convocato[8], concessa fuit regi lana popularium per eos qui fuerunt ibi presentes. Iterumque, clero tunc absente coadunato ad primum diem mensis Octobris, concesserunt ecclesiastici unam decimam pro anno tercio tunc sequente, set solucionem lanarum, quam populares prebuerunt, ipsi unanimiter negaverunt.

Anno Domini M.CCC.xxxix.[9], ut premissum est, cum ducibus Bavarie, Brabancie, et aliis amicis suis, rege Anglie de prosecucione sui iuris ad regnum Francie disponente, tirannus Francorum, maliciam a diu con-
French privateers capture English ships. ceptam de exinanicione regni Anglie intendens evomere, conductos Ianuenses piratas crudeles misit pro navigio et portubus Anglie vastandis; qui in portu de Sclusa Flandrie ceperunt v. magnas naves regis, set vacuas hominibus et mercimoniis, nautis ad solacia secure vacantibus, et eas in partes Normannie deduxerunt. Item, feria vj[ta]. proxima post festum sancti Michaelis, quinquaginta galee armatis bene stipate, circa
They sack Southampton. horam nonam, ad portum Hamptonis[10] applicuerunt, et villam, que tunc non fuit armata, depredaverunt; villanis pre vecordia fuge dilapsis, ipsi in villa pernoctarunt. In crastino patria coadunata, numero trecentorum

[1] *om*. C.   [2] C. *adds:* et ibi regina peperit Leonellum comitem de Holvestre.
[3] de Andewarp. C.   [4] eos. C.   [5] ad Malines] protinus, *over an erasure.* C.
[6] Attrabatensi. C.   [7] *Here a leaf is wanting in* C.
[8] *et bar. convoc.*] convoc. et bar. B.
[9] *The* ix. *of this date is added by a late hand.* B.   [10] Hamonis. B.

piratarum, cum eorum duce filio regis Cisilie iuuene milite, fuerunt interfecti. Predicto[1] militi dedit Francorum tirannus quicquid potuit de regno Anglie nancissci, set ipse, a quodam rustico terre prostratus, clamans: 'Rancoun,' occubuit fustibus mactatus ab eodem rustico reclamante: 'Scio quod tu es Frauncoun'; non enim intellexit nec eius idioma nec erat doctus captos generosos redempcioni conservare. Itaque residui[2] Ianuensium, post particularem ville combustionem, ad galeas, quibusdam submersis, fugierunt. Hanc villam eius incole amplo muro postea cinxerunt.

Hoc anno rex Anglie per totam hyemem apud Andewerp perendinavit, ubi regina sibi peperit dominum Leuencium, comitem Dolvestier.

Item, rex suscepit vicariatum imperii a prefato duce Bavarie, qui se tenuit pro imperatore, super quo papa scripsit eii literas redargucionis et exortacionis satis dure conceptas, de dato idibus Novembris, pontificatus sui anno quarto, adhuc rege taliter in partibus transmarinis guerram suam pro suo iure incoandam suspendente.

In vigilia Annunciacionis undecim galee immiserunt ignem ville de Herewych, cuius ardorem ventus contrarius proibuit crescere in nocumentum. Ulterius in anno, circa Pentecosten, pirate Normannici et Ianuenses, in galeys et spinaciis circa portum Hamptonis[3] iterato in mari se ostendentes, se velle applicare comminati sunt per suos nuncios, quos iusserunt apparatum ville explorare. Et, quia paratos incolas ad resistendum perceperunt, ad insulam de Vecta migraverunt; set in illam non intrarunt, cedentes proibicioni incolarum; set se transtulerunt ad alia loca maritima minus bene munita, in quibus, more latrunculorum, multa mala commiserunt; et postea, in festo Corporis Christi, apud Hastinghe, quedam tuguria[4] piscatorum combusserunt cum eorum scaphis, hominibus occisis. Item, contra insulam Tanatis et Doveriam et contra Folkston multocies se ostenderunt, set in illis locis multa mala non fecere, nisi adversus pauperes piscatores. Deinde in portubus Cornubie

[1] predicti. B. [2] residuo. B. [3] Hamonis. B. [4] turgurria. B.

A.D.1339. et Devonie multa mala contra piscatores commisere, et naves quas invenerunt solitarias incendebant; et tandem in ebdomada Pentecosten portum de Plummouthe subito ingressi, naves quasdam magnas et magnam ville partem ignibus vastabant. Quibus dedit obviam dominus Hugo de Courtenay, comes Devonie, miles octogenarius, cum aliis militibus illius comitatus. Isti, post perdicionem quorumdam popularium qui dearmati quarellis balistariorum occubuerunt, demum piratas cominus aggredientes, multos super aridam mactaverunt, reliquis ad navigia ventilatis, et multos[1] navigio non valentes appropiare mare submersit, ad numerum quingentorum, secundum estimacionem tunc presencium ibidem.

They burn Plymouth f. 116ᵇ. They are defeated.

Nova funesta regis aures in Brabancia commorantis percusserunt per asserentes quod Hamptonam et alios portus Anglie cum illorum navigio pirate crudeles tiranni Francorum devastarunt. Proinde, suis amicis secum presentibus, scilicet marchioni Iuliacensi et cardinalibus, exposita necessitate se vindicandi in suum adversarium tirannum Francorum, recepit a cardinalibus tale responsum: 'Regnum,' inquiunt, 'Francie filo serico circumcingitur, quod tota potencia regni Anglorum non sufficeret infringere; propterea, domine rex, expectes Teutonicos et alios tibi confederatos, quorum maior copia tibi deest adhuc, ut ipsorum adiutorio saltim videaris posse Gallicis[2] nocere, atque tunc pacem honorabilem, nobis Dei gracia mediantibus, cum potenti rege Francie poteris optinere.' Ad hec indignati rex et sui comites, nulla contemplata expectacione Teutonicorum seu pecunie de Anglia future, quam expectando tempus magis aptum guerre inlapsum rex cognovit, finaliter sentenciavit se in terram Francie vexillo displicato equitaturum, et potenciam Francorum comminatam expectaturum, et quod illam vinceret prebentem occursum aut honeste sub illa moreretur.

Edward impatient to attack.

The cardinals' advice.

Anno Domini M.CCC.XXXIX. et regni sui Anglie xiij., in vigilia sancti Mathei[3], cum xij. milibus armatorum contra tirannum vexillo displicato incepit equitare, comburens et destruens villas[4] et castra circumquaque.

Edward invades France, 20 Sept.

[1] multis. B.   [2] *Here* C. *resumes.*   [3] Mathei apostoli. C.   [4] villa. B.

In prima nocte, celo contenebrato, dominus Galfridus Scrop, iusticiarius domini regis, duxit alterum cardinalem, scilicet dominum Bertrandum de Monte Favencio, beate Marie in Aquirio diaconum [1], in magnam turrem et altam, ostendens ei totam terram circumquaque versus Franciam ad spacium quindecim miliariorum in omni parte incensam, dicens: 'Domine, videturne tibi quod filum sericum Franciam circumcingens sit ruptum [2]?' Ad hec sine responsione cecidit cardinalis quasi exanimatus, tecto turris [3] expansus pre dolore et timore. Sic per quinque septimanas itineravit rex in regnum Francie, cotidie continuando suas dictas, sicud potuit exercitus laborare, ita quod totam patriam Cameracensem et Tornacensem et Vermodensem et Laudinensem, exceptis muratis civitatibus et ecclesiis et castris, destruxerunt, fugientibus incolis pre timore. Numquam sic itineranti ausus est aliquis obvius resistere, quamvis ipse tirannus Francorum cum magnis exercitibus infra civitates muratas suos congregasset, ipso in villa fortissima Sancti Quintini latitante; nec umquam terram, quam dixit esse suam, extra muros civitatum audebat defendere contra regem Anglie in campo exercitui suo presidentem. Propterea inter alias blasfemias, quas universus mundus intulit tiranno, quidam hos versus in cedula sagitte alligata in villam sancti Quintini sagittavit:

> 'Si valeas, paleas, Valoys, dimitte timorem,
> Non lateas, pateas, maneas, ostende vigorem;
> Flos es, rore cares, campis marcescis et ares;
> Mane techel phares; lepus et linx, non leo, pares.'

Quoad nomen proprium, quia vocabatur Philippus de Valesio, alius vel idem sic metrificavit:

> 'Phi nota fetoris, lippus nocet omnibus horis,
> Phi nocet et lippus; nocet omnibus ergo Philippus.'

Cumque Brabantini [4], propter defectum victualium et imminentis yemis asperitatem, disposuissent redire atque fuissent in redeundo, tirannus

---

[1] diacono. C.   [2] ruptam. B.   [3] *tecto....expans.*] brachiis expansis; *the word* brachiis *over an erasure.* C.   [4] Barbantini. C.

A.D. 1339. Francorum hoc advertens movit se versus exercitum regis Anglie; qui ipsum libenter expectans revocavit Brabantinos[1]. Acceptis itaque literis ex parte tiranni quod ipse voluit cum rege preliari[2], rex eii remisit quod ipsum voluit per tres dies in campo expectare. Igitur quatriduo in campo electo regem expectantem noluit tirannus appropinquare vicinius quam ad duo miliaria, set, pontibus confractis, et arboribus cesis atque semitruncatis et in itineribus patulis prostratis, ne rex ipsum insequeretur, versus Parisium cum dedecore[3] revertebatur. Quod intelligens, rex Anglie, de concilio suorum amicorum, propter defectum victualium rediit per Hanoniam in Brabanciam, ubi fere per totam hyemem perendinavit.

He retires to Paris
Edward returns to Brabant.

Medio tempore[4] contraxit magnam amiciciam cum Flandrensibus, qui omnem subieccionem, homagium, et fidelitatem ipsi iurare se paraverunt, dummodo regem Francie se nuncuparet et in illius rei signum arma liliata extunc[5] gestaret. Non enim aliter audebant eii obedire, propter interdictum pape, quod fuit interpositum in casu quo contra regem Francie forent unquam rebelles. Igitur de concilio suorum procerum et amicorum Flandrensibus consensit, et, assumptis nomine et armis regiis Francie, Flandriam recepit in suum dominatum; cuius incole ipsum extunc per magnum tempus, tamquam regi Francie conquestori, in omnibus obediebant.

Close alliance with the Flemings.

Edward assumes the arms of France.

De titulo et armis prenominatis taliter alloquebatur quondam Anglicos sibi missos tirannus Francorum: 'Quod,' inquit, 'cognatus noster arma gerit quadrata de armis Francie et Anglie compaginatis non nobis displicet, pro eo quod pauperiori nostre parentele bachulario partem armorum nostrorum regalium libenter concederemus deferendam; set quod in suis sigillo et literis prius nominat se regem Anglie quam Francie et primum quarterium suorum armorum cum leopardis anteponit quarterio liliato nos angustiat, videntes quod parvam insulam Anglie magno regno Francie preiudicet honorandam.' Cui dominus Iohannes de Schordich[6], miles et nuncius regis Anglie[7], respondit quod, usitato more

Philip's remarks on this event.

---

[1] Barbantinos. C. [2] preliare. B. [3] ad dedecus. C.
[4] tempori. B. [5] de extunc B. [6] Shordich. C. [7] *om.* B.

modernorum, titulum et arma suorum¹ progenitorum armis et nomini² iure materno sibi debitis racionabiliter pretulit suus dominus rex Anglorum.

Rege circa negocia prescripta occupato, naute Quinque Portuum, assumptis spinaciis et scafis bene munitis, cito post festum sancti Hillarii applicuerunt Bononie iuxta mare in tempore nebuloso quo vix in portu fuerant percepti, et in villa inferiori xix. galiotas et iiij. magnas naves et xx. scafas cum omnibus suis armamentis combusserunt una cum domubus iuxta mare situatis, inter quas erat una domus magna plena remis et velis, armis et balistis necessariis pro nautis et defensoribus decem et novem galeotarum. Tandem, orto conflictu inter villanos et Anglicos, plures intranei ceciderunt occisi.

Non multum postea, scilicet in principio mensis Februarii, rex in Angliam regressus, regina pregnante in Gandavo dimissa, habuit parliamentum apud Westmonasterium, ubi laici concesserunt sibi nonum vellus lane et nonum agnum et nonam garbam cuiuscumque generis bladi, et clerus unam nonam decimam. Ibi et rex statuit et fecit proclamari quod nullus Anglicus, racione nominis aut armorum que tanquam rex Francie habuit, secum arma portaret³.

Cito post Pascha comes Sarisburie et Suthfolchie cum paucis armatis, dantes insultum ville de Lyle in Flandria, que adesit parti tiranni Francorum, nimis de prope, scilicet infra portas, Francos fugientes insecuti, pectine demisso et fasse armatorum undique subito⁴ conclusi, capti in Franciam sunt transmissi. Duos illos milites, si non debeat obstare ista temeritas, probatissimos, inhumaniter tractavit superba indignatio Gallicorum; ferro nempe vinctos, quamvis fide interposita redditos, non super equos set in biga vectos, quasi predones, in medio cuiuslibet civitatis parve seu ville, clamore popularium blasfemandos, biga stare iussa, ipsos duxerunt ad conspectus tiranni, qui squalore

---

[1] *Here several leaves are wanting in* C. [2] nomine. B.
[3] portare. B. [4] stato. B.

A D 1340. carcerali maceratos interfecisset turpiter, nisi fretus concilio regis Boemie a cruenta libidine abstinuisset.

Edward keeps Whitsuntide at Ipswich.

Anno Domini M.CCC.xl., regni sui Anglie xiiij., dominus rex tenuit festum Pentecosten apud Gippeswicum, supra suum passagium versus Flandriam, intendens transivisse cum simplici comitatu, set, audito rumore quod tirannus Francorum misit magnam classem navium Ispanie et quasi totum navigium regni Francorum ad impediendum transitum suum, convocato suo navigio de Quinque Portubus et aliunde, ita quod habuit ducentas sexaginta naves magnas et parvas, igitur die Iovis ante

He sails for Flanders, 22 June.

festum Nativitatis sancti Iohannis Baptiste, vento prospero flante, incepit feliciter navigare, et die Veneris sequente in vigilia predicte Nativitatis vidit classem[1] Francorum in portu de la Swyne prelio paratam et quasi castrorum acies ordinatam; unde, in mari ancorans, per totam illam

Battle of Sluys, 24 June

diem deliberavit quid esset consulcius faciendum. In festo vero sancti Iohannis valde mane classis Francorum se dividens in tres turmas movit se per spacium unius miliaris versus classem[1] regis; quod percipiens rex Anglie dixit non esse ulterius expectandum, se et suis ad arma currentibus et cito paratis. Post horam nonam, quando habuit ventum et solem a tergo et impetum fluminis secum, divise in tres turmas, hostibus dedit optatum insultum. Horridus clamor ad ethera conscendit super equos ligneos, iuxta Merlini propheciam; ferreus imber quarellorum de balistis atque sagittarum de arcubus in necem milia populi detraxit; hastis, securibus et gladiis pugnabant cominus, qui voluerunt aut fuerunt ausi; lapides a turribus malorum proiecti multos excerebrarunt; in summa committitur sine ficticio ingens et terribile et navale bellum, quale vecors

Defeat of the first and second lines of the French fleet.

vidisse a longe non fuisset ausus. Magnitudo navium Spannie et altitudo multos cassavit ictus Anglicorum; set finaliter, Gallicis devictis et evacuata prima navium cohorte, saiserunt Anglici illam. Naves Gallicorum fuerunt concatenate, ita quod non poterant divelli ab invicem; unde, paucis Anglicis unam partem coortis evacuate custodientibus, cetere naves ad secundam coortem manus direxerunt, et[2] cum magna

[1] classica. B.   [2] *om.* B.

difficultate dederunt insultum. Illa tamen facilius quam prima fuerat evacuata, eo quod Gallici, navibus relictis, pro magna parte gratis se ipsos submerserunt. Devictis[1] igitur prima et secunda turmis navalibus, crepusculo noctis adveniente, Anglici propter noctis obscuritatem et nimiam lassitudinem quiescere decreverunt usque mane. Igitur de nocte triginta naves tercie coortis affugerunt; et una magna navis, que vocabatur James de Deope, voluit secum abduxisse quamdam navem de Sandwico, que fuit prioris ecclesie Christi Cantuarie. Set eius naute cum adiutorio comitis Huntindunensis viriliter se defenderunt, et eorum conflictus per totam noctem duravit. In crastino, finaliter devictis Normannis, invenerunt in navi capta ultra quadringentos homines occisos. Ulterius, die[2] illucente et cognito quod triginta naves affugerunt, misit dominus rex xl. naves bene munitas ad illas insequendas, quibus preposuit Iohannem Crabbe, quem periciorem in arte navali et cognicione portuum Francorum Anglici reputarunt; quarum tamen effectus ignoratur. In prima coorte navium captarum invenerunt victores illas naves, quarum prima vocabatur 'Dionisius,' et alia 'Georgius,' tercia 'Christophorus,' et quarta 'le Blake Cogk,' quas Gallici primitus, ut superscriptum est, a portu de Scluse furtive abduxerunt. Summa navium bellicarum ibi captarum ad ducentas, et bargiarum ad triginta, se extendebat. Numerus inimicorum occisorum viginti quinque milia excedebat et submersorum; de Anglicis vero quatuor milia fuerunt occisi, inter quos erant quatuor milites, videlicet dominus Thomas de Mounthermer, consanguineus regis, dominus Thomas le Latimer filius, et dominus Willelmus le Botiller de Siortborne, et quartus, ut dicebatur, quem non audivimus nominari.

Circa idem tempus Scoti, treugam inter ipsos et regem initam servare nolentes, Angliam in multa magnitudine venerunt, occisioni et combustioni totam fere marchiam submissam depredantes. Et cum predam reducturis nobiles marchiones illarum parcium, quibus magna pecunia pro marchie custodia a rege tradebatur, occurrere non curarent

---

[1] Devicta. B.   [2] de. B.

seu nimium protelarent, populares ipsis Scotis[1] redeuntibus viriliter occurrentes predam captam abstulerunt et multos occiderunt, et plus quam octoginta de maioribus Scotorum redimendos carceribus manciparunt; de quo maiores illius marchie minus racionabiliter fuerunt indignati.

French privateers harry the south coast. Postea, circa festum sancti Petri ad Vincula, pirate Gallici cum adiutorio Hispanorum insultum dederunt in insulam Vecte et subito intrarunt. Quibus dominus Petrus Russel, miles, cum popularibus obviavit et ipsos potenter expulit, pluribus eorum interfectis; set miles ibidem letaliter wlneratus exspiravit. Pirate vero ad partes Devonie se transtulerunt, et villam de Teygnemuthe episcopi combusserunt. Deinde versus Plummutham migrarunt, set ville defense nil nocuerunt; immo quedam maneria campestria combusserunt, et quemdam militem captum duxerunt quo volebant.

Edward returns to England and goes on pilgrimages.
He returns to Flanders with Robert of Artois. Post bellum navale prescriptum, reductis in Angliam copiis quas eduxit, rex spolia comitibus suis distribuit, et devota loca Anglie visitavit, in quibus gracias Datori victoriarum suppliciter persolvit. Postea, per assensum maiorum de suo concilio, in Flandriam, ut antea disposuit, transfretavit, secum deducens dominum Robertum comitem Dartoys, qui per longa tempora ad expensas regis in Anglia vixit. Ad regem nempe confugit, petens auxilium contra tirannum Francorum, qui possessiones patrum suorum in Artosia et Brabancia detinuit iniuste; unde rex eius homagio auxilium spopondit et prebuit eidem. Igitur per Flandriam et Brabanciam suum exercitum et dominium Francorum et suam hereditatem rex deducens, iterum ardere villas, profugare Francos,

He lays siege to Tournay. blada comburere aut sub pedibus equorum calcare, diu continuavit; et tandem civitatem Tornacensem fortiter obsessit, remissis comitibus Gloucestrie, Arundellie et Huntindonie in Angliam, pro tutela regni. Rex igitur, secum habens marchionem Iuliacensem, ducem Burgundie, et comites Hannonie atque Celrie, obsidionem cum paucis Anglicis tenuit valde magnam, cui victualia venalia competenter abunde populares de

[1] Scoti. B.

Flandria ministrarunt. Confirmatis nempe amicicia et pactis inter ipsos et regem nuper initis, ipsi per omnia, sicud vero regi Francie, se ipsos exibebant. Taliter obsidione confirmata, scripsit rex[1] Philippo de Valesio, tiranno Francorum, quod ipsum in campo expectaret pro bello ad diem certum inter ipsos feriendo; et respondit tirannus, diem assignans quo obsidionem se comminabatur amoturum. Set numquam ad talem honorem pervenit, licet ab obsidione non ultra iiij. leucas quasi per totum tempus in exercitu suo latitaret.

Comes Hanonie de licencia suos et cum illis ccc[tos]. Anglicos sagittarios et paucos armatos direxit versus opidum sancti Amandi, quindecim miliaribus distantem ab obsidione; ubi quinquaginta milites et alios multos ceperunt et occiderunt, et quasi infinitas divicias invenerunt, villa et patria adiacente circumquaque destructis; unde exercitui de victualibus habundantissime providerunt.

Duravit obsidio Torneacensis usque ad festum sanctorum Cosme et Damiani, quod est pridie vigilie sancti Michaelis. Quo die, post plurimos tractatus super treuga ineunda, per Francos procurata, in quam fuerat consensum ad peticionem Gallicorum usque ad festum sancti Iohannis Baptiste, extunc proximo futurum, duraturam, ut posset interim de pace tractari, et redditi fuerunt hinc et inde captivi, sub convencione iurata redeundi ad dictum festum in casu quo non fieret pax finalis. Sic fuerat soluta obsidio Torneacensis, et, si verum fateatur, ad magnam displicenciam regis Anglie. Rex nempe non habuit secum nisi paucos Anglicos ibidem, set omnes alii fuerunt stipendiarii, quibus per quindenam nihil fuerat solutum pro eo quod pecunia expectata de Anglia non venit. Preterea dux Brabancie et comes Hannonie, qui pro eo potissime cum rege militarunt, ut ville et castra, que tirannus Francorum ipsis abstulit et iniuste detinuit, forent eis per auxilium regis restituta, quod et fuit factum, set, cessante causa pro qua laborabant, non plus placuit eiis guerra aliena, propterea uno assensu regem provocarunt, et quasi coegerunt, ad treugam ineundam, quorum oportuit

[1] res. B.

ipsum pro tunc sequi voluntatem. Treuga igitur capta et obsidio soluta solis Anglicis et Flandrensibus et aliis paucis stipendiariis displicuerunt.

Rex igitur ad Flandriam reversus venit Gandavum ad festum sancti Michaelis, ubi diu expectavit treuge confirmacionem et pecuniam adfuturam, que non venit. Postea, putantibus omnibus Anglicis expectantibus in Gandavo cum rege ipsum ibidem ad festum Nativitatis Christi expectaturum, una dierum rex cum octo de suis, fingens se velle spaciari, equitans secreto, nullisque familiaribus premunitis, venit Selandiam[1], ubi nacto navigio, post trium dierum et totidem noctium navigacionem, in nocte sancti Andree circa gallicantum turrim Londoniarum per aquam intravit, ipsum comitantibus comite Norhamptonie et domino Nicholao de Cantilupo, Reginaldo de Cobham, Egidio de Bello campo, Iohanne de Bello campo, militibus, et Willelmo de Kyllesby et Philippo de Westone, clericis. Statim in aurora misit rex pro cancellario, tesaurario, et iusticiariis tunc Londoniis existentibus, et statim episcopum Cicestrensem cancellarii dignitate et episcopum Coventrensem ab officio tesaurarie absolutos voluit misisse in Flandriam impignorandos pro pecunia; set Cicestrensis exposuit sibi et suis periculum canonis qui imminet episcopos incarcerantibus, et sic ipsos turrim exire permisit. Iusticiarios vero maiores, scilicet dominum Iohannem de Stonore, dominum R[icardum] de Wyleby, dominum Willelmum de Scharesheolle, et precipue dominum Nicholaum de la Beche, qui prius fuit custos turris Londoniarum, et dominum Iohannem Molyns militem; item, mercatores dominos J. de Pulteney, Willelmum de la Pole, et Ricardum fratrem eius; et clericos cancellarie maiores, videlicet dominos Iohannem de Sancto Paulo, Michaelem de Wath, Henricum de Stratford, et de skakkario dominum Iohannem de Thorp et alios quam plures, iussit diversis carceribus mancipari. Nec eos absolvit quousque sua melancolia[2] concepta de pecunie detencione, quam ad obsidionem Torneacensem debuerant misisse, fuerat sedata.

Hoc anno, circa Nativitatem Domini, Henricus episcopus Lin-

[1] Selandia. B.   [2] malencolia. B.

colniensis et dominus Galfridus Scroup, iusticiarius, regis principales
conciliarii, in Gandavo obierunt.

Anno Domini M.CCC.xlj., regni vero sui Anglie quintodecimo, rex celebravit Christi Natale apud Guldeford, et postea apud Reding hastiludiavit. Iterum in festo Purificacionis, apud Langeley puerorum, propter honorem nobilium de Vasconia quos ibidem cinxit ad ordinem militarem, habuit solempnia hastiludia. Item, hoc anno fecit Robertum de Boursier, militem, cancellarium Anglie, et Robertum de Sadyntone et Robertum de Parnynk, milites, ad officium tesaurarie sucessive ordinavit. Emisit eciam iusticiarios, qui in quolibet comitatu sederent et inquirerent super collectoribus decimarum et quindecimarum et lanarum et ministris aliis quibuscumque. Et, quia Londonienses noluerunt permittere quod super huiusmodi inquisicionibus contra libertates civitatis iusticiarii in civitate sederent, ideo ordinavit rex quod in turre Londoniarum iusticiarii itineris suas sessiones incoarent, super factis Londoniensium inquisituri. Set, quia Londonienses noluerunt ibi respondere quousque sue libertates allocarentur, nec super huiusmodi allocacione potuerunt brevia seu cartas regis habere de regni cancellaria, oriebatur in turri magnus tumultus, a personis ignotis suscitatus, adeo quod iusticiarii ibidem se nolle sedere finxerunt usque post Pasca. Interim rex, pre[1] tumultu predicto graviter offensus, nitebatur scire nomina suscitancium prefatum tumultum; set ad aliam noticiam non potuit devenire, nisi quod autores tumultus exorti[2] fuerunt persone mediocres civitatis, suas libertates vendicantes. Unde dominus rex, sua turbacione mitigata, Londoniensibus remisit offensam, iusticiariis suas sessiones quoad locum illum desinentibus.

Anno isto, in quindena Pasce, in parliamento Londoniis celebrato, comites et maiores regni, scilicet pares et communitas, inter cetera pecierunt quod magna carta et illa de foresta cum aliis ecclesie et regni libertatibus forent ad unguem observata, et maiores officiarii domini regis a paribus regni in parliamento eligerentur. Set has peticiones

[1] pro B. [2] exosi. B.

A.D. 1341.

A compromise.

rex iuxta suum privatum concilium recusans exaudire, et proinde parliamento usque ad festum Pentecosten protelato, finaliter concessit quod sui principales officiarii in parliamento forent iurati, quod in suis officiis cuilibet iusticiam exiberent, et, si non facerent, in quolibet parliamento tercio die post principium parliamenti sua officia resignarent et singulis de eiis querelantibus responderent, atque iudicio parium, si oporteret, punirentur. Super hiis et aliis factum fuit statutum regio sigillo consignatum, et extunc prelatis et aliis magnatibus dabatur licencia recedendi.

The emperor cancels Edward's office of vicar of the Empire.

Hoc anno, circa principium mensis Iulii, recepit dominus rex literas Ludowici ducis Bavarie et usurpatoris imperii Romanorum; in quibus prefatus Ludowicus, pretendens amiciciam inter ipsum et Philippum regem Francie nuper initam, dixit sibi displicere guerram Gallicam per regem Anglie incoatam, et monuit concordiam inter reges et pacem reformandas, ad quam se ipsum optulit et ad hec promisit se libenti animo velle vacare et impendere honerosa prosecucione labores, et ad hec securius facienda peciit a rege. 'Placeat,' inquiens, 'tibi nobis tuis literis dare potestatem premissam tractandi concordiam, treugas ad annum vel biennium ordinandi'; infra quoque se excusans de amicicia inter ipsum et regem Francie Philippum, ut dictum est, iniciata, quam dixit cum honore suo se posse acceptasse, ex quo rex Anglie absque scitu suo cum rege Philippo treugas et certos terminos ad tractandum

f. 119ᵇ.

de concordia suscepit; propterea predicta amicicia non debere regem Anglie moveri[1]; et versus finem subiunxit: 'vicariatum tibi per nos commissum ex causis revocamus. Data Francunford, xiiij. die Iunii, regni nostri anno xxvij. et imperii xiiij.'

Ad vocatos[2] apices imperiales rescripsit rex ita: 'Serenissimo principi, domino Ludowico, Dei gracia Romanorum imperatori semper augusto, Edwardus, eadem gracia rex Francie et Anglie et dominus Hibernie'——

Anno Domini M.CCC.xlij., regni sui Anglie xvj. Francieque tercio, rex dedit comitatum Cantbriggie domino Iohanni de Henald, patruo

---

[1] movere. B.   [2] vocatas. B.

domine Phillipe regine, et, postquam apud Novum castrum celebravit festum sancte Katerine et solempnitatem Dominice Nativitatis, quo ad idem festum David rex Scotorum comminabatur se affuturum, collecto exercitu intravit Scociam, et predictum David fugientem persequebatur ultra mare Scoticum, omnia devastans preter castra et paludes, in quibus Scoti cum eorum rege David se occuluerunt.

Atque comes Sarisburie, Willelmus de Monte acuto, nacto navigio cimbarum, insulam unam et optimam illarum, quas vocant Howt hildes, Scocie pertinencium, est ingressus; ubi universa victoriose subiugavit. Predictam insulam, que Mannia vocatur, dominus rex prefato comiti conquestori libere dedit possidendam, et regem illius terre fecit ipsum appellari atque coronari.

Rex deinde ad partes reversus australes egregium torneamentum apud Dunstaple solempnizavit, cum ducentis et triginta militibus, et eodem anno unum bourdis apud Norhamptone fieri permisit.

Item, in parliamento apud Westmonasterium celebrato, dominus Iohannes archiepiscopus Cantuariensis fuit regi conciliatus; coram quo in parliamento, non tamquam suo iudice ordinario, iuravit quod, quamvis de suo concilio et assensu rex tiranno Francorum pro ducatu Aquitannie et comitatu Pontivie fecerat homagium, ad hoc tamen numquam consensit tamquam in regis preiudicium, nec ut tiranno Francorum huiusmodi concilium prebendo placeret, set quia pro tunc hoc putavit consulcius faciendum pro pace et utilitate regis et regni.

Post predictum parliamentum rex fecit incudi auream monetam triplicis valoris, scilicet denarium vj. solidorum et octo denariorum, obolum xl. denariorum, et quadrantem xx. denariorum.

Anno Domini M.CCC.xliij., regis Anglie 17, religiosi possessionati, ad preces amicorum regis, libere contulerunt ei, in subvencionem iuste guerre sue, iocalia preciosa, aurea et argentea, equos eciam, bigas atque quadrigas; unde suum erarium multum notabiliter fuerat ditatum. Eodem anno committebatur escaetoribus regis inquirere et certificare concilium regis, qui ad valorem centum solidorum vel supra de ipso in capite seu de quocumque feodalia tenerent, et eorum nomina in scriptis notificare. Aliis eciam committebatur quod in qualibet schira sagittarios experiendos convocarent, alios eciam viros aptos armis deferendis cum armis quibus melius scirent se defendere aut hostes invadere, et omnibus sic convocatis et expertis etatis legitime fuerat preceptum ut ad regis imperium forent parati secum contra suos et regni inimicos pugnatum ituri. Eodem anno multi vocati in regis auxilium contra Scotos, nec parati ad eundum, contulerunt pecunias, quibus stipendiarios pro ipsis domi remansuris rex posset vadiare.

Anno Domini M.CCC.xliiij., regis Anglie xviij., in auxilium domini Iohannis de Monte forte, ducis Britannie, cuius uxor et filii in custodia regis manserunt, fuerunt missi comes Norhamptonie et comes Oxonie, dominus Hugo Despenser, dominus Ricardus Talebot, milites, et dominus Willelmus Kyllesby, clericus, singulis prefectis magnis copiis armatorum et sagittariorum. Britanniam itaque profecti, invitis inimicis resistentibus, terram ceperunt, et multos asperos conflictus contra ipsos habuerunt. Tandem, captis villis tam muratis quam campestribus et aliis fortaliciis, castra de Bruske et de Templo Correntyn per insultus ceperunt, et totam patriam partim redditam et partim destructam sibi submiserunt usque ad villam de Morleys, ubi dominus Karolus de Bloys cum ingenti exercitu illis obviavit. Igitur in campo iuxta Morleys exercitus hostiles conflixerunt, ubi animositas utriusque gentis, Britonum videlicet, Gallicorum atque Anglicorum, fuerat experta. Pugnatum est fortiter ex utraque parte, ita quod contigit in illo certamine quod nec in bellis, nec Halydonehiel nec de Cressi nec de Petters, audivimus contigisse. Duces nempe parcium, scilicet Karolus de Bloys, cui illius terre dederat ducatum Francorum tirannus, et Willelmus de Bohun, comes Norhamptonie, quem pro tuendo iure Iohannis de Mountfort, naturalis ducis illius terre, rex exercitui Anglicorum prefecit, animositate quam habuerunt heroes generosi, omnia libencius perdidissent quam turpi vecordia arguendi, campo relicto, terga vertissent. Pugnatur proinde ex utraque parte animose, nec unquam in tota Gallica guerra, que capturam seudo-regis

Francorum Iohannis antecessit, Francos tam acriter vel ita diu manualiter in campo pugnasse potuerit asserere Anglicus aut Francus aliquis, nisi mendax. Ter eodem die lassati ex utraque parte se modicum retraxere anelitum respiraturi, palis, lanceis et spatis ad quiescendum appodiati. Set tandem magnanimus ille Karolus, suis fugientibus, compulsus erat fugam inire; unde Anglici saluti pacifice vacabant.

Anno Domini M.CCC.xlv., regis xix., Henricus comes Derbie, postea dux Lancastrie creatus, et comes Devonie et comes Pembrochie et dominus Radulfus, nondum comes Staffordie set baro, et dominus Walterus de Magne Vasconiam destinantur; ubi, conquisitis villis muratis et castris, multa gloriosa certamina fortiter vicerunt. Villam Daguiloun per insultum adquisitam deputabant custodie Radulphi Staffordie. Postea diverterunt se ad alias villas, ut Brigerak, vocatam pre sua fortitudine 'cameram Francorum,' et ad villam sancti Iohannis et de la Ruele et alias multas grandes et fortes et bene munitas, quas magnis laboribus et insultibus periculosis adquisierunt. Ibi dux Lancastrie, militans[1] in fossatis subterraneis que pro diruendis turribus et muris effodiebantur, graves a virilibus defensoribus insultus paciebatur, et manualiter contra obsessos dimicavit, et, quod antea fuit inauditum, in eiisdem fossatis milites tam Vascones quam Anglicos effecit. Quippe villas, civitates, castra et fortalicia ducentas l. conquirendo, magnam partem Vasconie et usque Tolosam transequitavit, ubi dominas Tolosanas et virgines nobiles per suas literas ad convivandum secum et suis comitibus et[2] domino Bernardo de Libreto, Aquitannico fideli, invitavit. Set, civitatem Deo conservante, nihil eius incolis malefecit, nisi quod terrorem intollerabilem, ut obsessi mihi retulerunt, eiis intulit; ita quod, religiosis mendicis ad arma compulsis, prior Carmelitarum beate Marie Tolose, sub vexillo argenteo ymaginem auream beate Virginis habente, de quarterio[3] sui incolatus civibus prefectus, ostendens suum vexillum ad muros, per armorum errancias[4] descriptum ducem ad

---

[1] milites. B.   [2] *om.* B   [3] quarerio. B.   [4] errancios. B.

A.D.1345. devocionem piam et quam plures de exercitu, atque nonnullos ad derisionem, provocavit.

Siege of Aiguillon by the duke of Normandy (A.D.1346).

Postea, circa Quadragesimam anni secundi, duce et comitibus cum predis et captivis redimendis, auri quoque et argenti magnis collectis, Burdelagiam, Brigeracum, et alias municiones suas reversis, Iohannes de Valesio, primogenitus et heres tiranni Francorum, cum magna multitudine iuvenum militum et stipendiariis Teutonicis non paucis, obsessit villam de Aguyloun et eius capitaneum baronem Staffordie, et ita sapienter suum exercitum fossatis munierunt quod ad eos Anglicis sine magno periculo non patuit accessus, saltim ipsis invitis; nec minus prudenter seu viriliter obsessi suam civitatem defensam custodiebant, ita quod pluries cum exercitu extra muros et portas manu ad manum pugnavere. Dux vero et sui non segniter se habuerunt, immo plures conflictus cum obsessoribus habuere et obsessos crebro novis victualibus refecerunt, nec tamen obsidionem valuerunt penitus amovere, propter impossibilitatem aggrediendi obsidentes fossis circumseptos, qui noluerunt ad bellum campestre feriendum assentire, set respondebant se non propter bellum set ad obsidendam illam civitatem illuc advenisse. Itaque duravit obsidio prestita usque post festum Decollacionis sancti Iohannis; audito nempe pro tunc quod rex Anglie apud Cressi patrem suum Philippum debellavit, timens ne nimis tarde ad patris presenciam et concilium deveniret, gratis dimisit obsidionem, tentoriis et papilionibus suis incensis, occultam fugam iniit tenebris nocturnis. Fugientes persequebantur nobiles obsessi, scilicet comes Staffordie predictus et filius domini de Libreto, et percusserunt eos in posteriori exercitus parte; cuius amputata cauda, de illorum equis et captivis reductis, tentoriis quoque ab igne salvatis opidani fuerunt notabiliter ditati, et de rumoribus illorum fugam cantivis valde confortati.

Preparations in England for war.

Hiis in Vasconia et predictis in Britannia mirabilius quam scripsi se habentibus, domino regi ad transfretandum se disponenti eliguntur sagittarii, decime et quindecime burgensibus et campestribus sunt collecte, et insuper vicesies milia saccorum lane eiidem conceduntur. Item, dominus Godefridus de Harecourt, Normannus, venit ad regem, et petens auxilium contra tirannum Francorum, qui terras et possessiones suas sibi detinuit et abstulit iniuste, facto regi homagio, iuravit sibi fidelitatem. Postea penituit eundem, propterea conversum in prodicionem regis, ut placaret faciem tiranni Francorum; et hoc in sequentibus erit tactum.

Anno Domini M.CCC.xlvj., regis anno xx., comes Norhamptonie et ceteri domini cum illo Britanniam, ut descriptum est, profecti, castra per illos adquisita in ducatu Britannie viris fidelibus bene victualiata custodienda commiserunt, et ad presenciam domini regis cum gloria et honore in Angliam revertebantur.

Postea dominus rex suum passagium in Neustriam properavit, ipsum apud Portusmutham et Porcestriam navigio expectante. Igitur cum comitibus Norhamptonie, Arundelie, Warwykie, et domino de Harecourt, Huntyndonie, Oxenfordie, et Suffolchie, et episcopo Dunelmensi, et domino Willelmo de Kyllesby, clerico, quorum quilibet copiosam massam armatorum atque sagittariorum secum deduxit, dominus rex ad predictos portus a kalendis Iunii usque ad quintum diem mensis Iulii ventum tardum set prosperum expectavit. Tandem cum mille navibus, spinaciis, atque cariariis inceperunt velificare mirabiliter. Secretum tenebatur tunc concilium regale; magistri nempe navium adhuc de portu amoti nescierunt quo deberent naves dirigere, set iussi sequebantur amirallum. Attamen eodem die rex de sua nave emisit nuncios ad cetera vasa, iam longe ab litore distancia, precipiens eorum rectoribus ut sequerentur amirallum, ad portum de Hoggis in Normannia naves directuri. Tandem die tertio decimo eiusdem mensis Iulii, ad portum desideratum applicuerunt, ubi, nacti terram, in littore suum primogenitum fecit militem et eum principem Wallie constituebat. Statim princeps fecit milites dominos de Mortimer, de Monte acuto, et de Ros; et cum illis eciam fuerunt alii consimiliter ad ordinem promoti militarem. Per residuum diei et totam noctem rex in villa de Hogges ospitabatur, et in crastino, die Iovis, per exercitum villa combusta, deinde per patriam Constantin

80 *CHRONICON GALFRIDI*

A.D.1346. profectus¹, nocte sequenti in Marcelins rex hospitabatur, ibi per quinque dies commoratus, in quibus tota patria cum villa de Barbeflete combusta fuerat, vastata cum tota illa costa marina. Deinde ad Valoygnes, bonam villam combustam; deinde ad Seint Combe de Mont, iuxta pontem Dove, et ad Karantam; deinde ad Serins et ad civitatem sancti Ludowici et bonam villam de Turny profecti, omnia combusserunt; et illa nocte ospitatus rex ad Cormolin. Deinde apud Gerin, cellam monasterii de

Capture of Caen. Came, nihil relinquitur inconsumptum. Postea, in die Martis, dederunt insultum, et cum magno certamine ingressi sunt nobilem civitatem de Came, ad pontem, qui acerrime fuerat defensus. Illic² fuerunt capti et occisi centum et xliij. milites, inter quos fuerunt comes de Ew et camberlinus de Tankervyle, probi milites, cum aliis captivis in Angliam missi, et abbatissa de Came; de civibus³ ville qui resistebant fuerunt occisi amplius quam mille trecenti. Ibi morabatur exercitus per sex dies, qui spolia usque tunc in villis et patria adquisita vel miserunt vel vendiderunt nautis vel per nautas, qui iuxta maritima regem sequebantur⁴, omnia vastantes, que possent ad artem navalem pertinere. Deinde ad monasterium forte et defensivum et villam de Troward, in marisco situata; postea ad Argenz, bonam villam. De nocte venerunt ad Romenil,

Arrival at Lisieux. omnia comburentes. Deinde apud civitatem de Lyseus invenerunt cardinales de Claro monte et Neapolitanum et unum archiepiscopum, offerentes regi tractatum pacis; et ibi morabatur rex per iij. dies, recusans tunc de pace tractare. Deinde preterierunt Lestintnoland et villam de Briene, et hospitabantur apud Neuburgh, et postea apud Celebeef super Seganam⁵; et ibi Wallici Seganam transnataverunt, patriotis invitis resistentibus, et plures eorum occiderunt. Deinde transierunt iuxta

Advance to the Seine. castrum et villam de Pount darch, loca forcia non expugnata; et illa nocte apud Lury super Seganam hospitabantur, iuxta bonam villam de

March up the left bank. Lovers, que fuit incinerata. Postea transierunt per castrum et villam de Gailon, capta et combusta, et ospitabantur apud Lungevile, que est iuxta

¹ profecti. B.   ² Illuc. B.   ³ quibus. B.   ⁴ sequebatur. B.
⁵ Seigne Seganam. B. *The first word no doubt an incorporated gloss.*

bonam villam et castrum de Vernon, non capta nec tacta, et ibi intrarunt in Franciam. Et illa nocte combusserunt castrum de Rocheblanche, que stat ultra Seganam, et ospitabantur apud Frevile super Seganam. Postea transierunt per villam de Maunte, de nocte ospitati apud Eporne. In crastino, die Veneris, transierunt ad Freignus; et in Sabbato venerunt ad bonam villam de Poecy, ubi pontem per Gallicos fractum, ne regi trans Segenam transitus per illum pateret, contrario sensu ipse rex fecit reedificari. Et eodem die Dominico venerunt de Amyas et Francia tres magne acies ordinate ad proibendum regi passagium; set, habito ibidem acri conflictu et trecentis Gallicis in illo peremtis atque ceteris fuga[1] dilapsis, combusserunt triginta duas bigas et quadrigas plenas balistis, quarellis, et aliis armaturis atque victualibus. Igitur, ibidem mora duorum dierum protracta, transierunt ad Gersile iuxta Pountoys; et die Mercurii apud Autel ospitati, in crastino dimiserunt a latere civitatem de Beuvoys intactam, et per Trosolurs profecti apud Somereus die Veneris ospitium ceperunt. In crastino cum insultu expugnaverunt villam de Poys acriter defensam, et castrum combusserunt. Deinde, profecti diebus Lune et Martis, apud Areignus sunt demorati. Deinde, apud Acheu ospitati, die Iovis venerunt ad Noil sur la Meer, vadum aque de Summe de Port, ubi fluxus et refluxus maris succedunt. Ex opposito illius vadi venerunt Gallici de civitate Dabevile et illius patrie cum exclamacione valde superba proibituri transitum per vadum, in tres acies terribiles divisi; contra quas habuerunt Anglici dirum congressum, domino Hugone de Spenser illud primitus arripiente. Set, per Dei graciam, adverso litore invitis resistentibus adquisito, ibidem plures quam[2] bis mille ceciderunt peremti, et eadem nocte, villa de Crotoye capta et incinerata, amplius quam trecenti stipendiarii Ianuenses post periculosam resistenciam corruerunt occisi.

Ad vesperum diei Veneris sequentis, rege super litus de Summe residente, venit super ripam, quam antea peragrarunt, Philippus de Valesio tirannus Francorum, et cum ipso reges Boemie et Malogrie, cum

[1] fuge. B.   [2] *plures quam*] *misplaced after* peremti. B.

A.D. 1346. exercitu innumerabili in acies octo magnas diviso. Gallici regem et Anglicos superbe exclamaverunt, militibus utrinque in vado et super litus more guerre hastiludiantibus. Rex misit tiranno offerens pacificum et indempnem transitum per vadum ad eligendum sibi locum aptum bello; set formidolosus iste Philippus, qui se antea minabatur insequiturum regem, noluit tunc bellum, set quasi ad alium locum aquam transiturus divertebat, et rex ipsum expectabat per totam noctem. In crastino, scilicet die Sabbati, rex promovit suum exercitum ad campum de Cressi, ubi obviavit eii exercitus tiranni. Igitur rex semper ad prelium preparatus, et sui exercitus acie prima principi Wallie filio subordinata, custodia secunde missa, terciam custodiam sibi retinens, omnia Deo et Virgini beate commendavit, observato quod sui omnes pedites insultum hostilem expectabant, dextrariis et cursariis cum victualibus venacioni hostium fugitivorum reservatis.

Battle of Crecy.

Exercitus Francorum fuit in novem turmas divisus. Prima custodia regi Boemie, viro magne sapiencie et armorum experiencie, commendabatur, qui eodem die in purgacionem sue fame peciit a tiranno primum ducatum atque prophetavit se moriturum contra nobiliorem mundi militem; sibi enim dicenti regem Anglie non esse fugam initurum fuit vecordia improperata, unde regimen prime custodie habuit cum instancia magna. Tantum securi fuerunt in multitudine sui exercitus heroes Francorum, quod singuli pecierunt singulas personas Anglicas suis carceribus mancipandas. Rex Malogrie peciit regem Anglorum sibi dari, alii principem, alii comitem Norhamptonie, alii alios, secundum quod videbantur nobiliores; set tirannus hastutus, timens ne circa capcionem nobilium redimendorum sui forent nimium ocupati, et proinde segnius ad communem victoriam hanelarent, iussit explicari suum vexillum quod vocatur Oliflammum, quo erecto, non licuit sub pena capitis aliquem capere ad vitam reservandum. Vocabatur inquam Oliflammum, significans misericordiam Francorum incensam aliquem mortalem[1] reservare ad vitam non posse, sicud nec oleum inflammatum alicui cremabili

Disposition of the French army

f 122.

The oriflamme unfurled.

---

[1] mortalem posse. B.

posse parcere. Ita vexillum ad dextram stacionardi regalis Francie habuit aurea lilia lata cum filis aureis a lateribus vexilli regii Francorum, quasi in vacuo dependencia. E contra rex Anglie iussit explicari[1] suum vexillum, in quo draco armis suis togatus depingebatur et abinde fuit nuncupatum 'Drago,' significans feritatem leoparditam atque miticiam liliorum in draconcinam crudelitatem fuisse conversam.

The English Dragon standard displayed.

Acies taliter ordinate steterunt in campo ab hora prima diei usque ad vesperam, Gallicorum multitudine honerosa per advenientes continuis incrementis multiplicata. Tandem, circa solis occasum, exercituum nimis horridorum post guerraria astiludia, prima certamina, tubis clangentibus, timpanis et naquirinis cum lituis strepentibus, Gallicis Anglicos quasi tonaret exclamantibus, incoaverunt balistarii Francorum, quorum quarelle nullum Anglicorum attigerunt set ceciderunt a longe coram eiis. Ad strepitum pregrandem balistariorum excitati sagittarii adversos cum sagittis confossos necuere, et imbrem quarellarum grandine sagittarum finiverunt. Intellecto quod balistarii nihil Anglicis nocuerunt, Gallici armati, iuvenibus dextrariis et agilibus cursariis insidentes, balistarios ad numerum septem millenariorum inter ipsos et Anglicos situatos sub pedibus equorum calcaverunt prostratos, impetuose festinantes in Anglicos suas ostentare virtutes. Itaque inter pedites grossis equis calcatos sonus inorruit lamentabilis, quem posteriores in exercitu Francorum putaverunt fuisse Anglicorum morientium. Nitebatur proinde quilibet Gallicus suos prosequi precedentes; set ad illam inconsultam temeritatem maxime fuerunt voluntarii novicii milites, quibus valde habundavit exercitus, et omnes cupidi magni honoris, quem regem Anglie debellando quilibet putabat se adquisiturum.

Delay.

Commencement of the battle.

Charge of the French.

E contra Anglici, Christi matrem invocantes, cum illum diem sabbati cum ieiuniis sanctificarunt[2], effodierunt in parvo tempore multa foramina in terra coram acie prima, profunditatem unius pedis et eandem[3] latitudinem habente[1] quolibet illorum, ut, si, quod abfuit, equites Gallicorum ipsos nimis fuissent insecuti, equi ad foramina titubassent. Sagit-

Disposition of the English.

---

[1] *om.* B.   [2] sacrificarunt. B.   [3] tandem. B.

A.D.1346. tariis eciam sua loca designarunt, ut, non coram armatis, set a lateribus regis exercitus quasi ale astarent, et sic non impedirent armatos neque inimicis occurrerent in fronte, set in latera sagittas fulminarent.

The French thrown into confusion.

Igitur a balistariis, ut dictum est, per equos grossos calcatis et a dextrariis per sagittas perforatis, ingens luctus ad astra[1] levatur, et ab equis titubantibus aciei forma Gallicorum orride turbatur. Cum Anglicis armatis confligentes securibus, lanceis, et gladiis prosternuntur, et in medio exercitu Francorum multi compressi a multitudine honerosa sine wlnere opprimuntur.

Prowess of the prince of Wales.

In tam diro congressu acierum magnanimus Edwardus de Wodestoke, regis primogenitus, agens tunc annum etatis sextum decimum, in prima custodia ostendebat Gallicis suam probitatem admirandam, equos perforando, equites prosternendo, cassides conquaciendo, lanceas truncando, ictus obiectos prudenter frustrando, suos iuvando, se ipsum defendendo, amicos prostratos erigendo, et suis omnibus exemplum bene faciendi exibendo; nec a tanto labore conquievit, quousque inimici aggere mortuorum muniti se ipsos retraxere.

f. 122[b].

Ibi didicit ille militaris honor quomodo bellum de Peitiers, in quo postmodum regem Francie captivavit, actus militares expertus ordinaret. In isto certamine perstiterunt continue cum iuveni principe contra illi pauci ordinati aciei prime, quos Gallici crebro commutati et pro occisis aut fessis seu wlneratis retractis novi recentes supervenerunt, et continuis accessibus ita ocuparunt principem et sibi astantes, quod per ingruentem super illum molem hostium tunc compellebatur genuflexus pugnare. Tunc cucurrit aut equitavit quidam[2] ad regem suum patrem, et petens auxilium exposuit periculum quod imminebat suo primogenito; unde missus [3] cum xx. militibus in principis succursum, invenit ipsum et suos lanceis et gladiis appodiatos, super montes mortuorum longos respiracioni et quieti inclinatos, hostes retractos expectare. Sic a solis occasu usque ad

Defeat of the French.

terciam noctis quadrantem fuerat vicissim orrida Martis facies ostensa, in quanto tempore ter Gallici nostros exclamaverunt hostiliter, quindecies nostris insultum dederunt, set tandem victi abfugerunt.

[1] *astara.* B.   [2] *om.* B.   [3] *blank.* B.

In crastino quatuor[1] acies recencium Gallicorum supervenerunt, et, quasi nullum malum suis accidisset, Anglicos iam quarto pompatice exclamantes, decimum sextum congressum inierunt. Anglici ex adverso, quamvis hesterno labore fessi, attamen viriliter restiterunt, et post acre magnumque certamen hostes in fugam compulerunt, atque fugientes insecuti in ipsa venacione et a principio illius conflictus ter mille viros occiderunt, predictis scilicet diebus sabbato et die Dominico.

Fuerunt in prelio de Cressi peremti rex Boemye, archiepiscopus de Zanxinus, episcopus de Noyoun, dux Lotoringie, comes Dalensount et frater eius, Philippus comes de Harecowrt et duo filii eiusdem, comes Darsour vel Dauser, comes Daumarle, comes de Saumus, comes de Bloys, comes Flandrie, comes de Mocobiliard, comes de Nauver, comes de Grant pres; et alii comites, ut dicebatur, Teutonici, quorum nomina fuerunt ignota. Aliorum dominorum fuerunt occisi dominus Robertus Bertram, marescallus exercitus, dominus de Rossengburgh, maximus de concilio tiranni, prior provincialis Francie ospitalis sancti Iohannis, abbas de Corbele, dominus de Morele, dominus de Kayen, dominus de Sevenaunt, et plures alii, quos Gallici capti et inquisiti nescierunt nominare. Summa virorum militarium et superioris dignitatis in illo bello peremtorum excedebat[2] quatuor miliaria; alios vero[3] ibidem occisos nemo curavit numerare. Istos generosos detraxit in cladem ipsorum inconsulta presumcio, ut tactum est, nitencium quemlibet alium antecedere ad honorem capiendi seu debellandi regem Anglie.

Ab hora nona illius diei Dominice, quo biduum[4] certamen fuit terminatum, rex et exercitus, semoti a mortuis per medium miliare, graciis Datori victoriarum et quieti corporali indulgebant, suos nec minus recensentes; non invenerunt quod quadraginta de toto exercitu regis perierunt. Tandem hora vesperarum capientes corpus regis Boemie, fecerunt aqua tepida lavari et involvi in lineiis mundis et poni in feretrum equestre; et circa illud episcopus Dunelmensis, astantibus rege et suis comitibus cum clero presenti, exequias mortuorum solempniter celebravit. Item,

[1] quatuor et. B.   [2] excedat. B.   [3] res. B.   [4] buduum. B.

86 *CHRONICON GALFRIDI*

A.D. 1346.

f. 123.

Siege of Calais, 4 Sept.

The Scots invade England.

Capture of the castle of Liddel.

Sir Walter de Selby put to death.

in crastino, super altare viaticum missa de Requiem et aliis privatis celebratis, ducto secum corpore nobilis regis Boemie, transierunt per monasterium de Mounteneye, et die Martis sequenti per unum malum passagium ad villam de Mountency, et exinde ad abbaciam de Seint Ioce. Postea, pretereuntes vadum quoddam, ad Novum castrum devenerunt, ubi demorati duobus diebus, exinde venerunt Calesiam, quam statim obsidione vallaverunt, quarto die Septembris, anno regni regis Anglie xx. et a conquestu Francie septimo.

Edwardo, Dei gracia rege Anglie et Francie conquestore, inexpugnabilem villam de Caleys obsidente, misit tirannus Francorum ad David regem Scotorum magnum numerum Ianuencium et aliorum stipendiariorum, ipsum exortans per suas literas quod Angliam, sua milicia et viris bellicosis, ut dixit, evacuatam, fortiter aggrederetur depredare, castra et municiones expugnare, et ad suos usus reservare, ut alias illi duo simul sibi totam Angliam eo facilius subiugarent. Igitur, circa festum sancti Dionisii, rex Scotorum David cum potencia Scotica et stipendiariis sibi missis ingreditur Angliam, dimittens Berewicum per Anglicos defensum. Tandem, peragrata foresta Alnewici et adiacente patria depredata, oppugnarunt quoddam manerium domini[1] de Wake, vocatum Ludedew. Predictum locum per tempus aliquot contra ipsos defendebat dominus Gualterus de Seleby, miles magne probitatis, qui tandem, mole Scotorum coactus, victori se reddidit pro redemptione conservandus, qui eum in graciam, more victoris de iure militari bellis Scoticis atque Gallicis usitato, [cepit[2]]. Vite illius captura ad David noticiam ventilata, iubetur occidi illius miserentem atque redempcionem affectantem. Deprecabatur ut ad David conspectum vivus duceretur.

[1] domine. B.
[2] *Gualterus ... cepit.*] *This passage is in utter confusion in* B., *probably owing to a part of it having been written in the margin of the original MS. and incorporated here at the wrong point. It is as follows:* Gualterus de victoris se reddidit pro redempcione conservandus qui suum in graciam Seleby miles magne probitatis qui tandem mole Scotorum coactus more victori de iure militari bellis Scoticis atque Gallicis visitato.

Petiti primi voti compos, genuflexus coram David petivit vitam pro redempcione; set iterum morti condempnatur. Allegavit miles contra crudele mandatum tiranni quod, antiquo iure pietatis regie regnorum tam Scocie quam Anglie vel Francie, quilibet miser, eciam reus regie magestatis, foret gavisurus privilegio immunitatis, quamdiu conspectui regis astaret, et quod numquam contingebat aliquem supplicio finali detrudi, postquam presentis faciei regalis misericordiam suppliciter petivit. Set indurata malicia tiranni torquens funem facinorosum, quo in precipicium traceretur, non recordatus quod oleo, misericordie typum gerente, fuerat quondam perunctus in regem, quasi lacte leene fuisset educatus, iussit duos filios[1] miseri militis in conspectu patris iugulari, et postea pre dolore fere insanientis capud amputari. Testis[2] mihi Deus, pluries inquisivi, set non audivi de illo milite quod prodicionem contra regem Scotorum aut aliquem Scotum perpetravit unquam; cuius et filiorum crudelem et iniustam peremcionem credo fuisse magnam causam periclitacionis regis et magni exercitus Scotorum, forma subsequente. Exinde progredientes miseri, non timuerunt sanctum Cuthbertum, quem[3] antiqui reges Scocie in magna veneracione habuerunt et suum monasterium magnis helemosinis ditaverunt, non ipsum inquam timuerunt set nec suum dominium devastare. Nempe per multas[4] suorum prediorum depredaciones venerunt prope Dunelmiam, non distantes ad duo miliaria, ubi quosdam monacos sancti Cuthberti captivos redimendos detinuerunt, pacto cum ceteris inito de certa redempcione peccunie[5] et bladi, ne manerias illorum ultra depredarent.

Oritur luctus Anglicorum marchionum a facie exercitus fugiencium; unde dominus Willelmus de la Zouche, archiepiscopus Eboracensis, qui locum regium in illa marchia tunc habebat, convocatis cum eorum copiis episcopo Carliolensi, comite Danegos, domino de Moubray, domino de Percy, domino de Neville, et aliis nobilibus borealibus, cum sagittariis de comitatu Lancastrie, in vigilia sancti Luce Ewangeliste ad locum qui vocatur Neville cros exercitui Scotorum occurrebat. Restitit animose

[1] duorum filiorum. B.   [2] Testi. B.   [3] quam. B.   [4] multos. B.   [5] peccunii. B.

A.D.1346. nacio Scotia nescia fuge, et, capitibus ferro tectis inclinatis, acies densa
Battle of Neville's Cross, 17 Oct. Anglicos invadens, cassidibus politis et umbonibus numero firmatis, sagittas Anglicorum in primordio belli frustravit; set armatorum acies prima ictubus letalibus hostes salutavit. Stant pugnaces ex utraque parte morti quam fuge paraciores. Vidisses Scotos pre labore fessos ictubus securium capitatarum[1] sic atonitos, et tamen stantes, quod ubi forsan steterunt decem, singuli singulis appodiati, ad unum ictum uno ruente omnes illos decem corruere; sicud retulerunt hii qui viderunt eos cadentes. Marescallus Scotorum, comes Patricius, cui posterior custodia fuerat deputata, ut primo percepit Anglicos resistere suosque cadere, fugam iniit cum quibusdam conciis sue vecordie, quam dominus de Percy eodem die prophetavit dicens: 'Vecordia illius proditoris, numquam ausi nobis in campo eciam obviare, plus proficiet nostro exercitui quam nocerent mille Scoti.' Illo fugam ineunte, ceteri fideliter cum suo rege persistentes pulcram mortem turpi vite pretulerunt. Steterunt nempe in modum rotunde turris glomerati, regem in medio protegentes, quousque vix fuerant quadraginta superstites relicti, de quibus non potuit aliquis affugere. Tandem eorum rege David per Iohannem de Copelond captivato et ceterorum quolibet occiso aut redempcioni reservato, illorum dico qui cum rege perstiterunt, alios fugitivos insequebantur occidendo et capiendo usque ad Prudhow et Corebrigge.

Losses of the Scots. In tanto certamine fuerunt capti David de Bruys[2] rex Scotorum, comes de Menteth, comes de Fiffe, dominus Malcolmus Flemyng, comes de Wixtone; Willelmus Douglas, Willelmus de Levingstone, Walterus de Haliburtone, Iohannes Dowglas, David de Anand, Iohannes de Seint Clerc, Willelmus Mombray, David fitz Robert fiz Cante, Willelmus de Ramsey, Adam Moigne, Iohannes Stiward, Rogerus de Kyrkepatrik, Iohannes Hume, et Willelmus Morre, milites; Iacobus Sandelflome, Iacobus Lorein, et Henricus del Ker, domicelli. Occisi fuerunt in eodem bello comes de Morif, et comes de Straterne; item Alexander Stragy, Iohannes de Halybortone, Henricus de Rammesey,

[1] capitatorum. B. [2] Brays. B.

Naso de Rammesey, Adam Nilkessone, Thomas Boyde, Iohannes Styward, Alanus Styward, David de la Haye, Edwardus de Keth, Iohannes de Crauford, Iohannes de Kyndeseye, Philippus de Meldrun, Henricus de Ramesey, Alexander Morre, Humfridus de Boys, Gilbertus Ynchemartyn, Robertus Maltalent, et suus germanus Humfridus Kyrkepatrik, Iohannes Stragy, et Patricius Heringe, milites. Preter hos eciam in venacione fugiencium multos occiderunt insequentes; set non plurium quam illorum toge fuerunt de campo principali reportate, ut numero togarum numerus et nomina occisorum innotescerent.

Dum hec in Anglia geruntur, rex Anglie institit obsidioni ville de Caleys, que in marisco Dartoys situata, gemino muro dupplicique fossa circumcincta, super litus maris Anglici respicit ex opposito turrim Dovorie, habens portum, minas ponti sua spernens securitate, ubi navibus prebet hospicium satis securum. Hoc opidum cum suo castro munitissimo quondam Romanorum potencia struxit. Postquam nempe Iulius Cesar totam Galliam subiugavit, Calesiam in Artosia et castrum de Chapstowe in Venedocia atque turrim Dovorie in Loegria, subiugata Britannia, edificavit. Dominus rex suo exercitui fossas amplas circumduxit et classem portui Calesii prefecit, ne vel in suos Gallici irruerent aut obsessis victualia per mare ministrarent. Tamen rex ad obsidendum villam magnum navigium in mari detinuit nec abesse permisit. Normanni pirate ceperunt successive xv. naves magnas cum parvis, quarum alias abduxerunt suis usibus, ceteras ignibus consumpserunt. Capiebantur in mari dominus Edmundus Haclut et dominus Willemus de Bortone, milites, versus Angliam navigando. Itaque, obsidione confirmata, rex insultus noluit inferre, sciens cum altis muris et fossis non sine periculo hominem posse dimicare. Set nec voluit contra villam machinas erigere, ut, sicud alibi fieri solet, officio parariorum muri conquassati[1] et obruti meabiles redderentur; nempe defuit fundamentum in quo machinas collocasset. Preterea, muris eorum

---
[1] conquassata. B.

A.D.1346. obrutis, adhuc fosse profunde aquis marinis cotidie inundate contra totum mundum poterant defendi cum facilitate. Verumtamen obsessi, timentes per machinas muros eorum posse ledi, crates et saccos plenos paleis paraverunt, quibus ictus lapidum a machinis emissorum fuissent delusi; scientes eos lapides remissius ledere quos obiectum mollius recipit proiectos. Ergo ab insultibus atque murorum quassacione rex abstinuit, cogitans consulte quod fames, que foribus clausis ingreditur, posset et deberet obsessorum superbiam domare. Ab arido ad mare profundum,

Attempt to relieve the town.
ex ea parte qua Bolonienses solebant Calesienses victualiare, non navibus in profundo eiis proibito set super arenam mari expanso superficialiter, batellas replentes victualibus, comes[1] Norhamptonie fecit paleatam sepem seu palicium proibitorium huiusmodi scafarum ne accederent; et postmodum amirallo Francorum volenti cum navigio guerrario Anglicis navibus insultare, ut medio tempore scaphe victuliarent obsessam Calesiam, comes Norhamptonie obvius ipsum potenter fugavit.

A.D 1347
Advance of the king of France to Guines,
Taliter a festo Nativitatis sancte Marie per totam yemem et magnam partem estatis sequentes obsidione invalescente, die Lune proxima ante festum sancti Iacobi tirannus Francorum advenit castrum de Gynes cum Iohanne suo primogenito et filio regis Boemie, postea imperatore Romanorum, promittens cum iuramento quod obsidionem guerra seu pace amoveret, aut, Anglicis invitis, obsessos victualiaret. Tandem ap-

and towards Calais.
propiavit cum exercitu vix per unum miliare distans a potencia Anglicorum, et, petito per nuncios tractatu pacis, emisit ducem Datenes et comitem de Burbone et Darmynak; qui, cum duce Lancastrie et comitibus Norhamptonie et Huntinkdonie de treugis tractantes, non po-

Fruitless negotiations.
tuerunt assensum Anglicorum optinere. Unde, post guerraria hastiludia, partes utreque ad sua tentoria sunt reverse. Die secunda optulit

Signals of distress from the besieged
tirannus diem preliandi, quem rex Anglie libenter suscepit. Obsessi interea per signa suum statum tiranno Francorum fecerunt manifestum, in primo nempe adventu tiranni erexerunt eius vexillum super turrim principalem castri, alias quoque turres vexillis ducum et comitum de

[1] *om.* B.

Francia ornaverunt, et paulo post crepusculum flammam ignis clarissimam cum ingenti pompa clamancium atque tubarum, timpanorum quoque et lituorum, versus exercitum Gallicorum de eminenciori turri levaverunt per medium unius hore durantem. Secunda nocte flammam consimiliter, set priori paulo parciorem, cum tumultu mediocri porrexerunt. Tercia vero nocte flammam valde tenuem et vix a Gallicis perceptibilem, cum voce lugubri et humiliter submissa quasi per unam horam porrectam, in fossam castri cadere permiserunt: per hec significantes suam potenciam ad conservacionem ville fuisse finitam; et eadem nocte omnia vexilla preter stacionardum recolligerunt, nihilo pompatice de cetero pretenso.

Tandem appropiavit dies bellicus, quem de Anglia et ligua Teutonica in subsidium regis congressorum decem et septem milia virorum prevenerunt. Unde, secunda die mensis Augusti, tirannus Francorum, videns potenciam regis auctam, in aurora diei sua tentoria ignibus depascens, signo proinde funesto obsessis dato quod non auderet ipsis succurrere, vecorditer abfugit; cuius posteriora mactando et capiendo dux Lancastrie et comes Norhamptonie preciderunt. Turpi fuga tiranni Francorum Calisiensibus obsessis comperta, eius stacionardum cum ingenti luctu de turri in foveam proiecerunt, et sabbato sequenti illorum capitaneus, in bellica praxici miles multum eruditus, vocatus Iohannes de Vienna, ianuis apertis, insidebat parvo runcino, impos pre gutta pedes incedere, collum corda constrictus, venit coram rege; quem alii milites et burgenses pedites, nudi capita et discalciati, funes ad colla eciam habentes, sequebantur. Capitaneus itaque optulit regi spatam guerrariam, tamquam inter omnes Christianos preliorum principi precipuo et qui contra maximum regem Christianorum illam villam cum omni decencia militari conquisivit potenter. Secundo sibi tradidit claves ville. Tercio, appellans regiam pietatem atque poscens misericordiam, protulit regi gladium pacis, quo sentencias rectas adiudicaret atque parceret subiectis et superbos castigaret. Oblata receptans, ipsum capitaneum et xv. milites totidemque burgenses pietas regalis misit in Angliam,

A.D.1347. largis eos ditans[1] muneribus atque libertate quo vellent eundi eiis concessa; populares eciam repertos in villa piis elemosinis regiis refectos iussit usque versus castrum de Gynes indemnes conduci. Post capcionem ville, milites ex regis imperio ceperunt maneria de Merk et de Hoye, et in illis cum magna difficultate edificaverunt fortalicia, positis secundum ordinem, ubi nunc sunt muri, in circuitu dolcis vino vacuatis set lapidibus repletis, ut starent pro muro contra hostes, castellanis ad intra murorum edificacioni incumbentibus.

Forts erected.

Anno Domini M.CCC.xlvij., Edwardi regis Anglie anno regni 21, rege modo prescripto obsidioni Calesii incumbente, predones in Anglia, nullum timendum estimantes, licencius solito suas nequicias excercuerunt; unde iusticiarii tam predones quam alios pacis perturbatores, tamquam proditores regis et regni, puniverunt, non plus clerico quam laico parcentes, imposito cuilibet tali facinoroso ipsum in capud regium et regni perdicionem in favorem Francorum fuisse perversum.

Punishment of robbers in England.

Eodem tempore, post Kalesii capcionem, incepit illis in partibus illa generalis pestilencia a partibus orientis successive defluxa, unde in qualibet parte mundi magna multitudo hominum utriusque sexus viam universe carnis ingrediebatur, sicud infra plenius dicetur.

Outbreak of the plague.

Tanta pestilencia occasionem ministrante, missi cardinales ex parte Gallicorum pecierunt treugas a capcione Calesii usque ad festum sancti Barnabe proximo futurum duraturas. Prefate peticioni rege consensum prebente, ordinantur treuge per predictos cardinales atque comitem de Ew et dominum de Tankervylle, prisonarios, sub forma in Gallico quidem dictata, set in Latinum mei ministerio sic translata:

A truce arranged between England and France.

'Memorandum, quod treuge inter duos reges sunt inite pro seipsis et eorum subiectis et eorum coadiutoribus et eiis aderentibus et pro tota patria ab ciis inculta, ita quod omnes capitanei predicte guerre sint obligati et iurati in speciali ad treugas tenendas.

Text of the truce.

'Treuge iste inite specialiter ex parte pro rege Anglie comprehendant totam Flandriam et terram de Labene et villam Calesii et

f 125.

---

[1] detans. B.

dominium de Merk et de Oye cum territoriis eiis pertinentibus, per cardinales et dominos utriusque concilii limitandis[1].

'Item, in treugis sint comprehensa omnia que rex Anglie et sui subditi sibique coadiuvantes et aderentes tenent in Vasconia, in Peragors, Lymosin, Caorsen, Ageneys, Peytou, Sentounge, et tangunt ducatum Gyenne. Item, omnia eorum vel ab eiis detenta in Britannia et Burgundia, et omnia alia ubicumque situata, et omnia ville predia, castra et catalla, quorum impresenciarum habent possessiones.

'Item, securi sint per dictas treugas rex Castelle, dux Brabancie, dux Gelrie, et marchio Iuliacensis, dominus Iohannes de Chalons Burgundinensis, comes de Novo castro, dominus de Facony, vicecomes de Usint, dominus Iohannes Daspremont, dominus Robertus de Nemurs, dominus Henricus de Flaundres, et populus Flandrie, et patria de la Bene, et gens Hanonie. Item, dominus de Libreto in Vasconia. Item, heres domini Iohannis de Britannia, nadgeres comes de Montford et dux Britannie, domina de Clissoun, dominus Radulphus de Cours. Eciam Ianuenses, et omnes alii subditi, affines, coadiutores et aderentes domino regi Anglie, cuiuscumque condicionis seu nacionis extiterint.

'Ex adverso, pro parte regis Francie, comprehensi sint per treugas securitandi omnes Scoti et tota patria Scocie. Item, reges Ispanie, Boemie, et Arrogonie. Item, duces Brabancie et Gelrie, et duxissa Lotoringie cum filiis suis, et comitissa de Bar cum pueris suis. Item, dominus Iohannes de Henaud et patria Hanegowdie, comes de Nemurs, dominus Ludowicus de Nemurs, episcopus de Lieges, Ianuenses, et omnes alii coadiutores, affines, et aderentes predicto regi Francorum.

'Preterea, comes Flandrie specialiter sit obligatus per sacramentum iuramenti ad tenendum treugas istas et earum omnia puncta, et quod nec per illum nec aliquem alium nomine suo suscitabitur guerra contra Flandriam seu Flandrenses pro tempore treugarum.

'Item, omnes proceres et capitanii guerre Britannie ex utraque parte sint iurati ad tenendum treugas istas.

'Item, neuter regum pro tempore treugarum intrabit hostiliter alterius terram, nec comes Flandrensis terram Flandrie.

'Item, neque rex Francie nec aliquis alius nomine suo habebit tractatum occultum seu manifestum cum Flandrensibus vel alico istorum in irrupcionem seu contrariacionem seu aliquod preiudicium submissionis

---

[1] limitandos. B.

A.D. 1347. et convencionis quibus regi Anglie se submiserunt, set nec cum alico alio regi Anglie confederato.

'Item, ex parte regis Anglie erit proximus precedens articulus observatus, quoad omnes amicos regis Francie seu sibi quovis modo confederatos.

'Item, quod nulla novitas nec alica mala presumpcio sit facta ex alterutra parte, durantibus treugis.

'Item, quod banniti et fugitivi a Flandria et patria de Labene, qui regi Francie adeserunt, abstineant ab ingressu predictarum terrarum, sub periculo penarum talibus transgressoribus infligendarum[1].

'Item, nullus obediens alteri duorum regum deveniat obediens alteri eorum, cui non obediebat in tempore capcionis istarum treugarum.

'Item, quod nullus alterutri regum subiectus contra alterius regis subiectum moveat guerram; set uterque regum suos subditos teneatur artare, ne huiusmodi guerram aliquis illorum pro quacumque causa suscitare presumat.

'Item, quod omnes mercatores, eciam omnes subditi, coadiutores, affines, seu quomodocumque pertinentes uni parti vel alteri duorum regum, et specialiter nominati Anglici et Flandrenses, cum eorum mercimoniis, tam per mare quam per terram, seu terras et maria, possint libere et sine qualibet calumpnia per omnes terras in istis treugis comprehensas itinerare et perendinare, sicud solebant in aliorum regum temporibus, pace inter regna custodita[2]; dummodo tamen solvant secundum antiquas debitas consuetudines et tales dumtaxat novas impositas quales indigene fideles solvere tenentur. Attamen excipiuntur ab ista libertate omnes banniti pro alica causa. Persone eorumdem ducatuum, pro quacumque fuerint causa banniti, gaudeant libertate et immunitate in isto articulo comprehensis.

'Item, quod omnes articuli tangentes mercatores et eorum pacem sint Parisius et in aliis bonis villis Francie proclamati.

'Item, nullus duorum regum procurabit per se vel per alium, seu procurari permittet gratis, quod per curiam Romanam alica molestacio seu censura ecclesiastica contra statum seu quietem alicuius duorum regum vel suorum amicorum, racione guerre vel alterius cause, sit innovata, set omnem talem sine mala ingeniacione pro suo posse reges facient impediri.

[1] infringendarum. B. [2] custodotita. B.

'Item, omnes obsidiones, per potenciam cuiuscumque subditorum duorum regum in Vasconia seu Gyenna vel Britannia seu Pictavia aut in insulis marinis congeste vel ubicumque, immediate post pupplicacionem istarum treugarum erunt solute.

'Item, quod, si castrum vel villa vel fortalicium, homines aut alia quecumque bona mobilia seu immobilia fuerint capta post confirmacionem istarum treugarum, quamvis non pupplicatarum, sint tamen in integrum statum restituta in quo fuerant die confirmacionis istarum treugarum.

'Item, iusticia fiat cuilibet volenti conqueri de lapsu seu fuga seu fide mentita cuiuscumque captivi, et ad hoc sint iudices specialiter deputati.

'Item, quod cuilibet volenti redempcionem suam solvere aut ab alico debitum exigere seu de alio proponere querelam assingnetur salvus conductus et securus.

'Item, quod treuge sint confirmate quoad Scotos et eorum marchias; quas tamen treugas Scoti si voluerint vel[1] potuerint infringere, nec minus tamen inter reges et alios in eiis comprehensos erunt observate.

'Item, ad intemeratam custodiam istarum treugarum sint iudices specialiter deputati, per quos vel per reges sit precautum quod, si aliquod contrarium istis treugis per aliquem fuerit attemptatum, ad statum debitum treuge sint reformate, nec propter aliquid eiis contrarium factum sint fracte ipse, articulis tamen Scociam tangentibus suo robore permansuris.

'Item, iudices assignati ad reformacionem violacionis istarum treugarum, si alicam fieri contingat, ipsam in locis ad hoc maxime oportunis et ex assensu parcium electis studeant resarcire. Ceterum in causis istarum treugarum firmitatem concernentibus sint iudices constituti constabularius et marescallus Anglie et comes Lancastrie et dominus Bartholomeus de Bourghasch, ex parte regis Anglie; item, constabularius et marescallus Francie et comes Dactoens et dominus Galfridus de Charny, ex parte regis Francie.

'Insuper est ordinatum quod treuge iste sint pupplice proclamate in Vasconia et Britannia infra diem vicesimum, et in Scocia infra diem tricesimum, a die confirmacionis earumdem treugarum, ipsis usque ad festum sancti Barnabe Apostoli proximum sequens dumtaxat valituris.'

[1] *om.* B.

96   *CHRONICON GALFRIDI*

A.D. 1347.
New fortifications at Calais.

Sub hac igitur forma treugis inter regna confirmatis, quippe generali pestilencia urgente necessariis, rex edificavit turrim[1] et murum amplum[2] inter mare et portum Calesii ad proibicionem insultus navalis per inimicos, et prefecit capitaneum civitati dominum Iohannem de Montgomory[3], et deinde, adducens reginam et suum primogenitum, aliam quoque magnam procerum multitudinem, versus Angliam suum navigium destinavit.

Edward returns to England, 14 Oct.

In mari tantam revertendo passus est aure[4] intemperiem, quod multe naves ex suis perierunt et ipse rex cum maximo periculo reversus est, Londonias applicatus xiiij. die Octobris.

f. 126.
King David of Scotland and Charles of Blois prisoners.

Anno Christi M.CCC.xlviij°., regis anno[5] xxij°., domino rege in Angliam reverso, adducti sunt ad turrim Londoniarum David rex Scotorum et dominus Karolus de Bloys, ad Pascha nuper in Britannia post magnos et periculosos conflictus per dominum Thomam Dagworthe captus; qui postea per multos annos manserunt in Anglia redimendi. Item, dominus

Submission and death of sir James Douglas (1352-1353).

Iacobus Douglas, in bello Dunelmie captus, Londonias cum rege Scotorum adductus, rediit ad pacem regis, iurata sibi fidelitate; quem postea in marchiam pacifice reversum Willelmus Dowglas[6] venacioni[7] invitatum prodiciose equitans a tergo interfecit.

A.D. 1348.
Regulations respecting the king's household.

Isto anno, post Pascha, rex tenuit concilium, ubi contra ministros sue familie ordinavit quod, si ab alico invito caperent victualia sine solucione pecunie, incontinenti talis minister aut supplicio finali puniretur aut domum regiam abiuraret, constituto domino Ricardo Talebot[8] senescallo regie[9] domus et edicti[10] prefati executore.

Negotiations for ransom of David of Scotland.

Ad predictum concilium venit pacifice, ex parte Edwardi Bailol[11] regis Scocie per conquestum, abbas de Donfermelyn. Venerunt eciam episcopus de Moref[12] et episcopus Glascuensis et duo milites, offerentes redempcionem pro David rege Scotorum capto; quibus fuit[13] responsum, ipsum David non fuisse iure militari redimendum, pro eo quod non fuit

---

[1] *Here* C. *resumes.*   [2] *et murum amplum*] *om.* B.   [3] Mongomere. C.
[4] aurie. B.; auris. C.   [5] Anglorum. C.   [6] Douglas. C.
[7] venacione. C.   [8] Talbot. C.   [9] *om.* B.   [10] dicti. C.
[11] Baylol. C.   [12] Morryf. C.   [13] fuerat. C.

captus sicud iustus bellator qui nullum ius habuit in regnum Anglie, set
sicud truculentus predo qui universa que tetigit vastavit ignibus et ferro,
et ideo, ut fuit subiunctum, oportuit ipsum, gracie regis Anglie submissum,
omnia per ipsum destructa reparare, ut sic posset graciam sue redempcionis in conspectu regio reperire. Ab ipsis eciam nunciis querebatur utrum de finali pace volebant tractare; set responderunt eiis commissam potestatem ad tractatum pacis non extendi. Ibidem, coram domino Willelmo Trussel, fuit comes de Mentez positus raciocinio et convictus quod, contra fidelitatem et homagium iurata regi Anglie, iterum contra eundem suum dominum regem armatus militavit; et ob hoc tractus et suspensus in quarteria fuerat divisus.

Ad idem concilium accesserunt duo comites et duo clerici, missi a gremio electorum regis Alemannie, nunciantes regi suam passivam eleccionem ad regiam dignitatem Alemannie[1]. Illos nuncios cum honore competenti et graciis receptos munificencia regalis benigne respexit[2]; et eiis respondit se nolle tanto honeri humeros submittere, quousque suam coronam regiam Francie iure hereditario sibi debitam pacifice possideret.

Eodem anno, post Pascha, fuerunt apud Lincolniam per comitem Lancastrie, postea ducem, hastiludia solempnia celebrata, quibus interfuit plurima dominarum comitiva. Et nuncii regis Ispanie[3] venerunt pro filia regis, domina Iohanna, filio domini sui regis desponsanda; que apud Burdegalim[4] in magna pestilencia, de qua infra dicetur, viam universe carnis ingressa, adveniente sponso eii obviam, solempni set lacrimose committebatur sepulture. Tantam puellam pulcritudo corporalis atque abundancia virtutum moralium tam graciosam cunctis reddiderunt, quod ipsam obeuntem dolor suorum ministrorum compulit ipsos itinere mortis sequi suam dominam.

Isto anno magister Iohannes Stretford[5], archiepiscopus Cantuariensis, xxiij. die Augusti obiit, et xix. die Septembris fuit Cantuarie traditus

[1] Teutonicorum. C.   [2] rexspexit. B.   [3] Yspanie. C.
[4] Burdigalym. C.   [5] Stratford. C.

98   *CHRONICON GALFRIDI*

A.D.1348. sepulture. Postea fuit electus in archiepiscopum magister Thomas
His succes- Bradewardin[1], doctor in theologia; set provisione pape fuit ad istam
sors. dignitatem ordinatus magister Iohannes Ufford, regis cancellarius, qui
f. 126^b. non consecratus moriebatur. Deinde, anno sequenti, prefatus magister
Thomas Bradewardin[1] iterum electus fuit, in curia Romana consecratus,
et eodem anno mortuus.

Conference Isto anno, post festum sancti Martini, convenerunt apud Calesiam
at Calais to
renew the episcopus Norwycensis[2], comes Lancastrie, comes Suthfolchie[3], et dom-
truce. inus Walterus Magne, ex parte Anglorum; item, episcopus Lugdunensis,
dux de Burbone[4] et dux Dactenes et comes de Gynes et dominus de
Tankerville[5] et dominus Galfridus de Charny[6], ex parte Francorum, pro
treugis renovandis; quibus noluit comes Lancastrie assentire, quousque
duo fortalicia Calesie nociva et contra formam pristinarum treugarum
edificata fuerant diruta. Quo facto, renovate sunt treuge, usque ad
primum diem Decembris anni proximo futuri durature.

Edward Eodem quoque anno dominus rex[7] et primogenitus eius et comes de
goes to
Calais to Warewyk et episcopus Wyntoniensis advenerunt Calesiam ad festum
to carry on Sancti Andree[8]. Unde rex misit comitem Lancastrie ad Donemere,
negotia-
tions. recepturum ibidem ex parte sua fidelitatem et homagium de comite
Flandrie cum sacramento iusiurandi; quod et factum fuit. Missi quoque
fuerunt nuncii Bononiam, ad tractandum ibidem cum concilio Francorum,
quod ante illorum adventum cecessit in Franciam; unde literas confectas
tirannoque Francorum directas tradidit rex Roberto Herle et Thome
de Verdoun, militibus, predicto tiranno deferendas, in quibus rex peciit
diem ad preliandum sibi assignari, in casu quo non posset pax finaliter
inter ipsos reformari. Predictos nuncios regales non permisit tirannus
sibi accedere; set, infecto negocio pro quo venerant, iussit per alios[9] eos
regnum suum exire.

The Black Anno Christi M.CCC.xlix., regni regis anno[10] xxiij°., ab oriente In-
Death.

[1] Bradewardyn. C.   [2] Northwicensis. C.   [3] Southfolchie. C.
[4] Borbone. C.   [5] Tankervyle. C.   [6] Sharny. C.   [7] *om.* B.
[8] *ad fest. S. Andr.*] *om.* B.   [9] *per alios*] *om.* B.   [10] *om.* C.

dorum[1] et Turcorum repens pestilencia generalis, medium nostri habitabilis inficiens, Saracenos, Turkos[2], Siriacos[3], Palestinos, et demum Grecos depopulavit tanta strage, quod terrore compulsi fidem atque sacramenta Christi recipere consulti diiudicabant, audientes quod Christianos cis mare Grecum mors non terruit crebrius aut magis repente consueto. Tandem ad partes transalpinas et abhinc ad Gallias hesperias et Teutonicas seva clades successive devoluta, anno septimo sue incoacionis ad Angliam devenit. Primo quidem portus maris in Dorsetia et rursus patriam suis incolis fere privavit[4], et abhinc Devoniam ac[5] Somersetiam usque Bristolliam ita desevit, quod Glovernienses illis de Bristollia ad suas partes denegarunt accessus, quolibet putante anelitus vivencium inter sic morientes fuisse infectivos[6]. Set tandem Gloverniam, immo Oxoniam atque Londonias, et finaliter totam Angliam tam violenter invasit, quod vix decimus utriusque sexus superfuerat. Cimiteriis non sufficientibus, campi eligebantur mortuorum sepulture. Episcopus Londoniensis emit illam croftam 'Nomanneslond'[7] vocatam Londoniis[8], et dominus Walterus de[9] Magne illam que vocatur 'þe newe chierche hawe,'[10] ubi fundavit domum religiosorum ad sepeliendum morientes. Placita in bancis[11] regio et communi necessario cessavere. Pauci proceres moriebantur, de quibus erant dominus Iohannes de Montgomurri[12], capitaneus Calesie[13], et dominus[14] de Clisteles[15], in Calesia mortui et apud fratres beate Marie de Carmelo Londoniis sepulti. Wlgus innumerum, et religiosorum atque aliorum clericorum multitudo soli Deo nota, migravere. Iuvenes et fortes potissime illa clades involvit; vetulis et languidis communiter pepercit. Vix aliquis infirmum ausus est contingere, relicta mortuorum quondam et nunc[16] preciosa tamquam infectiva sani[17] fugiebant. Uno die letissimi[18], in crastino defuncti

[1] Yndorum. C.   [2] Turcos. C.   [3] Siracos. B.
[4] *fere priv.*] *transposed.* B.   [5] aut. B.   [6] infeccionis. C.
[7] Nomanneslonde. C.   [8] *om.* B.   [9] *om.* C.   [10] þe Newcherchawe. C.
[11] banstis. C.   [12] Mongomerey. C.
[13] *cap. Cales.*] *misplaced after* Clisteles. B.   [14] domina. B.
[15] Clysteles. C.   [16] tunc. C.   [17] sane. C.   [18] letissime. C.

A.D.1348. reperiebantur. Torserunt illos apostemata e[1] diversis partibus corporis subito irrumpencia, tam dura et sicca quod ab illis decisis vix liquor emanavit; a quibus multi per incisionem aut per longam pacienciam evaserunt. Alii habuerunt pustulos parvos nigros per totam corporis cutem consperos, a quibus paucissimi, immo vix aliqui vite et sanitati resilierunt. Tanta pestilencia, que in festo Assumptionis Virginis gloriose Bristollie, et circa festum sancti Michaelis apud Londonias incoavit, per annum integrum et amplius in Anglia desevit, ita ut multas villas rurales penitus ab omni individuo humane speciei evacuaret.

It lasts more than a year in England.

Its course in Scotland;

Angliam tanta clade vastante, Scoti gavisi putabant illos omni suo voto contra Anglicos potituros, qui blasfemando solebant pro tunc per vilem Anglorum mortem lascive deierare[2]. Set extrema gaudii luctus occupans, ab Anglicis recedens gladius ire Dei Scotos in furorem et per lepram, nec minus quam Anglicos per apostemata et pustulos, mactavit.

in Wales;

Set anno sequenti Wallicos eciam una cum Anglicis vastavit; et tandem ad Iberniam quasi[3] velificans, Anglicos ibidem habitantes in magno numero prostravit, set puros Hibernicos in montibus et superioribus partibus degentes fere non tetigit, usque ad annum Christi $M^m.CCC^m.lvij^m.$, quo inopinate ipsos passim et terribiliter delevit.

and in Ireland

A.D.1349. Isto anno, pro treugis renovandis seu pace finali reformanda, transfretarunt episcopus Norwicensis, comes Norhamptonie, comes Staffordie, Ricardus Talbot, et[4] Walterus Magne, milites; quibus Gallici pacifice occurrerunt, set noluerunt alicui paci finali assentire, nisi Calesia fuisset eiis restituta, que fuit eiis denegata, et treuge per annum durature fuerant continuate.

Continued negotiations with France. The truce prolonged

Ceterum comes Flandrie, quem Flandrenses noluerunt aliter recipere, nisi, tiranno Francorum abrenunciato, regi Anglorum fidelitatem et homagium, una[5] sub iuramento solempni promissa, vellet[6] exibere, plenarie submisit se regi Anglie, ad tenendum de illo comitatum Flandrie cum fideli servitute suo legali domino exibenda. Numquam tamen post

Submission of the count of Flanders to Edward.

[1] in. C. [2] peiorare. C. [3] *mactavit ... quasi*] *om.* C.
[4] *om.* B. [5] aña. B. [6] valeat. C.

illum diem fidelitatem iuratam servavit integraliter; non multum enim postea cum potencia Francorum Flandriam invasit, destruens, occidens, villas et universa ignibus depascens, que potuit cremare. Set eius tirannidi populares, cum paucis Anglicis custodie castrorum deputatis, prestiterunt acrem resistenciam, in qua plurimis Francigenis occisis, comitem retrocedere compulerunt ad fugam. In illo congressu multi fuerunt milites dotati, ex quibus erat dominus Iohannes de Filebert[1], Anglicus, honore militari decoratus.

Interea, ad festum Nativitatis sancti Iohannis Baptiste[2], in purificacione regine apud Wyndesore[3] fuerunt solempnia hastiludia, quibus interfuerunt David rex Scotorum, comes de Hew[4], dominus de Tankerville[5], dominus Karolus de Bloys[6], et alii alienigene multi captivi, et de licencia regis suorumque magistrorum hastiludiabant; ubi favorabiliter gracia campi comiti de Ew[7] fuerat adiudicata. Postea, tempore adipis ferini, iidem captivi cum domino rege apud Clarindone[8] et in aliis forestis, cum aliis eciam regni proceribus, iocundo studio venacionis se dedere.

Rege talibus intendente, Gallici intrarunt marchiam Britannie et, non obstantibus treugis generalibus, circa castrum de Phanes[9], inboscati sub ducatu Radulphi de Caux, militis set filii sabatoris, cum paucis pupplice predas capientes, dominum Thomam Dagworthe, militem probatissimum et ducatus capitaneum, ad rescutacionem patrie provocarunt. Qui cum sedecim armatis dumtaxat predonibus occurrens[10], ab inboscatis subito circumvallatus, multos[11] et, ut retulerunt de castro speculantes, amplius quam trecentos cum suis constanter sibi astantibus effudit. Tandem, post quinque quarellos in facie nuda fixos a balistis, nolens se reddere filio sabatoris, set omnibus suis prostratis, cum lancea grossa oculis privatus, hostes aut occidit aut vulneravit, aut accedere diu non permittens, fasse armatorum finaliter obrutus, a corpore gladio confosso

---

[1] Fylberd. C.   [2] *om.* B.   [3] Wyndelsore. C.   [4] Ew. C.
[5] Tankervyle. C.   [6] Valesio. B.   [7] Ewe. C.   [8] Claryndone. C.
[9] *om.; a blank space being left.* B.   [10] accurrens. B.
[11] circumvallatis, milites. C.

A.D. 1349. nobilis anima indignata recessit, cum defensoribus et auctoribus rei pupplice laureanda. Erant ibidem Gallicorum amplius quingentis armatorum et balistariorum numerus ignotus. Sagittariis Thome fuerat via in auxilium sui domini cautelose preclusa, unde leti ianuas ille magnanimus fuerat ingressus qui contra Francos innumeros preliis diversis triumphavit, atque sua morte Anglicis omnibus egrum dolorem et Gallicis gaudium magnum prestavit[1], set non omnibus; erat enim hostibus de facto terribilis, set morum generositate tam captos quam fugatos et liberos in sui amorem et compassionem mortis tam indigne quam animose conciliavit. Set filius sutoris triumpho gavisus, unde magnus princeps vix dignus fuisset, invidiam Francorum et odium[2] omnium militum bonorum sibi cumulavit[3].

Disturbances in Flanders

Nec minus Gallici cum[4] comite Flandrie treugas verebantur violare, nempe comes prefatus cum duce Brabancie et aliis plurimis de regno Francie, exercitu congregato, iterum circa festum sancti Michaelis Flandriam invasit, et per falsos Flandrenses sibi consentaneos Bruges ingressus magnam multitudinem fidelium regis Anglie domini sui catervatim in eorum domibus et plateis trucidavit. Et misit illis[5] de Ypro et Gandavo et aliis villis, petens, immo iubens illas eii reddi; quarum incole, acceptis induciis, scripserunt regi Anglie, quod eiis succurreret, aut eos oporteret comitis dominio et tiranni Francorum se submittere. Et ideo circa festum Omnium Sanctorum rex, comitantibus comitibus Lancastrie et Suthfolchie et aliis, in Flandriam transfretavit, et versus Franciam suos duxit; unde, renovatis treugis inter ipsum et Gallicos, comes Flandrie iam tercio regie clemencie et dominio suo[6] se submisit.

Translation of Thomas Cantilupe, bishop of Hereford.

Deinde ad solempnitatem translacionis sancti Thome confessoris et episcopi Herefordensis rex in Angliam reversus, sua et aliorum procerum regni devota presencia solempnizavit egregium festum convivancium in honorem predicti almi confessoris celebratum, ad largifluas expensas Nicholai de Cantilupo baronis, cognati ipsius sancti Thome.

[1] cumulavit. C. [2] *om.* C. [3] comparavit. C. [4] in. C. [5] illos. C [6] *om.* B.

Instante prefata solempnitate, nunciatum est regi per secretarios Emerici de Padua, militis stipendiarii, quod quartadecima die mensis Ianuarii forent in Calesiam recipiendi Galfridus de Charny, miles, et alii Gallici in magno numero, quibus Calesia per predictum Emericum fuerat vendita, set per regem graciose rescutata tali processu. Predictus Emericus Paduensis inter ceteros Ianuenses morabatur in Calesia obsessa, ad stipendia tiranni Francorum contra regem obsidentem; set sibi, sicud[1] ceteris, post ville dedicionem concessa gracia vite et membrorum atque libertatis militaris, de cetero mansit cum rege stipendiarius ad eiusdem Calesie tuicionem. Erat pro tunc Galfridus dominus de Matas[2], miles plus quam aliquis Gallicus, ut fama ventilavit, in re militari exercitatus atque, cum longa experiencia armorum, nature vivacis sagacitate excellenter dotatus, et ideo Francie tirannorum, usque ad suum interitum et coronati Francorum capcionem in prelio Pictavensi, conciliarius principalis. Iste facinorum calidissimus machinator fidem prefati Emerici literis sibi evocati auri donis et sofisticis promissis conatus pervertere. Finaliter cum falso cupidus convenit quod, pro[3] milibus scutatorum aureorum, per turrim, cui Emericus preficiebatur, facilem introitum Gallicis in villam prepararet[4], atque ad ville et castri plenam capcionem[5] quatenus posset adiuvaret. Pactum itaque prodiciosum quantumcunque per iuramentum et communionem sacramenti altaris utrimque[6] confirmatum, attamen ut plenum versuta calliditate et fide mentita pessime fuerat iniciatum. Equidem non iam[7] 'Iliacos,' set[8] Calesios, 'muros extra peccatur et intra,'[9] nam Gallicos, treuge adhuc durantes, pie[10] consciencie legibus proibuissent ob omni circumvencione pupplica vel occulta, qua pacifice possessioni regis Anglie, quoad predictam villam, poterant derogasse[11]. Eciam prefatum Emericum reverencia fidei militaris terruisset ab omni prodicione et inonesta, non eciam

---

[1] *om.* B.   [2] Mathas. C.   [3] *blank space in* B; *not in* C.
[4] repararet. B.   [5] *plen. capt.*] tuicionem. B.   [6] utriusque. B
[7] *non iam*] *om.* C.   [8] et. B.   [9] Horace, Epist. i. 2. 16.
[10] que pie. C.   [11] erogasse. C.

A.D.1349. servanda, sponsione, cum de iure sit hosti servanda fides; set ipse nec hosti fidem servavit, nec regi terreno aliter quam dubie[1] militavit, et Eterno Principi impiissime servivit, quando corpus Salvatoris, in testimonium sue versute convencionis, fallaciter invocavit, et insuper communionem calicis recepit. Scripsit tamen regi literas de toto negocio, nihil[2] occultans, itaque paratus ad Gallicorum amiciciam, si ipsi expedivissent, et in regis benevolenciam, casu quo Gallici a proposito frustrati fuissent convicti de fraccione treugarum et insuper forte multi redimendi caperentur. Set ita contingebat.

Edward and the prince of Wales secretly enter the town.

Proinde rex, solicitus de custodia ville, quam non modico labore set obsidione annua subegit, celeriter transfretans, ipsum comitantibus suo primogenito principe Wallie[3] et comite de Marchia, aliis quoque paucis, diem peremtorium prodicionis per   [4] dies prevenit. Igitur[5] profectus Calesiam, disposuit pro Francis[6] cautelosam receptelam[7].

Ambush laid for the French.

Nempe sub fornicibus intra pectinem seu portam collectam et valvas[8] ianuarum castri milites locavit, murum tenuem eiis anteponens de novo fabricatum, non cementatum set fictum, et residuo muro conterminalem in superficie levigatum[9], et ita sofistice operi antiquo effigiatum, quod nescius cautele aliquem ibi inclusum non posset faciliter suspicari[10]. Item grossius[11] merennium pontis versatilis cum serra fecit fere precidi[12]. ita tamen quod equites armati possent super ipsum equitare. Ad hoc in quodam foramine in facie turris ponti supereminentis quondam arcuato opere confecto, grande saxum prudenter collocavit, et cum illo militem bone fidei occultatum, qui tempore congruo per ruinam saxi pontem frangeret semicesum. Erat[13] deinde illud foramen ita prudenter superficie tenus opturatum, quod opus novum pars antiqui appareret et inclusus posset omnes intrantes visu numerare. Istis in fieri se habentibus,

---

[1] debuit. C.   [2] vel. B.   [3] Vallie. B.
[4] *The words* diem peremtorium *have been erased and* per *is om., the sentence thus ending* paucis, prodicionis dies prevenit. C; *a blank after* per. B.
[5] Sic. C.   [6] per Franciam. C.   [7] recepte. B.   [8] vallis valvas. C.
[9] linitum. C.   [10] *fac. susp.*] *transposed.* B.   [11] grossus. B.
[12] precindi. B.   [13] Contra. C.

valde paucis innotuit regis aut principis Wallie presencia, qui, confectis
predictis[1], in villam secrete se receperunt.

Igitur pridie peremtorie diei Galfridus de Charny misit quindecim
suos fideles, cum magna parte auri, premii[2] prodicionis, exploraturos
fidem Emerici et castri disposicionem. Qui, circumquaque quamlibet
turrim et angulum opertum[3] visitantes, nihil suis votis contrarium
perceperunt. Unde in crastino fixerunt stacionardum regium Francorum
in eminenciori turri castelle, et vexilla Galfridi aliorum quoque dominorum super alias turres locaverunt. Proinde populares de ville custodia,
quos latuit facinus, tantus terror agitavit, quod ad arma convolantes
insultum disponebant in castrum festinare. Confestim Gallici pridie ingressi dominum Thomam de Kyngestone nescium facinoris se fingentem[4]
violenter ceperunt et in bogis ligneis[5] captivarunt. Deinde quidam
ex illis, emissi[6] ad Francos suos dominos extra municionem imboscatos,
ostenderunt stacionardum et erecta vexilla, cetera[7] prospera compromittentes, si tamen festinarent ad defensionem castri contra villanos.
Igitur, surgentes de latibulis, cum pompa solita et innata genti Gallicorum, portas castri irruperunt Franci copiose. Tunc villani vix manus
ab insultu continuerunt, ipsos tamen ducibus eorum retrahentibus quasi
periculum insiliencium diffugitivis[8], statim fideles regis amici, qui sub
arcuatis murorum latibulis instar anacoritarum fuerant inclusi, trium
dierum longam moram fastidientes, se prepararunt[9] ad irrupcionem. Nec
minus ille qui cum saxo grandi fuit in foramine nuper inclusus, postquam
vidit tot ingressos ad quorum[10] debellacionem estimabat suos consentaneos
sufficienter potuisse, molarem illum ingentem sibi commissum direxit
ruine; quo pons versatilis rumpebatur[11], et via[12] fuerat preclusa per quam
hostes fuerant nimium ingressuri, atque, semel ingressi, non poterant
per illud iter evadere. Saxum predictum supplevit[12] quodammodo vices

---

[1] confecti predicti. C.   [2] *om.* B.   [3] apertum. C.   [4] fugientem. C.
[5] bogligneis. B.   [6] remissi. C.   [7] et cetera. C.   [8] de fugitivis. C.
[9] repararunt. B.   [10] quotorum. B; istorum. C.   [11] rumpepebatur. B.
[12] *om.* C.

pectinis ruituri, quod in principio fuit ab officio debito suspensum atque Gallicis traditum tutele in illorum delusoriam assecuritacionem. Ad strepitum saxi et pontis fracti armati anacorite, depulso muro fictili eos occultante, apostatarunt, et ad suum ordinem milites Francigenas coegerunt dira salutacione invitatos. Insultus acerrimus quam diu duravit, set tandem devicti hostes suppliciter victorum voluntati se commiserunt.

Extranei qui non intrarunt, statim postquam perceperunt suorum delusionem, terga verterunt; quos dominus rex, cum paucioribus quam sedecim armatis et totidem sagittariis ipsum vocantem set tamen ignotum comitantibus, fugitivos lacessit, multos prostravit, et in parvo tempore valde periculosos labores superavit. Cognita demum Francigenis[1] insequencium paucitate, octoginta viri armatorum contra regem se religarunt[2]. Non audeo sapiencie nec discrete milicie set magnanimitati regis ascribere illam suam in hostes persecucionem, quamvis bene in tanto periculo ipsum constet rem gessisse[3] et, gracia Dei ipsum preservante, honorem ventilacionis reportasse. Ubi nempe vidit Francos religatos, abiecit gladii vaginam, et suos confortans atque ipsorum staciones disponens ad viriliter agendum provocavit. Sagittarii eciam in marisco a lateribus armatorum constiterunt in siccis monticulis et limosis paludibus circumvallati, ne graviter armati equites aut pedites ipsos fuissent insecuti, quin pocius submersi[4] in bitumine[5]. Illos eciam rex confortans et ad sui pietatem decenti alliciens blandicia, sic affatur: 'Bene facite,' inquiens, 'arcitenentes, et scitote quod ego sum Edwardus de Wyndesore[6].' Cognitis tunc primum regis presencia et necessitate bene faciendi, sagittarii nudantes sua[7] capita, brachia et pectora, omni sua virtute sagittis non perdendis incubuere, et Gallicos appropiantes acutis sagittis salutatos acriter valde receperunt. Armati steterunt ex utraque parte super longum et artum pavimentum, in cuius latitudine

---

[1] *om.* B.   [2] *se relig.] om.* C.
[3] quam[v]is in tanto periculo ipsum constet egregium facinus bene finaliter peregisse C.   [4] submergi. C.   [5] bitumen. B.   [6] Wyndezore. C.   [7] *om.* C.

vix viginti armati possunt frontaliter constipari, habentes ex utroque latere mariscum armatis invium, in quo steterunt sagittarii securi, suos nihil inpedientes et hostes[1] a lateribus sagittarum grandine confodientes. Siquidem rex et sui ex adverso, atque sagittarii ex transverso, occiderunt, captivarunt, et quam diu viriliter resistentes tandem in adventu principis Wallie Gallicos in fugam compulerunt.

Post longam in hostes venacionem, Calesiam reversi numerarunt fugatos et captos; et invenerunt quod pro castri capcione, secundum relacionem captivorum, accesserunt mille viri armorum et sexcenti armati, set numerus servientium tria milia excedebat. Ex hiis fuerunt capti dominus Galfridus de Charny et filius eius strenuus in armis, Edwardus de Renti[2], quondam serviens domini regis in officio clavarii, set tunc[3] miles[4] et tiranni Francorum stipendiarius; item dominus Robertus de Banquilo[5], Otto de Gule, baro de Martyngham[6], Baldewinus Sailly[7], Henricus de Prees, Garinus Baillof[8], Petrus Rynel[9], Petrus Dargemole, Ewstacius de Rypplemont; et alii multi milites et domicelli fugati fuerunt cum suis vexillis, dominus de Mountmarissi[10], item Laundas, qui desponsavit dominam de Seint Pool[11], comitissam Penebrochie[12] in Anglia, item domini de Fenes, dominus de Planke, et alius Eustacius de Ripplemont[13]. Occisi fuerunt[14] in prelio dominus Henricus de Boys et dominus Archebaud, et multi alii, de quorum noticia non curarunt victores. Sic prodiciose contra formam treugarum facinus ingeniatum eius auctores detraxit in cladem: primo Galfridum per sui et amicorum suorum capcionem, auri multi perdicionem, nobilium virorum occisionem, ducum magnanimorum fugacionem, et tocius false machinacionis finalem frustracionem; set nec Emericus evasit laqueum periclitacionis, immo postea captus inter Gallicos ferro ignito vivus perustus, a militari ordine per talorum amputacionem degradatus, lingua privatus per

---

[1] eciam hostes et. C.   [2] Renty. C.   [3] *om.* B.   [4] milites. B.
[5] Bauquilo. C.   [6] Martingraham. B.   [7] Caylly. C.   [8] Baylof. C.
[9] Reynel. C.   [10] Mountmaryssy. C.   [11] Seyn Poul. C.
[12] Penebrugie. C.   [13] Rypplemount. C.   [14] sunt. C.

108   CHRONICON GALFRIDI

A.D.1350 abscisionem, postea suspensus, demum decapitatus, et finaliter in quarteria divisus, exsolvit penas prodicionis et false peieracionis[1] in sacramentum altaris.

Expedition to Gascony (A.D. 1349).   Eodem anno comes Lancastrie et barones Staffordie et de Greistoke[2], item heredes dominorum de Percy et de Neville[3] atque dominus de Fornival[4] et Bartholomeus de Burghasshe[5], cum multis aliis, circa festum Omnium Sanctorum transfretaverant in Vasconiam, posituri resistenciam debacacioni Iohannis de Valesio, filii tiranni Francorum, qui ducatum illum nimis infestavit.

Order against gifts to judges.
f. 129b.   Item, concilium regale[6] ordinavit quod nullus regis iusticiarius, durante tempore sui officii, reciperet feoda de quocumque seu dona, preterquam de rege.

Death of archbishop Bradwardine (26 Aug 1349). A monster.   Item, magister Thomas Bradewardyn, archiepiscopus Cantuariensis nondum intronizatus, obiit, et magister Symon de Islep[7] in eius successorem fuerat electus.

Adhuc isto anno, in comitatu Oxonie, iuxta villam que dicitur Chepingnortone[8], inveniebatur serpens bicapitata, habens duas facies femininas, unam more novello feminarum ornatam, aliam quoque imitantem ornatum antiquum, et habuit alas largas ad modum vespertilionis.

Jubilee.   Anno Domini M.CCC.L., ipsius regis anno xxiiij°., domini pape Clementis vj[ti]. anno   [9], annus iubileus celebris habebatur, quo omnes Christiani apostolorum limina visitantes plenam indulgenciam de omnibus peccatis rite confessi et contriti recipiebant.

Edward prepares to invade France   Dominus de Fornyval[10] inconsulta temeritate hostibus insultans capitur in Vasconia, nec multum postea rex suum passagium in Franciam ordinavit; set comes Lancastrie rediens de Vasconia nunciavit eii de

Truce.   treugis editis per ipsum, quarum racione regis transfretacio fuerat suspensa.

Isto anno, in die sancti Georgii, rex celebravit grande convivium

---

[1] peioracionis. B; periuracionis. C.   [2] Greystoke. C.   [3] Nevyle. C.
[4] Furnyval. C.   [5] Borewasch. C.   [6] generale. C.   [7] Islepe. C.
[8] Chepyngnortone. C.   [9] *Blank.* B.   [10] Furnival. C.

apud Wyndesore in castro, ubi instituit cantariam xij. sacerdotum, et fundavit zenodochium, in quo milites depauperati, quibus sua non sufficerent, possent in Domini servitute de perpetuis elemosinis fundatorum illius collegii sustentacionem competentem habere. Preter regem fuerunt alii compromittentes in fundacionem istius zenodochii, scilicet regis primogenitus, comes Norhamptonie, comes Warewici, comes Suthfolchie[1], comes Salisbiriensis[2], et alii barones; simplices quoque milites, scilicet Rogerus de Mortuo[3] mari, nunc comes Marchie, dominus Walterus de Magne, dominus Willelmus filius Garini, Iohannes de Insula, Iohannes de Mohun[4], Iohannes de Bealchampe, Walterus de Pavely[5], Thomas Wale[6], et Hughe de Wrotesley[7], quos probitas experta ditissimis comitibus associavit[8]. Una cum rege fuerunt omnes isti vestiti togis de russeto pulverizato cum garteriis Indic[9] coloris, habentes eciam tales garterias in tibiis dextris, et mantella de blueto cum scutulis armorum sancti Georgii[10]. Tali apparatu nudi capita audierunt devote missam celebrem per antistites Cantuariensem, Wintoniensem, et Exoniensem decantatam, et conformiter sederunt in mensa communi[11] ob honorem sancti martiris, cui[12] tam nobilem fraternitatem specialiter intitularunt, appellantes istorum comitivam sancti Georgii de la gartiere[13].

In estate sequenti, orta dissencione inter nautas Anglie et Ispanie, Ispani obsederunt mare Britannicum cum xliiij. magnis navibus bellicosis[14], qui[15] decem naves Anglicas versus Angliam ab Aquitannia velificantes captas atque spoliatas submerserunt, et, taliter iniuria passa vindicata, in portum de Sclusa Flandrie applicuerunt. Hiis auditis, rex, suo navigio coadunato in quinquaginta navibus et spinaciis, Ispanis reversuris obviare disponebat, secum habens principem Wallie, comites Lancastrie, Norhamptonie, Warewici, Sarisburie[16], Arundellie, Huntindonie[17], Gloucestrie[18],

---

[1] Southfolchie. C.   [2] Saresburie. C.   [3] Mortua. B.   [4] Mochun. C.
[5] Paveleye. C.   [6] *om*. C.   [7] Wroteleye. C.
[8] *quos ... associavit*] *om*. B.   [9] indi. B.
[10] *arm. sanc. Georgii*] armorum suorum. C.   [11] commini. B.   [12] sicud. B.
[13] garter. C.   [14] bellicis vel bellicosis. C.   [15] quibus. B.
[16] Saresburie. C.   [17] Huntyndonie. C.   [18] *om*. C.

A.D.1350.
f. 130.
Naval battle and victory, 29 Aug.

et alios barones atque milites, cum eorum precise[1] secretis commensalibus et sagittariis. Denique in festo Decollacionis sancti Iohannis, circa horam vesperarum, classes colliserunt; ubi magne buscee Ispanienses[2], quasi castra casellis, ita nostris liburnis et[3] navibus supereminebant. Dire nostros aggrediebantur, saxis evolantibus a turriculis malorum et pilis vibrantibus atque quarellis acriter et crebro nostros wlnerantes, nec minus lanceis et spatis cominus dimicando et cum classica armatura seipsos viriliter defendendo. Exasperatur dirus congressus[4], quo nostri multum teribiliorem non fuerant experti. Terebrarunt tandem sagittarii longiori iactu sagittarum illorum balistarios qui curtius illis iecerunt quarellas, et ita compulerunt illos officium suum sequestrare. Alios eciam super oras buscearum et castra[5] cominus dimicantes tabulis navium se protegere votivos reddiderunt. Illos, preterea qui e turribus saxa fulminabant, coegerunt se totos ita protegere quod capita et humeros more solito exercere[6] non ausi[7], solis manibus erectis set non a sagittarum acie securis, saxa non iam proiecerunt set dimiserunt cadere, pocius in perniciem suorum[8] quam nostrorum ruitura. Tunc scalas conscensi nostri in esperias naves irruerunt, gladiis et securibus obvios truncantes, et in brevi vasa plena Ispanis[9] vacuabant, atque vacuata replebant Anglicis, quousque noctis invide tenebris superfusi non poterant videre ceteras xxvij. Ibi vidisses sanguine et cerebro naves pictas[10]; sagittas in malis, velis, temonibus et castris infixas; de wlneribus mortuorum sagittarios sagittas colligentes, et imprecari, set incassum, crastinum bellum renovandum[11]. Ancorarunt nostri, de prelio[12] sperato cogitantes, et[13] nil fuisse factum dum aliquid superfuit faciendum estimantes[14], wlneratos curantes inopes, Ispanos[15] mortuos et languidos in mari proicientes, cibo et sopori se recreantes, nec minus vigilem custodiam armatis manibus committentes. Post noctis silencium aurora prodeunte,

---

[1] precise cum eorum. C.   [2] Yspanenses. C.   [3] *lib. et*] *om.* B.
[4] aggressus. C.   [5] *et castra*] *om.* C.   [6] excercere. C.   [7] sunt ausi. C.
[8] ipsorum. C.   [9] Yspannis. C.   [10] pictas demiono. B.   [11] revocandum. C.
[12] bello. C.   [13] *om.* B.   [14] *fac. est.*] ad faciendum. C.   [15] Yspannos. C.

Anglici ad classica nova, set frustra, preparati, tubis, lituis et muse cornubus suos ad arma concitantes, sub pleniore luce solis emergentis mare contemplati nullius resistencie signum perceperunt. Nempe xxvij. naves, toto nisu fugientes de nocte, decem et septem sero spoliatas, tabo cruento et cerebro depictas[1], regis voluntati reliquerunt. Set invite rediit Angliam rex cum triumpho, set magno periculo sui atque suorum comparato. Reportarunt enim sui[2] capita saucia commissuris lineis involuta, brachia et tibias quarellis et telis terebrata, atque dentes evulsos, nasos quoque decisos, labra fissa, et oculos erutos; leti de insigniis gloriosi triumfi et evasione, risus doloribus egris miscuerunt quibus erat iocundum ex equo[3] inimico sanguine togas maculatas ostendere[4]. Ibi rex octoginta nobiles tirones ad militarem promovit honorem, et unius doluit periclitacionem, videlicet Ricardi de Goldesborowh[5], militis, qui suam mortem, ut dicitur, vendidit appreciatam kare, ut videbatur Ispannis, nimis[6].

Isto anno Philippus de Valesio, vocatus rex Francorum, morbo mortis nuncio citatus ad examen Iudicis conscienciarum, pupplice confessus suam iniusticiam qua detinuit coronam Francie, iussit filium suum Iohannem paci finali inter regna condescendere, monens insuper[2] quod, in casu quo ipse regni solio potiretur, numquam armatus militaret contra regem Anglie ad bellum ineundum. Philippo demum universe carnis viam ingresso, suus primogenitus prefatus Iohannes in regem Francie fuit coronatus, set iniuste, et ideo non regem set coronatum Francorum libet illum ex nunc vocitare.

Post optentam[7] victoriam belli predescripti, rex scribens summo pontifici supplicavit quod aliquem clericum sui regni promoveret honori cardinalatus, asserens ipsum valde mirari quare ad illum sanctum ordinem nullum Anglicum a multis temporibus dignata est recipere curia Romana, cum tamen ad utilitatem reverendi cetus cardinalium pinguia beneficia in regno Anglie predicto sint[8] reservata, et in dupplici

---

[1] *tabo ... depictas*] om. B.   [2] *om.* B.   [3] *equo ex.* C.
[4] *quibus ... ostendere*] om. B.   [5] Goldesborw. C.   [6] *ut ... nimis*] om. B.
[7] *In a later hand, over an erasure.* C.   [8] sunt. C.

A.D.1350. universitate prefati sui regni ad cuiuslibet scientie liberalis sine supersticione gradum magistralem sint multi excellentes clerici sublimati et non minus morum honestate laudabiliter decorati. Rescripsit predictus summus pontifex quod dominus rex eligeret duos clericos sui regni ad tantum honorem apciores, et circa illos sic electos clemens pater voluntati regie consensum libenter exiberet, si tamen electi fuissent ad honorem Dei et ecclesie universalis iudicio cardinalium digni comprobati ad petitam dignitatem. Electos propterea magistrum Iohannem Bateman, episcopum Norwicensem[1], et Radulfum de Stratford, episcopum Londoniensem, rex curie Romane per suas literas presentavit; qui finem negocii diu set incassum apud curiam prefatam expectarunt. Interim siquidem Iohannes de Valesio, coronatus Francorum, profectus ad presenciam domini pape, presentavit multos suos clericos de gracia sedis apostolice promovendos; ex quibus papa creavit xj. cardinales, duobus episcopis prenominatis, utriusque iuris egregiis doctoribus, ad tutelam ovium eiis commissarum licenciatis.

Two selected candidates.

French cardinals elected, to the exclusion of Englishmen

Duel in presence of the king, 4 Oct.

Prefatis[2] in fieri se habentibus, duo milites stipendiarii domini regis Armenie venerunt ad Angliam et regis presenciam, ostendentes literas prefati regis Greci, in quibus continebatur quod alter istorum militum, scilicet Iohannes de Viscomite[3], nacione Ciprius, alterum, scilicet Thomam de la Marche, nacione Gallicum et filium Philippi nuper regis Francie, set illegitimum, calumniavit de eo quod predictus Thomas debuisset a Turcis quamdam auri summam recepisse ad hoc, quod exercitum Christianorum tirannidi Turcorum prodidisset, et quod ad[4] calumnie probacionem Iohannes Thomam ad monomachiam provocasset, iudicio Edwardi regis Anglie, tamquam principis fortunatissimi[5], dirimendam. Pro ista causa prefati milites dimicarunt infra ligaticia pallacii regalis Westmonasterii, die Lune proxima post festum sancti Michaelis;

---

[1] Norwycensem. C.

[2] Duellum bastardi cum Ciprio prefati. *The first four words evidently an original rubric which has been incorporated into the text.* B.

[3] Viscount. C. [4] a. B. [5] fortissimi. C.

ubi Thomas, in declaracionem sue iusticie, eius adversarium superavit, non tamen occidit, quia nec potuit sufficienter armatum penetrare alico tormento invasivo, preterquam in facie quam habuit nudam. Post nempe hastiludia et pedestres congressus, luctando simul in aream profusi, Thomas quibusdam stimulis curtis et acutis quos manum dextram comprimendo[1] digitorum nodi radicales[2] e cirotecis laminatis expresserunt, et eos moderni vocant 'gadelinges,'[3] nudam Iohannis faciem wlneravit. E contra Iohannes nullum tormentum habuit ita curtum quo posset ledere faciem Thome; et hinc, orribiliter ipso exclamante[4], regio precepto duellum cessavit, et Thome victoria adiudicatur; qui victum Iohannem principi Wallie dederat captivum, atque suam armaturam sancto Georgio in ecclesia sancti Pauli optulit devote.

Hiis peractis, Ciprio datur libertas manumissionis; et Thomas, ad presenciam sui fratris coronati Francorum confidenter profectus, invenit dictum coronatum et proceres Francie contra ipsum indignatos pro eo quod coram rege Anglie monomachie consenciebat. Ad hec Thomas securus putative[5] de falsa fratris sui amicicia, volens ostendere se bene fecisse, inter cetera[6] laudavit regis Edwardi nobilitatem, famam per totum mundum ventilatam, et iusticiam quam exercuit iudicando: 'Non acceptans personam Ciprii qui ipsum regem diligebat preferendam,' inquit, 'mihi Franco atque fratri et amico tibi, domino meo regi Francie[7].' Itemque[8] comes de Ew in laudes regias profudit habunde, adnumerans solacia et beneficia que in Anglia recepit a rege tempore[9] sue captivitatis, recensens cum aliis quam longe fuit ab optimo rege invidia relegata, quando ipsi in Anglia captivo[10] hastiludianti, ubi eciam rex hastiludiavit, non invidebat campi graciam acclamari. Laudibus pre-

---

[1] premendo. C.   [2] raduales. C.   [3] gadelynges. C.   [4] vulnerante. C.
[5] *Misplaced at the end of the previous sentence.* B.   [6] *inter cetera*] *om.* C.
[7] *Here, both in* B. *and* C., *are added the words:* 'predicti Edwardi regis iudicis adversarii mei,' *which are probably two glosses incorporated into the text, viz.*: 'predicti Edwardi regis iudicis,' *a gloss on* iusticiam; *and* 'adversarii mei,' *a gloss on* Ciprii.
[8] Itaque. C.   [9] pro tempore. B.   [10] captivi. C.

A.D. 1350. fatis quantumcumque citra condignum predicatis invidebat coronatus Francorum, et per indignacionem, ex invidia, noverca iusticie, spurio partu progenitam, predictarum laudum precones impie iussit decapitari,

Execution of the comte d'Eu and T. de la Marche.
The queen of France starved to death.

fingens comitem cum sua regia uxore nimiam habuisse familiaritatem, atque suum fratrem lese regie magestatis Francie fuisse reum, quando suam causam duellarem regis Anglie examini commisit. Post predictum fratricidium, uxorem suam, filiam[1] nobilis regis Boemie[2], in prelio de Cressi[3] dudum occisi, fame torsit usque[4] ad mortem; et deinde cuiusdam monialis fedis amplexibus et concubitu suum regium honorem fedavit, usque ad ipsius captivitatem in bello Pictavensi infra descripto.

A.D. 1351.
Parliament.
Creations

Anno Christi M.CCC.lj. et regis xxv., post octabas Purificacionis Virginis gloriose, in parliamento Londoniis apud Westmonasterium celebrato, dominus Henricus filius Henrici comitis Lancastrie, ipse comes Lincolnie[5], Leicestrie, Derbie et Grossimontis atque de Ferrariis, factus est dux Lancastrie, datis sibi libertatibus atque privilegiis munificencia regali qualia nullus comitum habebat. Item, dominus Leunccius[6] de Andewerpe, regis filius, fit comes de Holvestria in Hybernia, et dominus Iohannes de Gandavo, germanus eius, fit comes Richemundie, et dominus Radulfus de Staffordia, pridem baro, comes eiusdem tituli creabatur.

Raid from Calais into French territory.

In sequenti Quadragesima domini Walterus de Magne et Robertus Herle, capitaneus Calesie, equitarunt in Franciam, cuius magna plaga depredata, reduxerunt pecudum, boum, ovium et porcorum magnam copiam; unde Calesiam ita refocillarunt, quod una pinguis vacca vix valeret xvj. denarios sterlingorum. Post hec, circa Pascha, dux Lancastrie de Calesia progressus in partes maritimas Artosie et Picardie exussit suburbium Bononie; set insiliendo ville non prevaluit, pro eo dumtaxat quod scale fuerunt nimis curte. Itaque vastavit civitatem de Tirewane et portum, item villas de Faucunberge[7] et Staples, et in nominatis portubus incendebat plures quam centum et xx. naves

Failure of the duke of Lancaster at Boulogne.
He attacks other places

---

[1] *om.* C. [2] Boemye. C. [3] Cressy. C. [4] *om.* C.
[5] Henricus comes Lanc. et Linc. C. [6] Leñcius. C. [7] Facunberge. C.

diversarum formarum; deinde patriam campestrem ignibus depascens usque ad Seint[1] Homers equitavit et, multis fortaliciis expugnatis, cum magna preda et plurimis captivis Calesiam revertebatur.

Item, circa festum sancti Georgii, res in Vasconia bene gerebatur, quippe marescallus regni Francie cum magna multitudine armatorum depopulavit patriam ville sancti Iohannis Ewangeliste, cuius custodie Edmundus Rose Nortfolchiensis[2] preficiebatur; unde populares, coadunati cum garnestura predicte ville, hostibus viriliter obviarunt, et, inito congressu, multis quoque occisis, ceperunt predictum marescallum et multos alios nobiles Francorum, fugatis amplius quam CCCC^{tis} viris status militaris[3].

Eodem anno eventus bellicus sub ducatu Iohannis de Bello campo, germani comitis Warewici, in perversum fuerat mutatus[4]. Ipse nempe, capitaneus tunc Calesii, educta fere tota sua custodia, scilicet trecentis viris armorum atque totidem sagittariis, patriam vicinam triduo vastavit et reduxit predam innumeratam; set in reditu versus Kalesiam[5] domini de Bealgin[6] et de Fienes[7] cum mille et quingentis viris armorum illis insidias in tribus locis imboscarunt, qui[8], devictis prima et secunda imboscacionibus, venerunt prope pavimentum quod est iter ad Calesiam, ubi hostes recentes[8] ipsis occurrerunt. Predictus igitur Iohannes, miles strenuissimus et mire magnanimitatis, indignatus quasi fugiendo in locum tutum et aptum defensioni suos contrahere, sprevit pavimentum eiis vicinum pro refugio captare, quo si devenissent, hostes in illos non prevaluissent, si fuerit credendum illis qui fuerunt ibidem; tunc enim[8] illos non potuissent circumvallasse. Igitur in plano campo illis restiterunt et quantumcunque lassati ex dupplici in eodem die habito conflictu, et multi ex eiis periculose fuissent sauciati[9], sagittarii eciam suas sagittas expen-

---

[1] Seynt. C. [2] Ros Northfolchiensis. C.
[3] fugaverant amplius quam CCCC viros status militaris alios quadringentos. *the first and eighth words having been altered.* C.
[4] mutata. B.; mutatum. C. [5] Calesiam. C. [6] Bealgyn. C.
[7] Fyenes. C. [8] *om.* C. [9] inimici sauciati. C.

A.D. 1351. dissent [1], animose tamen, licet non sapienter, suos hostes receperunt. Sic [2] innovatur acer conflictus, in quo dux adversariorum, prefatus dominus de Bealgin, cecidit peremtus; quo non obstante, sui constanter nostros expugnarunt, atque omnes ceperunt preter [3] paucos, qui, in aliis [4] conflictibus graviter wlnerati, cum illis qui predam ad villam abigebant ante tercium conflictum fuerant Calesiam, set pauci, regressi. Nullus Anglicus fuit ibi occisus, scilicet [5] qui se voluit alicui reddere; unde fere omnes postea fuerunt aut per redempcionem aut commutacionem aliorum pro illis liberati [6].

Truce with Spain and with France.

Eodem anno naves Ispanie [7] cum auctoritate tractandi de pace Angliam applicuerunt, sicud anno preterito fuit per easdem citatas et detentas compromissum; et ordinate sunt treuge inter Anglicos et illas xx. annis durature. Item, inter regna Anglie et Francie inite sunt treuge anue duracionis [8]; quas propter capcionem castri de Gynes Gallici fregerunt, sicud annali [9] proximo notatur.

Adjustment of coinage

Hiis eciam temporibus mutatum est aurum optimum in novam auream monetam, antiquum enim notabiliter valuit ultra precium taxatum, et ideo Lumbardi, ceteri quoque mercatores alieni, ipsum emtum asportaverunt de regno, ad magnam regis et tocius Anglie iacturam, cui fuit remedialiter provisum per predictam commutacionem. Fuit eciam moneta argentea de novo fabricata, videlicet grossus valoris quatuor sterlingorum et alius in subduplo sibi appreciatus.

f 132

A.D 1352 *Capture of the castle of Guines by surprise.*

Anno Christi M.CCC.lij., circa principium mensis Ianuarii, Gallicis occupatis circa reparacionem murorum ville de Gynes, antea [10] per Anglicos devastate, quidam viri status militaris operi tanto male conscii ingeniati sunt eius demollicionem, et efficaciter, sub hac forma. Erat quidam sagittarius nomine Iohannes Danecastrie [11], qui aliquando captus et in castro de Gynes incarceratus, nec habens unde redimi posset, ut ibi similiter operaretur, fuerat dimissus. Iste, cuiusdam fedissime [10] lotricis fedis amplexibus

---

[1] expendidissent. B. [2] Set. B. [3] preterquam. B.
[4] ceteris. C. [5] *om*. B. [6] libertati B. [7] Hyspanie. C.
[8] *anue duracionis*] *altered to* anno uno durature. C. [9] *altered to* anno. C.
[10] *erased*. C. [11] Dancastrie. C.

associatus[1], didicit ab illa ubi trans fossam principalem a fundo fosse fuerat murus fabricatus, latitudinis duorum pedum, protensus ab aggere ad oram[2] fosse interiorem, ita quidem aquis opertus quod non videbatur, set non ita submersus quin vadens per illum vix genuis contingeret aque superficiem, factus quondam ad operam piscatorum, et ideo in medio ad spacium duorum pedum discontinuatus. Adhuc illa feda prodente, metitus est cum filo altitudinem muralem. Istis cognitis, una dierum de muro lapsus, Deo commissus, per occultum murum prefatum transiit fossam, et, usque ad vesperum latens in maresco, de nocte venit prope Calesiam, ubi expectans clarum diem tunc[1] introivit, alias minime recipiendus. Hic edocuit avidos prede et furandi castri[1] prefati quo ingressus pateret illis. Factis igitur scalis ad mensuram per illum taxatam, triginta viri conspirati, armis nigris absque splendore cooperti, de nocte castrum, duce Iohanne, adiverunt, atque, murum scalis conscensi, speculatorem a casu eiis obvium incipientem exclamare excerebratum precipitarent in profundum[3]. Deinde in aula multos inermes, ad instar ovium in presencia luporum attonitos, trucidarunt inventos, aut ad scakkarium aut ad hasardum conludentes. Deinde contra dominas et quosdam milites dormientes cameras et turres faciliter ingressi, facti sunt magistri omnium que volebant. Inclusis tandem omnibus captis in una camera forciori, armis omnibus spoliatis, Anglicos incarceratos ab anno priori liberatos, cibatos et armatos, suis quondam magistris prefecerunt, et sic demum omnes castri municiones ocuparunt, ignorantibus illis, qui in villa reedificacioni dirutorum erant prefecti, quid castellanis contingebat. In crastino preceperunt operantibus in villa ab opere cessare, qui, per hoc nota castri capcione, celeriter fugerunt; et novi castellani dominas inventas equestres abire permiserunt, cum earum robis[4] et cartis atque munimentis quibus sua feodalia tenere deberent.

Eodem die supervenerunt eiis in auxilium quidam invitati a Calesia, quibus fideliter astipulantibus castrum secure tenuerunt; et circa horam terciam venerunt missi a comite de Gynes duo milites, qui, petitis induciis,

A.D. 13

[1] *om.* C.   [2] horam. B. C.   [3] *in prof.*] *om.* B.   [4] robure. C.

A.D.1352. quesierunt ab ingressis, qui et cuius, seu quorum autoritate castrum cap-
Attempt to repurchase the castle. tum detinerent tempore treugarum. Ad hec responsum[1] receperunt, quod intrusi nolebant alicui viventi suum esse revelare, quousque diuturniorem loci seisinam fuissent experti. Igitur in die sancti Mauri abbatis, rege suo parliamento incumbente, venerunt Gallici missi a prefato comite
f. 132b. de Gynes, asserentes in presencia regis quod, in preiudicium treugarum, castrum predictum fuit captum, et ideo iure mutue fidei ciis integraliter restituendum. Respondit nunciis providencia regalis quod de[2] assensu regio vel scitu non fuit facinus ingeniatum, et ideo petentibus tradidit literas preceptorias cuilibet suorum, ne aliquis suus fidelis castrum de Gynes, ut premittitur, occupatum detineret, set suis legitimis dominatoribus liberaret illud. Nunciis regressis et expositis sue legacioni[3] contingenciis, accessit ad castrum quandoque suum comes de Gynes, querens ab intrusis, sicud alias, cuius nomine castrum occuparent; quibus constanter respondentibus quod nomine Iohannis Danecastrie, quesivit utrum Iohannes prefatus esset fidelis regis Anglorum aut eius preceptis inclinaturus. Quo respondente quod non, scivit enim quid in Anglia contigit nunciis prenominatis, optulit comes pro castro, preter totum tesaurum in eo repertum, multa milia scutatorum, aut possessiones pro commutacione et pacem perpetuam atque amiciciam regis Francorum. Ad hec finaliter responderunt castellani quod ante capcionem sui castri fuerunt Anglici nacione, set, suis demeritis a pace et amicicia atque incolatu regis Anglie et regni relegati, exulati; unde locum quem habuerunt libenter venderent aut commutarent, set nulli prius quam suo regi naturali, scilicet preordinato regi Anglie, cui, ut dixerunt, forent exposituri suum castrum venale pro sui pace atque pacifica revocacione ab exilio; qui si nollet illud[4] emere, regis Francie aut cuiuscumque habundancius offerentis pro illo precium convencionis reciperent libenter. Talibus comite evacuato, rex Anglie castrum revera desideratum emit et ocupavit.

Istud fortalicium solebat Anglicis opturare viam in patriam supe-

---

[1] *ad hec respons.*] *repeated.* B.   [2] *om.* C.   [3] *legacionis.* C.   [4] *id.* C.

riorem, prebens patrie magnam securitatem a forariis Calesie. Volens igitur concilium Francorum locum illum rehabere, aut aliud eiusdem utilitatis edificare pro tuicione patrie vicine, miserunt Galfridum de Charny, nuper redemptum de carcere Anglorum, cum autoritate faciendi que sequuntur[1]. Itinerantibus de Gynes ad Calesiam erat quidam locus a sinistris fortis set devotus, habens ecclesiam in qua virgines consecrate servierunt Deo, et vocabatur Labascie[2]; et ita castro de Gynes fuerat vicinus[3], quod stantes Anglici extra portam sue municionis poterant illuc[4] sagittare. Istud monasterium faciliter poterat fieri defensibile[5], habuit enim ad instar castri muros erectos et turrim arduam et amplam pro campanili; sedens insuper in marisco, modico labore poterat aquatica fossa concludi. Loco sancto quantumcumque suspecto tamen ob devocionem Iesu Christi omnes Anglici et[6] semper pepercerunt, usque quo[7] Galfridus prenominatus, in violacionem treugarum, cum potenti manu armata Gynes obsessit[8] et moniales ab ecclesia[9] dimovit, castrum de ecclesia et muro barbam ac[10] toti fossam nisus fabricare; et hoc circa Pentecosten illius anni, quo tempore aquis non impedientibus poterant sui in marisco laborare. Itaque anterius obsessi castellani de Gynes vix poterant egredi per[11] fossas aque plenas in cimbis[12] aut per mariscum invium et aquosum, nec Calesienses poterant ipsos quomodocumque egenos victualiare propter obsidionem et custodiam de Labbastie[13]. Pluries exierunt obsessi et dimicabant cum illis de Labbastie[13], set nimis paucos aliquando sagittis et nonnunquam aliis armis occiderunt. Tandem die constituto convenerunt Calesienses cum illis de Oye et de Merke, ex una parte, occurrentibus castellanis ex adverso, et occiderunt multos, plurosque fugarunt, atque finaliter incenderunt totam Labbastie[14], et, muris dirutis, omnia solo coequarunt.

Hoc anno domino duce Lancastrie Spruciam profecto et deinde

---

[1] sequantur. B. [2] Labbscie. B. [3] vicina. B. [4] ad illam. B.
[5] defensable. B. [6] *Angl. et*] *om.* C. [7] quousque. C. [8] obcessum. C.
[9] loco. C. [10] aut. B. [11] pre. C. [12] circulis. [13] Labascie. C.
[14] Labbascie. C.

A.D 1352. apud regem Crakkowye¹ et Polonie² contra Turcos demorante, filia sua³ domino duci Selandie Willelmo, primogenito quondam Ludowici⁴ ducis Bavarie, intrusoris imperii Romani, fuit in Anglia desponsata de concilio regis et ordinacione.

Marriage of the duke of Lancaster's daughter.

Defeat of Gui de Nesle by Walter Bentley, 14 Aug

Isto anno⁵, in vigilia Assumpcionis Virginis, matris Dei, Walterus de Benteleye⁶, capitaneus, Robertus Knollis et alii regis fideles in marchia Britannie hostibus egregie obviarunt, ubi in certamine diu periculoso fuerant occisi marescallus Francie principalis, item domini de Quintin⁷, de Curtunoke⁸, de Richemont⁹, de Mountalban, de Lagenel, de Launey, de Mountboche¹⁰, de Vilechastel¹¹, de la Marche, et alii milites numero centum quadraginta, atque domicelli ad summam¹² quingentorum, quorum toge armature fuerunt reportate, numero popularium non taxato. Ibidem capti fuerunt dominus¹³ de Brusebeke¹⁴, filius marescalli Bertram, item Tristram de Maleis¹⁵, item dominus de Maletret¹⁶, item vicecomes de Comayn, item Galfridus de Goanes, Willelmus de la Val, Carolus Darchefil¹⁷, Iohannes de Bause et alii milites cum domicellis¹⁸ amplius quam centum et triginta. Iste Francorum exercitus sub ducatu predicti marescalli ex proposito ductoris fuerat a tergo declivo cuiusdam montis vallatus, quod non poterat fugam inire, ut ex fuge desperacione cresceret eiis audacia pugnandi, sicud solet animosis¹⁹. Fuerunt eciam ibidem plures de comitiva militum Stelle, qui in sua professione coniurarunt se nunquam Anglico terga territa versuros, de quibus fuerunt inter captos et occisos numerati quadraginta quinque. Ab illo discrimine pauci non wlnerati evaserunt, in quo ipsorum²⁰ capitaneus prefatus Walterus horribiliter wlneratus iussit triginta sagittarios decapitari, qui in maximo belli fervore teriti a Gallicorum immensitate fugam inierunt.

¹ Crakowie. C.   ² *et Pol.*] *om.* B.   ³ suo C.   ⁴ Lodewici. C.
⁵ *om.* C.   ⁶ Benteley. C.   ⁷ Quinteyn. C.   ⁸ Curtenoke. C.
⁹ Rychemund. C.   ¹⁰ Mountbok. C.   ¹¹ Vyle Chastel. C.
¹² *ad summam*] summa. C.   ¹³ domini. C.   ¹⁴ Bryssebeke. C.
¹⁵ Maleys. C.   ¹⁶ Malatret. C.   ¹⁷ Darchefyl. C.
¹⁸ damicellis. B.   ¹⁹ animosus. C.   ²⁰ illorum. C.

Item¹, comes Staffordie Vasconiam intravit, ubi obvius Gallicorum magno exercitui, qui a municione Dagent fuerant egressi, hostes fudit, cepit² et fugavit, circa³ Nativitatem Virginis gloriose. Ibi fuerunt capti famosus ille miles, ductor providus atque vir magne presumpcionis, vocatus Brusegaudus⁴, et vij. milites comitive de Stella. Nec multum postea communi morte obierunt ibidem Iohannes Dodianseles⁵ et Thomas Wale, milites magne probitatis.

Isto eciam anno, audito quod pirate mare inquietarunt, ordinate sunt vij. naves bellice cum spinaciis subservientibus et liburnis⁶, quibus amiralli⁷ Thomas Coke⁸ et Ricardus Totlesham, milites, mare circa litora Pikardie⁹ et Normannie despumaverunt, set ante festum sancti Georgii votive revertebantur.

Dum hec in mari et terris gerebantur, duci¹⁰ Lancastrie a Sprucia reverso misit literas Otho, filius ducis¹¹ Brunnuswici Teutonici et¹² stipendiarius coronati Francorum, quibus ipsum ducem calumpniabatur, asserens quod dux, per Coloniam de Sprucia revertens, informavit maliciose Colonienses de eo quod prefatus Otho nitebatur ipsum ducem furtive rapuisse coronato Francorum ut captivum¹³ presentandum, subdens¹⁴ quod, quia talem raptum numquam excogitavit, paratus fuerat in declaracionem sue fame per monomachiam, in curia dumtaxat regis Francie, ducem Lancastrie de prestito articulo mendacem comprobare. Litere, quibus ista continebantur, non fuerunt sigillate; et ideo, ne stultam visus fuisset cedule fidem adibuisse, presertim per famulum status abiecti presentate, misit Ottoni duos milites inquisituros causam calumnie et petituros eius super illa literas patentes per sigillum autenticum muniendas. Quibus, itineris impleto negocio, ab Alemannia¹⁵ festinanter reversis, misit dux coronato Francorum pro securo conductu¹⁶ sui atque suorum optinendo¹². Cum magna tandem difficultate petita et optenta licencia regis, Parisium adivit; ubi in ligaticiis, presentibus

¹ Eodem anno. C. ² et cepit. C. ³ ad. C. ⁴ Brisegaudus. C.
⁵ Adyngseles. C. ⁶ *et liburnis*] om. B. ⁷ amirallus. C. ⁸ Koke. C.
⁹ Picardie. C. ¹⁰ duce. C. ¹¹ *filius ducis*] fili duo. C. ¹² om. B.

A.D.1352. coronato Francorum, rege eciam[1] Navarre et duce Burgundie atque plurimis paribus et aliis de regno Francie, dux dextrarium decenter conscendit, omni signo sine defectu duello desiderato. Omnino paratus expectavit adversarii preparacionem et vocem preconis atque caucionem communis iuramenti de fide dictorum et parendo iuri. E contra predictum Ottonem vix[2] auxilio sublevancium equus recalcitrans recepit invitus, a quo evectus non potuit cassidem set neque scutum decenter aptare, aut lanceam erigere, aut se non posse vecorditer finxit[3]. Itaque statim coronato atque regi aliisque presentibus comperta Ottonis impotencia, coronatus Francorum causam monomachie pertractandam sibi continuo reservavit. Unde Otto primitus iussus a loco[4] abscessit[5], et[6] in area dux expectavit. Post hec, precepto coronati Francorum, Otto iuravit quod numquam ex tunc de predicto articulo ducem Lancastrie calumpniaret; et abinde dux per Selandiam repatriavit.

Otho retracts.

Incidencia. Post Epiphaniam istius anni, in parliamento apud Westmonasterium celebrato, fuit ordinatum, ad instanciam Londoniensium, quod nulla meretrix notata[7] gestaret de cetero capucium nisi stragulatum, neque uteretur pellura aut vestibus reversatis, sub pena forisfaccionis earumdem[8].

Order concerning the dress of loose women.

Item, bladi[9] caristia per illos de Selandia et Hibernicos deferentes blada venalia ad diversos[10] portus regni fuit in magnum populi solacium mitigata.

Importation of corn

Preterea isto anno pie memorie dominus Willelmus de la Zowche[11], archiepiscopus Eboracensis, ab hoc mundo migravit; et in suum locum magister Iohannes de Thursby[12], episcopus Wircestrie[13] et regni cancellarius, fuerat translatus.

Death of W de la Zouche, archbishop of York (19 July).

A.D.1353. Anno Christi M.CCC.l3., regis Edwardi xxvij.[14], in crastino sancti Mathei vel Mathie[15] apostoli, in[16] parliamento Westmonasterii fuit ordina-

---

[1] et rege. C. [2] predictus Otto; *and om.* vix. C. [3] fixit. C.
[4] *a loco*] *om.* B. [5] recessit. C. [6] *absc. et*] *transposed.* B; et *om.* C.
[7] vocata. C. [8] eorumdem. B. C. [9] badi. C. [10] diversas. B. C.
[11] Souche. C. [12] Thorsby. C. [13] Wygorniensis. C.
[14] *reg. Edw. xxvij.*] *om.* C. [15] *Mathei vel*] *om.* C. [16] *om.* B.

tum quod stapule lanarum, scilicet locus confluencie mercatorum pro lanis emendis, que prius fuerant apud Flandriam in Bruges, forent de cetero in diversis partibus Anglie, Wallie, et Hibernie, ordinatis statutis contra transgressores et datis privilegiis mercatoribus, set precipue alienigenis, ut patet in legibus inde confectis.

Post predictum parliamentum comes Norhamptonie, egregius continue domitor Scotorum[1], quorum versucie semper plus Anglicis nocuerunt quam fastus pompaticus Gallicorum, profectus est in Scociam cum magna comitiva armatorum et sagittariorum atque Wallencium vispilionum; ubi marchiam transequitavit, et inforciavit castrum de Loghmaban et alias suas municiones, atque cepit imboscatos Scotos bellicosos, set inter ceteros dominum Iacobum de Rammesseye[2], virum militarem et dotatum prediis mille marcarum. Habuit eciam tractatum pacis cum illa superbissima gente Scotorum, qui libenter regem suum redemissent et perpetuam amiciciam cum Anglicis fecissent, ita tamen quod de rege Anglie rex Scotorum[1] suam terram non teneret.

Isto anno, in die sancti Nicholai obiit Clemens papa sextus, cui successit Innocencius papa, eciam sextus Iste papa Innocencius, pro magno pacis desiderio, misit Calesiam cardinalem Bononiensem, auditurum tractatum de pace finali inter regna Anglie et Francie, cui confluxerunt concilia duorum regnorum cum plena autoritate tractandi et constituendi condiciones[3] pacis prefate[4]; et in hoc tandem consenserunt, quod rex Anglie resignaret totum ius suum quod habuit in regnum[5] Francie et dimitteret nomen regium Francorum, et haberet pro tanto ducatum Aquitannie et comitatus Dartoys et de Gynes, pro se et suis successoribus regibus Anglorum, absque hoc quod de rege Francie illa teneret quomodocumque. Istis condicionibus pius Edwardus, rex Anglie et Francie, pium et benevolum prebuit[6] assensum, pro devocione pacis Christianitatis. Tandem pro assecuritacione tantarum convencionum mittuntur ad sedem apostolicam nuncii

---

[1] Scottorum. C. [2] *The name om.* B. [3] constituciones. C.
[4] preoptate. C. [5] regno. C. [6] *om.* C.

solempnes utriusque regni. Quippe a latere regis Anglie fungebantur ista legacione episcopus Norwicensis, dux Lancastrie, comes Darundel, et alii milites; quibus profectis Avinionam accesserunt archiepiscopus[1] Rotomagensis, dux Borbonie, Galfridus de Charny[2], et alii de concilio Francorum. Omnes nuncii fuerunt in honore magno recepti; duci quidem Lancastrie obviaverunt multi cardinales et episcopi, qui a duobus miliaribus ipsum conduxerant ad civitatem et pallacium domini pape. Tandem in consistorio summi pontificis ipso et cardinalibus atque nunciis utriusque presentibus, fuerunt exposite cause nunciorum; quibus auditis, Anglici pecierunt convenciones confirmari, dudum apud Calesiam inter seipsos et nuncios Francie ibidem presentes constitutas[3]. Anglicis[4] Gallici responderunt, quod libenter vellent pacem; set de Aquitannia et de[5] prefatis comitatibus, ut dixerunt, non posset rex Francie, set nec ipsi assentirent, quod de[5] integritate regni, ad quam rex et ipsi fuerant iurati, forent, cum omni iure quo predicto regno pertinebant, alienata; bene tamen consentirent quod utile dominium predictorum ducatus et comitatuum regi Anglie devolveretur[6], sicud habuerunt Aquitanniam sui antecessores, ita tamen quod regalitas regie corone Francie reservaretur. Anglici vero, considerantes quod regalitas predicta pro dilacione homagiorum et liganciarum solebat antiquos reges Anglie et Francie ad discrimina guerrarum commovere, pecierunt, pro habenda pace perpetua, quod prefata dominia forent absolute et sine condicione suo regi concessa, ut premittitur. Que peticio, quamvis nuper apud Calesiam, ut testabatur cardinalis Bononiensis, fuerat admissa et per habentes autoritatem[7] confirmata, tamen ibi fuit pertinaciter denegata. Fuit eciam responsum racioni Gallicorum de sui regis et suo[8] iuramento, quo videlicet fuerunt obligati ad conservandam integritatem honoris regni et illi pertinencium, quod scilicet dominus papa, si eii placeret, posset[9] pro bono pacis eos absolvere a predicto iuramento, et hoc quoad

---

[1] episcopus. C.   [2] Charnye. C.   [3] constitute. B; presentibus constitutos. C.
[4] Anglici. B.   [5] om. B.   [6] devolverentur. B.   [7] autoritates. C.
[8] sui. C.   [9] om. C.

certos articulos premissos foret consulte faciendum. Attamen per papam nihil fuit innovatum neque reformatum[1], quod ad pacem ecclesie et regnorum notabiliter valeret. Propterea nuncii ad graves expensas illuc destinati sine effectu revertebantur, dempto quod episcopo Norwycensi, viro magne sapientie ibidem obeunti et sepulto, successit dominus Thomas de Percy, provisione domini pape et instancia nunciorum.

Anno M.CCC.liiij., rex Navarre[2], suscitata[3] rixa, occidit dominum Karolum de Ispania, Francie marescallum; unde vindictam coronati declinaturus in propria fugit, mittens avunculum suum duci Lancastrie cum literis suppliciter deprecatoriis quod veniret Normanniam in sui auxilium et defensionem, reciperetque ab ipso iuramentum[4] fidelitatis et amicicie[5] contra omnes viventes[6]. Igitur dux, habita licensia a domino rege, magnam classem coadunavit apud Suthamptoniam[7]; ubi, duce parato ad velificandum, revenerunt milites sui nuncii, promissi Normanniam[8] pro istius negocii veritate contemplanda, per quos duci fuit notificatum 'quod predictus suus consanguineus rex Navarre coronato Francorum erat pacificatus; et sic ducis transfretacio pro tunc suspendebatur.

Anno M.CCC.lv., regni Edwardi xxix., ipso rege versus Franciam circa Sandwicum[9] et principe Wallie versus Aquitanniam apud Suttonam in Devonia ventum prosperum expectantibus per amplius quam quadraginta dies, ceteris paratis, coronatus Francorum habuit suos exercitus divisos super portus Normannie et in aliis maritimis, impedituros regem seu principem ne ad terram applicarent, in tantum et tam diu quod ipsi Gallici cum suis stipendiariis patriam propriam nimium vastarunt, et, ab erario coronati multis milibus scutatorum inaniter consumptis, tandem

---

[1] *neque reform.*] *om.* B.
[2] *Here* C. *has the following:*—'anno supranominato, invocato presenti sacramenti altaris, iuravit fidelitatem regi Anglie, quam dominus dux Lancastrie apud Avinoniam sibi securitate interposita suscepit. Et rex postea, rediens Franciam,' etc.
[3] suscitataque. C.   [4] securitatem. C.   [5] *et amic*] *om.* C.
[6] C. *adds:* castrum scilicet Chirbrok in Normannia.
[7] Southamptoniam. C.   [8] missi Normannya. C.   [9] Sandewicum. C.

A.D. 1355. vel nimis pauper seu parcus predictus coronatus, stipendia suis non
persolvens, ita fuit ab eis derelictus quod, rege postea[1] Franciam[2]
depopulante. coronatus non habens[3] cum quibus occurreret suo perse-
cutori, aut certe vecordia victus non audens[4], ipsum insequentem
fugiebat, villas proprias incendens et victualia devastans, ne rex
hospicium aut victum pro suis reperiret. Attamen dominus rex, ipsum
coronatum tribus diebus persecutus, qualibet nocte hospitabatur ubi
nocte precedenti coronatus fugiens latitabat.

Anno supradicto[5], post mensem Augusti, dominus rex et dux Lancastrie, cum vij. milibus armatorum et pertinenciis. Franciam intrarunt. et per
ix. dietas in partes australes[6] omnia itinerando flamma depascentes depo-
pularunt. Et. Calesiam reversi, audivit rex[7] quod Scoti furtim intrarunt
et ceperunt villam Berewici. barone de Greistoke[8] non invitato cum
rege militante, cui tamen[9] committebatur cura ville iam capte[10]. Unde
rex ad Scociam properavit. Berewicum obsessit. et infra[11] quindenam
villam sibi redditam recepit, datis vita et libertate inventis in illa.

A.D. 1356. Deinde Scociam usque ad mare Scoticum peragravit, et quia[12] victualia
exercitui defuerunt, pro eo quod Scoti ante[13] suspectum regis adventum
omnia ad insulas et fortalicia et[14] trans mare Scocie deportarunt, set
neque naves Novi castri exercitum victualiarunt tamen ad hoc ordinate,
cum rege licenciante[15] omnes in Angliam repatriarunt, sequentibus
in fine exercitus ad xij. miliaria[16] Roberto Herle. Almerico de Sancto
Edmundo. Roberto de Hildesleye[17] et aliis. Quibus Scoti de nocte
inventis dormientibus. nihil[18] adversum suspicantibus, cum exclamacione
insultum dederunt. Ibi post longam resistenciam Robertus de Hildesleye et Iohannes Brancestre, milites, fuerunt capti, Roberto Herle et
Almerico vix evasioni se committentibus. Consuluerunt enim predicti
milites, visa Scotorum prevalencia, quod sui domini barones, ipsos suos

---

[1] om. B.   [2] Francie. B.   [3] habens unde. C.   [4] aut ... audens] om. B.
[5] anno supradicto] om. B.   [6] in part. austr.] a blank space in B.
[7] aud. rex] audierunt. C.   [8] Greystok. C.   [9] om. B.   [10] captivate. C.
[11] ita infra. C.   [12] om. C.   [13] antea. C.   [14] atque. C.   [15] licenciate C.
[16] ad xij. mil.] om. C.   [17] Hyldesleye. C.   [18] vel. C.

clientes redempturi, pulcra seu cauta retraccione a Scotorum capcione se eximerent; et hoc fecerunt, estimantes consulte tollerabiliorem pauperum militum quam baronum et paucorum quam omnium capcionem.

Post hec dominus dux Lancastrie, ordinatus capitaneus Britannie navigio Neustriam profectus, apud Hoggis[1] litora nactus, circa festum sancti Barnabe apostoli equitavit cum Philippo germano regis Navarre, qui ipsum ducem in sui auxilium invitavit. Isto nempe anno coronatus Francorum habens suspectos[2] regem Navarrorum et dominum de Harecourt et quosdam alios nobiles de regno ipsis a convivium invitatis, predictum regem incarceravit et alios nobiles trucidavit, profitendo[3] domino de Harecourt securi feriendo aut, ut dicitur, saccum induto[4] demergendo, quod numquam aliter fuit reus prodicionis quam quod cum rege Anglie, vero herede et de iure, licet non de facto rege tocius regni Francie, non tenuit, set ei rebellis exstitit iniuste. Taliter prefato rege incarcerato, suus germanus Philippus prenominatus saisivit multa castra in[5] insula de Constantin[6] et Normannia, que cum auxilio ducis Lancastrie sufficienter victualiavit et hominibus tam[7] Anglicis quam sue nacionis referta contra Francorum tirannidem inforciavit.

Eodem tempore quo dominus rex versus Calesiam et Franciam sicud dictum est transfretavit, suus primogenitus, dominus Edwardus de Wodestoke, Wallie princeps, habens comites Warewici, Suthfolchie, Sarisburie[8] et Oxonie[9], a portu Sutone[10] in Devonia, die crastina Nativitatis sancte Marie feliciter enavigavit, et in principio mensis Octobris applicans Burdegalim receptus est cum honore, episcopo et clero atque religiosis universaliter sacris indutis cum toto populo ipsi occurrentibus. Tam devote quam iocunde adventum principis preoptatum domini et barones Vasconie prevenerunt: cum quibus et secum adductis habito concilio et intellecto quod comes Arminiacensis, contra

[1] Hogges. C.   [2] suspectum. C.   [3] profitente. E.   [4] mautum. C.
[5] et. C.   [6] Constantyn. C.   [7] om. C.
[8] Warewiche, Suthfolchie, Sarisburie. B   [9] et Oxon' om. C.   [10] Sotone C

A.D.1355. principalis assignatus dux et preceptor milicie hostilis, fungens vice coronati Francorum, per universam rebellem linguam Dexitanam[1], plus ceteris de regno Francie patrie et fidelibus regis Anglie iniessit nocumenti, incanduit ira principis tremendi contra prefatum guerre Dexitane persecutorem; et ob hoc, annuente procerum consultu, princeps exercitum destinavit in demolicionem comitatus Arminacensis. Igitur incitata profeccione, primo recepit dedicionem fortaliciorum patrie Iuliacensis, et extunc depopulans Armeniacensem valde confortavit fideles de Vasconia, qui consimilia perpessi ab illis truculentis viciniis ante tam nobilis principis adventum. Ceterum, ut clarius pateant introducta, singulas dietas principis in Galliam Nerbonensem inserere non tedet[2].

His resentment against the count of Armagnac.

Diary of his march through the south of France. 5, 6 Oct.

Prima die Dominica illius mensis, scilicet quarto die Octobris[3], divinis laudibus devote consummata, die Lune subsequente princeps contra inimicos de Burdegali[4] profectus ospitabatur duobus miliaribus a Burdegali, in castro scilicet de Urnoun. In crastino transivit per iter strictum atque silvestre per medium ville de Longan murate, longa dieta, in perdicionem multorum equorum, ad forte castrum de Audert.

8 „ Die Iovis ad civitatem de Besas habentem ecclesiam cathedralem et
9 „ conventum Minorum. Illic die Veneris in exercitu fuit proclamatum quod quilibet gestaret arma sancti Georgii, et dicebatur quod inimici
10 „ eadem gestarunt. Die Sabbati ad castrum Nau[5], ubi tria castra trium
11 „ dominorum unum apparent[6] de longe. Die Dominica, scilicet xj[7]. illius mensis, transivit exercitus per Laundes de Bordeaux[8] que sunt de dominio comitis Fluxensis[9]. Ista dieta[10] longa, vasta[11] et mala, multos perdidit equos. Isto die, in predicto vasto vocato Laundes, duobus[12] miliaribus a villa de Areule[13] fuerunt vexilla displicata et exercitus in

---

[1] *Here are the two words* quod *and* quia, *in contracted forms, apparently a double repetition of the conjunction* quod *above.* B.
[2] *advent. princ. preopt. . . tedet*] *om.* B.   [3] *scilicet . . . Oct.*] *om.* C.
[4] Burdigaly. C.   [5] Nawau. C.   [6] apparet. C.   [7] xij. B. C.
[8] Burdeaws. C.   [9] de Fluxensis. B.   [10] *altered to* die via. C.
[11] et vasta. C.   [12] a duobus. B.   [13] Regula Areule. C.

turmas divisus. In prima custodia, in qua ter mille viri armorum, fuerunt comes Warewici constabularius, Reginaldus de Cobham marescallus, dominus de Bealchaump[1] Somersetensis, dominus de Clifford[2], dominus Thomas de Hamptone ad vexilla, et cum eiis Vasconum vij. barones. In media custodia, in qua vij. mille viri armorum preter clericos et servientes, fuerunt dominus princeps cum duplici vexillo, comes Oxonie, dominus Bartholomeus de Bourghasshe[3], dominus Iohannes de Insula, dominus de Wylby[4], dominus de la Ware, dominus Mauricius de Berkeleye, filius domini Thome tunc viventis decrepiti, dominus Iohannes Boursers, dominus Iohannes de Roos[5], maior Burdegalis, capitaneus de la Busche, dominus de Camount, dominus de Mountferant[6] ad vexilla. In custodia postrema alii[7] quatuor mille virorum armorum sub comite Suthfolchie[8] et[9] comite Sarisburie[10] et domino de Pomers, qui duxit Bernenses. In toto exercitu taliter ordinato fuerunt virorum[9] armorum, clericorum, serviencium, sagittariorum et[9] brigancium et biduers[11] ultra sexagesies mille viri. Et illo die fuerunt Ianekinus de Berefort et alii milites ordinati, et villa de Arule[12] cum tribus aliis villis, quorum erat capitaneus dominus Willelmus de Reymon, fidelis Anglicus[13], tunc[14] de novo fuerunt reddite domino principi; in quibus exercitus ospitabatur et, biduo ibidem ipso perendinante, exierunt qui volebant et ceperunt victualia et foragia, et patriam hostilem combusserunt, et ita fecerunt generaliter quousque revertebantur ad terram pacis. Die Martis ospitatis in villa de Montclare[15], castrum fuit redditum, et post hec iterum ad Gallicos princeps, racione ignis qui erupit de villa et istam incremavit, exivit in campum et iacebat[16] in tentoriis, nolens extunc in villa pernoctare propter similes timores nocturnos et ut semper esset hostibus paratus. Isto die, tribus villis invasis et incensis, facti fuerunt milites Gilotus de Strattone et quidam

---

[1] Beauchamp. C.   [2] Clyfford. C.   [3] Borewasche. C.   [4] Wyleby. C.
[5] Rous. C.   [6] Mountferaunt. C.   [7] om. B.   [8] Southfolchie. C.
[9] om. C.   [10] Saresburye. C.   [11] Bridewers. C.   [12] Regula Arule. C.
[13] fideli Anglico. B.   [14] erased. C.   [15] Montclare. C.

A.D.1355. alii. Item, dominus Iohannes de Insula, ad fortalicium de Astanges cum quarello sauciatus, obiit die sequenti ad magnam exercitus desola-
14-16 Oct. cionem[1]. Diebus Mercurii[2] et Iovis perendinarunt, et die Veneris
17 „ coram villa forti de Logeron in tentoriis morabantur. Sabbato venerunt ad Plasence, villam pulcram et fortem; cuius omnes incole fugerunt, et in castro fuerunt capti comes de Molasin[3] et cum eo multi milites atque domicelli per capitaneum de Bosco et dominum de Monte
18 „ ferando[4] et Adam de Lowches, eodem die militem primo. Dominica tercia[5], die sancti Luce Ewangeliste, perendinarunt, et fortalicium de
19 „ Galian[6] cum insultu expugnatum concremarunt[7]. Die Lune, immisso igne ville de Plazense[8], reliquerunt a dextris villam de Beal marchie et hospitarunt coram villa archiepiscopi de[9] Ause, vocata le Basse; et isto die dominus Ricardus de Stafford, germanus comitis de[10] Stafford,
20 „ primo ad vexillum suos duxit. Die Martis predicta villa fuit dedita, et, quia pertinuit sancte ecclesie, princeps non permisit aliquem intrare preterquam personas certas ordinatas ad liberacionem victualium. Die
21 „ Mercurii dimiserunt a sinistris pulcram villam de Escamont[11] et venerunt[12] coram villa nobili de Mirande, de dominio comitis de Comenge, plena viris armorum; et princeps ospitabatur in monasterio grandi de Bertoues, ordinis Cisterciensis, in quo nullus vivens fuerat repertus.
22 „ Die Iovis perendinarunt, nihil mali predicto monasterio inferentes. Die
23 „ Veneris exierunt nobilem, pulcram et divitem patriam Darmynake, et intrarunt patriam vocatam Astarike[13], per quam transitus erat difficilis, artus et montuosus, et ospitati ad Saxante villam, contra proibicionem preconis principalis incensam. Per illam dictam et tres alias sequentes
24 „ transierunt iuxta celsos montes Arrogonie[14]. Die sabbati venerunt ad villam de Seint[15] Morre, ubi in grandi monasterio nigrorum monacorum fugatorum retro-custodia, et apud Villefraunke[16] media[17], et apud

[1] defoēm. B. [2] Martis. C.; *altered later from* Martis. B. [3] Molasym. C.
[4] Mount ferando. C. [5] *om.* B. [6] Galyan. C. [7] conservarunt. C.
[8] Plasense. C. [9] *om.* C. [10] *om.* B. [11] Escamount. C.
[12] *et venerunt*] *om.* C. [13] Astaryke. C. [14] Arragonie. C.
[15] Seynt. C. [16] Villefraunc. C. [17] medio. C.

Turmayn prima custodia, fuerunt ospitate, villas quidem opulentas et victualibus refertas, set incolis fugitivis desolatas. Dominica quarta, die sanctorum Crispini et Crispiniani, transierunt quoddam vadum in terras comitis de Comenge, que extendebantur usque Tolosam; set fuerunt ignibus et gladio depaste. Et tunc dimiserunt a sinistris villam [1] vocatam Sauvetere en Asturake [2], et transierunt iuxta fortem civitatem vocatam Wynbers [3], ubi, semotis nigris monachis, Iohannes papa xxij^{us}. sedem episcopalem ordinavit; et fuerunt ospitati in magna et diviti villa vocata Sotamon, comitis de Comenge [4], ubi fuerat conventus Minorum, set cum villa incrematus. Die Lune per patriam amplam, planam [5], et pulcram transierunt villam de Seint [6] Foye, usque ad Seint Litz [7]. Die Martis quieverunt; et die Mercurii sequente, scilicet festo sanctorum Simonis [8] et Iude, exercitus transmeavit aquam de Geronde [9], rigidam, petrosam, et mirabiliter terribilem; et iterum eodem die aquam de Arage, illa de Geronde plus periculosam, et descenderunt ad Tolosam. Predictas aquas numquam aliquis eques antea transivit; unde territi gentes illius terre, nescii quid facerent, nec poterant fugere [10] preocupati, prius se putantes per aquas istas securos, neque sciverunt rebellare, quos numquam prius furor bellicus invasit. Illa nocte princeps ospitabatur apud Falgarde, modicam villam uno miliari distantem a Tolosa. Vix equitarunt postea per aliquam dietam qua non ceperunt nostri violenter villas, fortalicia, et castra, que spoliata tradiderunt igni [11]. Die Iovis adierunt villam magnam et pulcram de Mont Giscard, partem hereditatis domini Almerici de la Fossade, quam sibi abstulit coronatus Francorum, quia fuit fidelis regi Anglie. Iuxta predictam villam fuerunt xij. molendine ventose, que pariter flammis depascebantur. Ibi capiebantur duo 'spies,'[12] scilicet [13] exploratores, qui dixerunt comitem Arminiacensem [14] fuisse Tolose [15], et constabularium Francie apud Mont-

[1] ville. B.   [2] Saumetere en Astuarke. C.   [3] Wymbers. C.
[4] Comynge. C.   [5] et planam. C.   [6] Seynt. C.   [7] Seyntlitez. C.
[8] Symonis. C.   [9] Gerounde. C.   [10] surgere. C.
[11] *Vix ... igni*] *om.* B.   [12] spyes. C.   [13] *om.* B.
[14] Arminacensem. C.   [15] Tholose. C.

132   *CHRONICON GALFRIDI*

A.D.1355. maban, quatuor leucas distantem[1] a Tolosa, suspicatos adventum
30 Oct. exercitus ad obsidionem Tolose[2]. Die veneris transierunt rectum iter
regium versus Avinionam per bonam villam de Basige[3] et Ville franke;
et totus exercitus fuit ospitatus ad magnam villam vocatam Avionet[4],
que erat coronati Francorum, media custodia et tercia in suburbio bene
quietatis, et prima in altera parte suburbii, Vasconibus et Bernensibus
infra villam ospitatis, cuius omnes incole fugam inierunt. Ibi fuerunt
31 ,, incinerate xx. ventose molendine. Die sabbati, ultima die Octobris,
ospitabantur in grandi opido vocato Chastelnavenareo[5], ubi ecclesia
sancti Michaelis canonicorum secularium et conventus[6] Minorum atque
Carmelitarum beate Marie, item ospitale sancti Antonii et villa[7] vocata
les Mauns de Pucels, cum conventu Augustinensium, omnia fuerant
1 Nov. ignibus consumpta. Die Dominica, scilicet in festo Omnium Sanctorum,
quievit exercitus; a quo quidam exeuntes conquisierunt unam villam, cui
ut parcerent et catallis eorum, oppidani dederunt decem milia florencium
2 ,, aureorum. Die Lune transierunt per villas sancte Marthe le Port et
opidum grande vocatum Vilkapinche, et extunc intrarunt patriam
Carkasone; et princeps ospitabatur apud viculum vocatum Alse. Die
3 ,, Martis advenerunt Carkasonam, villam pulcram, predivitem, et bene
edificatam, ampliorem Londoniis infra muros. Inter villam seu burgum
et civitatem circumcinctam dupplici muro currebat aqua vocata   [8] sub
ponte pulcro petrino, ad cuius pedem pulcrum ospitale fuit situatum.
In burgo fuerunt quatuor conventus quatuor pauperum religionum,
quorum ministri, scilicet fratres, non fugerunt, burgensibus et minorissis
que illic eciam habitabant in civitatem fugientibus. In burgo totus
exercitus bene et laute ospitatus vix occupavit tres eius quartas, habundans vino muscato et ceteris victualibus tam delicatis quam necessariis.
Isto die acies ante burgum fuerunt bene ordinate, et effecti milites filii
domini de Libreto et dominus de Basset Dreitone, qui incontinenti cum

[1] *om.* B. [2] Tholose. C. [3] Basyge. C. [4] Avyonet. C. [5] Chastelnawedarreo. C.
[6] *placed before* Carmelitarum. C.   [7] *Here ends* C., *the last quire being lost.*
[8] *blank.* B.

erecto proprio vexillo militavit. Item, Rolandus Daveys et plures ad ordinem militarem promovebantur. Diebus Mercurii et Iovis, exercitu in burgo quiescente, habitis induciis, quidam ad hoc ordinati tractarunt de pace cum illis de civitate, cuius cives optulerunt, pro salvacione burgy non comburendi, ducenta et quinquaginta milia scutatorum aureorum. Offerentibus aurum princeps respondit quod huc non venit pro auro set iusticia prosequenda, nec ut venderet set caperet civitates. Unde, civibus in timore coronati Francorum persistentibus, nec suo domino naturali volentibus obedire, seu revera non audentibus pro vindicta predicti coronati, princeps die crastina iussit burgum ita incendi quod domibus religiosis parceretur. Die Veneris, burgo igne accenso, exercitus recessit; et postea per fratres religiosos et alios audivit quod burgus incineratus erat. Illo die, scilicet sancti Leonardi, transierunt iter laboriosum, petrosum, et aquosum, dimisso a sinistris castro de Botenake intacto, per campestria et villas vocata la Rustican, et totam patriam combustam[1]. Sabbato per iter tediosum, vento et pulvere exercitui nocivis, dimiserunt a sinistris piscinam aquarum recencium, habentem in circuitu xx. leucas, que nec recipit nec emittit aquas aliunde, nisi pluviales aut scaturientes, et vocatur Esebon; atque venerunt ad villam vocatam Syloine, redditam principi set intactam, racione domine Ysidis de Britania amice principis, cuius erat villa predicta; et princeps fuit ospitatus ad bonam villam vocatam Canet. Dominica, scilicet octavo die Novembris, transierunt aquam de Saude, partim apud vadum vocatum Chastel de terre, et partim trans pontem novum set imperfectum; et per totum iter residuum de die inter arduos montes accesserunt civitati magne Narbonensi, unde patria Gallia Narbonensis nuncupatur. Ista civitas fortis et bene murata habuit ecclesiam magnam cathedralem sancti Iustini, item eximium castrum episcopi, et turrim fortissimam pro vicecomite istius ville. Habuit eciam suburbium vocatum burgum, revera maiorem et melius edificatum quam illum[2] de Carkasona. In burgo fuerunt quatuor conventus religiosorum mendicancium. Inter burgum

[1] combusta. B.   [2] ille. B.

divitem et largum atque civitatem optime muratam currebat aqua que vocatur Aude, veniens a Carkasona et descendens in mare Grecum, quod duabus leucis distat a Narbona. Inter civitatem et burgum sunt duo pontes petrini et tercius de meremio, altero petrino pro vecturariis[1] diversorum mercimoniorum bene edificato. Princeps[2] in domo fratrum beate Marie de Carmelo fuit ospitatus; set per totam noctem et in crastino sequenti civibus cum exercitu balistis et aliis machinis dimicantibus[3], multis ex utraque parte sauciatis, nonnulli interierunt. Die Martis, burgo per ignem inflammato per cararias ardentes, exercitus, profectus ad torrentem, ipsum in pluribus locis transmeavit; in quo transitu due quadrige domini principis fuerunt per cives defracte et ad magnum dampnum depredate. Princeps ospitatur[4] ad villam et castrum de Ambian. Die Mercurii, scilicet in festo sancti Martini, per longum iter et malum, set equis precipue nocivum quia petrosum, et sine aquis, aliis eciam victualibus, equi pro aquis potarunt vinum, et, in vino cibis coctis, nihil liquidum nisi vinum aut oleum[5] reperiebatur. Die Iovis Teodoricus Dale, ostiarius camere domini principis, fiebat miles; et transierunt bonam villam vocatam Ulmes, ubi precedenti nocte fuerunt ospitati officiarii comitis Arminiacensis, media custodia ad bonam villam comitis de Insula, vocatam Aryle, ospitata. Princeps apud fratres Minores pernoctavit; ubi magna habundancia vini muscati, pro comitissa de Insula in cellariis reposita, fuerat vastata. Illo die fuerant destructa bona villa de Pypious et eius castrum vocatum Redote; et discooperatores inimicorum capti retulerunt quod Francorum constabularius et comes Arminiacensis in ciisdem villis[6], ubi exercitus pernoctavit, intendebant pernoctasse. Die Veneris exercitus, profectus per longum iter petrosum et inaquosum, ospitabatur apud Lamyane, set male pro penuria domuum et aquarum. Sabbato revertentes versus Vasconiam, reliquerunt a dextris piscinam de Esebon et Carkasonam et totum iter pristinum, et retro-custodia ospitabatur apud bonam villam vocatam

[1] vituariis. B.   [2] Principes. B.   [3] et dimic. B.
[4] ospitato. B.   [5] olium. B.   [6] ville. B.

Alieir, et media apud Puchsiaucier, ubi turris defensa fuit conquisita; A.D.1355
set princeps iacuit ultra pontem iuxta pulcrum rivum aquarum, ex
cuius utraque parte patria ignibus vastabatur, cum bona villa de Pezence,
ubi prima custodia fuit ospitata. Dominica, die sancti Macuti, intrave- 15 Nov.
runt per patriam pulcram, longam et latam, itinere magno. Et exercitus
acceleravit ad hoc quod princeps foret ospitatus in abbacia magna beate
Marie de Prolian, ubi in distinctis claustris vivunt de possessionibus
c. Predicatores, et cxl. domine recluse, vocate Predicatrices; ubi dominus princeps in spiritualem confraternitatem domus cum multis aliis
devote fuerat receptus. Illo die exercitus succendit inter cetera villam
de Lemoyns, ubi fuerunt conventus quorumlibet fratrum, maiorem
Carkasona, et pulcrum opidum vocatum Falanges, cui pertinebant xxj.
molendine ventose, et villas de Vularde et Serre, cum tota patria. Die
Lune media custodia ospitabatur apud bonam villam vocatam Ayollpuh- 16 „
bone, diu defensam, set conquisitam per insultum; cuius castrum ad
extra se reddidit; quibus princeps iussit nihil noceri per ignem, ratione
comitis Fluxensis, cuius dominio pertinebant. Mane diei Martis, trans- 17 „
euntes set districte flumen vocatum Besyle, intrarunt patriam nimis
vastam; set circa horam primam venerunt coram grandi monasterio
ordinis Cisterciensis, fundato per avum[1] comitis Fluxensis, vocato
Burgbone, ubi comes prefatus, maior scilicet tocius lingue Doxitane,
obviavit cum magna leticia domino principi, evasus de carcere coronati
Francorum, in quo Parisius iacuit duobus annis; et mansit ex tunc cum   f 138.
principe fidelis. Tunc erat predictus comes iuvenis, etatis quasi viginti
unius annorum, necdum miles extiterat. Illo die equitarunt in dominio
illius comitis per villas de Maselle et Calmon, quam dividit aqua, ex
cuius parte ulteriori fuit antiquitus castrum destructum; et dimiserunt a
dextris magnam villam de Seint Cavele et arduum castrum vocatum
Hautripe, que sunt Gallicorum. Set illo die nihil incenderunt propter
reverenciam comitis prefati et sue vicinie. Immo transierunt iterum
aquam periculosam de Arage, sicud prius in die sanctorum Simonis et

[1] album. B.

Iude. Preterea Tolosam, prius per unum miliare a sinistris dimissam, tunc per quatuor leucas a dextris intactam reliquerunt; et media custodia fuit ospitata in magna villa de Miremont, que cum castro fuerat combusta. Die Mercurii transierunt per castrum comitis Fluxensis, vocatum Mounthaut, ad cuius pedem equites singuli successive, cum stupore illorum de patria, transierunt aquam magnam de Geronde; ubi continue per totum annum sunt nacelle parate pro transitu indigenarum[1], que tunc ad exercitus impedimentum per villanos vicinos de North fuerant subtracte. Aquam de Geronde cum gracia Dei petransitam relacione castellanorum nullus potuisset pertransivisse post inundacionem pluvie diurne, unde eius transitus Dei virtuti iuste fuerat ascriptus. Prefata villa de North fuerat per insultum conquisita, in cuius castro reddito retro-custodia pernoctavit. Ex tunc dimiserunt rivum de Geronde a sinistris, contra cuius cursum adiverunt villam de Markovaw, que mirabiliter fuit conquisita. Transivit enim iterum ibidem aquam predictam cum admiracione villanorum media custodia, et tunc ad fortem villam de Carbone, muro ex una parte et aqua ex alia bene munitam, tamen ante adventum principis per insultum conquisitam, ita quod hospicium prebuit victoribus, principe ad extra, ut ubique fere solebat, ospitato. Die Iovis tempore quieto et delectabili quievit exercitus ad magnam recreacionem post labores diebus pristinis continuatos. Die Veneris, certificato quod Gallici in acies quinque magnas fuerant divisi de prope existentes, progressi nostri ad spacium unius miliaris de ospicio seipsos in campo apto ordinarunt ad preliandum. Itaque exercitu ordinato, quidam suscitatum leporem exclamarunt; quod audientes inimici emiserunt xl. lanceatos, per quos viso exercitu ordinato reversosque celeriter hec nunciantes, omnes fugerunt cum magno pavore, sicud retulerunt capti ex eiis in persecucione. Illo die Bartholomeus de Burghasche, Iohannes Chandos, et Iacobus Daudeleye, ad summam quater viginti lanceatorum ordinati discooperatores, accedentes ad caudam exercitus Gallicorum, captivarunt triginta duos milites et domi-

---
[1] indigenum. B.

cellos, et inter eos dominum comitem de Romenie; item, multos bigarios occiderunt, destruentes eorum victualia. Sero principe ospitato in villa de Muwos, quatuor Gallici armorum, Anglicos fugitivi in ecclesiam illius ville, equos et arma dumtaxat perdiderunt. Sabbato pluvioso carpserunt malum iter et strictum ad castrum de Oradrie, in quo princeps pernoctavit, et mane id combussit. Dominica, die sancte Cecilie, transita grandi via, circa vesperum perceperunt quod hostes fuerunt ex altera parte grossi montis, iuxta et infra villam de Gemount, ita quod Anglici, tardati usque ad mediam noctem, emiserunt interim sexaginta lanceas cum sagittariis ad dexteram ville de Auremont; ubi inventos iiij^c.[1] viros armorum constabularii Francorum compulerunt villam evacuare, quibusdam occisis et captis nonnullis in persequendo versus Gemont; ita quod media custodia apud Auremont ospitata non bene, prima custodia apud Celymont, parvam villam ab hostibus uno miliari distantem, pernoctavit. Mane, die sancti Clementis, iussis bigariis et officiariis remanere in villa de Auremont, ceteri pugnantes, in cohortes divisi, hostes[2] in campo expectarunt set incassum; nempe dominus princeps villam de Gymont discooperuit, et invenit quod hostes circa mediam noctem affugerunt, ita quod respeccione armorum fuerant disconfecti, presertim cum sui adversarii, scilicet Anglici, ipsos per itinera longa et mala diu quesitos et pluries e vicino repertos solo terrore profugos[3] fugaverint[4]. Die Martis post longum iter, in campis ospitati, quo[5], defectu aquarum, potarunt equos vino; unde in crastino debriati non poterant recto passu incedere et multi ex eiis perierunt. Die sancte Katerine cum districcione magna preterierunt aquam, ubi sperabant inimicis obviasse; et, dimittentes a dextris villam Florencie muratam, aliquando Anglicam, transierunt grandem villam de Silarde; et media custodia fuit ospitata apud opidum de Realmont, violenter conquisitam et ideo combustam. Die Iovis perendinarunt, et captus errancius armorum retulit quod inter constabu-

A.D. 135

21 Nov.

f. 138^b

22 Nov.

23 „

24 „

25 „

26 „

---

[1] *The number is repeated thus:* iiij^c. quadringintos. B.
[2] ostes. B. [3] profuct. B. [4] fugavit. B. [5] quod. B.

A.D. 1355. larium Francorum et comitem Arminiacensem[1] lis non modica fuit exorta pro eo quod, comite promittente bellum ad illorum utilitatem ineundum, nihilo facto, cum dedecore pluries fugerunt, quod eiidem

27 Nov. comiti fuit imputatum. Die Veneris transierunt, set districte, magnam aquam, et residuo diei inter villas muratas et castra forcia, media cohorte in villa de le Serde ospitata. Istam villam, una leuca distantem a bona villa de Condone, dux Lancastrie quondam vastavit, et eius castrum

28 „ dirupit atque solo coequavit. Sabbato, quadam aqua cum districcione transmeata, intrarunt strictum passagium silvestre, ubi multi Vascones et omnes Bernenses habita licencia repatriarunt; et fuit exercitus ospitatus ad bonam villam pacis et fortem, que semper fuit Anglicorum, vocatam Mesyn. Quo die vexillis complicatis, ut in solo pacis, princeps decrevit

29 „ itinerandum. Dominica, in vigilia sancti Andree, princeps quievit,
30 „ recepturus homagium et sacramenta illorum de villa. Feria secunda, die videlicet sancti apostoli, itinere longo per vastam solitudinem devenerunt ad villam de Gelous, ubi sunt tria castra, uno illorum in marisco situato.

1 Dec. Die Martis, principe[2] ad castrum de Melan, quod tribus leucis distat a castro Gelous, ospitato, plures de suo ospicio transierunt patriam silvestrem et vastam iuxta monasterium Cisterciense vocatum Montguilliam et trans forestam regis Anglie nuncupatam Bois maiour, ad villam de Regula grandem et bene munitam, quam comes Derbie dudum conquisivit, ut est supra tactum, et infra viij. ebdomadas a capcione ville

2 „ castrum redditum suscepit. Die Mercurii dominus princeps advenit Regulam, cuius equi et quadrige transierunt flumen de Geronde in loco

f. 139. ubi numquam antea memoratu aliquis equus transmeavit. In Regula concilio principis consulto, ordinati fuerunt principes et barones ad hyemandum in distinctis locis super marchiam, patriam intrinsecam Vasconie contra versucias Gallicorum protecturi, qui, a locis eis deputatis et sapienter custoditis crebro digressi, multos egregios labores superarunt, nec minus predas opulentas ab hostili patria detulerunt, in

---

[1] Aminiacensem. B.   [2] princeps. B.

sustentacionem armate iuventutis et ditacionem patrie devote, de quibus
singillatim sine dispendio non potero tractare.

Anno Domini millesimo M.CCC.lvj., regni regis Anglie xxx., circa
pretacta dispensato, princeps novam auream monetam in Vasconia fieri
diffinivit. Ipso quoque circa reparacionem dirutorum et alia necessaria
conservacioni reipublice sapienter occupato, timide fantasie Gallicorum
finxerunt et ventilarunt fama querula quod dominus rex Anglie in
Neustriam applicuisset; cuius figmenti occasionem vel sompno ceperunt
vel ex eo quod dominus dux Lancastrie, postquam inforciavit victualibus
et armis municiones et castra regis Navarre in insula Constantina et in
multis aliis locis Normannie, direxit iter suum versus Britanniam, cuius
fuerat capitaneus constitutus de novo; vel aliter, ut creditur, putabant
wlgares regem Neustriam petiisse pro eo quod anno prestito dominus
Philippus, germanus regis Navarre venit in Angliam ad presenciam regis
et instanter petivit auxilium, quo posset detinentibus regem fratrem
suum vinculatum nocere et predia iure debita predicto fratri suo, set
minus iuste detenta, bellica manu recuperare. Igitur, offerens homagium
et iurata fidelitate, recepit ex ordinacione regis dominum Milonem de
Stapiltone, virum magne probitatis et mire devocionis ad Virginem
beatam, set bellicis negociis experienciis egregiis instructum, collegam
fidelissimum laboris optati. Prenominati viri bellicosi, cum duobus
milibus togatorum Neustriam profecti, patriam transequitarunt, capientes
opida murata et alias municiones, et, nonnullis igne consumptis, aliis
deditis et redemptis, processerunt usque ad castrum quoddam, quod[1] ix.
leucis dumtaxat distinguitur a civitate Parisiensi. Nec a tanto labore
vacare curabant quousque, treugis initis, annali proximo dicendis, in
Angliam redierunt.

Igitur fama plena terroris populares aures Gallie perculsit, que ad
auditum domini principis apud Regulam demorantis erat ventilata et
viscera piissimi principis commovit egre, ceu[2] nullatenus potentis sufferre
sui patris salutem Martis amfractibus implicari, dummodo non esset

---

[1] *ad castr. ... quod*] *added in the margin.* B.   [2] seu. B.

A.D.1356. presens et posset communicati laboris et ambigue fortune duras seu molles sarcinas conferre. Proinde, congestis copiis quas habuit secum in ducatu, cum intencione trans Franciam cupitis osculis paternis se presentare, venit ad Brugeracum, ubi, certificatus comitem Arminiaci voluisse post eius recessum patriam depopulasse et ad hoc milicia copiosa stipatum nec inparatum fuisse, remisit ad patrie tutelam senescallum Vasconie et dominum Bernardum de Libreto, maiorem quoque Burdegalensem, simulque cum eis alios Vascones et magnam classem togatorum.

<small>The prince of Wales marches north.</small>

<small>Measures for the defence of Gascony.</small>

Exinde processit princeps in Franciam, directus per plagas Limovicensem et Bernensem. More boni antistitis suos hortabatur princeps progressuros in hostes, non inermes palari, set corpora corporeis armamentis et animos penitencie Eukaristieque sacramentis ita decorari, ut contra rebelles regie paci dimicaturi parati forent, honore temporali viventes et eternali morientes at utrobique vincentes premiari. Nec pretermisit artes prudentis imperatoris, cuius refert exitus rerum metiri et precavere pericula suorum; set, premissis illustribus viris Iohanne Chaundos, Iacobo Dawdelye et eorum complicibus in arte tironica sufficienter expertis, ad discooperiendum statum patrie hostilis, ne forsan insidie inboscatorum nostris inprovisis repente prosiluissent, ipse curavit. prospectis itineribus, cotidie movere castra, nec aliter quam si hostes affuissent de nocte munire, vigilias solicitas constituere, et eas ipsum valencioribus comitantibus circuire, procedencia vero quandoque in primis, alias in postremis, et nonnunquam intermedius visitare, ne quicquam inordinatum periculo pateret. Siquidem ingresso Pictaviam nunciarunt exploratores quod coronatus adunavit exercitum copiosum, presens apud Aurelianum, quem non lateret principis adventus, ut patuit de facto. Emisit nempe discooperire exercitum nostrum valentem quemdam qui vocabatur Griscus Muto de Chambli, prefectum comitive ducentorum togatorum, quibus manus conserentes nostri discooperatores ceperunt ex eis xxx. milites et vernaculos, aliis ita plene deletis quod per nullum eorum poterat suis renunciari quid fuisset de sociis factum.

<small>Conduct of the prince of Wales in the field.</small>

<small>A skirmish.</small>

Fortunatis iniciis nostri delectati processerunt versus Romerentyn, ubi repertos dominos de Crone et Brisegaudum, missos ad officium discooperiendi, tam precipitanter occuparunt quod, multis ferro vastante peremtis, duces agminis ad castrum fugere compulerunt; et, captatis hospiciis in villa, princeps iussit preconizari crastinum insultum castellanis applicandum. Die sequenti aggrediuntur armati nostri, fovea transita, muros castri, quos scalis ascendere seu portas comburere per diversa diversi festinarunt; nec frustra, ingressi quippe necuerunt agmina multa Quiritum, dum prefati domini cum militibus non paucis ad arxem principalem convolarunt. Ilico princeps iussit proceres convenire consultum, saciusne[1] declinaret fugatos, an obsidione vallatos cogeret ad dedicionem. Set quia compertum[2] est coronatum Francorum non amplius x. leucis ab ipso loco distinctum, consulcius diiudicans immotus exspectare coronati feritatem preliaturam quam querere forsan non exspectaturam potenciam, cum qua summe concupivit conserere manus bellatrices, estimans preterea quod obsidio congesta provocare deberet Gallicos ad eius demolicionem, finaliter sentenciavit se non recessurum de loco subacto quousque conclusi forent capti seu dediti, nisi forte bellico certamine cogeretur. Proinde iussu principali fabricatis denuo machinis petrariis et testudinibus pro securitate fossariorum, certis officiis suis intenti tectum turris et propugnacula spericis saxis protriverunt, et in aggerem, qui prebuit arxi fundamentum, sudore fossariorum concavatum, submiserunt ignem, quo meremio combusto quod pro tempore laboris effodiencium molem capitibus eorum imminentem vix sustinebat, falso fundamento moles obnixa fuisset prolapsa[3]. Tantis periculis impotentes obsessi salutem suam contueri, suppliciter obtulerunt[4] sui dedicionem, qua plenariter ad voluntatem principis ordinata, diem sextum prevenerunt.

Postea redierunt exploratores, nunciantes quod coronatus Francorum descendit Turoniam castrorum acies ordinaturus. Unde princeps, avidus belli propter pacem que solet bellum comitari, adversus coronatum

---

[1] ne sacius. B.   [2] compertus. B.   [3] prolapsum. B.   [4] obtulerant. B.

A.D.1356. castra direxit, sperans, ut quondam in Garona, sic in Ligeri vada nova reperire; set inundacione pluviarum Ligere suos alveos insolenti tumore preterfluente, non permisit aqua nostros ipsam transvadere, et, in augmentum impedimenti, omnes pontes inter Blaviam et Turoniam, quibus interfluit Ligeris unda, frangi iussit coronatus, ne inter principem et ducem Lancastrie usquequaque via pateret; quorum exercitus ignes alternos de nocte faciliter aspiciebant. Princeps vero Ligerim sequens, lateraliter versus orientem progressus, fixit tentoria iuxta Turoniam, ubi, expectans quatuor diebus, sperans coronatum una leuca distantem preliaturum[1], intellexit quarto die quod coronatus, ad Blaviam x. leucis a tergo principis preterioratus, per pontem duobus opidis munitissimis intersituatum Ligerim transivit atque versus Pictavium properavit.

He crosses the Loire.

Ea coronati declinacione principi comperta, princeps revertebatur festinanter, intendens iter coronati preocupasse; quod non fecit. Attamen viam transversam et ymaginacione viciniorem trans torrentes tres arripuit, et caudam legionis hostilis[2] ita violenter insequens ocupavit, quod rapuit ab ipsa duos comites, scilicet de Juyny et de Waucerre, atque marescallum Burgonie. Istis domitis et salutis precio reservatis, perierunt inopino duro certamine numero magno viri togati. Et hec per diem sabbati, proximum diei belli sequentis, contigerunt. Nocte properante, in quodam nemore nostri quieverunt; et in crastino versus territorium Pictaviense progressi, comperti sunt, relatu discopertorum, quod coronatus castris ordinatis se preparavit ad bellum ineundum. Nec multum post hec asserentes alii discopertores coronatum promovisse castra versus nostros consuluerunt dominum principem locum certaminis eligere et exercitum ordinare, ne inordinatos hostes[2] ordinati reperirent. Statim princeps et omnes alii secum, pedites consteturi, dextrarios et equos tutele

The English turn in pursuit, and attack the French rear-guard.

The English prepare for battle.

[1] *In the lower margin of f.* 141 b. *the following passage is written, which, from the catch word, seems to have been intended for insertion at this place:* 'preliaturum. Ubi dispositis domino Bartholomeo Bourghasche et aliis ad incendendum suburbium Turonie, quolibet trium dierum, post incepti itineris clarum tempus et quietum, incepit tonare et celum ita contenebrari quod, sine dubio, merito sancti Martini, custodis civitatis Turonensis, hostes proibiti fuerunt a ville combustione.' B.   [2] *The* h *om.* B.

garcionum commiserunt, ad hostium venacionem resumendos. Pauci
tamen inter exercitus equitarunt, parati secundum morem hastiludiis
guerrariis. Prima cohors exercitus nostri comitibus Warewici et Oxonie
comittebatur; secunde princeps imperabat; et tercia comitibus Saresburie[1] et Suthfolchie committebatur. In toto exercitu domini principis
fuerant precise quatuor milia togatorum, mille servientes, et duo milia
sagittariorum.

Appropiavit pompatica nobilitas Gallicorum, parvipendens Anglorum paucitatem, illorum enim multitudo continebat octo milia virorum
militarium, nullo serviencium numero taxato, sub quater viginti et vij.
vexillis. Tunc multi de nostris murmurarunt pro eo quod pridem ad
tutelam Vasconye remissa fuit magna pars exercitus nostri primo congregati. Erat inter Gallicos quidam Scotus supra notatus, Willelmus
Douglas, potens in Scocia et Scotica guerra duris laboribus exercitatus.
Illum coronatus denuo dotavit cingulo militari, et, quia scivit ipsum
atrocem adversarium Anglicorum et adversus[2] ipsos in armis plurimum
vexatum, libenter audivit eius concilium et ingenio confidebat. Willelmus prefuit ducentis viris armorum Scotis, quos de patria sua conduxit.
Istos non latuit quod per totum tempus moderni regis Anglorum
maxime consueti sunt Anglici pugnare pedestres, in quo Scotos sunt
imitati, a discrimine Strivilinensi. Idcirco placuit Willelmo, pro more
sue gentis, pocius pede quam equo nostros invadere, et instigavit
coronatum aliosque Francos consimiliter preliari. Sano exercitati[3]
concilio fede vecordie proscriptor coronatus annuens, libenter dextrarios
emisit in civitatem, ne fuge velocitatem darent alicui, preterquam
quingentos ferro contra sagittas coopertos, quorum assessores iussit
invadere sagittarios in principio certaminis, et prostratos calcaribus
equinis conculcare; qui preceptum non perfecerunt, ut patuit eventu.

Utriusque dispositis aciebus, aurora Dominice lucis rutilante, venit

---

[1] Saresbusi. B.   [2] adversos. B.
[3] patatīe. B. *Probably the word* exercitati, *referring to Douglas, is meant, the letters* xci *being copied as* pa, *and the initial* e *being dropped.*

A.D.1356. ad principem quidam cardinalis Petragorisensis, et adiuravit eum per honorem Dei passi crucifixi et amorem Virginis matris eius reverenciamque pacis ecclesiastice atque parcitatem effusionis sanguinis Christiani, quod placeret sibi bellum suspendere per tempus quo posset tractare de pace; quam promisit futuram honorabilem per suam intercessionem, si tamen intercedere permitteretur. Princeps vero, nulla[1] penitus tyrranide tactus, nec bellum timuit nec pacem recusavit, set prefati sancti patris peticioni modeste condescendit. Unde per totam illam diem, reparacioni pacis assignatam, crevit exercitus Francigenum mille viris armorum et popularium ingenti multitudine. In crastino, scilicet die Lune, rediit cardinalis petens ex parte coronati treugam annalem, quam negavit princeps; tamen ad cardinalis magnam instanciam concessit treugas adusque festum Natalis Christi duraturas. Reversus itaque cardinalis poposcit a coronato pacis inducias, iuxta concessionem domini principis concedendas; cuius peticioni, marescallo de Claromonte concessum coronati admonente, obiecerunt se marescallus Dawdenam, Galfridus de Charny et Dowglas Scotus, quibus coronatus veementer animum inclinavit. Isti pronosticarunt quod de communi cursu nature non possent Anglici pro tunc prevalere, presertim pauci, ignota patria et itineribus laboriosis miserabiliter fatigati, contra numerositatem Quiritum Gallicorum proprium solum defensuram, et omni

Fruitless intervention of the cardinal of Perigord.

f. 141ᵇ. victuali necessario quieteque diutina[2] sub duce provido recreatam, quibus deberet audacia crescere contra predones ex presencia regali, gracia cuius quatenus coronati et oleo sancto peruncti tunc primum foret experienda, cum benedicione venerabilium episcoporum Senonensis et Chalonensis sub ipso rege militancium, in[3] oppositum cuius adnitentes tenderent ad lesionem regie magestatis. Percepto tandem quod coronatus allegacionibus huiusmodi consenciebat, marescallus de Claro monte protendit sacerdoti cuidam literas apostolicas, autoritate quarum confessus et absolutus, in ostensione sue fidelitatis, quam minus illo providi blasfemarunt pro eo quod suasit treugas iniri, peciit belli pri-

[1] nullam. B.   [2] diutino. B.   [3] *om.* B.

mum insultum, quem[1] marescallus Dawdenam calumniis legitima prescripcione fulcitis set veraciter invidiose nitebatur preocupare.

Ergo, marescallis altercantibus et reliquo reliquum posteriorare nitentibus, princeps, audito per nuncios cardinalis quod dux Francigenum nullam penitus pacem volebat, nisi furore Martis adeptam, exortacionem tali consimilem militibus accitis peroravit : ' Comperior, socii commilitones, quod, post apparatum milicie prompte sua tueri et iusta neganti mucrone nudato precipere, suspensio virtutis militaris antecedentis periculum solet conducere, dum mora docet hostes cavere, novas machinaciones providere et incremento potencie seu[2] feda fuga suis consulere, amicisque paratis egregie facere tempore frigessit ardor pristinus preliandi. Igitur de cetero mora spernenda; cuiuslibet animus actu prodat innatam seu moribus preditam magnanimitatem; nusquam fuga nos poterit tutare; libera via ferro captanda est et hostium[3] sanguine durisque laboribus comparanda. Nam talibus donis promereri cupit prospera fortuna. Contra sepe victos a vobis pugnaturi, memineritis vos divicias, decus, gloriam, et omnis virtuosi militis amiciciam, et perpetuandum celebre nomen in dextris vestris portare; preterea quod pacem vitamque gloriosam, quam cum liberis et uxoribus senio felici concupiscitis habere, non nisi victores poteritis bello commutare. Considero quod solum, quo pugnaturi sumus, antiquati iuris hereditarii munimento progenitoribus meis regibus Anglie pertinebat; eciam nobis pertinere deberet, quod cum iusticia paterne cause quam nostis, et necessitudine mortem, carcerem, dedecus et paupertatem devitandi, et insuper vestra virtus assueta cum paucis multos superare, durum quoque Martis iugum sine deliciis iocunde tractare, contra licet multos tamen delicatos Francos magnam spem triumfandi mihi facit et in vobis rationabiliter debet generare. Quod si virtuti cuiuspiam vestri mors aut et sors sint, quod absit, prevaliture, cavete ne vitam pro nihilo perdatis inultam, set more virorum, nedum victi set vincentes, finem honestum subeatis, ne captivi sicud peccora traducamini[4] longa morte multandi. Et cogitate quod

[1] quam. B. [2] sew. B. [3] ostium. B. [4] traducemini. B.

A.D. 1356. pro iusticia, quam prosequimur, constanter agentes, sive vivimus sive morimur, Domini sumus; in qua qui perseveraverit usque ad mortem, salvus erit, quam qui paciuntur propter iusticiam, ipsorum est regnum celorum.'

His speech to the archers. Hiis verbis virtuosis animos heriles arrectos magnifice de exteriori facie conspicatus, prudens imperator, ad sagittariorum clientelam conversus, tali concione confortavit eos: 'Virtus fidesque vestra satis comprobate sunt mihi, qui multis et magnis tempestatibus ostendistis vos non degeneres filios et consanguineos eorum, quibus, sub ducatu patris mei prosatorumque meorum regum Anglie, nullus labor erat invincibilis, non locus ullus pre asperitate immeabilis, non mons arduus inaccessibilis, non turris firmitas inadquiribilis, non exercitus impenetrabilis, non armatus ostis formidabilis. Illorum vivacitas Francos, Ciprios, Siracusanos, et Calabrienses, atque Palestinos domuerat, et indomabilis cervicis Scotos et Hybernicos, pacientissimosque laboris Wallicos subegit. Res, tempus, pericula, ex timidis fortes et ex optusis ingeniosos facere consueta, honos insuper amorque patrie, Gallorum quoque spolia magnifica, magis quam oracio mea, vos hortantur patrissare. Signa sequamini, preceptis ducum vestrorum animo et corpore penitus intenti, ut, si vita cum triumfo fuerit nos comitata, firmas amicicias in id, 'idem semper velle seu nolle,' perpetuemus. Ceterum, si sors invida, que desit, in universe carnis viam finalem nos instanti labore propulerit, non suspendia debita scelestis nomina vestra profanabunt, set communiter eundem cifum isti generosi mei consoites et ego vobiscum potabimus; quibus vincere Francie nobilitatem erit gloriosum, vinci vero, quod Deus avertat, non periculum turpe, set animosum.'

Battle of Poitiers (19 Sept.) Talia dicens, prospexit quod erat e vicino lateraliter mons quidam sepibus et fossis ad extra redunitus, ad intra vero distinctus, quippe ex una parte pascuus et ibi dumis condensus, ex alia vero vineis consitus, et ex reliqua sacionalis; in cuius iugo sacionali coortem Francorum perpendit residere. Inter nostros et montem erant ampla

profundaque vallis et mariscus, torrente quodam irriguus. Ad satis
angustum vadum principis turma cum cariagiis torrentem preterivit,
egressaque vallem trans sepes et fossas ocupavit collem, ubi inter
virgulta faciliter occultabatur loci municione, hostibus alcior incumbens.
Campus, in quo residebant nostre prima secundaque custodia, distinguebatur a planicie quam ocupavit exercitus Francus sepe longa
subterfossata, cuius alterum extremum declinavit in mariscum prefatum.
Declivum marisco incumbentem tenuit comes Warewycensis, dux et
moderator agminis primi. In superiori parte sepis, a declivo bene
remota, fuit temesis quedam patula vel hyatus, quem bigarii fecerunt
in autumpno, a quo remota iactu lapidis stetit nostra tercia turma,
cui comes Saresburiensis presidebat. Hostes, videntes principis vexillum nuper manifestum set incipiens successive dimoveri obiectuque
montis illorum oculis occultari, estimarunt principis fugam, reclamantibus Dowglas Scoto et marescallo de Claromonte non ita fore; set
opinione sua deceptus marescallus Dawdenam, ut insequeretur principis
fugam putativam, et cum illo Dowglas, ut promereretur nove milicie
fulgidum nomen, set Claromontanus, ut expurgaret blasfematam fidelitatem, veementer progrediuntur; illis enim erat prima custodia
deputata. Istos precesserunt, ut moris est, astiludiaturi, quibus de
prima custodia nostra, sub declivo cui residerant, obviaverunt equites
nostri ad hastiludia specialiter ordinati. Hastiludiorum finem visurus,
suspendit suum aggressum marescallus Dawdenham. Interim vero
Claromontanus, sperans progredi per temesim sepis et primam nostram
coortem a tergo circumvenire, obvium habuit comitem Sarum, qui,
prospiciens Claromontanum venientem, prudenter suspicatus est eius
intencionem, et ita qui posteriori nostre custodie presidebat, ut temesim
celeriter ocuparet et hostes a transitu per illac artaret, primam
ingruenciam belli sustinebat. Tunc armatorum oriebatur dirus congressus lanceiis, gladiis atque securibus dimicancium. Nec officia sua
sagittarii pretermiserunt, set, insistentes aggeri tuto supra fossam et
ultra sepem, coegerunt sagittas armis militaribus prevalere, quarellas

A.D.1356. quoque balistariorum crebrius et profusius evolare. Itaque nostri, tercia coorte superius ad temesim viriliter hostes mactante, primaque classe subterius in declivo et iuxta mariscum, sub comite Warewici Gallos obvios prosternente, sagittarii prime coortis steterunt in marisco securi, ne invaderent eos equites; modicum tamen ibidem valuerunt. Equites enim, sicud tactum est, ad sagittarios conculcandos et suos a sagittis protegendos coordinati, stantes iuxta suos direxerunt sagittariis pectora laminis calibis et scutis nervinis ita solide contecta, quod sagitte directe aut in minucias ad durum obiectum fuerant protrite vel reflectebantur in Olimpum, in exicium dubium hostis vel amici ruiture. Hoc perpendens, comes Oxonie descendit a principe et sagittarios ductos in obliquum iussit ad equorum posteriora sagittare; quo facto, saucii dextrarii calcitrarunt, insidentes eiis proruerunt, et, contra suos reversi, stragem non modicam intulerunt eorum dominis, alium tamen finem machinatis. Abactis itaque dextrariis, sagittarii, suo loco priori repetito, latera pugnancia Francorum directo iactu terebrarunt. Continuatur orrida Martis insania, decertantibus Warewicensi Saresburiensique leonibus, quis eorum profusiori sanguine Franco terram Pictavensem debriaret, armaque propria calido cruore gloriaretur maculari. Nec ab opere suo vacavit, sapiencie militaris domicilium singulare, strenuis actibus a iuventute in provectam etatem decoratus, Thomas Dofford, merito consul Suthfolchiensis. Ipse per agmina singula currens, singulos hortans atque confortans ad bene faciendum, cavebat ne iuvenum fervor animosus inconsulte progrederetur, aut sagittas architenenses inutiliter dirigerent, et reverenda sua voce animis fervidis addidit ignes. In conflictu fortiter agentem mors non inulta Claromontanum, nec dedicionem nec fugere dignantem, rebus humanis exemit. Set illum Dawdenam deditum virtus prevalens subegit; Willelmusque Dowglas sauciatus abfugit, paucos quoque sue comitive Scotos cum Archiebaldo fratre suo secum reduxit. Illos enim atrox furor bellicus omnes fere delevit, ceterosque cunctos illius custodie viam mortis honeste vel fugam necessariam, demptis redimendis captivis, inire coegit. Set, ne victores nimium prosequerentur fugitivos, duces nostri providebant, estimantes non decepti quod fortunato belli principio labor egregius succederet post accessum exercituum futurorum. Proinde nostri se resarcierunt, et prima secundaque nostre custodie pariter se glomerarunt.

Nec mora, progreditur acies altera Gallicorum, quam produxit primogenitus coronati Francorum, puta Delfinus Vienensis. Apparatus huius aciei fuit terribilior atque veemencior quam facies belli primitus repressi; non tamen potuit terrere nostros avidos honoris et exasperatos seipsos aut socios prius sauciatos vindicare. Set audacter utrinque congrediuntur, ad astra tonante tumido boatu sanctum Georgium seu beatum Dionisium arbitrum belli fore favorabilem proclamancium. Mox in virum vir debacatur et pro vita quisque decertat obvio mortem propinare; nec rapidius feta leena lupum sternit tigrisve terret, quam generosi nostri togati confuderunt aut fugarunt armatos hostes, et, quamvis diucius ista priori turma nostris resistebat, tamen, post stragem magnam suorum, talem sapientes inierunt cautelam, qualem non fugam set pulcram retraccionem invincibiles ore Galli sunt assueti vocitare. Nostri vero, considerantes quod gracia campi fuit ambigua, quamdiu coronatus cum suis copiis affore posset quodque vicina valle lateret, noluerunt proinde persecuturi fugientes cedere campo.

Hoc non perpendit dignus illustribus parentibus heros, dominus Mauricius de Berkeleye filius Thome, qui, per totam principis expedicionem biennalem ad vexillum suos ducens, inter precipuos atque primos primo cornui belloforontum numquam deficit sua sponte. Hac hora solito more[1] cum primoribus hostes invadens, dignos eternis laudibus actus contra Gallos fulminavit. Hic, Delfini satrapis mixtus et in eos seviens armata manu, non putabat fugere Francos quamdiu vidit illos erectos, et ad anteriora totus intentus, suos nequaquam respiciens a tergo nec contemplans in aere signa, solus persequebatur securam miliciam magni Delfini, contra quam lancea deindeque gladio et ceteris

[1] *om.* B.

A.D.1356. armis invasivis virilitate seva confractis, tandem multitudine solus stipatus, orride saucius ac vivus raptus, precio salutis reservatus est.

Interim nostri suos wlneratos sub dumis et sepibus applicabant, alii lanceas atque mucrones, suis contritis integriores, a devictis rapuerunt, et architenenses extraere sagittas a miserrimis semivivis festinarunt. Non erat aliquis non wlneratus aut eximio labore fessus, demtis solis quadringentis, qui vexillo principali subservierunt, ad obviandum coronato sueque milicie reservati.

Delfino taliter profugato, quidam campi contemplator ad coronatum venit, ita dicens: 'Domine, campus Anglicis cessit, et dominus meus vester primogenitus se retraxit.' Cui respondens, coronatus inviolabili suo sacramento iuravit quod non illo die foret campum deserturus, nisi captus vel occisus et ita violenter abductus. Ergo iubentur vexillarii procedere, quos subsecuta numerosa nimis armata manus a valle secedens in campo spacioso nostris optutibus se presentavit; et incussit desperacionem vincendi in tantum quod quidam magne probitatis astans principi sic eiulavit: 'Hew! victi deficiemus!' Quem, fiduciam ingerens in Christo Christiferaque virgine Maria, dominus princeps sic redarguebat: 'Mentiris,' inquit, 'pessime vecors, si me vivum posse vinci blasfemeris.' Non sola nostros multitudo terruit hostilis, set consideracio nostre facultatis notabiliter peiorate. Cum hoc enim quod multi de nostris sauciati necessario vacabant a conflictu, ceteri fere cuncti fuerunt nimis fatigati et sagittarii sagittas suas expendiderunt. Preterea capitaneus de la Busche, vir eximie probitatis, ut primum vidit progrediencia castra coronati, petita principis licencia, recessit cum sexaginta togatis et c. sagittariis, quem de nostris multi putarunt abfugisse. Ea propter nostri, ducibus exceptis, de victoria desperantes, Deo se totos comendarunt, et, vitam quasi nihil appreciantes, solum cogitabant ne morerentur soli vel inulti. Tunc princeps iussit suum signiferum, dominum Walterum de Wodelonde, versus hostilia signa se movere; et cum paucis suis recentibus obviam dedit exercitui magno coronati. Ilico classica sonuerunt, nam tube lituis et musicis cornibus atque naquiriis coresponderunt, et Pictavie saxa muralia silvis hecco resonarunt; unde putasses montes vallibus mugiisse et in nubibus tonuisse. Tantis tonitruis fulmina dira non defuere, dum radiantibus aureis armis lux scintillat, et de polito calibe coruscant haste volantes, quarum cuspides, fulminis instar, obvia findunt. Tunc turba minax balistariorum densa caligine quarellorum tetram noctem campo reduxit, quam reverberat imber letifer sagittarum, quas emisit Anglica falanx, pubes furore, quia desperans, agitata. Evolant eciam pila fraxinea, dum se salutant eminus hostes, ac Francorum coors stipata densis catervis, protegens pectora sub umbonibus seriose nexis, a volatilibus ora declinat; unde sagittarii, faretris incassum evacuatis, peltibus et gladiis dumtaxat armati, graves armaturas invadere docentur a libidine fervente vendere mortem, quam putabant illum diem se finituros. Tunc fremit instans Wallie princeps, Gallos mutilans mordaci spata, lanceas truncat, ictus reverberat, nisus adnihilat, lapsos sublevat, et docet hostes quam furiosa sit desperacio sub toga Martis.

Interim capitaneus de la Busche graditur iter obliquum, sub declivo recedens a monte quem[1] cum principe nuper dimisit, et occulte girans campum venit ad locum submissum prime stacionis coronati. Exinde conscendit alciora campi per viam Gallicis ultimo tritam, sic quoque subito prorumpens ab occulto per veneranda signa Georgica significavit nobis amicum. Tunc verecundia principis pugnat aciem Gallicam dirumpere, priusquam capitaneus fuisset aggressus latus belli quod sola Gallica terga tutarunt. Ergo

> 'Precipiti nisu vesanum principis agmen
> In densos agitur cuneos, perque arma, per hostes
> Querit iter, tutoque latens sub tegmine pectus,'[2]

[1] quam. B.
[2] *Cf.* Lucan, *Phars.* vii. 496-499. *The passage is as follows:*
> 'Praecipiti cursu vesanum Caesaris agmen
> In densos agitur cuneos: perque arma, per hostem
> Quaerit iter, qua torta graves lorica catenas
> Opponit, tutoque latet sub tegmine pectus.'

A.D. 1356. aciem dirimit inimicam calibe vastans obvius princeps; hostibus medium se commiscet[1],

> 'Ac rotat efferus
> Undique ferrum,
> Quo ferit obvios.
> Proterit alios;
> Et ruit omnis
> Tactus ab illo.'

Invaduntur utrinque miserandi, quos a tergo laniant commilitones de la Busche, deputatique sibi sagittarii grandine diro confodiunt. Laceratur ex tunc tota Francigenum bellica forma.

> 'Hic furor Edwardi, serit hic sua fulmina princeps;
> Nec tamen hic voluit tantum prosternere, quantum'[2]

potuit ex adversa gente prosterni. Set turbatas acies intervolans, et armatos rarius consertos inferiorum victoriis dimittens, ad robur coronati, validis cuneis adhuc stipati, rapido nisu dirigit gressus metuendos. Tunc vexilla titubarunt, vexillarii corruerunt, hii sua viscera fusa calcarunt, alii dentes evomuerunt, multi terre fixi fuerunt, nonnulli stantes brachia precisa perdiderunt. Hii morientes alieno cruore se volutarunt, pondera lapsa gemuerunt, et anime superbe, corpus ignavum deserentes, diros gemitus emiserunt. Cruor servilis et sanguis regalis uno gurgite cucurrerunt, et vicina fluenta purpurantes pisces delicato nectare paverunt. Sic furit aper Cornubiensis, qui

> 'solas sanguine fusas
> Gaudet habere vias'[3]

The final struggle.
f. 144ᵇ.

ad stacionem coronati. Hic validissimorum trux resistencia reperitur. Pugnant Anglici, repugnant Gallici, quorum dux, licet etatis premature, attamen, ira iuvenescens tyronis, egregios geminat actus, hos

---

[1] commisset. B.
[2] *Cf.* Lucan, *Phars.* vii. 534-535:
    'Nec valet haec acies tantum prosternere quantum
    Inde perire potest.'
[3] *Cf.* Lucan, *Phars.* ii. 439-440:
    'Caesar in arma furens nullas, nisi sanguine fuso,
    Gaudet habere vias.'

excerebrans, alios confodiens; hiis ora rescindit aut facies contundit, illos eviscerat, quosdam detruncat : per omnia monstrans quod a regali stipite Francie non omnino degeneravit. Set tandem, fortuna rote vertiginem precipitante, Wallie princeps intrat in hostes et, quasi leonina seva generositate, domitis superbis, parcit subiectis et cepit coronati dedicionem.

<small>A.D. 1356. The king of France made prisoner</small>

Interim Gallici per rura Pictavie spaciose diffusi, considerantes depressionem stacionardi liliati, fuga velocissima vicinam civitatem pecierunt. Anglici vero, nullius[1], quamvis orribiliter sauciati, nec alicuius laboris, licet graviter vexati, pre gaudio vite victorieque recordati, Gallos fugaces ad portas Pictavenses persequebantur. Ubi certamine periculoso bene verberatos[2] strage magna fuderunt Francigenas; et multo plures peremissent, si non fuissent diligenciores ad capturam precio vite redimendorum, quam circa triumphum principalem.

<small>Pursuit of the enemy</small>

Demum, clangore tubarum nostris in unum revocatis, per arva paviliones et tentoria figuntur, et cure wlneratorum, quieti fessorum, tutele captorum, recreacionique famelicorum, tota coors alacris indulsit; donec, percepto quod de sua comitiva defuerunt eis honore militari digressi viri, pro quibus requirendis et vivis aut mortuis in castra ducendis pietate pleni destinantur. Igitur, ut quisquis egre tulit absentis amici periculum, sic festinus ad Marcium campum querulus currit; et inter aggeres occisorum reperiuntur vix palpitantes, qui pro iusticia regis Anglorum et honoris principalis integritate, set et exercitus tuta salute, strenuo labore, tabefactivo teste sudore, consumpti[3], sanguinem proprium large fuderunt. Quorum nonnulli nobiles animas pro amicis posuerunt, premiumque maxime caritatis, sanctis promissis invictissime veritatis, regna celestia victoriose receperunt.

<small>Search for the wounded</small>

Inter semivivos vix anelantes repertus dominus Iacobus Dawdeleye, lato scuto superpositus, piissimis brachiis commilitonum fessis fessus, sauciis saucius, cruentis exanguis, ad ospicium principis fertur. Inventario tam precioso tota familia sedulis votis obsequebatur, ipseque

<small>Lord Audley tended the prince of Wales</small>

---

[1] ullius. B.   [2] verberati. B.   [3] consumpco. B.

A.D. 1356. princeps ab ea sede, qua cenaturus iuxta coronatum residebat, laudabilissima pietate resurrexit, et fere lacrimans osculabatur frigida labra cruore squalida vix spirantis sui carissimi, demumque nudum lecto delicato reclinatum paulisperque sue memorie revocatum confortavit, asserens pio iuramento quod habuit deditum coronatum; nempe de novis ultra modum desideratis nulli credidit languidus heros, nisi principi referenti; quibus creditis, revixit[1]. Tunc reversus princeps coronato, suggessit ei ne putaret opus indignum se fecisse, dum surrexit a cena confortaturus illum fere morientem, qui neque sanguini neque saluti propriis

f. 145. pepercit, quin exposuit ea periculo perdicionis, ne principalis honor libaretur[2]. Post, audita descripcione toge militaris Iacobine, dixit coronatus quod inter ceteros fortiter agentes valde mirabatur illius militis forcia facta terribiliter et diu continuata. Nec multa[3] plura fuerat ea cena locutus, nisi quod principi, nativa pietate nobilem predam confortanti, similia

Speech of the king of France. talibus verba rependit: 'Inevitabilem licet dolorem, tamen ut decet sub mensura dignum duximus coibere; quamvis enim nostro generoso consanguineo subiciamur iure belli, non tamen instar sceleratorum seu vecordium fugitivorum sub latibulo fuimus capti, set, more militum magnanimorum pro iusti causa vivere morique paratorum, Martis arbitrio sumus translati de campo nostro. quo fuerunt divites capti, precio salutis reservati, vecordesque reprobi profugati, set valentissimi vita magnifica spoliati.'

List of prisoners. Proxima die post prelium, connumerati sunt captivi: coronatus, qui vocatur a suis rex Francorum; item, dominus Philippus, filius eius; item, archiepiscopus Senonensis, comes Pontivie, comes Du, comes de Longeville, comes de Tankelville, comes Daunterre, comes de Vendadowr, comes de Sauncerre, comes de Wademont, comes de Vendomsne, comes de Juyny, comes Donmartyn, comes de Salabruse, comes de Sasso, vicecomes Nerbone, dominus Daubyni, marescallus Dawdenam, dominus Guynchard de Angle, senescallus de Centonge, dominus Mauricius Mawmynet, dominus Reginaldus de Guoylhoy, senescallus Pictavie,

[1] revinxit. B.   [2] liberetur. B.   [3] multum. B.

magnus preceptor sive magister hospitalis Ispanie, dominus de Saint Tyger, dominus Damboyde, senescallus de Auvare, dominus de la Tour, dominus Dars, dominus Durval, dominus de la Ville, Ernaldus[1] de Maungeler, dominus de Plaunke, vicecomes de Bello monte, et dominus de Sully. Corpora quoque reperta fuerunt occisorum, ducis de Burbone, ducis Datenes, constabularii Francie, marescalli de Claro monte, domini Godefridi de Charny, domini de Pouns, episcopi Chalonensis, domini de Laundas, domini de Rippemont, domini de Chaveny, domini de Ioole, domini de Neel, domini de Aunger, domini de Mount Iohan, domini Dargentone, domini de Broose, domini de Raas, domini de Rochechicheward, et domini de Vilem. Omnes captivos a suis magistris princeps emit, et adduxit Burdegalim, custodie secure deputandos.

Principi Burdegali demoranti misit nuncios prefatus cardinalis Petragoricensis, petens per eos securum conductum veniendi et loquendi cum principe. Tandem optento quod petivit, excusavit se domino principi de eo quod, ipso minus utiliter tractante de pace pridie diei belli, quamvis sine scitu suo, tamen ipsius occasione fuerat Francis tempus idoneum ministratum, quo crevit exercitus illorum; unde potuisset dominus princeps credidisse quod sua fraude fuisset ille dolus ingeniatus. Tandem principe ratificante reverendi patris excusacionem, cardinalis ut amicus acceptatus est. Et captivi Gallicorum tam obnixe precibus devotis institerunt domino principi, quod concessit eiis diem tractandi de pace, scilicet quintum decimum post Nativitatem Iesu Christi, ita quod, Anglicis apud Blayves et Gallicis apud Mirabel demorantibus[2], inter opida prefata pax finalis ordinaretur. Set ne sine domini regis sui patris autoritate beneplacita talia princeps tractaret, scripsit ei veram seriem gestorum per viros ordinis militaris, dominos Neil de Lehereyn et Rogerum Totesforde. Nulla tamen pax optata sequebatur per duos annos continue sequentes.

[1] Ernal dn̄s. B.   [2] demoratur. B.

CHRONICULUM GALFRIDI LE BAKER DE SWYNEBROKE.

f 149.   IN primordio temporis, ante omnem diem, Deus pater in verbo et per verbum suum fecit ex nichilo rerum omnium materiam, quam postea per vj. dies varios distinxit atque ornavit. Tribus itaque primis diebus eam disposuit; tribusque sequentibus eandem ornavit. Septimo die ab omni opere quod fecerat requievit.

Primo namque die fecit Deus lucem in modum lucide nubis, que vice solis ortu suo diem faceret et occasu suo noctem induceret; et cum ista luce primo die creati sunt angeli.

Secundo die fecit Deus firmamentum in medio aquarum, id est quandam exteriorem mundi superficiem ex aquis congelatis, instar cristalli solidatam et perlucidam, intra se cetera sensibilia continentem. Et dicitur firmamentum, non tantum propter soliditatem, set quia terminus est aquarum, que super ipsum sunt, firmus et intransgressibilis. Dicunt quidam quod isto die Lucifer angelus atque alii, qui suo concilio consenserunt, de celo sunt eiecti; et ideo feria secunda de angelis qui remanserunt in aliquibus ecclesiis missa celebratur.

Tercio die congregavit Deus aquas, que sub firmamento erant, in unum locum; et tunc apparuit arida, id est terra. Produxitque eodem die herbam virentem et facientem semen, lignumque pomiferum, faciens fructum secundum genus suum.

Quarto die que disposuerat cepit ornare; et sicut disposicionem sic ornatum a superioribus inchoavit, scilicet a firmamento. Fecit enim ea duo luminaria magna, videlicet solem, lunam et stellas, que celum ornant, terram illuminant, temporaque distingunt; et posuit ea[1] in firmamento.

Quinto die ornavit Deus aerem et aquam, volatilia dans aeri, et natancia aquis, et utraque ex aquis fecit.

Sexto die fecit iumenta, bestias, et reptilia, ad terre faciem ornandam. Novissime autem in consummacione omnium plasmavit Deus hominem de limo terre in agro Damasceno; cui dedit spiritum ad ymaginem et similitudinem suam creatum, et vocatum est nomen eius Adam. Transtulitque eum in paradisum voluptatis, et, ne minor esset felicitas si consorte careret, quia sine socio nulla est iocunda possessio, fecit Evam de costa Ade dormientis, ut esset ei adiutorium simile sibi.

Seculum generacionibus et successionibus constat; dicitur enim seculum eo quod se sequatur, quia abeuntibus aliis alia succedunt; et ideo, loquendo de seculo, videndum est primo, quot sunt etates seculi quibus omnia secula distinguntur. Et, sicut Deus per vj. dies mundum creavit et ornavit et in septimo requievit, ita seculum per vj. etates distinguitur, et in septima, videlicet post finem mundi, erit iustis quies et gloria, iniustis vero pena eterna.

De numero autem etatum, prima incipit ab origine mundi, et durat usque ad Noe inclusive, continens, secundum Ysodorum, decem generaciones et annos duo millia CC.liiij. Secunda etas incipit a Noe et durat usque ad Abraham exclusive, et continet ix. generaciones et annos D.CCCC.xlij. Tercia etas incipit ab Abraham et durat usque ad David, et continet xx. generaciones et successiones et annos D.CCCC.xl. Quarta etas incipit a David et durat usque ad transmigracionem Iuda in Babilonem, continens xx. generaciones et successiones et annos CCCC.lxxvij. Quinta etas incipit a transmigracione Babilonis, et durat usque ad adventum Salvatoris, continens xxiiij. generaciones et successiones et annos D.xxv. Et est summa generacionum et successionum ab inicio mundi usque adventum Christi lxxxiij., secundum Ysidorum; summa vero annorum V̄.C.xxxviij: verumptamen secundum Orosium, cui maxime con-

[1] eas. B.

cordant lxx. interpretes, v̄.c.xix. Et istud communiter tenetur. Sexta etas, que nunc agitur, incipit a Nativitate Christi, videlicet anno ab origine mundi v̄.c.xix., secundum Orosium, et durabit usque ad finem mundi, et continet usque ad presentem annum exclusive M.CCC.xxxvj.

Numerus in isto primo margine scriptus est annorum ab origine mundi precedencium gesta immediate subscripta. *Numerus in secundo margine scriptus est annorum ab inicio mundi sequencium gesta in pagina sequente inserta.*

Anni ab origine mundi, secundum Orosium, cui concordant lxxᵃ interpretes, usque ad tempus presens. v̄j.D.xlvj [1].

īj.DCCC.xix. Ab adventu Bruti primi regis Anglie in Angliam.

īīīj xxxij. Ab obitu eiusdem, cum regnasset xxxiij. annis et generasset tres filios inclitos, quorum primus Locrinus post decessum patris regnavit in Anglia, secundus Camber in Wallia, et tercius, videlicet Albanactus, in Scocia. ij.D.xlvij.

Ab urbe Londoniarum condita per eundem Brutum, quam Trenovantum, id est Novam Troiam, nuncupavit. īj.

īīīj.CCCC.lxxxj. Ab urbe Romana condita per Romulum et Remum fratres gemellos [2].

īīīj.DCCC.lviij. Alexander, Macedo rex, magnus imperator. Plato, Aristotiles, et Ypocras medicus, insignes, claruerunt. M.DC.lxxxviij.

Octavianus Augustus Romanum suscepit imperium, et dictus est Augustus eo quod rem pupplicam auxerat. M.CCC.lxxxix.

Numerus in isto margine subscriptus est annorum a Nativitate Christi precedencium gesta sequencia. *Numerus subscriptus est annorum sequencium gesta inferius scripta a Nativitate Christi usque presentem annum, qui singulis annis mutabitur.*

Anno ab origine mundi v̄.c.xix., et Octaviani imperatoris xlij., natus est Christus filius Dei, in Bedleem Iude, ex Maria virgine, nocte diei

[1] *Under this number is written* ij.D.xlvij., *which may be intended to come at the end of the next sentence.* B.
[2] gemellis. B.

Dominice, qui primus et summus pontifex sedit in hoc mundo xxxiij. annis et quantum est a Natali usque ad Pascha, quod tamen pro dimidio anno computatur, secundum Chrisostomum. Eodem anno Christus fertur in Egiptum, et in septimo a Nativitate in Iudeam revertitur.

xxix. Iohannes Baptista predicavit baptismum penitencie. Et in proximo anno sequente baptizavit Christum in Iordanis flumine.

M CCC.xviij.

xxxj. Christus convertit aquam in vinum, quod fuit inicium signorum eius. Et anno sequenti Iohannes Baptista sub Herode decollatur.

M.CCC.xvj.

xxxiij. Dominus noster Iesus Christus crucifigitur. Et eodem anno, secundum quosdam, Stephanus prothomartir a Iudeis lapidatur.

M.CCC.xiiij.

xxxiiij. Beatus Petrus cathedram sacerdotalem in partibus orientalibus primo tenuit iiij^{or} annis; ubi primam missam celebravit, dicendo tantummodo Pater noster. Et anno sequenti Paulus apostolus convertitur et fidelis predicator efficitur. M.CCC.xiij.

xxxviij. Petrus apud Antiochiam cathedram episcopalem adeptus est, ubi sedit vij. annis. Anno secundo post Matheus ewangelista scripsit.

M.CCC.ix.

xlij. Ab assumpcione Marie virginis, cum esset annorum liiij. Et anno proximo Marcus ewangelista ewangelium edidit. M.CCC.v.

xlv. Petrus apostolus apud Romam xxv. annis, vij. mensibus, viij. diebus, pontificatum tenuit. M.CCC.ij.

lxiij. Iacobus frater Domini, qui Iustus appellatur, ab impiis Iudeis lapidatur. M.CC.lxxxiiij.

lxx. Petrus, cum apostolatum in supradictis locis xxxvj. annis tenuisset, sub Nerone Christianorum persecutore crucifigitur. Eodem anno, eodem die, et sub eodem persecutore, Paulus apostolus decollatur. Et uterque apud Romam sepelitur. M.CC.lxxvij.

lxxj. Beatus Linus apud Romam, immediate post Petrum, pontificatum suscepit, et, cum sedisset xj. annis et iiij^{or}. mensibus, martirio est coronatus. Et beatus Petrus Clementem elegerat[1] in papam, tamen ipse Linum et Clementem ante ipsum pontificare coegit. M.CC.lxxvj.

lxxxij. Sanctus Cletus Rome apostolatum accepit, et xxj. presbiteros ibidem ordinavit, et, cum sedisset xx. annis, martirio coronatus.
M.CC.lxv.

xciij. Beatus Clemens quartus papa Rome apostolatum suscepit, et, cum ibidem sedisset ix. annis, martirio est coronatus. M.CC.liiij.

xcvij. Iohannes ewangelista in Patmos insula sub Domiciano relegatur. Et proximo anno de exilio ad Ephesum revertitur. M.CC.l.

c.xvij. Beatus Iohannes apostolus et evangelista, a Domino ad celeste convivium invitatus, in pace requievit. M.CC.xxx.

c.lxv. Annicetus papa statuit ut clerici [nec] comam innutriant nec barbam, set quod omnes habeant coronas ad modum spere rotundas.
M.C.lxxxij.

cc.xlv. Philippus xlij^{us} imperator erat primus imperator Christianus, a beato Poncio martire baptizatus. Origines floruit. M.C.ij.

cc.lxij. Beatus Sixtus Rome apostolatum suscepit, ubi, cum sedisset fere iij. annis, cum sanctis Felicissimo et Agapito, iussu Decii imperatoris decollatur. Eodem anno et sub eodem persecutore beatus Laurencius martirizatus. M.lxxxv.

ccc.j. Beati Vincencius, Gervasius, et Prothasius, Gorgonius, Quintinus, Grisogonus, Anastasia, Agnes, et beata Agatha, sub Diocliciano martirizati sunt. M.xlvj.

ccc.iij. Miles Christi, gloriosus martir Georgius, sub Diocliciano et Maximiano imperatoribus martirizatur[2]. M.xliiij.

ccc.ix. Sancta Katerina virgo sub Maxencio, impiissimo persecutore Christianorum, decollatur. M.xxxviij.

ccc.x. Eusebius papa apud Romam pontificatum accepit. Huius tempore inventa fuit sancta crux; et ideo instituit invencionem eius celebrari. M.xxxvij[3].

ccc.xv. A consecracione beatissimi Silvestri, urbis Rome episcopi. Omnes Romani episcopi ante istum martirio coronabantur[4]. M.xxxij.

[1] eligerit. B.   [2] martirizantur. B.   [3] M.xxxviij. B.   [4] coronabatur B.

ccc.xxxvij. Ab obitu eiusdem, cum sedisset xxij. annis, Constantinum Augustum a lepra sanasset, taurum ferocem a morte resuscitasset.   f. 1ᵇ
M.X.

ccc.lxx. Beatus Damasus[1] Rome apostolatum accepit, qui hos duos versos: 'Gloria patri' et 'Sicut erat,' a beato Ieronimo conpositos, in ecclesia post psalmos cantandos statuit. Huius tempore beatus Ambrosius Mediolani episcopus consecratur, qui ritum cantandi antiphonas in ecclesia constituit. Claruit eciam huius tempore beatus Martinus Turonensis episcopus, sanctus Ieronimus, et Gregorius Nazianzenus[2].   DCCCC.lxxvij.

ccc.iiij^{xx}viij. Ab obitu eiusdem Damasi, cum sedisset Rome decem et octo annis, duobus mensibus, et viginti uno diebus. DCCCC.lix.

ccc.xcviij. Beatus Augustinus, magnus doctor, Yponensis episcopus, in fide, sciencia et doctrina pre omnibus post apostolos floruit. Qui Augustinus ordinem nigrorum canonicorum, factus canonicus, instituit. Eodem tempore Iohannes Chrisostomus claruit.   DCCCC.xlix.

cccc.xx. Ab obitu beati Ieronimi presbiteri, cum esset annorum xcj.; et apud Bedleem Palestine sepelitur.   DCCCC xxvij.

cccc.xxxij. Papa Celestinus primus misit beatum Patricium, filium Conches, sororis sancti Martini, in Hiberniam, qui convertit omnes ad fidem.   DCCCC.xv.

cccc.xxxiij. Ab obitu beati Augustini, cum sedisset in episcopatu Yponensi xxix. annis, mille et xxx. volumina composuisset. Septuagesimo sexto etatis sue anno migravit ad Dominum. Eodem tempore vij. dormientes, qui CC. annis dormierant, surrexerunt. DCCCC.xiiij.

cccc.xliiij. Leo primus apostolatum suscepit. Hic propriam manum suam, pro quadam temptacione concepta ex osculacione cuiusdam mulieris die Pasche communicantis, clam amputavit, quam beata Virgo sibi de facto penitenti miraculose restituit.   DCCCC.iij.

cccc.lxiiij. Ab obitu eiusdem, cum sedisset xx. annis, diebus xxvij. Eodem autem tempore Priscianus gramaticus floruit.   DCCC.lxxxiij.

[1] Damasius. B.   [2] Nazanrenus. B.

D.xxxvj. Ab obitu sancti Benedicti abbatis, institutoris ordinis monachorum. Eodem tempore sanctus Maurus, Benedicti discipulus, claruit. DCCC.xj.

D.xcj. Beatus Gregorius primus apostolatum Rome suscepit. Hic erat doctor divinarum scripturarum solertissimus, qui xl. omelias composuit, Iob et Ezechielem exposuit, registrum [et] pastoralem dialogum fecit. Hic Gregorius beatum Augustinum monachum, pro conversione Saxonum et fide predicanda, in Angliam destinavit, episcopatus sui anno vj. DCC.lvj.

DC. Beatus Augustinus monachus in archiepiscopum Cantuariensem solempniter est consecratus. DCC.xlv[i]j.

DC.iiij. Ab obitu beatissimi Gregorii, cum sedisset Rome xiij. annis, vj. mensibus, x. diebus, et septiformem letaniam statuisset. DCC.xliij.

DC.vij. Bonefacius iiij^{us}. Rome apostolatum suscepit, qui statuit ut singulis annis festum Omnium Sanctorum solempnizetur. Hoc tempore Eraclius imperator sanctam crucem in Ierusalem portavit, et ideo exaltacionem sancte crucis celebrari Bonefacius constituit. DCC xl.

DC.xij. Ab obitu eiusdem Bonefacii pape, cum sedisset vj. annis, octo mensibus, viginti diebus. DCC.xxxv.

DC xxiiij. Hisidorus, Hispalensis episcopus, floruit, qui libri de summo bono, ethimologiarum, et multorum aliorum autor extitit. Eodem tempore Machometus, princeps Saracenorum et magus, cum multis annis falsa Saracenis prophetasset, obiit. DCC.xxiij.

DCC.xxxj. Ab obitu venerabilis Bede presbiteri. DC.xvj.

DCCC.xliij. Haymo, qui, exponens super Epistolas et omelias super Evangelia laudabili stilo conscripsit, claruit. D.iij.

M.xcj. Urbanus papa statuit ut hore beatissime Virginis ab omnibus clericis cotidie dicantur, et officium eius in sabbatis fiat. CC.lvj.

M.xcij. Venerabilis Anselmus, primo abbas, postea Cantuariensis archiepiscopus, in sancta vita et doctrina claruit. CC.lv.

M.C.ix. Beatus Bernardus ordinem Cisterciencium ingreditur, et eodem anno abbas Clarevallis efficitur. CC.xxxviij.

M.C.xvij. Hugho de Sancto Victore, canonicus ordinis sancti Augustini, Parisius claruit. CC.xxx.[1]

M.C.xxxvij. Theobaldus consecratus est in Cantuariensem archiepiscopum, et, cum sedisset xxiiij. annis, obiit. CC.x.

M.C.xlix. Magister Ricardus de Sancto Victore et Petrus Lumbardus, qui librum sentenciarum composuit, floruerunt. C.xcviij.

M.C.l. A consecracione Iohannis de Pagham, episcopi Wigornie, qui contulit canonicis Oseneye ecclesias de Bybury et Turkedene, cum advocacione ecclesie de Resyndone; et sedit in episcopatu Wygornie octo annis, et decessit. C.xcvij.

f. 15:

M.C.lxij. A consecracione sancti Thome martiris in archiepiscopum Cantuariensem. C.lxxxv.[2]

M.C.lxviij. Petrus Commestor floruit, qui utriusque Testamenti historiam scolasticam compilavit. C.lxxix.

M.C.lxx. Beatus Thomas, Cantuariensis archiepiscopus, in ecclesia sua metropolitana, cum sedisset ix. annis, martirizatur. C.lxxvij.

M.CC.xxxiiij. A consecracione sancti Edmundi de Abyndone in Cantuariensem archiepiscopum, qui, cum sedisset vj. annis, apud Pontiniacum decessit. C.xiij.

M.CC.xxxv. A consecracione Roberti Grostete, episcopi Lincolniensis, qui, cum prefuisset xviij. annis, obiit, et apud Lincolniam sepelitur. C.xij.

M.CC.liij. Beatus Ricardus de Wichio, episcopus Cicestrie, moritur. Et anno M.CC.lxxvj. transfertur dictus Ricardus. xc[i]iij.

M.CC.lv. A crucifixione sancti Hugonis Lincolniensis iunioris, per perfidos[3] Iudeos perpetrata. xcij.

M.CC.lxiiij. Florebant Parisius duo theologi insignes, scilicet sanctus Thomas de Alquino, de ordine Predicatorum, et frater Bonaventura, ordinis Minorum. lxxxiij.

M.CC.lxx. A consecracione magistri Roberti Culwardeby in archiepiscopum Cantuariensem. lxxvij.

---

[1] CC.xxiij. B. [2] C.lxxxiiij. B. [3] perfidios. B.

M.CC.lxxvj. A consecracione Iohannis de Pecham, Cantuariensis episcopi, Roberto de Culwardeby, cum sedisset viij. annis, facto cardinale. lxxj.[1]

M.CC.lxxviij. Ab obitu Walteri de Mertone, Roffensis episcopi, qui aulam de Mertone in Oxonia fundavit et eam, pro sustentacione scolarium in duabus scienciis, videlicet theologia et dialectica[2], studencium, ditissime dotavit. lxix.[3]

M.CCC. Ab obitu Oliveri de Suttune, episcopi, cum sedisset in episcopatu Lincolniensi annis xxj. xlvij.

M.CC.xcij. Ab obitu Iohannis de Peccham, archiepiscopi, cum sedisset xiiij. annis. Eodem anno Robertus de Wynchilese fit Cantuariensis archiepiscopus. lv.

M.CCC.xij. Ab obitu eiusdem Roberti de Wynchilese, cum sedisset xx. annis. xxxv.

M.CCC.xx. Ab obitu Iohannis de Daldirby, Lincolniensis episcopi, cum sedisset xx. annis. xxvij.

xv. Ab obitu Octaviani imperatoris, cum imperasset lvij annis, videlicet ante Incarnacionem xlij. annis et post incarnacionem xv. annis, totumque mundum suo subegit imperio, anno vero vite sue lxxvuj°. M.CCC.xxxij.

CCC.xj. Ex quo Constantinus imperator, devicto Maxencio per virtutem sancte crucis, suscepit imperium. M.xxxvj.[4]

CCC.xl. Ab obitu eiusdem, cum imperasset xxx. annis, ac ecclesiam Dei pre imperatoribus confirmasset et dotasset. M.vij.

DCCC.l[x]ix. Ex quo Dany regnum Anglie devastarunt, et regem Christianissimum Aymundum decollaverunt. CCCC.lxxviij.

CCCC.lxxvij. Ex quo Merlinus vates in Britannia floruit, et que futura erant Britonibus prophetavit. DCCC.lxx.

M.lxv. Ab obitu sancti Edwardi, regis et confessoris, cum regnasset xxiij. annis, vj. mensibus; et apud Westmonasterium sepelitur. CC.lxxxij.

---

[1] lxix. B. [2] dialetica. B. [3] lxxj. B. [4] M.CCC.vj. B.

Eodem anno Willelmus conquestor, dictus Bastard, in Angliam venit, et proximo anno sequenti coronabatur.

M.lxxij. Ex quo Malcolmus[1], rex Scocie, fecit homagium Willelmo Bastard, conquestori, pro regno Scocie, quod de eo tenuit.
CC lxxv.

M.lxxxvij. Ab obitu eiusdem Willelmi, cum regnasset xxx. annis; et apud Cadomum in Normannia[2] sepelitur. Eodem anno Willelmus Rufus, filius dicti Willelmi Bastard, in regem coronatur. CC.lx.

M.C. Ab obitu Willelmi Rufi, cum regnasset xiij. annis; et apud Wyntoniam sepelitur. Eodem anno coronatur 'Henricus' primus, frater eius, dictus 'Henricus clericus,' qui desponsavit Matildam, filiam Malcolmi[3] regis Scocie et sancte Margarete, dictam 'Bonam Reginam.' CC.xlvij.

M.C.x. A desponsacione Matildis imperatricis, filie regis Henrici et Matildis uxoris sue, vix quinquenni[4] imperatori Alemannie.
CC.xxxvij.

M.C.xviij. Ab obitu Matildis dicte 'Bone Regine.' Eodem anno ordo Templariorum apud Ierusalem incepit. CC.xxix.[5]

M.C.xxvij[6]. Galfridus, comes Andagavie, duxit Matildem imperatricem in uxorem, mortuo imperatore; de qua genuit Henricum secundum. CC.xx.

M.C.xxxiij. A nativitate regis Henrici secundi, filii Galfridi comitis et Matildis imperatricis. CC.xiiij.

M.C.xxxv. Ab obitu regis Henrici primi, cum regnasset xxxv. annis; et apud Radyngham sepelitur. Eodem anno Stephanus, cognatus suus, coronatur. CC.xij.

M.C.xxxviij. Commissum est grave bellum in mora de Coutone iuxta Northalitone, ubi multa milia Scotorum interfecta fuerunt a paucis. CC.ix.

---

[1] Malcolinus. B.   [2] Narmannia. B.   [3] Malcolme. B.
[4] quinquenti. B.   [5] CC.xxx. B.   [6] M.C.xxviij. B.

M.C.xxxix. Ab adventu Matildis imperatricis in Angliam, que quarto sui adventus anno obsidebatur per regem Stephanum[1] in castro Oxonie.   CC.viij.

M.C.liiij. Ab obitu regis Stephani, cum regnasset xix. annis; sepelitur apud Faversham. Eodem anno coronatur Henricus, filius imperatricis.   C.xciij.

M.C.lv. A nativitate regis Henrici tercii, dicti 'Henricus iunior,' filii regis Henrici secundi.   C.xcij.

M.C.lvij. A nativitate serenissimi regis Ricardi, dicti 'Cor Leonis,' in palacio regis apud Oxoniam.   C.xc.

M.C.lxiiij. A translacione sancti Edwardi, regis et confessoris, apud Westmonasterium, per sanctum Thomam, Cantuariensem archiepiscopum.   C.lxxxiij.

M.C.lxvj. A nativitate regis Iohannis, fratris regis Ricardi. Eodem anno Matildis imperatrix, filia regis Henrici primi, obiit.   C.lxxxj.

M.C.lxx. A coronacione Henrici iunioris, contra inhibicionem sancti Thome martiris. Eodem anno Angli venerunt in Hiberniam.   C.lxxvij.

M.C.lxxxiij. Ab obitu eiusdem Henrici iunioris, qui 'Henricus tercius' nominatur.   C.lxiiij.

M.C.lxxxix. Ab obitu regis Henrici secundi, cum regnasset xxxv. annis, iij. mensibus. Eodem anno coronatur rex Ricardus apud Westmonasterium.   C.lviij.

M.C.xciij. A capcione eiusdem regis Richardi per ducem Austrie in Alemannia.   C.liiij.

M.C.xciv. A secunda coronacione eiusdem, cum esset a custodia solutus et in Angliam reversus, datis imperatori obsidibus et c. millibus marcarum.   C.liij.

M.C.xcix. Ab obitu eiusdem Richardi, cum regnasset ix. annis;

---

[1] Stephani. B.

et apud Fontem Ebrardi sepelitur.   Eodem anno coronatur Iohannes frater eius apud Westmonasterium. c.xlviij.

M.CC.vij. A nativitate regis Henrici quarti, filii regis Iohannis. Et proximo anno sequenti generale interdictum in Anglia incepit. c.xl.

M.CC.xiiij. A relaxacione eiusdem interdicti, cum durasset per vj. annos in toto regno Anglie. c.xxxiij.

M.CC xvj. Ab obitu regis Iohannis, cum regnasset xvij. annis; et apud Wigorniam sepelitur. Eodem anno Henricus iiij^{us}., filius eius, cum esset annorum ix., apud Westmonasterium coronatur. c.xxxj.

M.CC.xx. A secunda coronacione eiusdem, cum esset annorum xiij., apud Londonias. c.xxvij.[1]

M.CC.xxxvj. A confirmacione libertatum per regem Henricum quartum, concessarum communitati Anglie, que in magna carta et de foresta continentur[2]. c.xj.

Sentencia lata per omnes archiepiscopos, episcopos, prelatos, pontificalibus indutos, crucibus erectis, et candelis accensis, in omnes contravenientes et transgressores libertatum et consuetudinum contentarum in predictis cartis, sicut per regem confirmatis; et hac de causa habuit rex Henricus tricesimam[3] tocius Anglie regni. Sequenti anno Octo legatus venit in Angliam.

M.CC.xxxix.[4] A nativitate regis Edwardi, filii regis Henrici, post conquestum primi. Proximo anno sequenti Octo legatus recessit ab Anglia. c.viij.

M.CC.xlij. A transfretacione Henrici quarti cum Alienora uxore sua in Wasconiam. c.v.

M.CC.lvj. Ricardus, comes Cornubie, electus est in imperatorem Alemannie; et proximo anno sequenti coronatur. xcj.

M.CC.lviij. A provisionibus factis apud Oxoniam, unde multa mala futuris temporibus contigerunt. lxxxix.

M.CC.lxiij. Rex Henricus intravit Oxoniam et ecclesiam sancte

[1] C xxvj. B.   [2] continetur B.   [3] xviij B.   [4] M CCC.xxxix. B.

Fredeswyde, cui multa bona contulit; et capellam sancti Georgii in castro Oxonie intravit.   lxxxiiij.

M.CC.lxiiij. Commissum est bellum apud Lewes, ubi captus erat Edwardus filius regis, cum multis nobilibus, per Symonem de Monte forti.   lxxxiij.

M.CC.lxv. Commissum est grave prelium apud Evesham, in quo Symon de Monte forti cum multis aliis fidelibus occubuit. Octobon legatus venit.   lxxxij.

M.CC.lxvij. A discumfitura facta apud Cestrefeldiam in comitatu Derbie.   lxxx.

M.CC.lxxij. Ab obitu regis Henrici quarti, cum regnasset lvij. annis, anno etatis sue lx°vj. Eodem anno obiit Ricardus imperator Alemannie, frater eius.   lxxv.

M.CC.lxxiiij. A coronacione regis Edwardi, filii regis Henrici, cum Alienore uxore sua, apud Westmonasterium.   lxxiij.[1]

M.CC.lxxviij. Rex Scotorum fecit homagium dicto Edwardo, hac condicione ut, ubicumque rex inveniretur in Anglia, homagium admittere non differret.   lxix.

M.CC.lxxix. Ex quo fuit inhibitum ne terra et tenementa appropriarentur viris religiosis, ne aliquo modo ad manum mortuam devenirent, absque speciali licencia domini regis. Eodem anno moneta mutata fuerat in Anglia.   lxviij.

M.CC.lxxxij. Lewelinus, princeps Wallie, interficitur, et caput eius Edwardo regi per Edmundum de Mortuo mari transmittitur; Davidque, frater Lewelini, apud Rothelan capitur, corpusque eius, in partes divisum, in quatuor civitatibus suspenditur, capite Londoniis suspenso.   lxv.

M.CC.lxxxiiij. A nativitate regis Edwardi post conquestum secundi, die sancti Mathie evangeliste[2], apud Karnarvan. Iter iusticie erat in Anglia.   lxiij.

M.CC.lxxxviij. Tantus calor erat in autumpno, ut in plerisque

[1] lxxiiij. B.   [2] evangelii. B.

locis metentes pro nimio calore in campis moriebantur, et vendebatur quarterium frumenti pro xvj. denariis. Eodem anno erat maior pars ville sancti Botulphi cum domo fratrum Predicatorum combusta, et nundine per quosdam latrones spoliate; nam[1] quidam falsi armigeri condixerunt[2] ad invicem, ut quoddam[3] hastiludium, quod 'burdiz' dicimus, celebrarent ibidem tempore nundinarum, ut tante nundinas spoliarent. lix.

M.CC.XC. Domina Alienora regina Anglie obiit. Eodem anno eiecti erant omnes Iudei ab Anglia. lvij.

M.CC.XCIJ. Mortuo Alexandro rege Scocie, consensu Edwardi regis Anglie Iohannes de Baliolo in regem Scocie eligitur, et eodem anno coronatur. lv.

M.CC.XCIIIJ Madoc et Morgan, consanguinei Lewelini, inceperunt rebellare in Wallia contra Edwardum regem Anglie. liij.

M.CC.XCV. Spoliata erat villa Doverie per predones Francie, magna pars ville combusta, et multi interfecti. Eodem anno Gilbertus de Clare obiit. lij.

M.CC.XCVJ.[4] Dominus Iohannes de Sancto Iohanne, cum multis aliis nobilibus regni Anglie, in Wasconia erat captus et regi Francie presentatus. Rex Edwardus totum clerum Anglie extra suam proteccionem posuit. Willelmus Waleys cum exercitu Scotorum contra regem rebellavit. lj.

M.CC.XCVIJ. A prima capcione ville de Berewyke per regem Edwardum, ubi magna pars Scotorum cecidit. l.

M.CC.XCVIIJ. A discumfitura facta apud Fowkyke, die beate Marie Magdalene, ubi multi Scoti ceciderunt, Willelmo Waleys fugiente. Eodem anno Edwardus rex Margaretam, filiam regis Francie, duxit in uxorem. xlix.

M.CC.XCIX. Edwardus rex Anglie ordinavit quod pollardi et ballardi ulterius pro sterlingis non currerent in Anglia. xlviij.

M.CCC. Natus est Thomas de Broyurtone, de Margareta regina Anglie. Domina Ela, comitissa Warwici, obiit, et Oseneye sepelitur. xlvij.

[1] iam. B. [2] conduxerunt. B. [3] quidam. B. [4] MCC.XCV. B.

M.CCC.j. Nonis Augusti, apud Wodestoke, natus est Edmundus comes Cancie de domina Margareta regina Anglie.　　　xlvj.

M.CCC.v. Ab inquisicione facta in Anglia super pacis perturbatoribus, Trailbastone nuncupata. Eodem anno Willelmus Waleys, princeps Scocie et proditor regis Anglie, tractus fuit et suspensus. Eodem anno Robertus de Brus, iiij°. idus Februarii, in ecclesia fratrum Minorum de Dumfres dominum Iohannem Comyn, comitem de Baldenach, cognatum suum, insidiose occidit.　　　xlij.

M.CCC.vj. Die Annunciacionis beate Marie Robertus de Bruys in regem Scocie se fecit coronari. Eodem anno, in festo Pentecostes, rex Edwardus apud Londonias Edwardum, filium suum primogenitum, cinxit militaribus, cum ducentis militibus.　　　xlj.

M.CCC.vij. Die translacionis sancti Thome martiris translatus est rex Edwardus, post conquestum primus, ex hoc mundo in celum, anno etatis sue lxix., regni vero eius, id est a morte patris sui, xxxv., set a coronacione sua xxxiij. Eodem anno Petrus de Gavestone, in partibus transmarinis exulans, per regem Edwardum post conquestum secundum in Angliam revocatur, et factus est comes Cornubie; filiam comitis Gloucestrie duxit in uxorem. Rex vero Edwardus post conquestum secundus Isabellam, filiam regis Francie, v°. kalendas Februarii matrimonio sibi copulavit; et quinto die Februarii, cum Edwardo rege marito suo, in Anglia applicuit. Die autem Iovis proxima post Epiphaniam capti erant et custodie mancipati omnes Templarii regni Anglie. Eodem anno, vj. kalendas Marcii, videlicet Dominica quinquagesima, coronatur rex Edwardus cum Isabella uxore sua apud Westmonasterium.　　　xl.

M.CCC.xj. Petrus de Gavestone de custodia comitis Penbrok per Gydonem comitem Warewykie apud Dadyngtone capitur, et usque castrum Warwykie ducitur, et in loco qui dicitur Gaveressiche, in presencia Thome comitis Lancastrie, Herefordie, Warwykie comitum et aliorum regni Anglie magnatum, die sanctorum Gervasii et Prothasii, a quodam Wallensi decollatur; et non multum post apud Langeleyam, in presencia domini regis, cum magno honore sepulture traditur.　　　xxxvj.

M.CCC.xiiij. A discumfitura facta apud Strivelyn, die sancti Iohannis Baptiste, ubi ceciderunt Gilebertus comes Gloucestrie, Edmundus Maulee, Robertus de Clifford, Paganus de Typetofte, Egidius de Argenteyn, et multi nobiles milites Anglie interfecti fuerunt. Humfridus de Bohun, comes Herefordie, Iohannes de Segrave, Iohannes de Claverynge, Willelmus le Latimer, et fere trecenti barones et milites, cum magna multitudine peditum, qui restiterunt, fuerunt capti et in carcere detrusi, donec per giavem redempcionem fuissent liberati, domino nostro rege cum suo Dispensatore et exercitu fuge presidium arripiente.

xxxiij.

M.CCC.xij. A nativitate serenissimi regis Edwardi post conquestum tercii, die sancti Bricii confessoris, apud Wyndesore. Istorum subscriptorum pro reformacione status regis et regni quidam fuerunt interfecti et quidam, prout inferius patebit, instinctu et procuracione[1] Dispensatorum et aliorum malorum consiliancium, in carcere detrusi: videlicet dominus Thomas, comes Lancastrie, per Andream de Herkeley et alios plures indiscretos pacis ecclesie et regni perturbatores apud Burbrigge erat captus, et iuxta Pounfreide pro iure ecclesie et regni decollatus. Dominus Humfridus de Bohun, comes Herefordie, dominus Willelmus de Sulec et dominus Rogerus de Burfeld, cum multis aliis, apud Burbrigge erant interfecti.

xxxv.

M.CCC.xxj. Domini Warinus de Lylle, Willelmus Tochet, Thomas Mauduyte, Henricus Bradebourne, Willelmus filius Willelmi iunior, Willelmus de Cheiny erant tracti apud Pounfreithe et suspensi. Domini Iohannes Moubray, Rogerus de Clifford, Gocelinus Deyvile tracti erant et suspensi apud Eboracum. Dominus Bartholomeus de Badelusmere tractus fuit et suspensus apud Cantuariam. Domini Henricus de Monte forti, Henricus de Wylingtone, capti, tracti et suspensi erant apud Bristolliam. Domini Iohannes Gyffard, Rogerus de Elyngbrugge tracti fuerunt et suspensi apud Gloucestriam, et Willelmus Flemyng apud Kerdif. Dominus Henricus Thieis tractus et suspensus Londoniis, et dominus Franciscus

[1] in procuracione B.

de Aldeham apud Wyndesouere. Dominus Thomas Colepeper tractus erat et suspensus apud Wynchelse. Dominus Rogerus de Mortuo mari, senior et iunior, Mauricius de Berkele senior, Iohannes de Charletone, Robertus de Hoylond reddiderunt se voluntati domini regis, qui locis diversis[1] carceri erant mancipati. Domini Iohannes de Boutetour, Iohannes de Kyngestune, Nicholaus de Percy, Iohannes Mautravers iunior, et Willelmus Trossel transierunt mare. Domini Hugho de Audele iunior, Iohannes de Wylingtone, Gilebertus Talebot, Iohannes Maudut, Edmundus Haclude, Iohannes de Sapy, Robertus de Watheville, Philippus de la Beche, Iohannes de Beeke, Henricus de Laibourne: isti decem, cum sexaginta duobus aliis militibus, sunt in diversis locis carceri mancipati.   xxvj.[2]

M.CCC.xxv. Domina Isabella, nobilissima regina Anglie, cum domino Edwardo filio suo, pro pace inter dominum Edwardum regem Anglie, maritum suum, et regem Francie reformanda, in Franciam transfretavit. Et anno proximo sequente, cum dominis Iohanne de Henoude, Rogero de Mortuo mari, et magna multitudine Anglorum et Hanoudorum, apud Ʒipeswiche in Angliam applicuit. Et eodem anno Hugo Dispensator, comes Wyntonie, apud Bristolliam, et Hugo Dispensator, filius eius, apud Herefordiam, cum Symone de Rading, tracti erant et suspensi. Et dominus Edmundus comes de Arundel, apud Salopiam erat captus, et apud Herefordiam decollatus.   [xxij.]

M.CCC.xxvj. Dominus Edwardus post conquestum secundus coronam regni domino Edwardo, filio suo primogenito, apud Kenelwrthe resignavit. Et eodem anno, die xx. Septembris, apud Berkeleiem in fata decessit; et apud Gloucestriam in ecclesia conventuali sancti Petri, xxj die Decembris, honorifice traditur sepulture. Eodem vero anno dominus Edwardus post conquestum tercius, tercio die Februarii, apud Westmonasterium erat coronatus.   xxj.

M.CCC.xxix. Dominus Edmundus de Wodestoke, comes Cancie, apud Wyntoniam fuit decollatus. Dominus Rogerus de Mortuo mari et Symon de Bereford apud Londonias erant tracti et suspensi.   xviij.

[1] diversi. B.   [2] *Misplaced.* B.

M.CCC.xxx.   Dominus Edwardus, dux Cornubie primus, apud Wodestoke xv°. die Iunii de Philippa regina nascitur.   xvij.

M.CCC.xxxij.   Domina Isabella, filia regis, de Philippa regina Anglie apud Wodestoke nascitur.   xv.

M.CCC.xxxiij.   A discumfitura facta apud Glastmore, die sancti Laurencii martiris, contra Scotos, per dominos Henricum de Bello monte, Ricardum Talboth, baronem de Stafford, et alios, ubi ceciderunt quinque milia Scotorum, a duobus milibus Anglorum miraculose, ut creditur, interfecti, dominis comite de Athele et Fulcone filio Warini auxiliantibus. Commissum est grave prelium, vigilia sancte Margarete, inter Edwardum regem Anglie et exercitum Scotorum, in loco qui dicitur Halydoune, iuxta Berewyke; ubi cecidit magna pars milicie Scotorum, cum innumerabili multitudine peditum, et capta erat villa de Berewyke cum castello per dominum Edwardum, regem antedictum.   xiiij.

M.CCC.xxxvj.   Rex Edwardus tenuit parliamentum Londoniis, xij. die Marcii, in quo fecit Edwardum filium suum ducem Cornubie, et quinque comites de novo creavit, videlicet dominos Henricum de Lancastria comitem Derbeye, Willelmum de Bohun comitem Norhamtonie, Willelmum de Monte acuto comitem Sarisburie, Hugonem Daudele comitem Gloucestrie, et Willelmum de Clyntone comitem Huntynkdonie.   xj.

Memorandum quod die Veneris, in festo sancte Margarete virginis, apud Oseneye, anno Domini M^1 CCC.xlvij. et anno regni regis Edwardi tercii a conquesto xxj°., Galfridus le Baker de Swynebroke, clericus, ad rogatum domini Thome de la More, militis, scripsit istud croniculum.

Memorandum quod ille sanctissimus abbas Ioachym, monachus, descripsit mundum per literas alphabeti duraturum, et posuit numerum super quamlibet literam c. annos. Et incipit a quando Roma primo fuit condita, usque adventum Christi; ita quod, computando a prima litera alphabeti, videlicet A, et sic gradatim usque literam H, dicit Christum super illam literam ex Virgine esse natum. Et, a predicta litera H, sumus super literam Y, tempore quo ista scripta erant, videlicet in anno iubileo, M.CCC.l. Et sic, per eius oppinionem et dicti alphabeti computacionem, remanet nisi litera Z, que est ultima litera, ubi ponit finem istius seculi, hoc est cc. et l. annos a tempore dati huius. Et computando modo predicto a dato predicto usque adventum Christi, sunt anni   , et usque datum predictum M¹.CCC.l.

Memorandum de septem etatibus mundi. Unde prima etas continet annos ii^{ml}.CC.liiij.; secunda etas, ix^c.xlij.; tercia etas, ix^c.xl; quarta etas, iiij^c.lxxvij.; quinta etas, v^c.iiij^{xx}ix.[1] Unde summa, usque sextam etatem, in qua natus est Iesus, v^{ml}.C.xxxviij.; et a nativitate Christi usque nunc, isto anno iubileo, M CCC.l. annos. Prima ab Adam usque Noe. Secunda a Noe usque Abraham. Tercia ab Abraham usque David. Quarta a David usque transmigracionem. Quinta a transmigracione usque adventum Christi. Sexta a Christi adventu[2] usque finem mundi.

Memorandum quod traditum est a domo Helye, id est a discipulis eius, per sex milia annorum erit mundus: duo milia vanitatis, duo milia legis, duo milia dierum Messie.

Secundum lxx. interpretes.

Ab origine mundi usque adventum Christi v. M¹. C.xxxviij. anni, secundum Isodorum. Sexta etas a nativitate Christi usque festum beate Margarete, in ultimo anno iubileo nunc, quo die ista scripta erant, M¹.iij^c l. Summa totalis vj^{ml}.iiij^c.iiij^{xx}viij. Et sic ad finem septimi millenarii v^c.xij. anni, secundum oppinionem Orosii. Secundum Ioachim, ad finem septimi millenarii, a die predicto, C.l. anni per literas alphabeti. Secundum Metodium, usque ad finem predictum, C.iiij^{xx}ix. Et sic nullus concordat cum alio; nec mirum, quia hoc est unum de secretis Dei, quod nunquam sciri potest antequam acciderit.

[1] *This should be* v^{c}xxv.   [2] *om.* B.

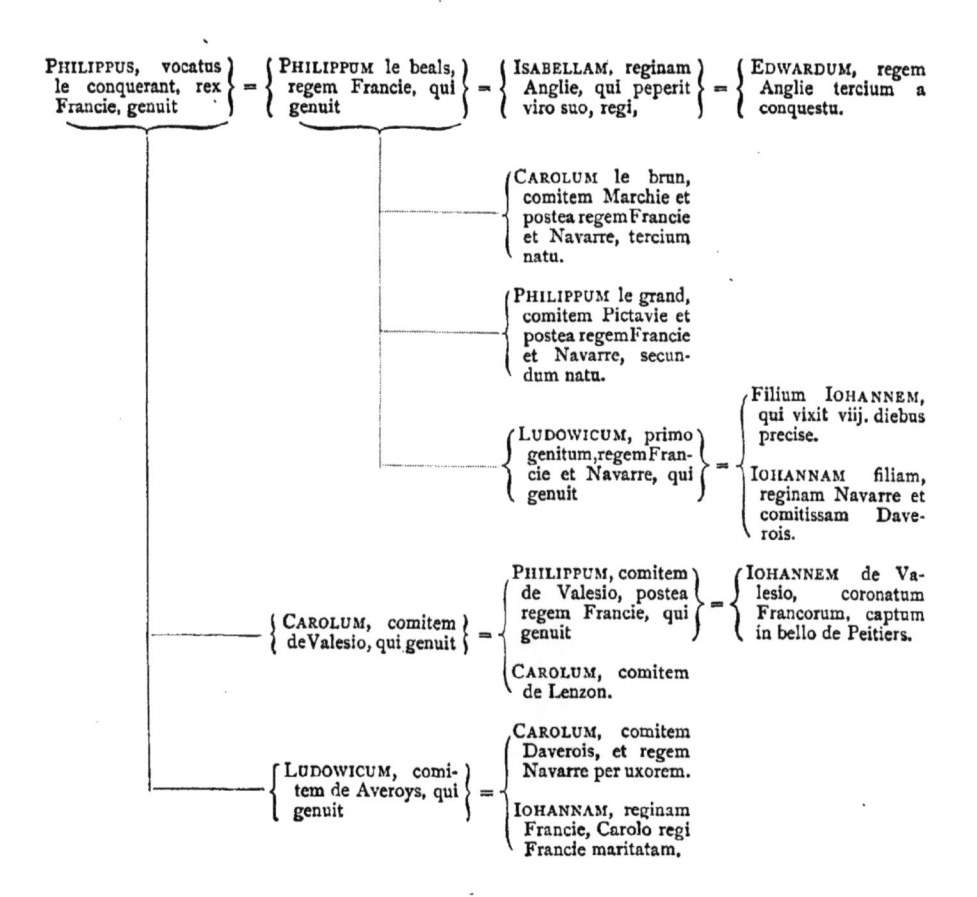

{ PHILIPPUS, vocatus le conquerant, rex Francie, genuit } = { PHILIPPUM le beals, regem Francie, qui genuit } = { ISABELLAM, reginam Anglie, qui peperit viro suo, regi, } = { EDWARDUM, regem Anglie tercium a conquestu.

{ CAROLUM le brun, comitem Marchie et postea regem Francie et Navarre, tercium natu.

{ PHILIPPUM le grand, comitem Pictavie et postea regem Francie et Navarre, secundum natu.

{ LUDOWICUM, primo genitum, regem Francie et Navarre, qui genuit } = { Filium IOHANNEM, qui vixit viij. diebus precise.
IOHANNAM filiam, reginam Navarre et comitissam Daverois.

{ CAROLUM, comitem de Valesio, qui genuit } = { PHILIPPUM, comitem de Valesio, postea regem Francie, qui genuit } = { IOHANNEM de Valesio, coronatum Francorum, captum in bello de Peitiers.
CAROLUM, comitem de Lenzon.

{ LUDOWICUM, comitem de Averoys, qui genuit } = { CAROLUM, comitem Daverois, et regem Navarre per uxorem.
IOHANNAM, reginam Francie, Carolo regi Francie maritatam.

NOTES AND ILLUSTRATIONS.

Page 1, line 1. This brief account of the campaign of 1303, which is taken from Murimuth's chronicle, is made to include the capture of Stirling, which however had been taken by the Scots as far back as the end of 1299. Edward's operations extended from May to December. Brechin was the only fortress that made any resistance.

—— l. 15. *Reddita est Vasconia.* Henry de Lacy, earl of Lincoln, announced that he had received restitution of the duchy of Aquitaine, 20th May, 1303.—*Fœdera,* i. 955.

—— l. 19. *W. de Nogarito et W. de Plasiano.* Guillaume de Nogaret, Philip's chancellor, and Guillaume Duplessis, who were despatched, together with Sciarra Colonna, to seize Boniface at Anagni. The pope did not die in the hands of his enemies. He was rescued by the people of Anagni; and went to Rome, and there died a little more than a month after his captivity.

Page 2, l. 14. *Nonaginta dies.* The siege of Stirling castle lasted from the 22nd April to the 24th July, or ninety-three days.

—— l. 22. *Iusticiarios de trailbaston.* The commission of Trailbaston issued 6th April, 1305. See also Hemingburgh, ii. 235. The term Trailbaston has been variously interpreted as applying either to the judges or to the offenders. As early as the time of Trivet it appears to have been taken as a popular nickname for the judges. 'Hi justitiarii ab hominibus popularibus vocati sunt de Traylebastoun, quod sonat Trahebaculum' (*Chron*, p. 404). This view is, however, certainly erroneous. The endorsement on the commission itself shows that the offence or offenders are indicated. 'De transgre. nominatis Trailbaston audiend. et terminand.' In the Chronological Abstract (p. 66) prefixed to the *Parliamentary Writs,* vol. i, this is pointed out in the following words. 'The "Ordinatio de Trailbaston" is extant on the Parliamentary Roll (*Rot. Parl.,* vol. i. p. 178). The Commission pursues the term of the Ordinance. Lord Coke says that they were called Justices of Trailbaston because they proceeded as speedily as one might draw or trail a staff (4 *Inst.* 34); and others have supposed that they obtained their title from their staves of office. It is obvious, however, that the name was originally applied either to the offence or to the offenders.'

Langtoft (Rolls Series), ii. 360, describes these offenders as common quarrellers, banded together and ready, for a few shillings, to beat a goodman who never did harm to any one. Fellows of that company are named Trailbastons .

> Respouns ount fet au reys gentz de been voyllance,
> Coment parmy la tere fet est graunt grevaunce
> Par comune contekours, ke sunt par fiaunce
> Obligez ensemble à une purviaunce;
> Traylbastouns sunt nomez de cel retenaunce.
> En fayres et marchez se proferent fere covenaunce,
> Pur treys souz ou iiij , ou pur la valiaunce,
> Batre un prodomme ke unk fist nosaunce
> A cors Cristiene, par nuli temoygnaunce.'

Matthew of Westminster, 450-1, also describes their impartial readiness to beat any one to order· 'Circa eadem vero tempora processit in publicum novum inquisitionis breve, quod Anglice dicitur *Trayllebaston*, contra intrusores alienarum terrarum, qui, propter timorem conquerentium, ipsas terras vel prædia in manus potentium alienarant; et contra conductitios hominum vapulatores, qui, ab uno viro conducti, volebant, propter unam summam pecuniæ, alium vapulare, et iterum a vapulato, propter duplum censum vel amplius, revapulare nequius conductorem.'

Page 2, l. 23. *Per quos . . . . ditatum.* So Matt. Westm., 451 · 'Per hoc quidem breve multi perempti, multi noxii, pauci innoxii sunt inventi. Adeo quidem rigide processit hujus coercionis justicia, quod pater proprio filio non parceret, sed increpans castigaret. Præ timore autem multi exterriti spontanee exulabant, et per fugam et redemptionem pecuniæ crevit fiscus.'

—— l. 25. *Decapitatus Willelmus Waleys.* In the *Annales Londonienses* (printed in *Chronicles of the Reigns of Edward I. and Edward II.*, ed. Stubbs, Rolls Series, 1882), p. 139, there is the following account of his reception in London , together with the text of the commission, and the record, of his trial . 'Eodem anno, xiᵒ kalendas Septembris, dominus Willelmus Waleis miles, ex natione Scotica natus, venit Londonias , cui multitudo hominum ac mulierum ibi obviavit, et hospitabatur in domibus Willelmi de Leyre, civis Londoniensis, in parochia Omnium Sanctorum ad fenum [Fenchurch]. In crastino vero, qui dicitur dies Lunæ in vigilia sancti Bartholomæi [23 Aug.], ductus fuit equitando apud Westmonasterium ; Johannes de Segrave et Galfridus de Segrave milites, major, vicecomites et aldermanni Londoniarum eum sequentes ac ducentes, cum pluribus aliis eundo et equitando, et in aula magna Westmonasterii super scamnum australe positus, ac cum foliis lauri coronatus, pro eo quod ipse asseruit, tempore præterito, coronam in eadem aula portare deberet, sicut vulgariter dicebatur.' It is also printed in *Documents illustrative of Sir William Wallace*, ed Stevenson for the Maitland Club, 1841 ; and Stow incorporated a translation of it in his Annals. Wallace was executed on the 23rd Aug., 1305.

—— l. 28. *R. le Bruys, nacione Anglicus.* See p. 38, where it is stated that he was born in Essex. The manor of Writtle, near Chelmsford, was held by his father.

Page 3, l. 3. *Rex filium suum ... cingulo militari decoravit.* See the curious account of the ceremony as given by Matthew of Westminster, 454-5, in which this passage occurs : 'Die autem crastina cinxit rex filium suum baltheo militari in palatio suo, et dedit ei ducatum Aquitaniæ. Princeps ergo, factus miles, perrexit in ecclesiam Westmonasterii, ut consocios suos militari gloria pariter venustaret. Porro tanta erat ibi pressura gentium ante magnum altare, quod duo milites morerentur, quamplures syncopizarent, etiam cum quilibet ad minus tres milites ad se ducendum et tuendum haberet. Princeps autem, propter turbam comprimentem, non secus, sed super magnum altare, divisa turba per dextrarios bellicosos, socios suos cinxit. Tunc allati sunt in pompatica gloria duo cygni vel olores ante regem, phalerati retibus aureis vel fistulis deauratis, desiderabile spectaculum intuentibus. Quibus visis, rex votum vovit, Deo cœli et cygnis se proficisci in Scotiam, mortem Johannis Comyn et fidem læsam Scotorum vivus sive mortuus vindicaturus, adjurans principem et ceteros præcelsos viros terræ, fide sibi debita, si ipse prius in fata decederet, corpus suum secum in Scotiam in bello deferrent, nec sepelirent illud quousque Dominus de perfido coronato et gente perjura dedisset victoriam et triumphum.' Compare Edward's instructions in this last sentence with the dying charge which Froissart (ed. Luce, i. 114) says he gave to his son : 'Et avant qu'il morut, il fist appeller son ainnet fil, qui fu rois apriès lui, par devant tous ses hommes. Et li fist jurer sus Sains que, si tost qu'il seroit trespassés, il le feroit boulir en une caudière tant que li char se partiroit des os, et feroit le char mettre en terre et garderoit les os. Et toutes fois que li Escot reveleroient contre lui, il semonroit ses gens et assambleroit et porteroit avoech lui les os de son père. Car il tenoit fermement que, tant qu'il aroit ces os avoech lui, li Escot n'aroient point victore contre lui. Li quels ne accompli mies che qu'il avoit juret. Ains fist son père raporter à Londres, et là ensepelir contre son sierement. Pour quoi il li meschei de puis en pluiseurs manières, si com vous avés oy, et premierement à le bataille de Struvelin, là où li Escot eurent victore contre lui.'

The duchy of Aquitaine was conferred upon the prince, 7th April, 1306.—*Fœdera*, i. 983.

—— l. 6. *Petrus eciam de Gavestone*, etc. Gaveston was ordered by the king, at Lanercost, 26th Feb. 1307, to leave the kingdom in three weeks, dating from 11th April.—*Fœdera*, i. 1010. See the curious account of Edward's quarrel with his son, when the latter asked for the county of Ponthieu for his favourite, as told by Hemingburgh, ii. 272.

—— l. 14. *Cuius corpus apud Westmonasterium*, etc. Edward's body was buried at Westminster on the 27th (not 28th) October, 1307.

—— l. 23. *Rex Edwardus Isabellam . . . . sibi copulavit.* Edward in a letter to the king of France, 30th Dec., 1307, announced his intention of being in Boulogne on the eve of St. Vincent, 21st Jan. ; the marriage to take place on the following Wednesday, 24th Jan. He did not, however, sail from Dover till the morning of the 22nd. He landed at Boulogne on the 24th, and was married the next day.

He returned to England on the 7th Feb.—*Fœdera*, ii. 25-31. The coronation took place on the 25th February. Baker is careless in his dates.

Page 3, l. 31. *Representavit se quondam sibi familiaris . . . . . Petrus de Gavestone.* This is incorrect. Gaveston was recalled immediately on Edward's accession; and was appointed guardian of the kingdom during the king's absence, 26th Dec., 1307.—*Fœdera*, ii 24. He received the grant of the earldom of Cornwall and of all lands late belonging to Edmund, earl of Cornwall, by patent, dated Dumfries, 6th Aug., 1307.—*Fœdera*, ii. 2. This grant was made with the assent of the earl of Lincoln, who appears as one of the witnesses to the deed, and whose action is specially noticed in the *Vita Edwardi II.* ascribed to a monk of Malmesbury (ed. Stubbs, Rolls Series), p. 155: 'Dominus enim rex juvenis domino Petro, ab exilio reverso, de consilio et assensu quorundam magnatum terræ, videlicet Henrici de Lacy comitis Lincolniæ et aliorum, comitatum Cornubiæ contulit et donavit. Ipse etenim comes Henricus de Lacy, cum dubitaretur an rex prædictum comitatum a jure quod cum corona habebat posset separare, proposuit regem posse, nam sic et alii reges bis antea fecerant. Major tamen pars baronum terræ non consensit, tam quia Petrus alienigena erat a Vasconia oriundus, tam propter invidiam.'

Page 4, l. 4. *Erat iste Petrus*, etc. The chronicles are, naturally, all more or less full in their account of Gaveston. The following is written in a more critical mood than is usual: 'Hic Petrus a Wasconia oriundus filius fuit cujusdam militis Edwardi senioris quondam familiaris. Dum autem Edwardus junior adhuc esset princeps Walliæ, dictus Petrus armiger in familiarem domus ejus assumptus est, et grata exhibitione obsequiorum apud dominum suum summi favoris apicem optinuit in brevi. . . . . . Sed Petrus jam comes Cornubiæ olim se fuisse Petrum et humilem armigerum noluit intelligere. Nullum suum comitem, nullum suum parem reputabat Petrus nisi solum regem. Revera vultus ejus majorem reverentiam exigebat quam regis . . . . . Credo igitur et constanter teneo quia, si Petrus ab initio prudenter et humiliter erga magnates terræ se gessisset, nunquam eorum aliquem sibi contrarium habuisset. Erat enim causa odii secundaria hæc, quod, cum ab antiquo omnibus desiderabile exstiterit habere gratiam in oculis regum, solus Petrus gratiam et vultum regis habuit in favorem, in tantum ut, si comes vel baro colloquium habiturus cum rege cameram regis intraret, in præsentia Petri nulli rex verba dirigebat, nulli faciem hilarem ostendebat, nisi soli Petro. . . . In superbia et in abusione sublimes oculos distorquens in fastum, quadam pomposa et superciliosa facie despexit universos, et omnia quasi pro imperio agens magnates terræ, quibus necessarius esse non potuit quin eorum auxilio magis indigeret, vix aliquando et indignantissime respexit. Et certe in filio regis satis esset intollerabile supercilium quod prætendit. Publice tamen scitur quod non erat filius regis nec regalem prosapiam quicquid attingens.'—*Vita Edw. II.*, 167-169. The same chronicle, 157, also has the following: 'Rex autem continuum amorem erga eum habebat, in tantum ut exiret a curia regis præceptum publicum ne quis eum nomine proprio vocaret, videlicet dominum Petrum de Gavestone, sed comitem Cornubiæ nominaret.' With this compare Mortimer's vanity, to quote Baker's words (p. 45) : ' Illum non alio nomine quam titulo comitis Marchiæ ausus est aliquis nominare.' Baker's reference to Gaveston's good service against the Scots applies no doubt to the campaign of 1310-11.

Page 4, l. 12. *Predicte coronacioni affuerunt*, etc. The chronicles vary as to the foreign guests. Murimuth names Charles le Bel, the duke of Brittany, Henry of Luxemburg, and Louis of Evreux; the *Annales Paulini* and Walsingham, more correctly apparently, name Charles of Valois and Louis of Evreux, the queen's uncles, the duke and duchess of Brabant, and the count of Savoy; the *Contin. Trivet.* mentions wrongly, among others, Charles and Louis, the queen's brothers. The French king's letter sending Charles of Valois, 9th Feb., is printed in the *Fœdera*, ii. 31. In the ceremony the latter put on the king his right boot and spur. *Fœdera*, ii. 36.

—— l. 15. *Set Petrus de Gavestone*, etc. Gaveston carried the crown (*Annal. Paulin*, ed. Stubbs, Rolls Series, 261) He also redeemed the 'curtana' sword, apparently for the return procession, and fixed the spur on the king's left foot.—*Fœdera*, ii. 36. His ostentation at the banquet is thus noticed in the *Annales Paulini*, 262. 'Petrus vero, non regis sed gloriam propriam quærens, et quasi Anglos contempnens, ubi ceteri in deauratis vestibus incedebant, ipse in purpura, margaritis intexta preciosis, inter convivas, quasi rege pretiosior equitabat. Quapropter indignatus comes unus voluit interimere eum palam. Cui alius sanior respondebat: "Non in die festo, ne forte fiat tumultus in populo et dedecus in convivio. Sed expectare vincere nobis erit." '

—— l. 18. *Rex, ut deliniret animos*, etc. Gaveston was banished a second time by decree of parliament in the spring of 1308. The publication of banishment issued 18th May.—*Fœdera*, ii. 44; *Annal. London.*, 154; *Contin. Trivet.*, 5. He sailed from Bristol on the 28th June, having been appointed regent of Ireland on the 16th of the month.—*Fœdera*, ii. 51. 'Terminus itaque positus est, dies videlicet sancti Johannis baptistæ, quo et eodem festo per anni revolutionem elapso idem Petrus eandem terram prius abjuraverat. Adveniente igitur die præfixo, dominus rex et Petrus cum multo comitatu ad portum Bristolliæ sunt profecti ; ibidemque post modicum a rege licentiatus, Petrus cum multa familia in partes Hiberniæ se transtulit et recepit, totaque terra ex præcepto domini regis Angliæ suæ dominationi et potestati subdita est ..... Petrus in Hibernia jam moram faciens omnes redditus illius terræ, qui ad regem Angliæ pertinebant, ex voluntate regis et præcepto, in suos usus assumpsit et consumpsit, sicque novissimus error priore factus est pejor.'—*Vita Edw. II.*, 159. He returned to England early in July, 1309; served in the campaign against the Scots in 1310-11; and was placed for security in Bamborough, when Edward returned to the south in July, 1311.

Page 5, l. 4. *Petrus revocatus*, etc. Baker has entirely omitted Gaveston's movements in 1311-12. He seems to have confused Bamborough and Scarborough. By the Ordinances, Gaveston was again banished 1st Nov., 1311. He went to Flanders, but returned almost immediately, and rejoined Edward at York at the beginning of the new year; the king's writ declaring his banishment illegal bearing date the 18th Jan , 1312.—*Fœdera*, ii. 153 ; *Annal. London.*, 203. On the approach of the confederate lords he fled from Newcastle and took refuge in Scarborough early in May; was besieged, and surrendered, 19th May, to the earl of Pembroke —*Annal. London* , 204.

The chronicle of Lanercost, 217, ascribes his unfavourable reception in Flanders to the influence of the king of France : ' Sed, quia minus bene erat receptus in Flandria, ubi applicuerat, (id agente rege Franciæ, qui eum valde detestabatur, quia, ut dicebatur, rex Angliæ, qui duxerat filiam ejus uxorem, minus eam dilexit propter Petrum prædictum,) ideo rediit, ad infortunium suum, in Angliam, sed in occulto, propter metum comitum et baronum ; et rex eum recepit et duxit secum usque Eboracum, et ibi civitatem et patriam vastaverunt, quia non habuerunt quid solverent pro expensis '

The story of his surrender and subsequent capture by Warwick is told by the Monk of Malmesbury, *Vita Edw. II*, 177 : ' Cum igitur videret Petrus obsidionem jam cœptam, auxilium regis interceptum, castrum victualibus destitutum et socios minus sufficientes ad bellum, misit ad comitem Pembrokiæ, se reddere volens sub conditione ; et erat conditio hæc, videlicet quod dictus comes Petrum usque ad gulam Augusti servaret illæsum, et, si placeret ei quod interim comites disponerent, bene quidem ; sin autem, restitueretur in pristinum statum, scilicet ad castrum unde exierat et ad sororem quam prius reliquerat. Comes autem de hac captione gavisus, sociis inconsultis, immo ex proprio capite sumpto consilio, cepit Petrum, et placuit conditio, et ad Petrum servandum sub forma prædicta obligavit regi terras et tenementa . . . . . Comes igitur Adolmarus cum vinculato suo Petro recessit a borea, ad Angliæ tendens interiora, et cum circiter quinque dietas vel amplius peregisset, tandem in comitatum Northamtoniensem deveniens, vocato Petro dixit . " Fatigatus es ex itinere, et opus esset tibi recreatione ; est autem hic juxta villa modica, locus amœnus et ampla ædificia Ego vero circa quædam negotia ad tempus recedam ; ibidem morare donec veniam." Et Petrus quod comes optulit gratanter accepit ; et misit eum ad dictam villam cum custodia ; sed non vidit comes Petrum amplius in Anglia. Cum autem didicisset comes Warewykyæ omnia quæ agebantur circa Petrum, accepta manu valida, accita etiam tota patria, clam tendit ad locum ubi cognovit esse Petrum, et valde mane una sabbatorum veniens ad villam intravit portam curiæ et circumdedit cameram. Exclamavit autem comes voce magna : " Surge, proditor, captus es " Et Petrus audiens comitem, videns etiam manum comitis superiorem et custodiam cui deputatus non resistentem, induens vestimenta sua descendit de camera. Capitur igitur Petrus, et non sicut comes, immo sicut latro, producitur ; et qui solebat palfridos ascendere jam pedes cogitur ire. Cum autem transissent a villa ad modicum jussit comes præberi Petro jumentum ut eo velocius maturaret iter suum. Et Petrum sequebantur cornua tonantia, populus clamans et vox horrida. Jam Petrus deposuit cingulum militiæ, sicut fur et proditor tendit Warewykyæ, et ibidem veniens mittitur in carcerem. Modo suis vinculis Petrum subjugavit, quem canem Warewyk Petrus appellavit.'

Warwick made Gaveston his prisoner at Dedington on the 10th June (*Annal.*

London, 206). He gave him over to Lancaster, who with his confederates led him out to execution, the earl of Warwick remaining in his castle. Murimuth (Rolls Series), p. 17, is evidently wrong in stating that Warwick dismissed him and that he was afterwards made prisoner again. In the following extract from the *Annales London.*, 207, it will be seen that his execution took place at Blacklow-hill, or Gaversike, which lies about a mile north of Warwick, in order that the earl might be relieved of immediate responsibility :

'Die ergo Lunæ proxima ante festum sancti Johannis baptistæ, anno prædicto, videlicet xix^{mo} die Junii, prædicti comites cum suis venerunt apud Warwyke et petierunt corpus dicti Petri a prædicto comite Warwiciæ; quem prædictus comes Warwiciæ dictis comitibus tradidit corpus ejus sanum et salvum; at ipsi fecerunt conduci corpus dicti Petri extra villam Warwiciæ, et extra feodum dicti comitis Warwiciæ, ad Gaverissweche, inter Warwyk et Kilneworthe, et in feodo comitis Lancastriæ; et ibidem fuit decollatus, circa horam meridiei, per manus cujusdam Britonis, coram omni populo ibidem coadunato. Et sic recesserunt unusquisque ad propria, relinquentes corpus dicti Petri in area ubi ipse decollatus est. Tunc quatuor sutores de Warwick posuerunt corpus mortui super scalam, reportantes versus Warwyk, ibidem sepeliendum; sed et comes Warwiciæ, qui toto tempore decollationis non exivit de castro, fecit corpus reportare ad eundem locum, ubi prius decollatus fuit, extra feodum suum; et ecce fratres Jacobini conduxerunt corpus ejus apud Oxoniam, ubi multum honorifice custoditur: unde multum sunt in odio de comitibus prædictis.'

The nicknames which Gaveston gave, with such deadly offence, to certain lords are noticed by several of the chroniclers. All does not appear to have been properly explained. The chronicle of Lanercost, 216, refers to them in these words · 'Ipse enim, credens se in comitatu pro suo perpetuo confirmatum, cum esset alienigena et de sola gratia regis tantum honorem adeptus, jam in tantam superbiam est erectus quod omnes nobiles comites terræ contempsit, et vilia cognomina eis deridendo imposuit, inter quos cum comitem Warwici, virum utique sapientem et probum, vocasset "Nigrum Canem de Arderne," et esset hoc postea comiti intimatum, ille dicitur cum patientia respondisse: "Si vocet me canem, pro certo ego mordebo eum, quando videbo tempus meum "'

The prose *Brute* chronicle has also some interesting particulars on this point. This chronicle is extant in both a French and an English version. Of the French version there are two editions, both compiled in the reign of Edward III, and ending with the account of the battle of Halidon Hill in 1333. From the second edition of this French version the English version was translated; and to this translation further additions were subsequently made. The names of the writers are unknown, but it appears that one of the later editions of the English version is due to John Maundeville, rector of Burnham Thorp, co. Norfolk, 1427-1441 (*Notes and Queries*, 1856, p. 1). To the authorship of the second edition of the French version perhaps a clue may be found in certain extracts, or rather translations, from a French chronicle, which are printed in Leland's *Collectanea*, i. 454. At the head of these extracts Leland has this note: 'Wylliam de

Pakington, Clerk and Tresorer of Prince Edwardes, sunne to Edwarde the 3, household yn Gascoyne, did wryte a Cronique yn Frenche from the ix. yere of King John of Englande on to his tyme and dedicated it to his Lord Prince Edwarde. Owte of an epitome in French of this aforeseyde cronique I translatid carptim thes thinges that folow yn to Englische.' Many of these extracts prove that much of Pakington's chronicle must have been word for word the same as the revised edition of the French *Brute*. The English *Brute* chronicle was printed by Caxton in 1480, with the title *Cronicles of England*.

Caxton's *Cronicles* do not appear to have had the attention of modern historians as much as they deserve. Barnes, the writer of the *History of Edward III.*, 1688, did not know the book; but he found in the library of Corpus Christi College, Cambridge, a MS of the English *Brute* chronicle, and made ample use of it, referring to it as 'MS. Vet. Angl. in C. C. C. Cantab.' Barnes's quotations have been cited by later writers, who have failed to recognize in them the text of Caxton. In the following notes I have printed some interesting passages from the English *Brute*, making use of Harley MS. 2279 and Egerton MS. 650.

Gaveston's nicknames for the barons are thus described: 'Kyng Edward lovede Piers of Gavastone so moche þat he myȝte nouȝte forlete his companye; and so moche the kyng yaf and behiȝte to þe peple of Engelonde þat þe exiling of þe forsaide Piers shulde bene revokede atte Staunford thurȝ hem þat him exilede. Wherfore Peris of Gavastone come ayen into Engelonde, and, when he was come ayen into þis lande, he despisede þe gretteste lordes of þis lande, and callede sire Robert of Clare, erle of Gloucestre, horeson; and þe erle of Nicole, sire Henry Lacy, brust bely; and sir Guy, erle of Warwyke, blak hounde of Arderne; and also he callede þe noble erle and gentil Thomas of Lancastre cherle; and meny other scornes and shame hem saide, and by many other grete lordes of Engelonde. Wherfor þei were towardis him ful angry and sore annoyede' The terms for these names in the French version (Royal Ms. 20 A. iii) are 'filz a puteyne,' 'boele crevee,' 'noir chien de Ardene,' and 'vielers.' This last word the English translator has not understood. In the extract in Leland's *Collectanea* there are additional words: 'vielers, porceo quil est greles et de bel entaille.' Misunderstanding the first two words of this sentence, Lingard has made out that Lancaster was called 'Old Hog.' But the words mean: 'Fiddler, because he is slim and tall.' This seems to be confirmed by Walsingham (*Hist. Angl.*, i. 115) who says that Gaveston called Lancaster 'histrionem,' and further that Pembroke was nicknamed 'Joseph the Jew,' the reason being 'quod pallidus erat et longus.' The 'pallidus' and 'longus,' which do not appear to be specially descriptive of a Jew, would perhaps belong better to the 'Play-actor,' just as 'greles' and 'de bel entaille' are applied to the 'Fiddler.'

Page 5, l. 20. *Cuius corpus in ecclesia*, etc. Gaveston's body lay for two years at Oxford: 'Post Natale Domini [1314], paucis evolutis diebus, dominus rex corpus Petri de Gavestone, sui quondam specialis amici, ab Oxonia ad Langeleye fecit transferri. Jam enim de capitatione ipsius biennium transivit et amplius, et usque nunc apud fratres Oxoniæ jacuit inhumatus. Proposuerat namque rex, ut dicitur, prius mortem Petri vindicasse, deinde corpus ejus sepulturæ tradidisse. Sed jam revocati in amicitiam sunt, ex quibus videbatur rex petere vindictam. Rex apud Langeleye, ubi fratribus Prædicatoribus jam pridem domum construxit, corpus sui Petri honorifice sepelivit.'—*Vita Edw. II.*, 209. See also Knyghton, 2533, and *Annal. London.*, 232. From the *Annal. Paulin.* we learn that the endowment was 'ad sustentationem annuatim D. marcas, videlicet, pro centum fratribus, cuilibet v. marcas.'

Page 6, l. 4. *Misit in Angliam quemdam cardinalem*, etc. The envoys were Arnaud de Nouveau, cardinal of St. Prisca, and Arnaud d'Aux, bishop of Poitiers, who was created cardinal and bishop of Albano, 23rd December, 1312.

—— l. 25. *Hugo Despenser filius fuit ordinatus camerarius regis.* For a summary of the different estimates formed by contemporary writers of the conduct of the two Despensers, see Bishop Stubbs's Introduction to his *Chronicles of the Reigns of Edward I. and Edward II.*, vol. ii. pp. l. sqq. The younger Despenser was at first of Lancaster's party. He was continued in his office of chamberlain by the parliament of 1318, in which Lancaster's influence predominated.

Page 7, l. 17. *Vasa quoque aurea*, etc. The Monk of Malmesbury, *Vita Edw. II.*, 206, speaks of the loss of treasure at Bannockburn, 'in qua pretiosa supellex nostrorum diripitur, quæ ducentarum millium librarum æstimatur.'

—— l. 19. *Nunquam tunc presentes*, etc. Stow, *Annales* (ed. 1605), 333, thus translates: 'Never afore that time was seene the like preparation, pride and cost in the time of warre, as affirmeth Robert Paston, a Carmelite frier, being present and taken of the Scots, which he sorowfully bewayled in his heroycall verse whiles he was prisoner. The first night (saith hee) ye might have seene the Englishmen bathing themselves in wine and casting their gorges. There was crying, showting, wassaling, and drinking, with other ryoting farre above measure. On the other side, yee might have seene the Scottes quiet, still, and close, fasting the even of Saint John Baptist, labouring in love of the libertie of their countrey. On the morrowe, the Scottes having gotten the most convenient place in the fielde for victorie, made ditches in the grounde three foote deepe, and the like in breadth, from the right wing of the army unto the left, covering the same with weake twigges or herdles, and againe over with the turfe and grasse, which was not of strength to beare horsemen. The army of the Scottes, being devided into certaine troupes, stoode not farre off from this dike, which was betwixt them and the Englishmen. On the other side, the army of the Englishmen comming out of the west, the sunne rising, casting his beames on their golden targets, bright helmets, and other armour, gave such a reflection as was both woonderfull and terrible to beholde. In the first warde were the light horsemen and heavie coursers. In the second were the archers and other footemen, who were appointed for the chase of the adversaries. In the thirde was the king with his bisshoppes and other religious, amongst whome was Hugh Spencer. The horsemen of the first front, making uppon their enemies, foundered with their fore feete into the ditch and lay there tumbling, abiding the cruelty of the Scots, who, comming upon them, slew some and tooke a great manie rich men for raunsome. ... Almost three hundreth men of armes were slaine in that place, our archers killing manie of them, who, seeing the Scottes cruellie bent upon our horsemen fallen in the ditche, shotte theire arrowes with a high compasse, that they might fall betwixt the armour of their enemies, which was all in vayne: and when they shotte righte foorth, they slewe fewe of the Scottes, by reason of their armed breasts, but manie of the Englishmen, by reason of their naked backs.'

Page 7, l. 21. *Pauper ille Carmelita*, etc. Robert Baston, here referred to, was a Carmelite friar of Scarborough, who wrote, among other things, several copies of verses on the Scotch wars, including the poem mentioned by Baker. Bower, in his continuation of Fordun's *Scotichronicon* (ed. Goodall, 1759, vol. ii. p. 250), tells the story of Baston accompanying the English army into Scotland and being there taken prisoner: 'Tantum igitur rex Angliæ se et suos reddidit de Scotis victoriosos, ut, inter cetera suo proposito congruentia, famosiorem metristam in universo regno Angliæ, videlicet quendam fratrem Carmelitam, secum adduxit, ut de triumpho suo, de Scotis adipiscendo, ad ipsorum dedecus, metra compingeret, et ad memoriale sempiternum Scotis sic per eum, ut putabat, devincendis reliquenda ... Victoria denique feliciter Scotis ascripta, adductus est ad regem Robertum prædictus metrista, et pro redemptione sua compulsus est, absque ambiguitate, ista sequentia metra componere, quæ utique, pro bonitate ipsorum, non sunt sub modio silenda, sed super candelabrum prætenda.' Then follow the verses. Holinshed is not so complimentary either to the poet or to his verses In his *Chronicles* (ed 1807, 1808, ii. 588; v. 345, 349) he mentions Baston as being 'borne not farre from Notingham, a Carmelite frier of Scarburgh, the same whom King Edward tooke with him into Scotland to write some remembrances of his victories, although, being taken by the Scots, he was constreined by Robert Bruce to frame a dittie to a contrarie tune'; and as 'a religious man, somewhat learned belike,' who, upon receiving Bruce's commands, 'gathered his rustie wits togither and made certeine rude verses beginning thus ·

"De planctu cudo metrum cum carmine nudo,
Risum retrudo, cum tali themate ludo."
"With barren verse this rime I make,
Bewailing whilest such theame I take."'

Stow is misleading, when, in the passage quoted above, he ascribes (by the words 'saith hee') so much of the description to Baston. The poem, which is given in Bower, is written in more general terms, as *e.g.* in the following lines referring to the English .

'Dum se sic jactant cum Baccho nocte jocando,
Scotia, te mactant, verbis vanis reprobando.

Dormitant, stertunt, quos irrita somnia mutant,
Fortes se putant, patriæ confinia vertunt.
Explicat exercitus splendentia signa per arva:
Jam sunt dispersi, nimis est virtus sua parva.'

A few verses describing the pitfalls form one of the few passages in which the poet condescends to details:

'Machina plena malis pedibus formatur equinis,
Concava cum palis, ne pergant absque ruinis.
Plebs foveas fodit, ut per eas labantur equestres,
Et pereant si quos videant transire pedestres.'

With a modest consciousness of shortcomings he concludes.

'Sum Carmelita, Baston cognomine dictus,
Qui doleo vita, in tali strage relictus.
Si quid deliqui, si quæ recitanda reliqui,
Hæc addant hi qui non sunt sermonis iniqui'

Page 7, l. 27. *In crastino Scoti*, etc. Barbour's *Brus* (Spalding Club), 262, describes the stratagem of the pitfalls in the following lines:

'And in ane plane feld by the way,
Quhar he thocht ned behufit a way
The Inglishmen, gif that tha wald
Throu the Park to the castell hald,
He gert men mony pottis ma
Of ane fut bred round, and all tha
War dep up till ane manis kne,
Sa thik that tha micht liknit be
Till ane wax-cayme that beis mais
Thus all that nicht travaland he was
Sa that or day was he had mad
Tha pottis, and tham helit had
With stikis and with gyrs all grene
Sa that tha micht nocht wele be sene.

. . . . .

The king, quhen that the mes was done,
Went furth to see the pottis sone,
And at his liking saw tham mad:
On athir sid the way wele brad
It was pottit as I haf tald.
Gif that thar fais on hors will hald
Furth in that way, I trow tha sall
Nocht wele eschap forouten fall'

The account of the battle as given in the chronicle of Lanercost, 225, states that at first the English archers drove back the Scottish archers. The main attack is then described in these words: 'Ordinaverunt autem [Scotti] sic exercitum suum, quod duæ acies ejus præirent tertiam, una ex latere alterius, ita quod neutra aliam præcederet, et tertia sequeretur, in qua erat Robertus. Quando vero ambo exercitus se mutuo conjunxerunt et magni equi Anglorum irruerunt in lanceas Scottorum, sicut in unam densam silvam, factus est sonus maximus et horribilis ex lanceis fractis et ex dextrariis vulneratis ad mortem, et sic steterunt in pace ad tempus. Anglici autem sequentes non potuerunt attingere ad Scottos, propter primam aciem interpositam, nec in aliquo se juvare, et ideo nihil restabat nisi ordinare de fuga. Istum processum audivi a quodam fide digno, qui fuit præsens et vidit.' The chronicler seems to know nothing of the artificial pits. According to his account, the English fell into the channel of the burn: 'Aliud etiam infortunium accidit Anglicis, quia, cum paulo ante transissent unam foveam magnam, in quam intrat fluxus maris, nomine Bannokeburne, et jam confusi vellent redire, multi nobiles et alii præ pressura cum equis in illam ceciderunt, et aliqui cum difficultate magna evaserunt, et multi nunquam se explicare de fovea potuerunt; et ideo Bannokeburne in ore Anglicorum erat per multos annos sequentes.'

So also the writer of the *Vita Edw. II.*, 205, speaks vaguely of a ditch: 'Dum igitur gens nostra fugeret, dum vestigia regis arriperet, ecce quædam fossa multos absorbuit, magna pars nostrorum in ipsa periit.'

The *Brute* chronicle (Harl. MS 2279) has an interesting note of a popular song commemorating the victory: 'And when kyng Edward herde þis tithing, he lete assemble his hoste, and mette þe Scottis atte Est Revelyn, in þe day of þe Nativite of seint John þe Baptist, in þe yeer of his regne þe vij, and in the yeer of oure Lorde Jesu Criste m ccc.xiiij. Allas þe sorowe and lost þat þer was done! For þer was slayn þe noble erle Gilbert of Clare, sir Robert of Clifford, baron, and many oþer; and of oþer peple þat no man couth nombre. And þe kyng Edward was scomfitede. and sire Edmunde of Maule, þe kyng stiward, for drede wente and drenchid him selfe in a fressh ryver þat is callede Bannokesburne. Wherfore the Scottis seide in reprofe and dispite of kyng Edward, for as moche þat he lovede for to gone by water and also for he was descomfitede atte Bannokesbourne, therfore maydenes maden a songe therof, in þat cuntre, of kyng Edward of Engelonde, and in þis maner songe:

> "Maydenes of Engelonde, sare may ye mourne,
> For tynte ye have youre lemmans atte Bannokisbourne.
>   With hevalowe.
> What! wende þe kyng of Engelonde
> [To] have gete Scotlande?
>   With rumbelowe."'

Page 8, l. 22. *Ibi tunc occubuit Gilbertus*, etc. See the account of Gloucester's death in the *Vita Edw. II.*, 203, 204. A fuller list of the English slain is given in *Annal. London.*, 231. All the others mentioned by Baker, Mauley, Clifford,

Tibetot or Tiptoft, and Argentine, as well as the prisoners, Hereford, Segrave, Clavering, and Latimer, had served with more or less distinction in Edward I.'s wars in Scotland, in which Segrave had already been made prisoner. Argentine was slain fighting, after he had secured the king's safety.—*Vita Edw. II.*, 204; Leland, *Collect.*, i. 786.

Page 9, l. 1. *Prius armatorum a tergo*, etc. Whatever may be said of the correctness of this statement, the fact of the notice of change of tactics is interesting.

—— l. 16. *Pallacium suum Oxonie.* The palace of Beaumont, or, as it was commonly called, the King's Hall, which was built in the reign of Henry I., in the northern suburb of Oxford. In 1317 it was granted by Edward, in fulfilment of his vow, to the Carmelites or White Friars, who established there a convent for twenty-four friars, moving from their old house near the river where they had been settled since 1256.—Wood, *Hist. Antiq. Univ. Oxon.*, i. 248; Maxwell-Lyte, *Hist. Univ. Oxford*, 1886, pp. 50, 120.

—— l. 20. *Scoti sub ducatu Edwardi le Bruyus.* Edward Bruce landed at Carrickfergus on the 25th May, 1315; he was defeated and slain, near Dundalk, on the 14th Oct. 1318.

—— l. 27. *Admissi duo cardinales*, etc. They were Gaucelin d'Euse and Ludovico Fieschi. On their journey northward, in company with Henry Beaumont, bishop-elect of Durham, they were attacked and robbed, on the 1st September, at Rushy Ford, between Woodham and Ferryhill, nine miles south of Durham, by Gilbert Middleton, keeper of Mitford Castle, near Morpeth, and Walter Selby. Middleton was taken prisoner and executed the following year.—R. de Graystanes (*Angl. Sacra*), cap. xxviii; Walsingham, *Hist. Angl.*, i. 152; Hutchinson, *Hist. and Antiq. of the County Palatine of Durham*, i. 267; Surtees, *Hist. Durham*, i. xxxviii; *Fœdera*, ii. 341, 342

Page 10, l. 9. *Rex et comes Lancastrie.* Knyghton's account, 2534-5, of the meeting which took place on the 14th August, is as follows: 'Condolens igitur papa Anglicanæ tribulationi et pietate motus, misit duos cardinales in Angliam, anno scilicet gratiæ m.ccc.xvij., ad reformandam pacem inter regem Angliæ et cognatum suum, Thomam comitem Lancastriæ, et inter regem Angliæ et Robertum Brus regem Scotiæ. Venerunt igitur cardinales, cum rege et regina et cum archiepiscopo Cantuariensi cum omnibus episcopis provinciæ, cum comitibus et baronibus et aliis magnatibus regni, apud Leycestriam, et occurrit ei Thomas comes Lancastriæ, die ex hac parte ei præfixo, apud Syrothes Brigge, quæ modo vocatur Sotesbrygge, stipatus pulcherrima multitudine hominum, adeo quod non occurrit quempiam retroactis temporibus vidisse aliquem comitem duxisse tam pulchram multitudinem hominum in equis sic bene araitorum, scilicet xviij. millia. Cumque rex et comes obviarent, sine magna difficultate osculati sunt et facti sunt cari amici quoad intuitum circumastantium.' According to the *Annales Paulini*, 283, the meeting-place was Hathern, near Loughborough.

Knyghton's 'Sotesbryge' has been identified as Zouche-bridge, on the Soar, near Hathern. See Stubbs, *Chron. Edw. I. and Edw. II.*, Introduction, ii. lxxxi.

Page 10, l. 18. *Rex Anglie transfretavit.* Edward sailed from Dover on the 19th, and returned on the 22nd June.—*Fœdera*, ii. 428.

Page 11, l. 9. *Unde in furibundum appetitum*, etc. The attacks on the property of the Despensers took place in May and June, 1321. See the account of the quarrel in *Vita Edw. II.*, 254-258.

—— l. 17. *Occulte comes Penebrochie.* So also Adam Murimuth, 33. 'Comes vero Lancastriæ consensit eis expresse, et comes de Pembroke occulte.' In the *Vita Edw. II.*, 259, Pembroke is represented as mediator. The sentence of banishment against the Despensers issued in the parliament of July—August. See Stubbs, *Const. Hist.*, ch. xvi.

—— l. 24. *Domine regine Isabelle*, etc. The refusal to admit the queen into Leeds castle took place on the 13th October. On the 16th the king's proclamation and summonses to the men of the southern counties were issued.—*Fœdera*, ii. 458. According to the *Annales Paulini*, 298, 299, London sent 500 men, the county of Essex 1000 men; and the total force amounted to 30,000. The rate of pay *per diem* was: a knight, 2s.; an esquire, 12d, a crossbowman, 8d.; and an archer, 6d. The castle surrendered on the last day of the month.

Page 12, l. 11. *Sex de forcioribus*, etc. 'Die vero animarum proximo sequente dictus Waltherus Colpepir tractus et xii. complices sui, validi tamen et fortes, per judicium fuerunt suspensi.'—*Annal. Paul.*, 299. The same chronicle states that Badlesmere's wife and sister were sent prisoners to Dover.

—— l. 16. *Per Wigorniam ad Briggenorthe.* Edward was at Worcester on the 4th Jan., 1322. Bridgnorth was burnt by the barons' party. The king reached Shrewsbury in the middle of the month.

—— l. 27. *Istis peractis*, etc. This took place at the end of 1321. The Despensers surrendered, and were taken into the king's protection on the 8th December.—*Fœdera*, ii. 463. The archbishop publicly in St. Paul's pronounced their sentence illegal on New Year's day—*Annal. Paul.*, 301; and their condemnation was struck off the Rolls of Parliament on the 22nd May following.

Page 13, l. 4. *Circa finem mensis Februarii.* Edward was at Coventry on the 28th February. The skirmish at Burton took place on the 16th March. See the account of the campaign in the *Vita Edw. II.*, 264-271, and in the *Chron. Lanercost*.

Page 14, l. 8. *Andrea de Harchleye.* Harcla does not appear among the judges named in *Fœdera*, ii. 478.

—— l. 11. *Nempe tante cladis*, etc. 'Quarto quintove die post captionem comitis Lancastriæ, veniens rex apud Pontfreit jussit adduci comitem sine dilatione, et statim jussu regis adducitur, et in quadam nova turri per noctem illam recluditur.

'.... In crastinum producitur comes in aulam coram justitiariis assignatis, et singillatim species transgressionis, ac pro quolibet articulo adicitur pœna specialis, videlicet, ut primo protraheretur, deinde suspenderetur, ac postremo capite truncaretur. Sed ob reverentiam regii sanguinis pœna protractionis est remissa, suspensio suspensa, sed pœna pro omnibus decreta. At comes, volens se in aliquibus excusare, nitebatur quædam statim allegare; sed justitiarii noluerunt ipsum audire, quia verba dampnatorum sicut nec nocent nec possunt proficere. Tunc ait comes: "Fortis est hæc curia, et major imperio, ubi non auditur responsio nec aliqua admittitur excusatio." ... Deinde educitur comes extra castrum, et ascendens quoddam vile jumentum conductus est ad capitolium Tunc comes quasi orando caput extendit, et spiculator bis uel ter percutiens caput amputavit. Et hæc acta sunt mense Martii, anno regni quintodecimo '—*Vita Edw. II.*, 270.

The story of Lancaster's capture and execution is told graphically in the *Brute* chronicle (Harley MS. 2279): 'Whan sir Andrewe of Herkela sawe that sir Thomas men of Lancastre laskede and slakede, anone he and his companye come to þe gentil kny3te Thomas of Lancastre and seyden: "Yelde þe, treytour, yelde þe." The gentil erle answerde þo and seide: " Nay, lordes, traytours be we none ; and to yow wil we nevere us yelde while þat oure lyves lasten, but levere we have to bene slayn in oure treuthe þan yelde us to yow." And sir Andrewe ayen grad upone sir Thomas companye, yollyng as a wode wolfe, and seide . "Yelde yow, treytours taken, yelde yow." And with an hie vois and seide · " Beþ ware, seres, þat none of yow be so hardie uppon life and lyme to mysdone Thomas bodie of Lancastre." And wiþ þat worde þe good erle Thomas wente into a chapel and seide, knelyng don uppon his kneys, and turnede his visage towarde þe crois and seide: "Almy3ti God, to þe I me yelde, and holiche putte me into þi mercy." And wiþ that the vilaynes ribaudes lepte aboute him in evere side þat gentile erle, as tirauntes and wode turmentours, and dispoylede him of his armure, and cloþed him in a robe of raye þat was of his squyers lyvery, and furth lad him unto Yorke by water.'

'Whan he was taken and brou3te to Yorke, meny of þe cite were ful glade, and uppon him criede wiþ hie vois : "A ! sire traytour, ye erne wel come, blessid be God, for now shal ye have þe rewarde þat longe tyme ye have deservede"; and cast uppon him meny snow ballis, and meny oþer reproves dede him. But þe gentil erle þat suffred and seide neþer one ne oþer. And in þe same tyme þe kyng herd of þat scomfiture and was ful glad, and in haste come to Pountfret, and sir Hugh þe Spencer, and sire Hugh his sone, and sir John erle of Arundelle, and sir Edmunde of Wodestoke, þe kyngis broþer, erle of Kente, and sire Aymer of Valence, erle of Penbroke, and maister Robert of Baldok, a fals pillede clerk, þat was pryve and dwellyng in þe kyngis courte ; and alle come thider wiþ þe kyng. And sire Raufe of Beestone yaf up þe castel to þe kyng, and þe kyng enterede into þe castelle. And sire Andrewe of Herkela, a fals tiraunt, thurgh þe kynges comaundement nome wiþ him þe gentil erle Thomas to Pountfret; and ther he was prisonede in his owen castelle þat he had newe made, þat stode ayens þe abbay of kyng Edwarde. And sir Hugh þe Spencer, the fader, and sir Hugh his sone caste and thoughte how and in what maner þe good erle Thomas of Lancastre shulde ben dede, withoute eny iugement of his peris. Wherfor hit was ordeynede thurgh þe kynges iustices þat þe kyng shuld putte uppone him poyntes of tretry. And so hit bifelle þat he was lad to þe barre bifore þe kynges iustices, bare heed, as a thefe, in a faire halle within his owen castel þat he had made therin meny a faire feste bothe to riche and eke to pore. And these were his iustices: sir Hugh þe Spencer, þe fader, sir Aymer þe Valance, erle of Penbroke, sire Edmunde of Wodestoke, erle of Kente, sire John of Britaigne, erle of Richemonde, and sir Robert of Malmethorpe, iustice. And sir Robert him acoupede in þis maner: "Thomas, atte þe first oure lorde þe kyng and þis courte excludeþ yow of almaner answer. Thomas, our lorde þe kyng putte uppon yow þat ye have in his lande riden with baner displayede, ayens his pees, as a treytour." And wiþ þat worde þe gentile erle Thomas with an hie vois sayde · "Naye, forsothe, lordes, and by seynt Thomas I was never traytour." The iustice seide ayen þo: "Thomas, oure lorde þe kyng putte uppon þe þat ye have robbede his folk and mordred his peple, as a thefe. Thomas, þe kyng also putte uppon þe þat he descomfited yow and youre peple with his folke in his owen reame; wherfor ye wente and fley to þe wode as an owtelawe, and also ye were taken as an outelawe. And, Thomas, as a treytour ye shulde ben hangede by resonn; but þe kyng haþ foryeve yow þat iewes [punishment] for þe love of quene Isabelle. And, Thomas, reson wolde that ye shulde ben honged, but þe kyng haþ foryeve hit yow for cause and love of your lynage. But, Thomas, for as moche as ye were take fleyng and as an outelawe, þe kyng wil þat youre hede be smyten of, as ye have wel deservede. Anone done him oute of prees, and anone bring him to his iugemente." The gentile knyȝte, whan he had herde alle þese wordes, with an hie voys criede, sore wepyng, and seide: "Allas, seint Thomas, faire fader, allas, shal I ben dede thus? Graunte me now, blissful Lord God, answer." But alle hit avayle him nouȝte, for þe cursede Gascoigne putte him hider and þider, and on him criede with an hie voys: "O kyng Arthure, most dredful, wel knowe now þine opyn traytrye; in evel deþ shalt thow die, as þou hast wel deservede." Tho sette þei uppon his hevede, in scorne, an olde chapelet alle torente and torne, that was not worth an halpeny. And, after, þei sette him uppon a lene white palfreye ful unsemeliche and eke al bare, with an olde bridel; and with an horrible noys they drow him oute of þe castelle towarde his deth, and caste on him many ballis of snawe. And as þe turmentours ladde him oute of þe castelle, þo seide he þise petous wordis, and his handis helde up in hie towardes hevene: "Now þe Kyng of hevene yeve us mercie, for þe erthely kyng haþ us forsake." And a frere prechoure wente wiþ him oute of þe castelle til þat he come til þe place þat he endid his life, and to whome he shrofe him alle his life. And þe gentile erle helde him faste bi þe cloþis, and saide: "Faire fader, abide wiþ us til þat I be dede; for my flessh quaketh for drede of deþ." And soth for to saye þe gentil erle sette him uppon his kneys and turnede him in to þe est. But a ribaude, þat men callede Higon of Mostone, sette hande uppon þe gentil erle and seide in despite of him · "Sir treytour, turne the towarde þe Scottis, thine foule deth to underfonge"; and turnede þe erle toward þe north.

The noble erle Thomas answerede þo wiþ a mylde voys and seide: "Now, faire lordes, I shal done alle youre wille." And with that worde þe frere wente fro him, ful sore wepyng. And anone a rebaude wente to him and smote of his hevede.'

Page 14, l. 16. *De numero ceterorum.* See particulars of the executions in Knyghton, 2540–41; *Chron. Lanercost*, 245; *Gesta Edw. de Carnarvon*, 77; *Annal. Paulin.*, 303. In the last named chronicle it is mentioned that Henry Tyes was hanged in London 'in una gonella quartilata de viridi et croceo.' See also the details quoted by Stubbs, *Const. Hist.*, ii. 381.

—— l. 28. *In regis ospicium*, etc. At Byland abbey, 14th October.

Page 15, l. 5. *Inite fuerunt treuge.* The truce for thirteen years was signed by Edward at Thorpe near York, 30th May; and confirmed by Bruce at Berwick, 7th June, 1322.—*Fœdera*, ii. 521, 524.

—— l. 8. *Misit in Angliam A. de Florencia et alium.* Andrieu de Florence, dean of Furnes. 'Circa gulam Augusti venerunt ad regem Angliæ, apud Pykeringe, nuncii regis Franciæ Karoli, videlicet dominus Beoville et dominus Andreas de Florencia, ad citandum et monendum eum quod veniret infra certum tempus ad faciendum homagium suum ipsi Karolo, novo regi Franciæ, pro ducatu Aquitaniæ.' —Murimuth, 39.

—— l. 11. *R. de Baldok.* Robert Baldock became archdeacon of Middlesex in 1314, keeper of the privy seal in 1320, and chancellor 20th Aug., 1323. He died 28th May, 1327.

—— l. 28. *Initis treugis.* 22nd Sept., 1324.

—— l. 30. *R. de Mortuo mari . . . . evasit.* 'Nocte sequenti festum Sancti Petri ad Vincula [1 Aug.] dominus Rogerus de Mortuo mari evasit de turri Londoniensi et transivit ultra Tamissiam usque ad molendinas J. de Gisors, et deprope in domibus abbatis fuerunt vii. equi parati, in quibus Rogerus cum vii[a]. persona iter suum arripuit versus mare, et ibi invenit batellam ex prælocutione quorundam.'—*Annal. Paul.*, 305. See also Knyghton, 2543; Blaneforde, 145.

The *Brute* chronicle has the following: 'And anone after, sir Roger Mortymer of Wygmour brake oute of þe toure of Londone, and in þis maner. Sir Roger þe forsaide herde þat he shulde ben drawe and hongede at Londone in the morue after seint Laurence day; and on þe day before he helde a faire feste in þe toure of Londone, and þo was sir Stephin Segrave, constabil of London, and meny grete men with him. And when þei shulde sopen, the forsaide Stephin sente for alle þe officers of þe toure; and þei come and sopede with him. And when thei shulde take here leve of him, a squyer þat men callede Stephin, þat was ful pryve with þe forsaide Roger, thurgh hire counsel yaf hem all suche a drinke þat þe leste of hem slepte ii. dayes and ii. nyȝtes. And in þe mene tyme he skapede awaye by water, þat is to sein, by þe Thamyse, and wente over þe see and helde him in Fraunce. Þe kyng was sore annoyede, and þo putte þe same Stephene oute of his constabelrie.'

NOTES AND ILLUSTRATIONS.

Page 16, l. 5. *Inquisicione facta contra Adam episcopum Herefordensem.* Orleton had been appointed to Hereford, in 1317, by papal provision, in opposition to the king's nominee. Accused of treason in the parliament of 1324, he was taken under the protection of the prelates; whereupon the king obtained a verdict against him from a jury, as mentioned by Baker.—Blaneforde, 140; Stubbs, *Const. Hist.*, ii. 387. On 28th May, 1325, Edward applied to the pope for Orleton's deposition from his see.—*Fœdera*, ii. 601.

Page 17, l. 6. *Lincolniensis Henricus de Borewasch.* Henry Burghersh, nephew of Bartholomew de Badlesmere, had been forced by Edward into the see of Lincoln when only in his twenty-ninth year and thus under the canonical age. The papal bull of appointment is dated 27th May, 1320 (*Fœdera*, ii. 425). Previously the king had asked the pope to promote him to Winchester, 2nd Nov., 1319 (*Fœdera*, ii. 425). In spite of these favours he had joined in the rebellion of 1322.—See Stubbs, *Const. Hist.*, ii. 386. He was treasurer in 1327, and chancellor in 1328-1330. He died at Ghent in 1340.

—— l. 13. *Iram femineam regine.* On the 18th Sept., 1324 the king took into his own hands the queen's estates, on the threat of a French invasion.—*Fœdera*, ii. 569.

The Chronicle of Lanercost, 254, has the following: 'Alia tamen causa subfuit quare regina transire desideravit in Franciam. Dominus enim Hugo Dispensator junior, ductor regis Angliæ in omnibus agendis, nitebatur in curia papæ procurare divortium inter regem Angliæ et reginam, et pro hoc negotio ivit ad curiam quidam homo religiosus, irreligiose faciens, nomine Thomas de Dunheved, cum quodam socio assignato, et quidam clericus secularis, nomine magister Robertus de Baldock. Ipsi etiam instigaverant regem ut caperet in manu sua terras et redditus quos rex prius concesserat reginæ, et dederunt sibi tantum viginti solidos in die pro se et curia sua tota, et amoverunt ab ea suos ministros et famulos speciales, in tantum quod uxor dicti domini Hugonis fuit assignata reginæ tanquam custos ejus, et portavit sigillum ejusdem, nec potuit cuiquam aliquid scribere sine scitu ipsius; de quo domina regina multum fuit indignata pariter et gravata, et ideo pro remedio quærendo voluit fratrem suum in Francia visitare.'

Page 18, l. 16. *Dissuadebant comites,* etc. 'Nolens autem Hugo Dispenser filius, propter imminens periculum, quod aliquis transfretandi daret consilium, fertur coram aliquibus arroganter dixisse: "Jam apparebit quis consulet domino regi ad inimicos suos transfretare; quoniam manifestus proditor est, quicunque sit ille." Auditis ejus minis, responderunt prælati cum proceribus ad consultationem domini regis dicentes · "Domine, constat plures regni magnates absentes esse, unde non expedit nobis in tam arduo negotio sine paribus nostris respondere."'—*Vita Edw. II.*, 282.

—— l. 25. *Desiderata legacione fungitur regina.* The queen left England early in March. On the 8th of the month Edward tells the pope that she has gone.—*Fœdera*, ii. 595.

Page 18, l. 27. *Unica soror, caris et desideratis aspectibus et osculis presentata.* Isabella's welcome forms one of Froissart's charming scenes: 'Quant li roi de France vei sa serour, qu'il en grant tamps n'avoit veu, et elle deut entrer en la cambre, il vint contre lui et le prist par le main droite et le baisa et dit: "A bien vigne, ma belle suer et mes biaus niés!" Si les tint tous deus et les mena avant. La dame, qui pas n'avoit trop grant joie fors de ce que elle se trouvoit dalés le roy son frère, s'estoit jà volue agenoullier par deus ou par trois fois, mais li rois ne le laioit et le tenoit toutdis par le main droit, et li demandoit moult doucement de son estat et de son afaire. Et la dame l'en respondoit très sagement.'— *Chroniques* (ed. Luce), i. 16.

Page 19, l. 25. *Fecit itaque rex ... cartam.* Ponthieu was transferred by charter, 2nd Sept.; Aquitaine, 10th Sept., 1325.—*Fœdera*, ii. 605, 607. Young Edward left England on the 12th September.

Page 20, l. 7. *Scripsit sibi eius maritus.* Edward wrote to the king of France complaining of the queen's delay, 1st Dec., 1325. On the same day he wrote to her ordering her return. On the following day he wrote to his son to return, with or without his mother.—*Fœdera*, ii. 615, 616.

—— l. 12. *W. episcopus Exoniensis ... clam repatriavit.* In his letter to the queen, 1st Dec., 1325, Edward states that Walter Stapleton returned at his command: 'Et come nadgaires, au temps que lonurable piere en Dieu, Wauter evesque d'Excestre, feust par devers vous, nous estoit certeinement fait entendant qascuns de noz enemiz et banniz par de la lui gaiterent davoir fait mal de son corps, sils eussent veu le temps; et, pur tiels perils escure et pur giosses busoignes que nous avions a faire de lui, lui mandissoms, fermement enjoignantz sur la foi et la ligeance quil nous devoit, quil se hastoit devers nous, totes autres choses lesseez, en la plus seure manere quil poeit, pur lui mesmes salver; voloms et vous mandoms que de ceo que le dit evesque vint sodeinement a nous des dites parties lui eiez pur escuse, et entendez quil ne le fist par autre encheson, si noun par les causes susdites.'—*Fœdera*, ii. 615.

This account of his flight is given in the *Vita Edw. II.*, 285: 'Exoniensis unus erat ex illis qui venerant cum filio. Curiales vero Francorum ipsum quasi alicujus sceleris notatum respiciebant præ ceteris. Ipse vero nichil sibi conscius vel ad vultus eorum caute præmunitus, familiares suos ibidem relinquens qui præsentiam suam fingerent, clam fugam iniit, clam de nocte mutata veste usus duplomate ad mare devenit, et quasi mercator vel peregrinus navem conscendens in Angliam rediit; et ita, si quid in eum machinatum exstitit, prudenter evasit ... Asseritur enim quod de consilio Exoniensis prædia reginæ capta erant in manu domini regis, et ipsa destituta Francis familiaribus suis.'

Page 21, l. 6. *Die Veneris proxima ante festum sancti Michaelis.* Friday before Michaelmas in 1326 fell on the 26th Sept. But the queen landed on the 24th. Edward's order for the array of the eastern counties, in which he refers to the queen's landing, is dated 27th Sept.—*Fœdera*, ii. 643.

Page 21, l. 7. *Comes Mariscalli et Henricus comes Leicestrie.* Thomas of Brotherton, the king's brother, created earl of Norfolk in 1312, and earl marshal in 1316. Henry here styled earl of Leicester, was restored to his brother's forfeited earldoms of Lancaster and Leicester in 1324. He was the king's first cousin.

—— l. 16. *Dublinensis atque Heliensis.* Alexander Bicknor, archbishop of Dublin, 1317-1349. John Hotham, bishop of Ely (afterwards chancellor and treasurer), 1316-1337.

—— l. 20. *Regine quoque . . . placaretur.* See Froissart, i. 29, in his account of the parley before Bristol: 'Si envoièrent trettier et parlementer devers la royne et son conseil, qui ne s'i veurent mies acorder ensi, se la dessus ditte ne pooit faire dou dit monsigneur Huon et dou conte d'Arondiel sa volenté, car pour yaus destruire estoit elle là venue.'

Page 22, l. 2. *Preterea prosiliit mendacium,* etc. As a counterblast to this may be taken the story that archbishop Reynolds 'attempted to intimidate the invaders by publishing, on the 30th of September, the bulls of excommunication which the pope had launched against the king's enemies, that is, the Scots'—Stubbs, *Const. Hist.,* ii. 390. 'Ultimo die Septembris, anno supradicto, archiepiscopus Cantuariensis, episcopi Londoniensis et Wyntoniensis, cum abbatibus Westmonasteriensi et Walthamensi, in ecclesia Sancti Pauli Londoniensi, coram se clerum et populum civitatis fecerunt coadunari, et quandam bullam, a septennio impetratam contra invasores regni Angliæ et contra Scotos, pupplicarunt, pontificalibus induti, cruce erecta, candelis accensis; sententiam contra hujusmodi invasores tulerunt, et postea de hujusmodi pupplicatione pœnituerunt; et per Thomam de Stouwe, clericum archiepiscopi, publice legi fecerunt, tamen datum bullæ non fuit lectum.'—*Annal. Paul.,* 315.

—— l. 17. *Ad partes Wallicas se transmisit.* Edward abandoned London on the 2nd October; he was at Gloucester on the 10th and 11th, at Westbury on the 12th, at Tintern on the 14th, at Chepstow on the 16th-21st, at Cardiff on the 27th, at Caerfilly on the 28th-30th.—*Parl. Writs,* ii. (Chron. abstr.) 451 *sq.*; *Fœdera,* ii. 645, 646.

—— l. 18. *Rex vero,* etc. Stow, *Annales,* 346, translates thus: 'The king, Hugh Spencer the yoonger, and Robert Baldocke determined to flee into the Ile of Londay, which is in the mouth of the river Severne, two miles in length everie waie, abounding with pasture grounds and oates, very pleasant; it bringeth forth conies verie plentifull; it hath pigeons and other fowles, which Alexander Necham calleth Ganimedes birdes, having greate nestes. Also it ministreth to the inhabitantes fresh springing waters flowing out of fountaines, although it be on everie side environed with the salt sea: it hath onelie one entrance into it in the which two men together can scarce goe in a front; on all other partes there is an high hanging over of a great rocke, which letteth the passage to this island, as we have saide: it aboundeth altogether with victualles, and is very full of wines, oile, hony, corne, bragget, salt-fish, flesh, and sea or earth coales.

The king being desirous to saile thither, a contrarie winde did altogether withstand him; whereupon hee, scarce avoiding the cruell tempests of the seas, arrived at Glamorgan, and went to the abbey of Neth, where, trusting too much to the promises of the Welshmen, he did privilie lurke.'

Page 22, l. 24. *Quos vocat Alexander Necham Ganimedis aves.* The birds of *Palamedes* are thus described by Neckam, *De Naturis Rerum* (ed. Wright, Rolls Series), 1863, cap. xlvi: 'Grues in volatu litteram in aere depingere videntur, unde et ab ipsis nomen congrui exortum esse dicitur. Unde Martialis.

"Turbabis versum, nec littera tota volabit,
Unam perdideris si Palamedis avem."

Gruem autem dicit avem Palamedis, quia ipse figuras in Græco idiomate adinvenit, et grammaticam in multis feliciter adauxit. Quoniam igitur in volatu decenti figuram grues efficere videntur, ideo Palamedis aves dicuntur.'

Page 23, l. 1. *Ventus contrarius.* Le Bel, whom Froissart copies, creates a miracle out of this adverse wind. According to him the king and the younger Despenser take boat from Bristol to seek safety: 'Mais Dieu ne le voulu mie souffrir, car leur péchié les encombra; si avint grande merveille et grand miracle, car ilz furent neuf jours tous plains dedens le bastelet et s'efforchoient de nager avant tant qu'ilz poyoient, maiz ilz ne peurent si loing nager que tous les jours le vent qui leur estoit contraire par la voulenté de Dieu ne les ramenast chascun jour une fye ou deux à mains de la quarte part dudit chastel, sique tousjours les véoient et cognoissoient bien ceulx de l'ost de la royne.'—*Les Vrayes Chroniques de Messire Jehan le Bel* (ed. Polain), Brussels, 1863, i. 23.

—— l. 3. *Abbathiam de Neth.* Edward was at Neath as early as the 5th and as late as the 10th November.—*Parl. Writs*, ii. 763; *Fœdera*, ii. 647.

—— l. 4. *Wallencium falsa promissione nimium confisus.* Compare the words of advice put by Froissart, i. 242, into the mouths of Edward's friends: 'Sire, envoiiés messages à tous lés et faites un commandement que toutes gens viennent et sans delai, et sus la painne que de perdre corps et avoir, et especiaument mandés en Galles: li Galois ne vous faudront point.'

—— l. 8. *Perventum est Oxoniam.* The queen's route, after landing, lay through Bury St. Edmund's, Cambridge, Baldock, Dunstaple (*Annal. Paulin.*, 314), thence to Wallingford, where she issued a proclamation, 15th October (*Fœd.* ii. 645), and Oxford.

—— l. 11. *Adam Herefordensis vocatus episcopus*, etc. In the curious paper containing Orleton's apology or answers to charges brought against him in 1334 (printed by Twysden, *Decem Scriptores*, 2763) he states that in October, at Oxford, by order of the present king and of his mother, he published the cause of their invasion of the kingdom, and that, to introduce the subject, he took for his text Gen. iii. 15: 'And I will put enmity between thee and the woman, and between thy seed and her seed; it shall bruise thy head;' but that his words were directed against the younger Despenser, not against the king. Stow translates the passage as follows, not very happily in the last sentence: 'The chiefe deviser of so wicked a dissension, named Adam de Orleton, byshop of Hereford, made a publike sermon touching the queenes comming and cause of the army, taking for his theame "My head grieveth mee," which authoritie he brought to such a question, that a vaine and slouthfull head ought necessarily to bee taken awaie from the administration of a kingdome, neither ought it to be bound with any hurtfull bands of an hypocrite.'

Page 23, l. 19. *Walterum episcopum Exon. decapitavit.* 'Die Mercurii proximâ ante festum S. Lucæ convenerunt in civitate London, apud la Gyld Hall, omnes majores et minores, consilium ineuntes quomodo episcopos Londoniensem et Exoniensem et alios regis justiciarios, ad Fratres Predicatores tunc congregatos, dolo caperent et occiderent, et mercatores in civitate deprædarent, acceptâ occasione de adventu reginæ, quod reginæ adhærere nolentes proditores regni publice censerentur. Unde factum est quod in certis locis positæ sunt insidiæ ad explorandum adventum episcopi Exoniensis. Qui cum venisset et ad ecclesiam S. Pauli confugisset, in hostio ecclesiæ a malefactoribus comprehensus, extractus, percussus, et graviter vulneratus, traxerunt eum per plateas et vicos usque ad magnam crucem in Chepe filii diaboli, non verentes manum ponere in christum Domini. Sed eum spoliantes et vestibus suis exuentes, ausu crudeli pejores quam pagani virum utique fidelem, providum et discretum ac regno valde necessarium truculenter decapitarunt, caput de corpore abscissum super collistrigium statuentes, corpus canibus ad corrodendum projicientes, et ad sepeliendum prohibuerunt.'—W. de Dene, *Hist. Roffensis* (*Anglia Sacra*), i. 366. See also *Annales Paulini*, 316; Walsingham, *Hist. Angl*, i. 182.

The *Brute* chronicle (Harley MS. 2279) has the following: 'And in þat same tyme þe same bisshop had in Londone a fair toure in makyng in his cloos uppon þe ryver of þe Thamyse, þat was withoute Temple barre; and him failede stone for to make þerof an ende. Wherfore he comaundede his men for to gone to þe chirche of þe freres Carme, and þer þei nomen stone to make therwith þe toure; and moche sande and morter and olde robous þer was lefte. And for þe dispite þat þe bisshop had done unto holy cherche, and he and his ij. squyers were buriede in þat sande, as þouȝ þei had ben houndes; and þer þei leyen xj. wokes, til þat þe quene Isabel sente hire lettres to þe comoners and prayede hem þat they wolde suffren and graunt þat þe bisshop moste ben take oute of þat place and ben bured atte Exceter, atte his owen chirche. And so he was, and his ij. squyers were buriede atte seint Clementis chirche withoute Temple barre. And hit was no wonder þouȝ þat bisshop deide in evel deth, for he was a coveytous man, and had with him no mercy, and evel councelede þe kyng.' See also Leland, *Collect.*, i. 468.

The lenient treatment, at a later date, of two of his murderers is thus described in the *Annales Paulini*. 'Dominica proxima post festum sanctæ

Mariæ Magdalenæ [23 July, 1329] quidam R. de Hatfelde venit de curia Romana, ferens litteras absolutionis et pœnitentiæ, de eo quod fuerit unus de primis qui manus violenter injecerunt in episcopum Exoniensem, et, ut ipsemet fatebatur, per medium colli cum cultello percussit ; unde nudus et discalciatus processionem antecedens, disciplinam a pœnitentiario in medio ecclesiæ accepit.'—(p. 345.) ' In festo sancti Laurentii [10 Aug. 1330] venit quidam pœnitens de curia Romana apud Sanctum Paulum, qui interfuit neci episcopi Exoniæ, et fatebatur coram omni populo in processione quod, quando episcopus erat moriturus, clamavit et præcepit "Occide, Occide"; et ad hoc tradidit suum panade [butcher's knife], unde caput episcopi fuerat abscisum ; et in processione in navi ecclesiæ genuflectens, totus nudus præter braccas, et in collo quiddam vinculum portans, absolutionem recepit ab archidiacono Essexiæ.'—(p. 350.)

Page 24, l. 5. *Iohannis Deltham, pueri ix annorum.* John of Eltham, younger son of Edward II., created in 1328 earl of Cornwall, was born 15th Aug., 1315, and was now in his twelfth year.

—— l. 22. *Ad villam Bristollie.* The queen occupied Bristol on the 26th October, when the young Edward was proclaimed guardian of the kingdom.—*Fœdera*, ii. 646.

—— l. 27. *Virago iussit comitem predictum sine questione*, etc. Froissart, i. 30, following Le Bel, describes the condemnation of the elder Despenser and the earl of Arundel: ' Et puis fist la royne ramener monsigneur Huon le Despensier le vielle et le conte d'Arondiel devant son ainsnet fil, et devant tous les barons qui là estoient, et leur dist que elle et ses filz leur feroient droit et loy et bon jugement, selonch leurs fais et leurs œuvres. Adonc respondi messires Hues et dist : "Ha ! dame, Diex nous voelle donner bon juge et bon jugement ; et se nous ne le poons avoir en ce siècle, si le nous doinst en l'autre ! " Adonc se leva messires Thumas Wage, bons chevaliers, sages et courtois, qui estoit mareschaus de l'ost, et leur racompta tous leurs fais par escript, et tourna en droit sus un viel chevalier qui là estoit afin qu'il raportast sus se feauté que à faire avoit de telz personnes, par jugement, et de telz fais. Li chevaliers se consilla as autres barons et chevaliers, et raporta par plainne sieute que il avoient bien mort desservie, par pluiseurs horribles fais qu'il avoient là endroit oys racompter, et les tenoient pour vrais et tous clers. Et avoient desservi, par le diversité de leurs fais, à estre justiciés en trois manières, c'est à savoir, premiers traynés, et puis decolés, après pendus à un gibet.' The form of the sentence passed on Despenser is given, in French, in *Annales Paulini*, 317, under date of 27th October.

Page 25, l. 5. *Resum ap Howel.* Rees ap Howel was implicated in the rebellion of 1322, but surrendered to the king. He was sent prisoner to Dover.—Murimuth, 35.

—— l. 15. *Captis igitur rege*, etc. Edward was taken on the 16th November. ' Et eodem die dominus rex Edwardus, fugiens in Walliam, a Walensibus fuit captus et ductus ad castellum Lantrosin prope Neiz in Wallia. Dominus Hugo Despenser filius de prope in quodam bosco captus fuit, et magister Robertus de Baldock cancellarius domini regis, dominus Thomas Wyther, J. de Beck, milites, J. le Blunt, J. le Smale, R. Holdene, Simon de Redyng, et plures alii capti fuerunt et ducti apud Herfordiam'—*Annal. Paulin.*, 319. Orleton in his apology, answering the charge that his sermon at Oxford had caused the people to seize and imprison the king, declares that it is notorious that Edward, on the capture of the younger Despenser, gave himself up to the earl of Lancaster: 'Notorie falsum est et maliciose propositum; quoniam publicum et notorium est quod dictus dominus rex, capto dicto Hugone le Despenser qui ipsum dominum regem captivum tenebat, sponte venit ad dominum comitem Lancastriæ consanguineum suum, qui eum honorifice associavit sibi usque ad castrum suum de Kynelworthe, ubi in comitiva dicti domini comitis, in recessu meo de Anglia versus curiam Romanam pro domini mei regis qui nunc est et negociis regni sui, dictus dominus rex pater suus sanus et incolumis dinoscitur remansisse.'—*Scriptores X.*, 2766.

Page 25, l. 18. *Ad castrum de Kenelworthe.* 'Et regem comitis Lancastriæ, consanguinei sui, custodiæ liberarunt, qui duxit regem per Monemoutham et Ledebury et alia loca usque ad castrum suum de Kenelworth.'—Murimuth, 49. Edward was at Hereford on the 20th November, when he gave up the great seal, at Ledbury for some days at the end of November and beginning of December, and at Kenilworth on the 5th December.—*Fœdera*, ii. 646, 647; *Parl. Writs*, ii. 350.

—— l. 22. *Edmundus comes Darundel*, etc. 'Cito post captus est dominus Edmundus comes de Arundell per dominum Johannem de Charleton, in Schropshyre, et ductus est apud Herford, ubi regina cum magnatibus regni convenerat. Et quia dederat filium suum heredem filiæ Hugonis Dispensatoris et secretus in consilio et malum procuraverat reginæ, ut dicebatur, in sua absentia, et etiam procuraverat mortem nobilis comitis Lancastriæ Thomæ, cum domino Omero de Valenciis, comite de Penbroc, qui subito moriebatur in transmarinis agens; et sic dictus Edmundus morti adductus est, distractus et suspensus, xv. kalendas Decembris [17 Nov.], cum armigero suo nomine Johanne Danyell, qui ipsum consilio suo in multis seduxerat.'—Knyghton, 2546.

—— l. 25. *Postea comes Gloucestrie.* 'Statimque tractatum est apud Herefordiam de morte Hugonis Spenser, et quomodo extingui posset tota ejus posteritas, ne ad aliquem honorem, gradum, vel statum quis eorum deveniret in regno Angliæ pro perpetuo. Et idem Hugo et magister Robertus Baldoc et prior de Herfordia ducti sunt apud Herfordiam. Et, cum prope villam appropinquarent, occurrit tanta multitudo populorum undique quod omnes mirabantur de visu, et omnes, qui poterant cornu sufflare vel vocem hutesii emittere seu aliquam despectionem inferre, pro suo modulo, cum conviciis et contumeliis intulerunt Hugoni, adeo quod retroactis temporibus tam horridus sonus de quocumque sublimi homine non est auditus. Et primo vestierunt eum uno vestimento cum armis suis reversatis, missa corona de urticis in capite ejus. Simili modo vestierunt Robertum Baldoc simili vestimento. Et super vestimentis eorum scripti sunt vj. versus de psalmo: "Quid gloriaris in malitia?" derisoriori modo quo possent. Dictus Robertus adjudicatus est perpetuo carceri apud Newgate ; ibique anno sequenti moriebatur sub magna miseria.'—Knyghton, 2546. The same writer also gives, in French, the judgment passed on Despenser, which appears in Latin in *Gesta Edw. de Carnarvan auct. Bridlington*, 87. The execution, the cruel details of which are to be found in Froissart (i. 34), took place on the 24th November.

A passage from the *Brute* chronicle [Harley MS 2279] may be here quoted: 'But sir Hugh þe Spencer, after þe tyme þat he was take, wolde ete no maner mete noþer drink no maner drink, for he wiste to have no mercie, but oneliche he wiste he shulde bene dede. And þe quene and her councel þo had ordeynede þat he shulde have bene don to deth atte London ; but he was so febil for his mychel fastyng þat he was dede almoste for fastyng, and þerfor hit was ordeynede þat he shulde have his iugement atte Herforde. And atte a place of þe toune his hood was take fro his heed, and also from Robert of Baldok, þat was a fals piled clerk also and þe kynges chaunceler. And men sette uppon hire heedes chaplettis of sharpe nettelis, and ij. squyers blewe in hire eeres ij. grete bugle hornes uppon þo ij. prisoners, þat men myȝte hure there blowyng oute with hornes mo þan a thousand. And on Symounde of Redyng, þe kyngis marshal, bifore hem bare her armes uppon a spere reversid, in tokene þat þei shulde bene undone for evermore. And uppon þe morue was sir Hugh þe Spencer, þe sone, dampnede to the dethe, and was drawe and hongede, biheveded, and his bowellis taken oute of his bodie and his bowellis brente ; and, after, he was quarterede and his quarteres sente to iiij. tounes of Engelonde, and his heed sente to London brigge. And þis Symounde, for inchesone he despisede þe quene Isabelle, he was drawe and hongede in a stage made amydde þe forsaid sir Hughes galwes. And þe same day, a litel fro þennes, was sir John of Arundel bihedede, for he was one of sir Hugh þe Spencers councellers. And anone after was sir Hugh þe Spencer drawe and hongede and bihedede atte Bristowe, and, after, hongede ayein by þe armes wiþ ij. strong ropis ; and, þe iiij. day after, he was hewe al to peces, and houndes eten him. And, for þat inchesone þat þe kyng had geven the erle of Wynchestre his heed, hit was lad thider and putte uppon a spere And þe fals Baldok was sente to London, and þer he deide in prison emong theves ; for men dede him no more reverence þan men wolde done unto an hounde. And so deyden þe treytours of Engelonde, blessid be almyȝti God ; and hit was no wonder, for thurgh hire councele þe good erle Thomas of Lancastre was done unto deth.'

Page 25, l. 30. *Simon eciam de Redynge.* 'Eodem die Simon de Redyng, quidam serviens qui portabat clavam ante regem, per prædictum justitiarium ad similes pœnas, quas dominus Hugo sustinuit, fuit adjudicatus, et, tractus ante dictum Hugonem, portabat vexillum Hugonis vice versa, et cuspis lanceæ fixus intestinis ejusdem Simonis ; et dicebatur quod non erat pœnitens coram populo in toto supplicio quod pertulit.'—*Annal Paulin.*, 320. ' Eodem die Symon de Redinge tractus fuit et suspensus in eadem furca qua Hugo suspendebatur, sed inferius per decem pedes. Hic de familia regis fuerat, et plura convitia irrogaverat sæpe reginæ ; unde jam suo docuit exemplo quam periculosum est regem vel reginam blasphemare.'—Walsingham, *Hist. Angl.*, i. 285.

Page 26, l. 9. *Cito post Pasca obiit in tormentis.* 'Eodem anno, v^{to} kalendas Junii [28 May, 1327], magister Robertus de Baldok, canonicus in ecclesia Sancti Pauli, archidiaconus Middelsexiæ et aliquando cancellarius domini regis Edwardi, in carcere de Neugate in magna angaria et vinculis, in nimio squalore et miseria obiit, et, de carcere ad ecclesiam Sancti Pauli Londoniensis delatus, in vigilia Penthecostes, videlicet iii° kalendas Junii, canonici et ceteri ministri ecclesiæ prædictæ, omni honore et sollempnitate quibus decebat concanonico exhibito, in cimiterio canonicorum sepulturæ tradiderunt.'—*Annal. Paulin.*, 334.

Among the charges which were brought against Orleton in 1334, he states the first to be : 'quod mandavi et feci ausu sacrilego manus inici temere violentas in magistrum R. de Baldok ipsumque invitum capi mense Novembris, anno Domini m.ccc.xxvj., in civitate Herfordensi.' His answer is: 'Dico et propono quod dominus R. de Baldok, dicto mense Novembris, tanquam hostis publicus regis et regni et reus criminis læsæ majestatis, cum quondam domino Hugone le Dispenser per pares dicti regni captus, ductus fuit Herfordiam et ibidem, coram judice seculari, una cum dicto Hugone, per pares dicti regni secundum legem convictus, michi tunc episcopo Herfordensi, juxta libertates ecclesiasticas ipsum tanquam personam ecclesiasticam ad forum ecclesiæ repetenti, fuit secundum consuetudinem liberatus et ecclesiastico carceri mancipatus, et ibidem detentus usque ad concilium provinciale, mense Januarii anno Domini, etc , Londoniæ celebratum. Ad quod, de præcepto domini regis et reginæ, matris suæ, excitante et procurante potissime venerabili patre domino J., tunc Wyntoniensi episcopo et Angliæ thesaurario, nunc vero Cantuariensi electo, cum aliis pluribus terræ optimatibus, præfatum R. adduci feci et bona fide sine dolo malo in hospicio meo episcopali recipi et cum diligentia debita custodiri, donec præsentari commode posset eidem concilio, ut per ejus sententiam et diffinitionem pro suis sceleribus, quæ adeo sunt publica et notoria quod nulla poterunt tergiversatione celari, reciperet quod inique gessit. Et licet non esset verisimile quod, domino rege, prælatis, comitibus ac aliis terræ optimatibus Londoniæ tunc congregatis et præsentibus pro justicia ibidem in parliamento convocatis omnibus exhibenda (in quorum sacro comitatu nichil a quoquam timeri potuit vel debuit de jure), vim vel metum quispiam pateretur, tamen per quorundam armatorum potentiam, invitis custodibus per me sibi [assignatis], per cives Londonienses usque ad mortem inibi custoditus [est], ne dictus R., quem hostem regni publicum reputabant, [auxilio] quorundam amicorum suorum et familiarium in civitate Londoniensi præsentium, ejus liberacionem, ut asserebant, prece et precio, muneribus datis et promissis tracta[n]t[i]um, evaderet quovis modo '—*Scriptores X.*, 2763. (The concluding sentence is either corrupt or incorrectly printed. Suggested emendations are placed within brackets). The *Annales Paulini*, 320, give details of the interference of the Londoners : 'Post aliquantulum vero temporis ipsum Londonias duxit, et in domo sua in parochia Sanctæ Mariæ Monthenhaut [St. Mary Mounthaw] incarceravit; sed ballivi Londonienses et alii de civitate, animadvertentes quod dictus episcopus non habuit nec habere potuit proprium carcerem infra muros civitatis Londoniensis, dictum magistrum R. vi extraxerunt et ad carcerem de Neugate duxerunt et ipsum ibidem incarceraverunt.'

Page 26, l. 24. *Cito post Epiphaniam, in parliamento.* Parliament met on the 7th January, 1327. 'The writs had been issued first by young Edward at Bristol on the 28th of October, in his father's name. . . . After the great seal had been wrested from the king, new writs of more regular form had been drawn up, and on the 3rd of December the meeting was postponed to the 7th of January'—Stubbs, *Const. Hist.*, chap. xvi. The following account of the proceedings is given by W. de Dene, *Historia Roffensis*, who certainly had trustworthy information: 'In crastino Epiphaniæ, apud Westmonasterium, omnes prælati, comites, barones atque populus in magnitudine magnâ, et præcipue cives Londonienses cum magno strepitu ad parliamentum reginæ regnantis convenerunt. In quo per Herefordensem episcopum, adhærentibus sibi multis aliis episcopis, propositum fuit quod, si regina regi adhæreret, occideretur ab eo Et tandem quæsitum fuit quem mallent regnare, patrem vel filium; et hoc primo die parliamenti. Et congregatis in parliamento per eundem episcopum injunctum fuit quod quilibet ad suum hospitium iret et in crastino, post sumptionem cibi et potûs, omnes potati redirent et quæstioni episcopi responderent horâ tertiâ. Quibus redeuntibus iterato, propositâ eâdem quæstione, quidam ex abundantiâ cordis, quidam metu ducti, nonnulli tacite propter metum Londoniensium quæstioni respondere nolentes—tandem unâ voce omnium filius in regem sublimatur; factis sibi homagiis, in magnam aulam novum regem duxerunt, dicentes · "Ecce Rex vester." Archiepiscopus Cantuariensis Walterus publice prædicavit: "Vox populi vox Dei." Wintoniensis episcopus addidit: "Cujus caput infirmum, cætera membra dolent." Herefordensis subdidit. "Væ terræ cujus rex puer est." Et, pace facta in populo per T. Wake et Londonienses sibi adhærentes, "Ave rex" in excelsis proclamatur. In qua proclamatione episcopus Roffensis, stans in excelsis cum aliis prælatis et majoribus regni, qui non cecinit cum aliis nec consensit canere "Gloria, laus, et honor" regi novo, male est compressus et comminatus ad mortem. Episcopus Roffensis, licet a justiciariis ad faciendum fidelitatem regi, sicut cæteri prælati, interpellatus fuisset, nullam tamen fecit; sed misit archiepiscopum ad respondendum pro eo. Archiepiscopus Eboracensis, episcopi Londoniensis, Roffensis, et Carleolensis cum aliis non consenserunt.'—*Anglia Sacra*, i. 367.

The chronicle of Lanercost, 257, has similar particulars as to the bishops' addresses, but has a different date and gives a longer time (it will be noticed that the text chosen by the bishop of Winchester is that which Baker has given as the text of the bishop of Hereford's sermon at Oxford in the previous October): 'In crastino autem, scilicet, in festo sancti Hilarii, prædicavit episcopus Herfordiæ, et accepit pro themate illud Ecclesiastici: "Rex insipiens perdet populum suum," et multum ponderavit insipientias et fatuitates regis et facta sua puerilia, si tamen puerilia dici debent, et multa et varia infortunia quæ in Anglia suo tempore contigerunt; et respondit omnis populus una voce: "Nolumus hunc amplius regnare super nos." Die autem proximo sequenti prædicavit episcopus Wyntoniensis, et accepit pro themate contra regem illud quarti Regum: "Caput meum doleo," et ostendit dolens quod infirmum caput Anglia habuerat multis annis. Tertio die prædicavit archiepiscopus Cantuariensis, et accepit illud pro themate: "Vox populi vox Dei"; et in fine denunciavit omnibus audientibus quod, de unanimi consensu omnium comitum et baronum, et archiepiscoporum et episcoporum, et totius cleri et populi, rex Edwardus fuit depositus a pristina dignitate, ita quod ulterius non regnaret, nec populum Angliæ amplius gubernaret.' Articles for the deposition were drawn up by Stratford, bishop of Winchester.—*Scriptores X.*, 2765.

Page 26, l. 26. *Ex parte tocius regni*, etc. The chronicle of Lanercost, 258, names, as members of the commission, the bishops of Winchester and Hereford, the earls of Lancaster and Warren, the barons Ros and Courtenay, two abbats, two priors, two justices, two Dominicans, two Carmelites, two knights from the north and two from the south of Trent, two citizens of London, and two from the Cinque Ports—twenty-four in all. Two deputations appear to have already been sent to Edward to demand his attendance in parliament. the first consisting of the bishops of Winchester and Hereford, which returned on the 12th January (*Chron. Lanercost*, 257), the second, of two earls, two barons, four knights, and four citizens and burgesses (*Parl. Writs*, ii. 354); if indeed the latter be not identical with the one described by Baker. See Stubbs, *Const. Hist.*, chap. xvi.

The following is an extract from the *Brute* chronicle (Harley MS 2279), which refers to this parliament and also notices the two deputations sent to urge Edward's attendance. It will, however, be remembered that the great seal was surrendered at Hereford on the 20th November. 'And after þis was done, þe quene Isabelle and Edwarde hir sone and alle þe grete lordes of Engelonde atte one assente sente to kyng Edwarde, to þe castel of Kenelworth, þer þat þe kyng was in kepyng under þe warde of sir John Hutham, þat was þe bisshop of Ely, and of sir John of Parcy, a baroun, for encheson þat he shulde ordeyne his parlement atte a certeyn place in Engelonde, for to redresse and amende þe state of þe reaume. And kyng Edwarde hem answerde and seide. "Lordes," quod he, "ye seeth ful wel how it is. So, haveth here my seal. I yeve yow my power to ordeyne a parlement where þat ye wil." And þei nome hire leve of him and come ayein to þe barouns of Engelond. And when þei had þe kynges patent of þis þing, and þei shewid hit to þe lordes. And þo was ordeynede þat þe parlement shulde ben atte Westmynstre, at utas of seynt Hillarie; and alle þe grete lordes of Engelonde lete ordeyne for hem þer, ayens þat tyme þat þe parlement shulde ben. And atte whiche daye þat þe parlement was, þe kyng wold nouȝte come þer for no maner þing, as [he] had sette him self and assignede. And non þe les þe barouns sente to him o tyme and oþer; and he swore by Goddis soule þat he nolde come ther o fote. Wherfor hit was ordeynede by alle þe grete lordes of Engelond þat he shulde no lenger be kyng, but bene deposede; and seide þat þei wolde corone kyng Edwarde, his sone, þe elder, þat was duke of Gyene.'

Page 27, l. 6. *Precesserunt ceteros*, etc. 'The bishop of Winchester and the bishop of Lincolne went before the rest and talked secretly with the king, together with his keeper the earle of Leicester; these three craftily compassed him, counselling him to make resignation of the crowne to his eldest sonne, promising him no lesse honor and renowne after the deposition of his royall dignitie, then his princelie estate was woont to have of all men before. They added also, what a great reward it woulde bee at the hands of God, for the peace and quietnes of his subiects, for him to refuse the governement of a temporall kingdome. In the other part they threatned him that, if he would not make resignation, the people withdrawing their homage and obedience, faith and friendship unto him, his sonnes also being forsaken, they would crowne another king, none of the royall blood. With these and other promises and threats, the king (not without sobbes and teares) agreed to the advertisements of the byshops. Finallie, that mischievous embassadour Adam de Orleton, bishop of Hereford, brought to the castell, wherein the king was shut up, the kings other enimies, whome he placed orderlie according to their dignities in the kinges chamber, reserving unto himselfe the thinges which hee had sought long time before. At length the king comming foorth of his secret chamber, being clothed in a mourning gowne, shewing himself to his servants, knowing the businesse for which they came, for verie sorrow beeing as it were distraught of his wittes, sodainelie swouned. The earle of Leicester and the bishop of Winchester did take him up, being almost dead; and being called to his senses, Adam de Orleton, byshoppe of Hereforde, declaring the cause of the messengers comming, did adde that the king should make resignation of the crowne and realme to his eldest sonne, or else, after that himselfe was refused, hee shoulde suffer them to choose to their king another fitter man, whome they thought good for the defence of the kingdome. The king hearing this, with much mourning answeared that hee was verie sorie that the commons had conceived such wrath and indignation against him, that they disdained to bee governed under his rule, for the which hee asked them forgivenesse, and finallie added that hee would be very glad if they would receive his sonne to be their king.'—Stow, *Annales*, 348.

Page 28, l. 12. *Per manus Willelmi Trossel.* The form of renunciation spoken by sir William Trussell was: 'Jeo W. Trussel, procuratour des prelas, contes et barouns et autres genz nomez en ceste procuracie, eyant a ceo pleyn poer et suffisant, les homages et fealtes a vous Edward roy d'Engleterre avant ces houres, et de par les dites persones en ma dite procuracie nomez, rend e rebaile sus a vous Edward, et delivre et face quites les persones avant dites en la meyloure manere que loy et costome doint. E fas protestacioun, en noun de eux touz et de chescun de eux, qeux ne voilent estre desore en votre feolte nen votre ligeaunce, ne clayment de vous com de roy ren tenir, eyns vous tegnent desore prive persone sanz nule manere de [reale] dignete.'—*Annal. Paulin.*, 324. It is also given by Knyghton, 2550, and copied thence in *Fœdera*, ii. 650. A Latin version is found in *Gesta Edw. de Carnarvan auct. Bridlington*, 90. The date of these proceedings is the 20th January. The commission reported back to parliament four days after.

According to the *Brute* chronicle (Harley MS. 2279), renunciation of homage was formally made, on the 25th January, by John Hotham, bishop of Ely, for the clergy; by John Plantagenet, earl of Surrey (styling himself earl Warren), for the earls; by Henry, lord Percy, for the barons; and by sir William Trussell for the knights: 'And sire William Trussell seide þese wordes: "Sir Edwarde, for encheson þat ye have trayede youre peple of Engelonde and have undone meny grete lordes of Engelonde withoute eny cause, but now ye bene withstonde, thankid be God, and also for encheson þat ye wolde nouȝte come to þe parlement as ye ordeyned atte Westmynstre, as in youre owne lettere patent is conteynede, for to trete with youre liege men as a kyng shulde, and therfor, thurgh alle þe comon assente of alle þe lordes of Engelonde, I telle unto yow these wordes: Ye shulleþ understande, sire, þat þe barouns of Engelonde, atte one assente, will þat ye be no more kyng of Engelonde, but oneliche have putte yow oute of youre realte for evermore." And þe bisshop of Ely seide þo to þe kyng: "Sir Edward, here y yelde up feaute and homage for alle þe erchebisshopes and bisshopes of Engelonde and for alle þe clergie." Þo seide sir John, erle of Garrenne: "Sir Edward, I yelde up here unto yow feaute and homage, for me and for alle þe erles of Engelonde." And sir Henrie þe Percie yaf up also þer his homage for him and for alle þe barouns of Engelonde. And þo seide sir William Trusselle: "I yelde up now, sir, unto yow myn homage, for me and also for alle þe knyȝtes of Engelonde, and for hem þat holden by sergeantrye or by eny oþer maner þing of yow, so þat fro þis day afterward ye shulle nouȝte be claymede for kyng, neyther for kyng ben holde, but fro this tyme afterwarde ye shul ben holde a singuler man of alle þe peple." And so þei wente þens unto London, þer þat þe lordes of Engelonde hem abode; and sir Edward abode in prison under good kepyng. And þat was þe day of Conversion of seint [Paule].'

Page 29, l. 15. *Cepit expavescere*, etc. One of the charges to which Orleton answered in his apology was that the queen was prevented from returning to her husband through his influence: 'Ad tercium quod falso obicitur—In dicto libello continetur quod per falsas et dolosas prædicationes et asserciones meas dominæ reginæ, matri domini regis, apud Wallingford tantum timorem incussi, quod ad prædictum regem, maritum suum, accedere non audebat; cujus occasione bonum matrimonii, tam quoad subolis procreationem quam in fide et sacramento, extitit impeditum—Dico eciam et propono quod, cum dicta Isabella regina, cum domino rege qui nunc est, filio suo, apud Wallingford moram faciens, oblocutiones aliquas audivisset, de eo quod ad maritum suum personaliter non accessit, deliberato consilio cum reverendis patribus bonæ memoriæ Waltero tunc Cantuariensi archiepiscopo, ac Johanne tunc Wyntoniensi nunc vero Cantuariensi electo, Willelmo Norwycensi episcopo, ac nobilibus viris comitibus Lancastriæ, Kanciæ, et aliis nobilibus de consilio suo, cui quia ego tunc Herfordensis præsens interfui, injunctum fuit mihi quod, ad conservationem famæ suæ, quasdam certas causas, ex quibus dicti regis sæviciam, quam sæpius fuit experta, potuit et debuit merito formidare, publice proponerem et ipsam contra oblocutiones hujusmodi excusarem. Quod, juxta informacionem mihi super hoc factam, in præsencia domini Cantuariensis et nobilium prædictorum feci, nichil addens de proprio vel minuens de injuncto. Postea insuper, me extra regnum Angliæ agente, propter oblocutiones prædictas præfata domina regina fecit apud Stamford [23-24 Apr. 1327] congregari dictos prælatos et nobiles et alios multos prælatos, comites, barones et nobiles dicti regni in multitudine copiosa; ubi, post diligentem tractatum super hoc habitum, deliberatum fuit unanimiter et dictæ dominæ reginæ consultum quod nullo modo permitterent eam ad dictum regem accedere, licet ad id, si hoc tute facere posset, se paratam et voluntariam obtulisset. Hæc omnia adeo sunt publica et notoria in regno Angliæ quod nulli inficiacioni locus existit. Ex quibus apparet manifeste falsitas et malicia adinveniencium et confingencium ea quæ tercio loco continentur in dicta appellatione sive libello famoso.

'Præterea præfata domina regina, longe ante dictam prædicationem, dum adhuc esset in partibus Franciæ, justum timorem habuit de sævicia regis, mariti sui, prout patet per literas, super hoc directas bonæ memoriæ quondam reverendo patri domino W., Dei gratia Cantuariensi archiepiscopo, continenciæ infrascriptæ. Nec cessavit causa dicti timoris per mortem dicti Hugonis le Dispenser, quem rex immoderato et inordinato amore dilexit; et propter hoc magis fuit ejus sævicia accensa ad vindicandum ipsius mortem. Tenor dictæ literæ talis est: "Reverend piere en Dieu, nous avoms diligealment veu vos lettres, par les quex vous nous requerretz qe nous retornoms a la compaigne de nostre treschier seignur et amy, et nous signefietz qe sire Hughe le Despenser nest pas nostre mauvoillant, ainz voudroit nostre bien sicome vous dides. De qai moult nous mervaillioms, car vous ne autre de seint entendement ne devetz crere qe nous lessisiems la compaignie de nostre dit seignur saunz trop graunt cause et resonable, et si ceo ne fust pur le peril de nostre corps eschuver et pur la doute de dit Hughe, qad le governement de nostre dit seignur et de tout son roialme, et qi nous voudroit deshonurer a son poiar, sicome nous esumes bien certaings et bien lavoms esprove, coment qe nous layoms dissimule longement pur le peril eschuver. Et, certes, nous desyroms sur toute riens, apres Dieu et le sauvete de nostre alme, estre en la compaignie de nostre dit seignur et vivre et morir en ycele. Si vous prioms, tanqe nous pooms, qe vous nous ayets pur excuse de ceo qe nous ne pooms faire ceo qe vous nous requeretz en ceo cas, car en nule manyre nous ne porroms retourner en la compaignie de nostre dit seignur saunz nous mettre en peril de mort, dount nous sumes en plus graunt meschief qe escrivre ne pooms, etc. Done a Paris, Mesqerdy apres la Chaundelure [5 Feb. 1326]." Ad hoc, ex tenore appellationis prædictæ et propositis in eadem, manifeste patet proponentem et appellantem esse perjurum.'—*Scriptores X.*, 2766-8.

It has already been seen, from Dene's account (above, p. 203), that Orleton declared in the parliament of the 7th January that the queen would be murdered by her husband, if she returned to him. In the judgement passed upon Mortimer in the parliament of November 1330, one of the charges was: 'Le dit Roger faussement et malitiousement mist descord entre le piere nostre seignur le roi et la roine sa compaigne, et la fist entendre qe, si ele feust venue a lui, q'il la eust tuez d'un cotel ou en autre manere murdre. Pas qoi, par cele cause et par ses autres sotilites, si fist il tout qe la dite roine ne vynt poynt devers son dit seignur, a grant deshonur du roi et de la roigne sa miere, et grant damage de tut le roialme par cas en temps a venir, qe Dieux defend.'—*Rot. Parl.*, ii. 53.

A touching passage of the *Brute* chronicle (Harley MS. 2279) may also here be quoted: 'And this Edwarde of Carnarvon was in þe castel of Barkelegh, under þe kepyng of sir Morice of Berkelee and of sir John of Mautravers; and to hem he made his compleynt of his sorowe and his disease. And ofte tymes he axede of his wardeyns what he had trespassed ayens dame Isabelle his wife and sir Edward his sone, þat was newe made kyng, þat þei wolde nouȝte visite him. Tho answerde on of his wardeynes: "Mi worthi lorde, displese yow nouȝte þat I shalle yow telle þe incheson is, for hit is done hem to understonde þat if my ladie your wife come eny thing nygh yow þat ye wolde hire strangle and quelle; and also þat ye wolde done to my lorde youre sone." Then answerde he with simple chere and seide. "Allas! allas! Am I nouȝt in prison and alle atte youre owene wille? Now God hit wote, I thouȝte hit never; and now I wolde þat I were dede, so wolde God that I were, for than were alle my sorowe passede."'

Page 29, l. 25. *Constituit igitur femina*, etc. 'It was therefore decreed by the cruell woman the queene, through the subtill devise of her said schoolemaster, that Thomas of Gorney and John Maltravers, knightes, having received him from the keeping of the earle of Leicester, shoulde carry Edwarde the olde king about whither they woulde, so that none of his well willers should have accesse unto him or understand where hee made anie long abode. And to these two wicked traittors authoritie was given by the highest sort that into whatsoever part of the kingdome they bent themselves, that all governours and keepers of the castles shoulde suffer them to enjoie their offices and roomes during their pleasure, upon paine of forfeiture of goods, landes, and life, if anie shoulde denie them.'—Stow, *Annales*, 349.

'Anno Gratiæ m.ccc.xxvij., Edwardus quondam rex Angliæ missus est ad castellum de Berkeleye moram trahere ibidem sub custodia domini Thomæ de Berkeleye et domini Johannis Mautravers, qui apud Londonias deputati sunt ad ejus custodiam. Comes Lancastriæ noluit ulterius habere custodiam illius, quia, ut rumor spargebatur, quidam de secretis antiqui regis nitebantur per machinamenta, dum comes aliunde circa sua facienda occupatus esset, furari et latenter eum abducere de castello de Kellyngworth.'—Knyghton, 2552.

Page 30, l. 11. *Inhumanitate maiori*, etc. 'These tormentors of Edward exercised towards him manie cruelties, unto whome it was not permitted to ride, unlesse it were by night, neither to see anie man or to be seene of anie. When he rode, they forced him to be bareheaded; when he would sleepe, they would not suffer him; neither when hee was hungry would they give him such meates as he desired, but such as he loathed; everie word that he spake was contraried by them, who gave it out most slanderously that he was madde. And, shortly to speake, in all matters they were quite contrary to his will, that either by colde, watching, or unwholesome meates, for melancholy, by some infirmitie he might languish and die. But this man being by nature strong to suffer paines and patient thorow Gods grace to abide all griefes, hee endured all the devises of his enemies, for, as touching poysons which they gave him often to drinke, by the benefite of nature he dispatched away.'—Stow, *Annales*, 350.

Page 30, l. 29. *Tum abducitur Edwardus.* 'These champions bring Edward towardes Barkeley, being guarded with a rabble of hel-houndes, along by the grange belonging to the castle of Bristowe, where that wicked man Gorney, making a crowne of hay, put it on his head, and the souldiours that were present scoffed and mocked him beyond all measure saying ... avaunt sir king .....: they feared to be met of anie that should knowe Edward, they bent their journey therefore towardes the lefte hand, riding along over the marish grounds lying by the river of Severne. Moreover, devising to disfigure him that hee might not bee knowne, they determine for to shave as well the haire of his head as also of his beard: wherefore, as in their journy they travailed by a little water which ranne in a ditch, they commanded him to light from his horse to be shaven, to whome, being set on a moale hill, a barber came unto him with a basen of cold water taken out of the ditch, to shave him withall, saying unto the king that that water should serve for that time. To whome Edward answered that, would they, noulde they, he would have warm water for his beard; and, to the end that he might keepe his promise, he began to weepe and to shed teares plentifully. At length they came to Barkley castle, where Edward was shut up close like an anchor. Isabell his wife, taking it grievously that her husbands life (which she deadly hated) was prolonged, made her complaint to her schoolemaister Adam de Orleton, faining that she had certaine dreames, the interpretation whereof shee misliked, which if they were true, she feared lest, that if her husband be at anie time restored to his olde dignitie, that hee would burne her for a traytor or condemne her to perpetuall bondage. In like sort the bishop, being guiltie in his owne conscience, stoode in like feare. The like feare also strooke the hearts of others for the same offence wherefore it seemed good to many of great dignitie and bloud, as well spirituall as temporall, both men and women, that all such fear should bee taken away, desiring his death: whereupon there were letters colourably written to the keepers of Edward, greatly blaming them for looking so slenderly to the king, suffering him to have such libertie and nourishing him too delicately. Moreover, there is a privie motion made unto them, but yet in such sorte as it might seeme halfe done, that the death of Edward would not bee misliking unto them, whether it were naturall or violent. And in this point the great deceit of sophisters stoode in force, set downe by the byshop who wrote thus:

Eduardum occidere nolite timere bonum est.
Kill Edward doe not feare is a good thing:
Or thus:
To seeke to shead king Edwards bloud
Refuse to feare I count it good.

Which sophisticall saying is to be resolved into two propositions, whereof the first consisting of three words, to wit, *Eduardum occidere nolite*, doe not kill Edward, and the second of other three, that is *timere bonum est*, feare is a good thing, do seeme to perswade subtilly from murthering of the king: but the receivers of these letters, not ignorant of the writing, changed the meaning thereof to this sense, *Eduardum occidere nolite timere*, to kill Edward doe not feare, and afterwards these wordes, *bonum est*, it is good; so that they being guiltie turned a good saying into evill. The bishop being thus determinately purposed touching the death of Edward, and warily providing for himselfe, if by any chance he should be accused thereof, craftely worketh that the authoritie which he gave by writing might seeme to be taken expressely contrary to his meaning, by reason of accenting and pointing of the same. To conclude, the murtherers of Edward hoping to have found both Isabel and the byshopp to be their trustie friendes, they found them earnest persecutours of their enterprise, quite denying whatsoever they had devised against Edward, yea, they were greatly busied in devising most cruell death for them, so that the murtherers, being quite dismayed, wist not what to doe, but shewing the letters of Isabell, the byshoppe, and other conspiratours, being confirmed with their owne handes and seales; which the byshoppe refused not, but confessed to be his and others, but construed them to an other sense, accusing them to be false interpreters of his letters, and of his owne authoritie threatened them, untill he forced them to runne away. Thus much touching the letters. Now when king Edward was brought unto the castle aforesaide, hee was courteously received by Thomas Barkeley, then lord of the fee, ... but after the tormentors had received their letters of a government over the castle, the said Thomas is commanded to use no familiaritie with Edward: wherefore Thomas Barkeley with heavie cheere departeth thence to other his dwelling places; and Edwards persecution continuing to his death beganne to take effect. For after this he was shut up in a close chamber, where, with the stench of dead carkasses laide in a cellar under him, he was miserably tormented many daies together, in such sort that he was well nigh suffocated therewith. And that the paine was almost intollerable unto him, it appeareth by the complaint he made on a certaine day at the chamber window, certaine carpenters, then working on the right side therof[1], hearing the same. But those tyrants perceiving that this terrible stench was not of a sufficient force to cause the death of this valiant man Edwarde, one night, being the 22 of September, they came rushing in upon him sodainelie, as he laie in his bed, with great and heavie featherbeds, beeing in weight as much as 15 strong men coulde beare, wherewith they oppressed and strangled him by smothering. Into whom also they thrust a plummers sodring yron, being made red hot, up into his bowelles, through a certaine instrument like to the end of a trumpet or glister pipe, put in at the fundament, burning thereby his inward parts, providing thereby least anie wound being founde in the kings bodie might cause his tormenters to answeare for committing open treason, and therefore suffer just punishment In this sort was this stoute knight oppressed, crying out with a lowd voice, so that

[1] A mistranslation, from reading *a dextra* instead of *ad extra*.

manie, as well within the castle as without, heard it, perceiving it to be the cry of one that suffred violent death, which caused manie of Barkley and also of the castle (as themselves affirmed) to take compassion thereof, and to praie for the soule of him that was then departing the world. And this was the end of Edwarde of Carnarvon, being betrayed as is aforesaid: but to colour the matter, that they might seeme guiltlesse in this case, Isabel and the bishop of Hereford laboured to cleare themselves by banishing and outlawing of Thomas Gorney and John Maltravers, laying as it were all the fault upon them. This Thomas Gorney, flying to Marsils and there lying hid privilie the space of three years, was at length espied and taken, and as he was brought towarde England, there to have received just and worthy punishment for his deserts, he was beheaded on the sea, fearing that, if he had beene brought into England, he would have accused divers other great personages. The other, to wit, John Maltravers, living in great contrition and repentance, spent a long time in Dutchland.'—Stow, *Annales*, 350-352.

Page 34, l. 6. *Thomam de Corneye et Iohannem de Maltravers.* In the parliament held at the close of the year 1330, sir Thomas Gournay (or Gurney) and William Ocle were condemned as the actual murderers of Edward II., and a price was put upon their heads, as both had fled. Thomas, lord Berkeley, to whom, in association with sir John Maltravers, the custody of Edward was entrusted, was also proceeded against, but defended himself on the plea that he was detained by illness at his manor of Bradley when the murder took place. He was tried before a jury of knights, and acquitted of participation in the murder, but held guilty of deputing his trust to unworthy persons. Sir John Maltravers was likewise condemned in this parliament; not, however, for the murder of Edward, but for his share in bringing about the death of the earl of Kent. He also had fled. Twenty years afterwards he prayed for the reversal of his attainder, and ultimately received pardon. Ocle disappears; and there can be little doubt that he died abroad. The fate of Gournay has been traced in a valuable paper contributed by Mr. Hunter to *Archaeologia*, vol. xxvii. He was not arrested at Marseilles, as stated by Baker, following Murimuth[1]; but, in the first instance, at Burgos in Spain. News of his arrest reached England in the middle of the year 1331, and the king's messenger, Egidius de Ispannia, was despatched to take over the custody of the prisoner. The messenger was, however, kept dancing attendance on the king of Spain, who, perhaps from sheer dilatoriness, delayed the surrender. Meanwhile Gournay escaped. But at the close of the following year he was again arrested in Naples, news of his capture reaching England in January, 1333. A Yorkshire knight, sir William de Thweng, was sent out to Naples and received custody of the prisoner. After sundry adventures he reached Bayonne; but there Gournay, whose health had given way, died. The body was probably embalmed, as Thweng's compotus contains items of sums expended for two

---

[1] Murimuth, p. 54, in the earlier edition of his chronicle, names Marseilles as the place of Gournay's arrest (in one MS. it is added: 'ad procurationem cujusdam dominæ de Anglia'); in the later edition this is altered to 'in partibus transmarinis.'

preparations. Thweng brought it by sea to the king at Berwick, where he arrived on the 7th July, 1333. It is now impossible to say what led Murimuth (and, after him, Baker,) to assert that Gournay was beheaded at sea. It is not, however, improbable that the body was gibbeted (there are no charges for interment in Thweng's compotus), and the traitor's punishment of beheading may actually have been inflicted on the dead body.

With regard to the charge against the bishop of Hereford, whatever hand he may have had in instigating the crime, he can hardly have been directly concerned in the murder, as he was abroad at the time.

Froissart, when visiting Berkeley castle in 1366, made some enquiries as to Edward's fate: 'Et ne vesqui puis li rois, que il fu venus à Bercler, trop longement. Et comment euist il vesqu, par la manière que je vous dirai? car je Jehans Froissars, actères de ceste histore, fui ens ou chastiel de Bercler, l'an de grasce Nostre Signeur mille trois cens soixante six, ou mois de Septembre, en la compagnie de messire Edouwart le Espensier, liquels fu fils dou fil de ce mesire Hue le Espensier, dont je parlerai assés tos ; et fumes dedens le chastiel, que ens ès esbatemens là environ, trois jours. Si demandai de che roi, pour justifiier men histore, que il estoit devenus. Uns anciiens esquiers me dist que dedens le propre anée que il fu là amenés, il fu mors, car on li acourça sa vie. Ensi fina chils rois d'Engleterre, et ne parlerons plus de li, mais de la roine et son fil.'—*Chroniques*, i. 247.

Page 34, l. 18. *Quindecim circiter annorum.* Edward was just over fourteen years and two months old. The memorandum in the *Fœdera*, ii. 683, relating to the coronation states that there were present the bishops of Ely, Hereford, Winchester, Chichester, Worcester, Durham, Lincoln, Llandaff, and Norwich; the earls of Norfolk, Kent, Surrey, and Hereford; Roger Mortimer, Henry Beaumont, and others.

Page 35, l. 11. *Versus Scociam transmeavit.* 'And atte Ester next after his coronacioun þe kyng ordeynede an huge oste, for to fiȝte ayens þe Scottis; and sir John, þe erles broþer of Henaude, [came] fro biyonde þe see, for to fighte and helpe kyng Edward, and brouȝte wiþ him v. hundreth men of armes, and arryvede atte Dover; and þei had leve for to gone furth til þat þei comen unto Yorke, þer þat þe kyng abode hem. And þe Scottis come thider unto þe kyng, for to make pees and accorde; but þe acordement betwene hem laste but a litel tyme. And atte þat tyme þe Englisshe men were clothede al in cotes and hodes payntede with lettres and with floures ful semely, with longe berdes; and therfor the Scottis made a bille, þat was fastenede up on the cherches dores of seint Petir towarde Stangate; and þus seide þe scripture in despite of þe Englisshe men :

"Longe berded, herteles,
Peintid hode, witles,
Gay cote, graceles,
Makes Engelonde thrifteles "'

Brute chronicle (Harley MS. 2279)

Page 35, l. 13. *Fuit gravis conflictus inter cives Eboracenses et Hanonienses.* Edward arrived at York towards the end of May and remained there till at least the 6th July (*Fœdera*, ii. 706, 708). The chronicler Jehan le Bel served through this campaign in the company of John of Hainault, and has left us the very full particulars which Froissart has embodied in his work. He mentions that his brother also served: 'des Hesbignois y vinrent Jehan li Beaulx, chanogne de Liége, et en sa compaignie messire Henry son frère' (i 36). The Hainaulters joined Edward at York on the 28th May. Le Bel describes the riot as a fight between the foreigners and the English archers, arising out of a quarrel over dice: 'Mais, tantost aprez disner, commença ung grand hustin entre les garchons des Haynuiers et les archiers d'Angleterre qui entre eulx estoient hébergiez, à l'occasion du jeu de dez .... Et je mesmes qui fus là présent ne peus en mon hostel entrer pour moy armer moy et mes compaignons, tant trouvay d'Angles devant nostre huys pour débriser et desrober tout; et tant vismes des saictes apres nous voler qu'il nous convint aultre part tirer et attendre l'aventure avecques les aultres' (i. 39). The archers were driven off with a loss of three hundred: 'et y en eust bien mors que là en la place que aux champs trois cent et seize, qui tous estoient de l'évesque de Lincolle' (i. 41). The feud lasted throughout the campaign down to the very day of the departure of the Hainaulters: 'et nous fist le roy conduire jusques à Douvres par douze chevaliers, pour la doubtance des Angles et des archiers, qui nous hayoient et nous avoient durement menachié à la départie' (i. 73).

The *Eulogium Historiarum* by a monk of Malmesbury (Rolls Series), iii. 199, has this passage, which agrees with Baker in describing the fight as between the Hainaulters and the citizens of York: 'Hanuldi apud Eboracum combusserunt de suburbio civitatis fere unam parochiam quæ vocatur Sancti Nicholai in Ousgate, propter contumeliam motam inter burgenses et illos, quia ceperunt uxores burgensium et filias et ancillas per vim in suburbio civitatis; burgenses vero suburbii, indignati de tali facinore, congressi sunt cum Hunaldis modo bellico, et ex utraque parte bene armati una die Martis in Septembri ante solis ortum in Walingate, dormiente tota civitate, summo mane. Ibi ceciderunt in congressu de Hunaldis ad numerum quingentorum xxvij., præter eos qui lethaliter sunt vulnerati et obierunt in tertia die et in quarta sequenti. De Anglis ceciderunt ccxlj.: submersi sunt in Ouse fluvio de Hunaldis inventis cxxxvj.' Buchon, in his edition of Froissart, i. 22, quotes the passage out of Leland's *Collectanea*, i. 307. It will be noticed that the date is wrong. The *Brute* chronicle (Harley MS. 2279) has this passage: 'And þe Trinite day [7 June] next comyng began þe contak in þe citee of Yorke bitwene þe Englissh men and þe Henoders. And in þat debate were quellede of þe erledome of Nicole and mordred iiij^{xx}.; and, after, þei were beried under a stone in Seint Clementis cherchehaw in Fosgate. And, for incheson þat the Henawders comen for to helpe þe kyng, her pees was criede, uppon payneof liif and lyme. And in þat oþer half hit was founde, by inqueste of þe citee, þat þe Englissh men begonne þe debate. See also Leland, *Collect.*, i. 475.

That the English archers and not the citizens (although the latter may to some extent have joined in) were the chief actors is proved by the commission which was appointed on the 14th June to enquire into the cause of the fray, wherein the soldiers of the counties of Lincoln and Northampton are expressly named. *Fœdera*, ii. 707.

Page 35, l. 23. *Magnam pecuniam et multa iocalia.* Le Bel, i. 72, tells a different tale: 'Et nous demourasmes en la cité [York] bien six jours aprez nostre revenue. Si furent haultement festiez et honnourez messire Jehan de Haynau, le gentil chevalier, et tous ceulx de sa compaignie, du roy, du royaume, de la royne, et de tous généralement, et mesmement des dames lesquelles là estoient; et fist chascun somme de ses chevaulx morts et vifs et de ses frais. Si en fist le roy sa debte envers le dit messire Jehan, et ledit messire Jehan s'en obligea envers tous ses compaignons, car le roy ne povoit si tost recouvrer argent tant que les chevaulx montoient. Maiz on nous délivra assez argent par raison pour revenir en nos pays; et puis aprez fusmes nous dedens l'année tous payez de ce que nos chevaulx montoient.'

John of Hainault held a pension of 1000 marks, granted by the king 7th Feb. 1327 (*Fœdera*, ii. 686). For the present campaign and previous assistance he appears to have received the following payments: 28th June, 1327, a warrant was issued in his favour for £700 (*ibid.* 708); 20th August, 1327, the sum of £4000 was ordered to be paid to him, the jewels in the Tower to be pledged, if needful (*ibid.* 713); 6th March, 1328, the king undertook to pay him £14,406 6s. 9d. in two instalments, for twice coming to his assistance (*ibid.* 733); and ordered part-payment amounting to £7000 on 28th June (*ibid.* 745); the other £7000 appears to have been paid in May, 1329, with money advanced by the Bardi of Florence (*ibid.* 764; *Archaeologia*, xxviii. 257).

Page 36, l. 6. *Karolus de Valesio*, etc. This curious story of the death of Charles of Valois, as my friend Monsieur Léopold Delisle informs me, is nowhere supported by the French chronicles. He is, however, said to have died stricken with deep remorse; and it is not impossible that some self-inflicted act of penance may have been popularly mistaken for a punishment for some crime such as that described in the text. The *Grandes Chroniques de France*, v. 291, thus describe his death: 'Au mois de Décembre accoucha malade griefment messire Charles, conte de Valois; si fu la maladie si griève qu'il perdi la moitié de luy; et cuidièrent pluseurs que, en celle maladie, il feist conscience de la mort Enguerran de Marigny, lequel fu pendu, si comme aucunes gens dient, à son pourchas, par ce qu'on apperceust après. Quant sa maladie engregea, il fist donner une aumosne parmi la ville de Paris, et disoient ceulx qui donnoient l'aumosne aux personnes: "Priez pour messire Enguerran de Marigny et pour messire Charles de Valois!" Et pour ce qu'il nommoient avant le nom de messire Enguerran que de messire Charles, pluseurs jugèrent que de la mort messire Enguerran il faisoit conscience. Lequel, après longue maladie mouru au Perche qui est en le dyocèse de Chartres, le dixiesme jour devant Nouel; et fu son corps enterré à Paris aux Frères Prescheurs et son cuer aux Frères Meneurs.' See also the same account in the continuation of the chronicle of Guillaume de Nangis, ed. Géraud, 1843, p. 64.

Page 40, l. 2. *Facta est turpis pax.* The preliminaries were settled at a parliament held at York, in which, on the 1st March, 1328, Edward renounced all claim to superiority.—*Fœdera*, ii. 730. This renunciation is evidently Baker's 'cartam, cuius tenoris et continencie series communiter ignoratur.' The terms of the treaty which followed were: that there should be perpetual peace between the two kingdoms, that David Bruce should marry Edward's sister, Joan of the Tower, that all deeds touching the subjection of Scotland to England and the stone of Scone should be surrendered, and that Bruce should pay the sum of £20,000, etc. The treaty was agreed to by Bruce, 17th March, and ratified by Edward in parliament at Northampton, 4th May, 1328.—*Fœdera*, ii. 734, 741.

'Rex Angliæ .... de consilio pessimo matris suæ et domini Rogeri de Mortuo mari, qui erant ductores præcipui regis, qui vix habuit annos quindecim in ætate, remittere Scottis est compulsus per cartam suam publicam omnem exactionem, jus, et clameum seu demandam capitalis dominii Scotiæ a se et heredibus suis successoribus in perpetuum; sine aliquo homagio regibus Angliæ faciendo. Reddidit etiam eis partem crucis Christi, quam vocant Scotti Blakerode, et similiter unum instrumentum, sive cartam subjectionis et homagii faciendi regibus Angliæ, cui appensa erant sigilla omnium magnatum Scotiæ, quam fecerunt, ut dictum est superius, avo regis, et a Scottis, propter multa sigilla dependentia, Ragman vocabatur,' etc.—*Chron. Lanercost*, 261.

——l. 15. *Desponsata sorore regis.* 'Dedit etiam juvenis rex prædictus sororem suam juniorem, dominam Johannem de Turre, in uxorem David filio Roberti de Brus, regis Scotiæ, qui puer tunc erat quinque annorum, sicut ordinaverat mater sua, regina Angliæ, quæ tunc temporis totum regnum regebat. Celebratæ vero sunt nuptiæ solemniter apud Berwicum, Dominica die proxima ante festum sanctæ Mariæ Magdalenæ [17th July].'—*Chron. Lanercost*, 261. The marriage, as well as the other articles of the treaty, was most unpopular in England: see Murimuth, p. 56, note 11. The princess was born in July, 1321; she was thus just seven years of age. The *Brute* chronicle (Harley MS. 2279) thus refers to the event: 'And so, thurgh hire cursede counsel, þis David spousede, atte Berwyke, dame Johan atte þe Toure, þat was kyng Edwardis suster, as þe geste telleth, uppon Marie Maudeleyn daye [22 July], the yeer of grace mcccxxvij., to grete harme and enpeyryng to alle þe kynges blode þat were of þat gentil ladie come. Allas þe tyme! for wonder moche was þat fayre damoseil dispergede, sith that she was mariede ayens alle þe comone assente of þe lordes of Engelonde.' David's nickname 'drite on auter' is also given, but without explanation. Caxton (*Cronicles of England*) prints it 'dritonantier,' evidently without understanding the meaning. The *Fructus Temporum* has, more correctly, 'dritonautier.' So also the chronicle of Lanercost, 349, speaking of David at the battle of Neville's Cross: 'Secundum exercitum duxit ipse rex David, non tamen de quo canebant in choro quod decem millia in bello fugavit, sed ille David de quo in foro firmabant quod ejus fetor et fæx altare fedavit.' The Scots nicknamed Joan of the Tower 'The Countesse Makepees.'

Page 40, l. 22. *Lapis ille grandis.* On the 1st July a writ was issued to the abbat and convent of Westminster to deliver the stone to the sheriffs who were to carry it to the queen mother, then preparing for her journey to Berwick.—Ayloffe, *Calendars of Ancient Charters*, introd. lviij. The chronicle of Lanercost, 261, states that the Londoners refused to surrender it: 'Lapidem tamen de Scone, in quo solent reges Scotiæ apud Scone in creatione sua collocari, Londonienses noluerunt a se dimittere quoquomodo.'

The stone is thus referred to in the *Vita Edwardi II.*, 276, under the year 1324, when negotiations were going on between the two kingdoms · 'Petierunt etiam Scoti petram illam regalem sibi restitui, quam Edwardus rex senior quondam de Scotia tulerat et apud Westmonasterium collocaverat juxta tumbam Sancti Edwardi. Erat autem lapis ille apud Scotos celebris memoriæ, eo quod super hunc reges Scotiæ solebant gubernacula regni cum sceptro recipere. Scota filia Pharaonis hanc petram secum a finibus Ægipti eduxit cum in parte Scotiæ applicuit et terram subjugavit. Prophetaverat enim Moises quod qui petram illam secum afferret amplas terras suo dominio subjugaret.'

Page 41, l. 22. *Iacobus Dowglas adivit fronterium Ispanie.* The romantic story of the delivery of Bruce's heart to the keeping of Douglas and of Douglas's death is well known from the pages of Froissart, who follows Jehan le Bel, and from Barbour's *Brus*. The closing scene may be quoted from Froissart, i. 81 : 'Avint, assés tot apriès çou que li di messires Guillaumes de Douglas fu là venus, que li rois d'Espagne issi hors as camps, pour plus approcier ses ennemis. Li rois de Grenate issi hors ossi d'autre part, si ques li uns rois veoit l'autre à tout ses banières. Et se commencièrent à rengier leurs batailles, li un contre l'autre. Li dis messires Guillaumes de Douglas se traist à l'un des costés, à toute se route, pour miex faire se besongne, et pour miex moustrer son effort. Quant il vei toutes les batailles rengies d'une part et d'autre et vei la bataille le roy un petit esmouvoir, il cuida que elle alast assambler. Il, qui miex voloit estre des premiers que des daarains, feri des esperons, et toute se compagnie avoech lui, jusques à le bataille le roy de Grenate, et ala as ennemis assambler. Et pensoit ensi que li rois d'Espagne et toutes ses batailles le sievissent, mès non fisent, dont il en fu laidement deceus, car onques celi jour ne s'en esmurent. Là fu li gentilz chevaliers, messires Guillaumes de Douglas enclos, et toute se route, des ennemis. Et y fisent merveilles d'armes, mès finablement il ne peurent durer, ne onques piés n'en escapa, que tout ne fuissent occis a grant meschief. De quoi ce fu pités et damages et grant lasqueté pour les Espagnolz, et moult en furent blasmet de tous chiaus qui en oirent parler, car bien ewissent rescous le chevalier et une partie des siens, s'il vosissent. Ensi ala de ceste aventure et dou voiage monsigneur Guillaume de Douglas.'

It will be noticed that Froissart persistently gives Douglas the Christian name of William, a blunder which he adopts from le Bel.

Knyghton, 2559, mentions Douglas's cruelty to English prisoners: 'Eodem anno, in æstate, factum est bellum apud Frontem Bernarde inter Christianos et paganos ; et ibi occisus est dominus Jacobus Duglas Scoticus, qui in tempore suo multa mala intulerat Anglicis et præcipue post prœlium de Stryveline. Nam quemlibet sagittarium quem capere poterat, aut dextram manum abscidit aut oculum dextrum eruit, et adeo se crudelem erga Anglicos gerebat, propter arcus suos et sagittas, quod quantulamcunque enormem et intolerabilem vindictam capere posset de personis Anglicis minus brevem et levem excogitavit, non habens de aliquo pietatem.'

Page 42, l. 9. *Nupcie inter filias Rogeri de Mortuo mari.* His daughter Beatrix was married to Edward, son of Thomas of Brotherton ; and Agnes to Laurence, son of John, Lord Hastings, and afterwards earl of Pembroke. He had in all seven daughters, each of whom was married into some powerful family.

—— l. 21. *Parliamentum Sarisburie.* This parliament sat from the 16th to the 31st October. Lancaster's abortive attempt to throw off Mortimer's yoke is thus described by Knyghton, 2553-5 : 'Eodem anno captus est dominus Robertus de Holand in uno bosco citra Londonias. Iste Robertus erectus est de paupere milite in sublimem et divitem baronem per comitem Lancastriæ Thomam Eo tempore quo discordia increvit inter dominum suum Thomam et regem, ipse Robertus Holand, in summa necessitate domini sui, quando dominus suus maxime confidebat de ejus adventu cum auxilio populi promisso, relicto domino suo in sua angustia inevitabili, reddidit se regi, decipiens dominum suum ; quam ob infidelitatem omnes proceres et magnates regni odio eum habebant. Et cum maximo vituperio caput ejus abscissum est, ad comitem Lancastriæ Henricum apud Waltham Sancti Crucis transmissum est per quendam militem, Thomam Wyther nomine, et alios secretos Thomæ comitis Lancastriæ. Apud Salusbury regina Isabella et Rogerus de Mortuo mari fecerunt novos comites, scilicet Johannem de Eltham comitem Cornubiæ, Rogerum de Mortuo mari comitem de Marchia, Edmundum Botoler comitem de Ormund, qui omnes, cum suis adhærentibus, congregaverunt magnum exercitum ad Isabellam reginam contra comitem Lancastriæ Henricum et alios magnates de regno, qui non fuerant eorum nefariis operibus consentientes. Et equitaverunt viribus et armis super terras dicti comitis, et venerunt Leycestriam cum magno exercitu Anglicorum et Wallanorum, pridie nonas Januarii ; et morabantur in Leycestria et in circumjacente patria octo diebus, et spoliaverunt undique patriam et boscos, parcos, vineas, stagna, piscinas, et secum abduxerunt quicquid preciosum aut vile manus eorum invenire potuerant, aurum, argentum, blada, utensilia, lectualia, mensualia, arma, vestimenta, bestias feras et domesticas, oves et boves, aucas, gallinas, et ornamenta ecclesiastica, nihil in ecclesiis inventum vel alibi relinquendo, ac si esset in tempore guerræ inter regna. Et hoc totum in opprobrium comitis Lancastriæ, qui tunc fuerat in veniendo de partibus australibus cum potestate magna, volens eis obviasse, habens in comitatu suo magnates qui fuerant cum Thoma comite Lancastriæ, scilicet comitem Marchiæ (*sic*, *i.e.* Marescallum),

Edmundum comitem Canciæ, fratrem suum et avunculum regis, episcopos Londoniarum, Wyncestriæ, dominum le Wake, dominum de Bealmont, Hugonem Daudeleye, dominum Thomam Rossleyne, et multos alios. Et, cum isti magnates parati essent ad invadendum, ut suspicabantur, Rogerum Mortymer, cujus consilio et excitatione rex conceperat indignationem contra quosdam legios suos fideles regni, duo avunculi regis, Thomas et Edmundus, reliquerunt comitem et se dederunt matri regis et Rogero Mortimer, procurantes comiti Lancastriæ malum seditionis in quantum poterant. Hic comes Henricus sub spe fiduciæ ceperat locum suum in campo juxta Bedforde, fixis tentoriis, proponens bellum committere cum Rogero de Mortymer et aliis suis adhærentibus ; sed per supradictam proditionem suorum humiliter se subjecit regi in campo coram toto exercitu. Et fuit concordatum ibidem, coram Symone archiepiscopo Cantuariensi et aliis episcopis et multis de magnatibus regni, quod omnes errores emendarentur in proximo parliamento sequenti ; et hoc ne forte omnes surgerent communes in hac communi causa cum comite. Sed ab ista concordia quædam personæ fuerunt exceptæ, quas Rogerus le Mortymer noluit ut rex quoquo modo admitteret in præfata concordia : scilicet dominus Henricus de Bealmont, dominus Thomas Rosselyne, dominus Willelmus Trussel, dominus Thomas Wyther, qui occiderat dominum Robertum de Holande. Isti quatuor profecti sunt ultra mare in Franciam, ibique manserunt donec le Mortymer captus esset apud Notyngham, ut infra patebit, quia non audebant, propter metum mortis, faciem suam ostendere in terra Angliæ, dummodo Mortymer floreret.'

The *Brute* chronicle (Harley MS. 2279) goes very fully into the story of Lancaster's attempt : 'And þe noble erle, sir Henry of Lancastre, had ofte tymes harde þe comon clamour of þe Englissh men of þe mochel disease þat was done in Engelonde, and also for diverse wronges þat were done amonge þe comon peple, of whiche þe kyng bore þe blame wiþ wrong, for he was but ful yong and tendre of age, and þouȝte, as a good man, for to done awaye and slake þe sklander of þe kynges persone, if þat he myȝte in eny maner wise, so as þe kyng was þerof no þing gilty, wherfore he was in parel of lyfe and of lyme. And so he assemblede alle his retenaunce, and went and spake unto hem of þe kynges honour and also for to amend his state. And sir Thomas of Brotherton, erle Marsshal, and sir Edmunde of Wodstoke, þat were þe kynges uncles, and also men of London maden hire othe him for to mayntene in þat same querel And hire cause was þus : Þat þe kyng shulde holde his housholde and his maynie, as perteynede unto a kyng for to done, and have also his realte ; and þat þe quene Isabelle shulde delyvere oute of hire honde unto þe kynges honde almaner lordeshippes, rentes, tounes, and castellis, þat perteynede unto þe croune of Engelonde, and þat she shulde lyve wiþ þe þirde parte of þe rentes of Engelonde, as oþer quenes had done before hire, and with none oþer þing And also, þat sir Roger Mortymer shulde dwelle uppon his owen landes, for þe whiche landes he had holpen disherete moche peple ; so þat þe comone peple were nouȝte destroyed thurgh hire wrongful takyng. And also to enquere how and by whom þe kyng was bitrayede and falseliche deseyvede atte Stanhope, and thurgh whos counseil þat þe Scottis wente away by ny3te fro þe kyng. And also, how and thur3 whos counsel þe ordenaunce þat was made atte þe coronacion of kyng Edward were putte adoune, þat is to sayn, þat þe kyng, for amendement and helpyng of þe reame and in honour of him, shulde be governede and ruled by xij of þe grettest and wiseste lordes of þe reame, and withoute hem shulde no þing be grauntede ne done, as bifore is seide; the whiche governaunces maliciously were putte doune fro þe kyng. Wherfore meny harmes, shames, and reproves han falle unto þe kyng and to his reame. And þat is to understonde, for as [moche as] Edward, somtyme kyng of Engelonde, was ordeynede, by assente of þe comontee in pleyn parlement, for to ben under þe warde and governaunce of Henry erle of Lancastre, his cosyn, for salvacioun of his bodie, he was taken oute of þe castel of Kenelworthe þer þat he was in warde, and thurgh colour of quene Isabelle and of the Mortymer, withoute consente of eny parlement, þei nome and ladde him ther þat never after none of his kynrede my3te with him speke ne see; and, after, traytoursly nome and him mordred; for whoos dethe a foule sklaunder aroos thurgh alle Cristendome, when hit was done. And also, alle þe tresoure þat sir Edwarde of Carnarvan had lefte in many places in Engelonde and in Walis were wastede and borne away, withoute the wille of þe kyng Edwarde his sone, in destruccion of him and of his folk. Also, thurgh whos counsel þat þe kyng yaf up þe kyngdome of Scotlande, for the whiche reame þe kynges auncesters had ful sore travayl, and so dede many a noble man for hire right; and was delyverede alle þe right unto David, þat was Robert le Brus his sone, þat no right had unto þat reame, as alle þe worlde hit wiste. And also, by whom þe chartres and þe remembraunces þat þei had of þe right of Scotland were take oute of þe tresorie and taken to þe Scottes, the kyngis enemyes, to disheriteson of him and of his successours, and to grete harme to his lieges, and to grete reprove unto alle Englisshe men for evermore. Also, wharfor dame Johan of the Toure, þe kynges suster Edward, was disparagede and mariede unto David, þat was Robert þe Brus his sone, þat was a traytour and an enemye unto Engelonde; and thurgh whos counsel she was take into our enemyes handis oute of Engelande.

'And in þe mene tyme, whiles þe good erle Henry of Lancastre and his companye nomen counsel how þes poyntes above seide my3te bene amendede, unto þe worship of þe kyng and to his profite, and to þe prophite also of his lieges, the quene Isabelle, thurgh coniectyng and sotelte, and also of þe Mortymere, lete ordeyne a parlement at Saylesbury. And atte þe same parlement þe Mortymer was made erle of the Marche, ayens alle þe barouns wille of Engelonde, in preiudice of þe kyng and of his corone; and sir John of Eltham, þe kynges brother, was gerde with a swerde of Cornewayle, and þo was callede þe erle of Cornewayle. And evermore the quene Isabelle so moche procurede ayens hire son þe king, þat she had þe warde of þe forsaide sir Edwarde and of his landes.

'And atte þe parlement þe erle of Lancastre wolde no3te come, but ordeynede alle his power ayens þe quene Isabelle and þe Mortemer; and men of London ordeynede hem for to helpe with vj. hundreth men of armes. When þe quene

Isabelle wiste of þe doyng, she swore bi God and by His names ful angrely þat in evel tyme he thou3te on þo poyntes. Tho sente þe quene Isabelle after hire retenewe, so þat þei had ordeynede amonges hem an huge oste; and þei councelede þe kyng, so þat uppon a ny3te þei riden xxiij mile toward Bedeford, ther þat þe erle of Lancaster was with his companye, and þou3t to have him destroyede; and þat ny3te she rode besides þe kyng hire sone as a kny3te armede, for drede of deth. And hit was done þe kyng Edwarde to understonde þat þe erle Henry of Lancastre and his companye wolde have destroyede þe kyng and his councele for evermore. Wherfor þe kyng was somdele towardes him hevy and anoyede. When þe erle Marshalle and þe erle of Kente, þe kynges brother (*sic*), herde of þis þing, þei riden so in message bitwene hem, þat þe kyng graunted him his pees to þe erle of Lancastre for a certeyne raunsome of xj. thousand pounde; but þat was never payede afterwarde. And these were þe lordes þat helde with sir Henry of Lancastre: sir Henry Beaumonde, sire Fouk fitz Waryn, sire Thomas Reosely, sir William Trussel, sir Thomas Wither, and aboute an hundreth of kny3tes moo þat were to hem consentyng. And alle þo were exilede thurgh counsel of þe quene Isabel and of þe Mortymer. For þe Mortymer coveytede for to have hire landes, if he my3t thur3 eny maner coniectyng; for he was so coveytouse and had to moch his wil, and þat was grete pitee.'

Lancaster's submission took place about the 12th or 13th January, 1329 See also *Annales Paulini*, 343-4, and Bishop Stubbs's Introduction to *Chron Edw. I., II.*, i. cxxi.

Page 43, l. 3. *Rex mare transivit.* Edward left England on the 26th May; did homage at Amiens on the 6th June; and returned on the 11th June.—*Fœdera*, ii. 764, 765.

—— l. 12. *Tenuit concilium provinciale.* Held at St. Paul's on the 27th January. See the *Annales Paulini*, 344.

—— l. 22. *Quidam experturi*, etc. Stow's translation, 355-6, is as follows: 'Certaine men of this land, to the intent to trie what friends they had in England, craftily devised that Edward the second king of England was alive in the castle of Corffe, but not to be seene in the day time, and therefore they used many nights to make shewes and masking with dancing upon the towres and walles of the castle, which being perceived by people of the countrey, it was thought there had been some great king unto whome they did these great solemnities. This rumour was spred over all England, to wit, that the old king was alive; whence it came to passe that the earle of Kent sent thither a fryer preacher, to try the truth of the matter, who, (as it was thought) having corrupted the porter of the castle with rewards, is let in, where he lay all the day in the porters lodge very close; and, when night was come, he was willed to put on the habit of a lay man, and then was brought into the hall, where he saw (as he thought) Edward, the father of the king, sitting royally at supper, with great majestic. This fryer, being thus perswaded, returned againe to the earle of Kent, and reported, as he thought, what he saw: whereupon the earle said and affirmed with an oath that he would endeavour by all the meanes he could to deliver his brother from prison. The same yeere, at the earnest request of some, the king held a parliament at Winchester, where, by procurement of the old queen and Roger Mortimer, the said earle of Kent and many other noble men and religious persons, to wit, the provincials of the white Carmelite fryers and of the blacke preaching friers, and frier Richard Wilton, were accused of conspiracie, touching (as it was said) the deliverie of the kings father: which matter although it were but devised fantasie and a meere lye, yet the said earle, for certaine confessions which he made, and for certaine letters which were found about him, was there beheaded. The other, to wit, the provincials of the Predicants and Carmelites, were banished: but the bishop of London was set at libertie, Robert de Tauntone, priest, and some certaine Carmelite friers and Predicants were condemned to perpetuall prison. The death of the said earle was the lesse lamented, because his family and servants had above measure afflicted the commons, in taking up things (as they travailed) at the king's price, paying nothing or very little for it.'

The *Brute* chronicle (Harley MS. 2279) is very minute in its account of the plot against Kent. 'And uppon a tyme bifel hit so þat sir Edmunde of Wodestoke, erle of Kente, spake unto þe pope, John þe xxij, at Avignon, and saide þat almyȝti God had meny tymes done for Thomas love of Lancastre many grete myracles to meny men and women þat were thurȝ diverse maladies undone as unto þe worlde, and thurgh his prayer þei wer brouȝt unto hire hele. And so sir Edmunde prayeden þe pope hertely þat he wolde graunte him grace, that þe forsaid Thomas myȝt ben translatede; but þe pope seide nay .... And when þis Edmunde sawe þat he myȝte nouȝte spede of his purpos as toching the translacion, he prayed him tho of his councele, as toching sir Edward of Carnarvan, his broþer, and said, nouȝt longe gone he was kyng of Engelonde, what þing myþte best be done as toching his delyveraunce, sithen þat a comone fame is thurghoute alle Engelonde þat he was in life and hool and safe. Whenne þe pope herde him telle þat sir Edward was alife, he comaundid þe erle uppon his benesoun þat he shulde helpe with alle his power þat he myȝte, that he were delyverede oute of prisoun and safe his bodie in all maner þat he myȝte; and, for to bring þis þing unto an ende, he assoylede him and his companye *a pena et culpa*, and alle þo þat helpyn to his delyveraunce. Tho nome Edmunde of Wodestoke, erle of Kente, his leve of þe pope and come ayein into Engelonde. And whenne Edmunde was come, som of þe frere prechours comen and seyde þat sir Edward, his broþer, yit was alife in þe castel of Corf, under þe kepyng of sir Thomas Gurnaye. Tho sped him þe forsaide Edmunde as fast as he myȝte til þat he came unto þe castel of Corf, and aqueyntede and spake so faire with sir John Daverill þat was constable of þe forsaide castel, and yaf him riche yeftis, for to have aqueyntaunce of him and to knowe of his councele. And þus hit bifelle þat þe forsaide sir Edmunde preyed specially for to telle him prively of his broþer, sir Edwarde, if þat he levede or were dede, and, if þat he were alife, he preyed of him for to have ones a sight. And þis sir John Daverell was an hertid man and ful of corage, and answerde shortely unto sir Edmunde and seide þat sir Edward, his brother, was in heel and under his kepyng, and derste shewe him unto no man, sith hit was defendid him in þe kyngis half Edward, þat was Edwardus sone Carnarvan, and also thurgh the comaundement of quene Isabelle, þe kynges moder, and of sir Roger þe Mortymer, þat he shulde shewe his bodie unto no maner man of þe worlde, saf oneliche unto hem, uppon lost of life and lym and to disheretesoun of his heires for evermore. But þe fals treytour falsly lyede, for he was nouȝte in his warde, but he was take þennes and ladde unto þe castel of Berkelee thurȝ sir Thomas Gurnay thurȝ comaundement of þe Mortymer, til þat he was dede, as bifore is seide more plenere. But sir Edmunde of Wodestoke wist no þing þat Edward, his brother, was dede. Wher uppon he toke a lettre unto þe forsaide sir John, and prayede him hertely þat he wolde take hit unto kyng Edwarde, his brother, as to his worthi lorde. And he underfenge þe lettre of him, and behight to sir Edmunde for to done his message withoute eny maner fayle. And with þat sir Edmunde nome of him his leve, þat is to seyn of þe forseid John, and wente þo into his owen cuntre and lordeship in Kente that he had ther. And anone, as þis same John wiste þat sir Edmunde of Wodestoke was gone into Kente his owen lordeship, anone he went in alle þe haste þat he myȝte fro þe castelle of Corf and come unto sir Roger þe Mortymer, and toke him þe lettre þat sir Edmunde of Wodstoke, erle of Kente, had taken him, closede and enselede with his owen seale. And when sir Roger had underfenge þe lettre, he unclosede þe lettre and saw what was conteynede therin, and gan hit for to rede. Wherof þe begynnyng was þis: "Worshippis and reverences, with brothers liegeaunce and subieccion, sir knyȝt, worshipful and dere brother, if hit yow please, I pray hertely þat ye ben of good comforte, for I shal so ordeyne for yow that sone ye shul come oute of prison and bene deliverede of þat disease that ye beth inne And understondeth of your greet lordeship þat I have unto me assentant almoste alle þe grete of Engelonde, with alle hire appariel, þat is to seyn, with armure, with tresour, withoute nombre, for to mayntene and helpe youre querelle, so ferforth þat ye shul ben kyng ayein as ye were beforne; and þat thei alle have sworne to me uppon a book, and as wel prelatis as erlis and barouns." When sir Roger of Mortymer sawe and understode þe myȝte and þe strength of þe lettre, anone for wrath his hert gan bolne and evel herte bare towarde sir Edmunde of Wodestoke, þat was erle of Kente. And so with alle þe haste þat he myȝte he wente unto dame Isabel, þe quene, þat was þe kynges moder, and shewed hire sir Edmundes lettre, erle of Kente, and his wille and his purpose, and how he had coniectede and ordeynede to putte adoune kyng Edwarde of Wyndesore, hir sone, of his realte and of his kyngdome. "Now certis, sir Roger," quoþ þe quene, "hath Edmunde done so? By my fader soule," quoþ she, "I wol bene therof avengede, if þat God graunte me my life, and þat in a shorte tyme." And anone with that the quene Isabel wente unto kyng Edwarde, hire sone, ther þat he was atte þe parlement atte Wynchestre, for to have amendede þe wronges and trespasses þat were done amonge þe peple in his reame. And þo nome she and shewid him þe lettre þat sir Edmunde of Wodestoke, erle of Kente, had made and ensealede with his seel; and bade him, uppon hire benysoun, þat he shulde ben avengede uppon him, as uppon his dedely enemy. Tho was þe quene so wroth toward sir Edmunde, erle of Kente, and cessid never to pray unto hire sone þat he shulde sende in haste after him. And uppon þat þe kyng sent by his lettres after sir Edmunde of Wodestoke, þat he shulde come and speke with him atte Wynchestre, almaner thinges lefte. And when sir Edmunde sawe þat þe kyng sente after him with his lettre inseled, he hastid him in alle þat he myȝte, til þat he come unto Wynchestre. But þo þe quene wiste þat Edmunde was come unto Wynchestre, anone she prayede and so faste wente unto Edwarde, hire sone, þat þe good erle was arrestede anone and ladde unto þe barre bifore Robert of Hamond (*sic*), þat was coroner of þe kynges householde; and he associed unto him sir Roger þe Mortymer. And þo spake þe forsaide John (*sic, i.e.* Robert) unto him and seide : " Sir Edmunde, erle of Kente, ye shal understonde þat it is done us to wite, and principalliche unto oure liege lorde sir Edwarde, kyng of Engelonde, þat almyȝti God save and kepe, þat ye beth his dedely enemy and his treytour and also a comune enemy unto þe reame ; and þat ye have bene aboute many a day for to make priveliche delyveraunce of sir Edwarde, somtyme kyng of Engelonde, your broþer, þe which was putte adoune of his realte by comone assent of alle þe lordes of Engelonde, in pesyng of our lorde þe kynges estate and also of his reame." Tho answerde the good man and seide · " Forsothe, sir, understondeþ wel þat I was never assentyng for to enpeyre þe state of oure lorde þe kyng ne of þe corone, and þat I putte me to ben demede uppon my peers." And with þat worde sire Roger þe Mortymer shewed hem þe erles lettres and his seal, and seide þo to sir Edmunde, " Knowe ye ouȝte þe prynte of þis lettre ? " þat he hadde take unto sir John Daverell. And he sawe þe prınte of his seal, but he sawe nouȝt what was conteynede in þe lettre. And þe erle him selfe wende þat hit had bene one of his lettres þat had ben of no charge. Tho seide þe erle to sir Roger Mortymer þat he wolde nouȝte forsake þe lettre, and þat was þe prınte of his seal. And anone with þat worde the wily and the fals Mortymer began to undone þe lettre, and gan hit for to rede in audience of alle þe courte. And þo seide sir Robert of Hauuille : " Sir Edmunde," quoþ he, " sith þat ye have made knowyng opinliche in þis courte þat þis is your lettre, enselid with your seal, and þe tenor of your lettre seith þat ye wolde have bene aboute for to have delyvered þe bodie of þat worshipful sir Edwarde, somtyme kyng of Engelonde, your broþer, and for to have holpyn him þat he shulde have bene kyng aycin and governede his peple as he wonede before tymes, in enpeyryng of our liege lorde þe kyng state, þat is now, whom God kepe from alle disese—and þis court wol þat ye bene undone of life and lyme, and þat your heires ben disheritede for evermore, save þe grace of our lorde þe kyng." Þo was þe erle, sir Edmunde of Wodestoke, putte ayein into prison under ful save warde til uppon þe morue. And þo come þe Mortymer unto þe kyng, þer þat he sate atte his mete, and tolde him how þe erle was dampnede by way of lawe and also of lyfe and lyme, and his heyres disheritede for evermore, thurgh opyn knowelegeyng in pleyn courte. Wherfore him thouȝte good þat þe forsaide erle were hastly quelde, withoute wetyng of þe kyng, for els þe kyng wolde foryeve him his deth, and þat shulde turne hem unto moche sorwe so as he was empechede.

Anone þe quene Isabel, þurȝ counsel of þe Mortymere and withoute eny other counseile, sente in haste to þe baillifes of Wynchestre þat þei shulde smyte of sir Edmundes heede of Wodestoke, erle of Kente, without eny maner bidyng or respite, uppon peyne of life and lym. Tho nomen þe baillifes sir Edmunde oute of prison and ladde him besides the castel atte Wynchestre, and ther they made a gonge fermer smyten of his hevede, for none other man durste hit done. And so deyde he ther, allas!, þe tyme þat is to seyn, þe x. day of Octobre, þe thirde yeer of kyng Edwardus regne. And when þe kyng wiste therof, he was wonder sory, and lete entere him atte þe frere minores atte Wynchestre.'

The chronicle of Lanercost, 264, has the following: 'Eodem anno, decimo sexto die Martii, captus fuit apud Wyntoniam dominus Edmundus de Wodestok, comes Cantiæ, avunculus regis, et filius quondam inclyti regis Edwardi filii Henrici, tanquam proditor regis, et fecit coram multis proceribus regni et aliis recognitionem publicam quod ipse (tam ex mandato domini papæ quam ex instigatione quorundam episcoporum Angliæ, quos nominavit expresse, et ex consilio multorum magnorum de terra, quos etiam nominavit et per certa signa convicit, et specialiter ex instigatione cujusdam fratris Prædicatoris de conventu Londoniarum, fratris scilicet Thomæ de Dunheved, qui dixerat dicto comiti quod ipse suscitaverat diabolum, qui asseruit dominum Edwardum regem quondam depositum esse vivum, et ex instigatione aliorum trium fratrum supradicti ordinis, Edmundi scilicet, Johannis, et Ricardi) voluit egisse et egit totis viribus ut dictus dominus Edwardus rex depositus fuisset liberatus et a carcere restitutus in regnum, et ad id faciendum promiserat sibi dominus papa et dicti domini episcopi et proceres supradicti pecuniam copiosam et consilium et auxilium in agendis.'

The Dominican Thomas Dunheved, who is here stated to have been the friar who raised the devil for the occasion, is said to have been Edward ii.'s envoy to gain the pope's consent to his divorce from Isabella: 'Circa idem tempus [A.D. 1327] quidam frater de ordine Prædicatorum, nomine Thomas de Dunheved, qui ante duos annos præcedentes iverat ad curiam domini papæ cum nunciis regis jam depositi pro divortio inter ipsum et reginam faciendo, licet non obtineret intentum, jam non solum private sed etiam publice et audaci fronte circuivit Angliam, et concitabat populum in austro et aquilone ut insurgerent pro rege deposito et in custodia detento, et sibi restituerent regnum suum, promittens eis auxilium de proximo affuturum, sed implere non potuit quod promisit; unde tandem captus est fatuus ille frater et carceri mancipatus et in carcere est defunctus.'— *Chron. Lanercost*, 260. The *Brute* chronicle has a partly similar account: 'But þe frere prechours to him [the imprisoned king] were good frendes evermore, and caste and ordeynede boþ nyȝte and day how þei myȝte bringe him oute of prison. And amonge hire companye þat þe freres priveleche had brought þer was a frere þat men callede Dunhevede; and he had ordeynede and gadered a grete companye of folke for to helpe atte þat nede. Butte þe frere was take and putte into a castelle of Pountfrete, and þer he deide in prison.'

Kent's confession will be found, in French, in the appendix to Murimuth, 253; and, in Latin, in Walsingham, *Hist. Angl.*, ii. 351. Edward, in writing an account of his condemnation to the pope, quotes the terms of the confession, 24th March, 1330.—*Fœdera*, ii. 783. The earl was still a young man at the time of his death, having been born in 1301. His conduct in Lancaster's revolt (above, p. 218) as well as on the present occasion proves him to have been of remarkably weak character.

The article in Mortimer's condemnation in the parliament of 1330, which accuses him of being the author of the plot against Kent, is as follows : 'Item, Par la ou le dit Roger savoit bien qe le piere nostre seignur le roi estoit mort et enterre, il par autres de sa covyne en deceyvante manere fist entendre au counte de Kent qe le dit piere nostre seignur le roi fust en vie Par qoi le dit counte de Kent feust molt disirous de saver la verite, lequel il fust en vie ou nemye. Et ce fist espier par totes les bones voies qil savoit, tant qe le dit Roger, par son dit roial poer a lui acroche, fist prendre au parlement tenuz a Wyncestre le dit counte de Kent, et tant procurer et pursuyre par son dit roial poer qe le dit counte fust mis a la mort au dit parlement.'—*Rot. Parl.*, ii. 52.

Page 44, l. 12. *Parliamentum Wyntonie.* This parliament was summoned on the 25th January, 1330, and sat from the 11th to the 23rd March.

—— l. 14. *Provinciales ordinum*, etc. The provincial of the Carmelites in England at this time was John Baconthorp, who died in 1346. 'He was little of stature, but great in wit, and writ such vast volumes that his body could not have borne what his brain produced.'—Stevens, *Hist. Ancient Abbeys* (1723), ii. 159, 163. Richard Bliton was provincial from 1319 to 1326 and died at Lincoln in 1330. He was confessor to Edward ii.—*Ibid.*, ii. 162.

—— l. 21. Fuit decapitatus : 'Unde dictus Edmundus captus est et attachiatus et ad pœnam decollationis condempnatus : sicque stetit extra portam castelli, mortem exspectans, usque ad horam vesperarum, quia nemo voluit eum decollare propter pietatem quam habebant de eo, nam dampnatus erat absque communi consensu. Tandem venit unus ribaldus sceleratus de Marchalsia, et, pro sua vita inde habenda, decollavit eum die Lunæ in vigilia sancti Cuthberti [19 March].'—Knyghton, 2555. See also Hemingburgh, ii. 301.

—— l. 23. *Robertus de Tauntone.* He is referred to in Kent's confession as the archbishop of York's messenger.—Murimuth, 254, 256.

Page 45, l. 13. *Fuit parliamentum*, etc. 'There was a parliament holden at Nottingham, where Roger Mortimer was in such glory and honour that it was without all comparison. No man durst name him any other than earle of March; a greater route of men waited at his heeles than on the kings person; he would suffer the king to rise to him and would walke with the king equally, step by step and cheeke by cheeke, never preferring the king, but would go formost himselfe with his officers; he greatly rebuked the earle of Lancaster, cousin to the king, for that without his consent he appointed certain lodgings for noblemen in the town, demanding who made him so bold, to take up lodgings so nigh unto the queene : with which words the constable, being greatly feared, appointed lodging for the earle of Lancaster one myle out of the towne: and likewise were lodged the earle of Hereford, John de Bohune of Estsex, high constable of England, and others. By which meanes a contention rose among the noblemen and great murmuring among the common people, who said that Roger Mortimer, the queenes paragon and the kings master, sought all the means he could to destroy the kings blood and to usurpe the regall majestic: which report troubled much the kings friends, to wit, William Montacute and other, who, for the safegard of the king, sware themselves to be true to his person, and drew unto them Robert de Holland, who had of long time been chiefe keeper of the castle, unto whome all secret corners of the same were knowne. Then upon a certaine night, the king lying without the castle, both he and his friends were brought by torch-light through a secret way under ground, beginning far off from the said castle, till they came even to the queens chamber, which they by chaunce found open: they therfore, being armed with naked swords in their hands, went forwards, leaving the king also armed without the doore of the chamber, least that his mother should espie him: they which entred in slew Hugh Turpinton, knight, who resisted them, master John Nevell of Horneby giving him his deadly wound. From thence they went toward the queene mother, whome they found with the earle of March, readie to have gone to bedde; and having taken the said earle, they ledde him out into the hall, after whom the queene followed, crying, *Bel filz, bel filz, ayes pitie de gentil Mortimer*, Good sonne, good sonne, take pitie upon gentle Mortimer: for she suspected that her sonne was there, though she saw him not. Then are the keyes of the castle sent for, and every place with all the furniture is yeelded up into the kings hands, but in such secret wise that none without the castle, except the kings friends, understood thereof. The next day in the morning very early they bring Roger Mortimer and other his friends taken with him, with an horrible shout and crying (the earle of Lancaster, then blind, being one of them that made the shout for joy), towards London, where he was committed to the Tower, and afterwards condemned at Westminster, in presence of the whole parliament, on S. Andrewes eeven next following, and then drawne to the Elmes, and there hanged on the common gallowes ... He was condemned by his peeres, and yet never was brought to answer before them, for it was not then the custome, after the death of the earles of Lancaster, Winchester, Glocester, and Kent: wherefore this earle had that law himselfe, which he appointed for other.'—Stow, *Annales*, 356, 357.

(It will be seen that Stow has quite misunderstood the passage: 'Quemdam officiarium,' etc.)

By the side of this passage from Stow may be placed a chapter from the *Brute* chronicle (Harley MS. 2279): 'Of þe deth of sir Roger Mortymer, erle of þe Marche.'—'And so hit bifel atte þat tyme þat sir Roger Mortymer, erle of þe Marche, was so proude and so hauten þat he helde no lorde of þe reame his pere; and þo bicome he so coveytous þat he folwede dame Isabel þe quenes courte, þat was þe kynges moder Edwarde, and biset his penyworthis with þe officers of þe quenes housholde, in þe same maner as þe kynges officers dede. And so he made his takynges as touching vitailles and also of cariages; and alle he dede for encheson of spenses, for to gadere tresour; and so he dede withoute nombre in alle þat he myȝte. Tho made he him wonder privee with the quene Isabelle, and so moche lordeship and retenewe had, so þat alle þe grete lordes of Engelonde of him were adrad. Wherfor þe kyng and his counsele towarde him were agrevede, and ordeynede amonges ham for to undone him thurgh pure reson and lawe, for encheson þat kyng Edwarde, þat was þe kynges fader, treytoursly thurȝ him was mordred in þe castel of Berkela, as bifore is seide more plenerly. And som þat were of the kynges courte loveden þe Mortymer, and tolde him in privetee how þat þe kyng and his counsel were aboute fro day to day him for to shende and undone. Wherfor þe Mortymer was sore anoyede and angry as þe devel ayens hem þat were of þe kynges councele, and seide þat he wolde of hem bene avengede how so ever he toke on. Hit was nought longe afterwarde þat kyng Edwarde and dame Philipe, his wife, and dame Isabel, þe kynges moder, and sir Roger Mortymer wente unto Notyngham, þer for to soiourne. And so hit fel þat quene Isabelle, thurgh counselle of þe Mortymer, toke to hire þe keyes of þe yates of þe castel of Notyngham, so þat no man myȝt come noþer in ne oute by nyȝt, but thurgh þe comaundement of þe Mortymer, ne þe kyng ne none of his counsel. And þat tyme hit fel so þat the Mortymer as a devel for wrath bollede, and also for wrath þat he had ayens towarde þe kynges men Edwarde, and principally ayens hem þat him had accusede to þe kyng of þe deth of sir Edwardes fader. And prively a councele was taken bitwen þe quene Isabelle and þe Mortymer and the bisshop of Lincoln and sir Symonde of Bereforde and sir Hugh of Trompetone and oþer prive of her councele, for to undone hem alle þat had accusede þe Mortymer unto þe kyng of his fadres deth, of tresoun and of felonye. Wherfor al þo þat were of þe kynges counsel, whan þei wiste of þe Mortymeres castyng, prively come to þe kyng Edwarde and seiden þat þe Mortymer wolden hem destroye for cause þat þei had accusede him of kyng Edwardus deth his fader, and prayede him þat he wolde mayntene hem in here trewe quarelle. And þe kyng grauntede hem hire bone, and seide he wolde mayntene hem in hire riȝte. And these were þe lordes to pursewe þis quarelle: sir William Mountagu, sir Humfrey de Boungh, sir William his broþer, sir Rafe of Stafford, sir Robert of Hufforde, sir William of Clynton, sir John Nevile of Horneby, and meny other of hire consente; and alle þese sworen uppon a boke to mayntene the querel in as moche as þei myȝte. And hit bifel so after þat sir William Mountagu ne none of þe kynges frendes moste nouȝte bene herburghede in þe castel for þe Mortymer, but wente and tuke hire herburghe in diverse places in þe toune of Notyngham; and þo were þei sore adrad leste þe Mortymer shulde hem destroye. And in haste þer come to þe kyng Edwarde William Mountagu, þer þat he was in his castelle, and prively tolde him þat he ne none of his companye shulde nought take þe Mortymer withoute councel and helpe of William of Elande, constable of þe same castel. "Now certis," quoþ þe kyng, "I leve yow ful wel, and þerfor I councel yow þat ye gone to þe saide constable, and comaundith him in my name þat he be youre frende and helpe for to take þe Mortymer, alle þing lefte, uppon perel of life and of lyme." "Sir," quoth Mountague þo, "Sir, my lorde, graunt mercie." Tho wente furth þe forsaide Mountagu and come to þe constable of þe castelle and tolde him þe kynges wille; and he answerde and seide þe kynges wille shulde be done in as moche as he myȝte, and wolde nouȝte spare for no maner deth, and so he swore and made his othe. Tho saide sir William of Mountagu to þe constable, in heryng of alle hem þat wer helpyng to þe querell: "Now certis, dere frende, us behoveþ for to werche and done by youre queyntyse to take þe Mortymer, sith þat ye ben keper of þe castelle, and haveþ þe keyes in youre warde." "Sire," quoth þe constable, "wile ye understonde þat þe gatis of þe castel beth lokede with þe lokis þat dame Isabel sende hider; bi nyȝte she hath þe keyes þerof, and leith hem under the chevisel of hire bedde unto þe morue, and so I may nouȝte come into þe castel by þe yates in no maner wise. But I knowe an alee þat stretcheth oute of þe warde under erthe into þe castel, þat goth into þe weste; whiche alee dame Isabel, þe quene, ne none of hire men, ne þe Mortymer, ne none of his company, knowith hit nouȝt; and so I shal lede yow thurgh þat alee and so ye shulle come into þe castelle, withoute aspies of eny man þat beth youre enemyes." And þe same nyȝte sir William Mountagu and alle þe lordes of his querelle and þe same constable also wente hem to horse, and maden semblaunt as hit were for to wende oute of þe Mortymeris siȝt But anone, as þe Mortymer herde þis tithing, he wende þat þei wolde have gone over þe see for drede of him; and anone he and his company nome councel amonges hem, for to lette hire passage, and sente lettres anone unto þe portis, so þat none of þe grete lordes shulde wende home into hire contre, but if he were arreste and taken. And, amonge other þinges, William Elande, constable of þe forsaide castel, priviliche ladde sire William Mountagu and his companye by þe forsaide wey under erth, so til þei comen into þe castel, and wente up into þe toure, þer þat þe Mortymer was in. But sir Hugh of Trompetone hem ascriede hidously and seide: "A! treytours, it is al for nouȝte þat ye beth come into þis castel. Ye shulde die yit in evel deth everichone." And anone one of hem þat was in Mountagues companye up with a mace and smote þe same Hugh uppon þe hede, þat þe brayne brake oute and fel on þe ground; and so was he dede in evel deth. Tho nomen þei þe Mortymer, as he armede him at þe toures dore, whan he herde þe noyse of hem, for drede. And when þe quene Isabel sawe þat þe Mortymer was taken, she made moche sorowe in herte and þese wordes unto hem seide: "Now, faire sires, I yow preye þat ye done none harme unto his bodie, a worthi knyȝte, our welbelovede frende, and oure dere cosyn." Tho wente þei þens and comen and brouȝte þe Mortymer and presente him unto þe kyng Edwarde; and he comaunded to bring him into safe warde. But anone, as þei þat were consente unto þe Mortymeris doyng herde telle þat he was taken, þei wente and hid hem, and priveliche by nyȝte wente oute of the toune everych on his side, with hevy herte and mournyng, and levede uppon hire landes as wel as þei myȝte. And so that same yeer þat þe Mortymer was take, he had atte his retenu ix. score knyȝtes, withoute squyers and sergeauntes of armes and fote men. And þo was þe Mortymer lad to London, and sir Symound of Bereforde was ladde with him, and was take to þe constable to kepe. But afterward was þe Mortymeris life examynede atte Westmynstre, bifore þe kyng and bifore alle þe grete lordes of Engelonde, for perel þat myȝte falle to þe reaume ; and to inquere also whiche were assentyng to sir Edwardis deth, þe kynges fader ; and also, thurȝ whome þe Scottis ascaped fro Stanhope into Scotlande, withoute þe wille of kyng Edwarde ; and also, how þe charter of Ragman was delyvered unto þe Scottis, wherin þe homages and þe feautees of Scotlande were conteynede þat þe Scottis shulde done evermore unto þe kynges of Engelonde for þe reame of Scotlande. Wherfor in his absence he was dempnede to bene drawe and hongede for his tresoun. And þis meschief come unto him in Seint Andrewes eve and in þe yeer of Incarnacion of our Lorde Iesu Criste M CCC. and XXX[ti].'

Page 45, l. 14. *Ubi nimio fulsit honore,* etc. Compare what Knyghton, 2552, says (not, however, referring to this particular occasion), as regards Mortimer's pride : ' Illis diebus regina Isabella et Rogerus de Mortuo mari unanimi assensu appropriaverunt sibi regalem potestatem in multis et regni thesaurum, et subpeditaverunt regem in tantum, quod non erat quisquam qui pro regis aut regni commodo loqui auderet, quod si quis faceret, in magnam ignominiam sui persecutus est ab eis. Multa et gravia onera patriæ intulerunt ; et semper simul in uno hospitio hospitati sunt, unde multa obloquia et murmura de eis suspectuosa oriuntur. In tantum isti duo, regina et Rogerus, asciverunt sibi potestatem, quod comes Lancastriæ Henricus, qui deputatus et ordinatus est capitalis custos et supremus consiliarius regis, in tempore coronationis, per communem assensum procerum et magnatum regni, pro meliori gubernaculo regis et regni, non potuit ei appropinquare nec quicquam consilium dare.'

The *Brute* chronicle (Harley MS. 2279) has the following : ' And now shul ye here of sir Roger þe Mortymer of Wygemore, þat desirede and coveytede to bene atte an hie state, so þat þe kyng grauntid him to ben callede þe erle of þe Marche thurgh alle his lordeship. And he become þo so proude and so hauten that he wolde lese and forsake þe name þat his aunceters had evere before, and for þat incheson he lete him calle erle of the Marche, and none of þe comonis of Engelonde durste call him by none oþer name, for he was callede so by þe kynges crie, þat men shulde calle him erle of þe Marche. And þe Mortymere þo bore him so hauten and so proute, þat wonder hit was to wite ; and also disgisede him with wonder riche clothes, oute of almaner reson both of shapyng and of weryng. Wherof þe Englisshe men had grete wonder how and in what maner he myȝte contreve or fynde suche maner pride. And þei seiden amonges hem alle comonly þat his pride shulde nouȝte longe endure. And þe same tyme sir Geffray þe Mortymer, the yong, þat was þe Mortymers sone, lete him calle "kyng of folye"; and so hit bifel afterward in dede.'

Page 46, l. 16. *Occiderunt Hugonem de Turpintone.* A pardon was issued to Edward Bohun and others for the slaying of Hugh de Turpington and Richard de Monmouth ' qui una cum Rogero de Mortuo mari, comite Marchiæ, resistebant dicto Edwardo,' etc.—*Calend. Rot. Patent.* (4 Edw. iii.), 108.

Page 47, l. 1. *Apud Westmonasterium*, etc. This parliament was summoned on the 23rd October, and sat from the 26th November to the 6th December.

—— l. 2. *Tractus et suspensus.* Le Bel, i. 99, and Froissart, i. 89, tell us that the same details were followed in the execution of Mortimer as in that of the younger Despenser.

—— l. 10. *Cause vero mortis*, etc. See the original articles in Knyghton, 2556, and in *Rot. Parl.*, ii. 52.

Page 48, l. 8. *Rex .... transfretavit.* Edward sailed from Dover on the 4th April, 1331, leaving John of Eltham guardian of the realm during his absence. He returned on the 20th April.—*Fœdera*, ii. 815, 818. The ostensible reason of his journey was the discharge of a vow; the real reason was the adjustment of certain points in dispute with France.

—— l. 13. *Apud Derteford solempne torneamentum.* This took place on the 2nd May. See the account, in the *Annales Paulini*, 352, of the proceedings and of the king's escape from accident by a restive horse.

—— l. 14. *In Chepe pulcherrima hastiludia.* On the 22nd September there was a masquerade wherein appeared the king and his companions 'omnes splendido apparatu vestiti et ad similitudinem Tartarorum larvati .... et habebat unusquisque miles a dextris unam dominam, cum cathena argentea eam ducendo. Rex vero habebat a latere suo dominam Elianorem sororem suam, puellam pulcherrimam.'—*Annal. Paulin.*, 354.

—— l. 16. *Set illese.* The *Annales Paulini*, 355, tell a different story: 'Accidit autem primo die hastiludii mirabile infortunium; solarium namque quod fuerat in transversum, in quo residebant regina et omnes aliæ dominæ ad spectaculum intuendum, subito cecidit solotenus; unde multi tam dominæ quam milites graviter læsi et vix periculum mortis evaserunt.'

—— l. 21. *Papa ... concessit regi decimas.* This grant was made in April, 1330.—*Fœdera*, ii. 786.

Page 49, l. 14. *Propterea domini predicti nacti navigium*, etc. Balliol sailed from Ravenspur on the 31st July. He landed on the 6th August at Kinghorn, where he was attacked, on landing, by the earl of Fife, whom he defeated. He occupied Dunfermline and, after a rest of two days, marched to the river Earn, where he found the earl of Mar's forces ready to oppose his passage. Crossing the stream by night, he successfully drove in the Scottish outposts; but Mar concentrated his army and attacked him, as he advanced, at Gaskmoor or Dupplin Moor. The Scots were completely routed, and Mar, Menteith, and other leaders were among the slain. Perth was immediately occupied, and after a futile siege the Scots submitted. Balliol was crowned on the 24th September. See *Gesta Edwardi III* (in *Cronicles of Edw. I and Edw. II*, Rolls Series) 103; Knyghton, 2560; Chron. Lanercost, 268; *Brute* chronicle.

Page 50, l. 11. *Continuata guerra Scotica.* Balliol was driven out by a sudden rising on the 13th December. With the assistance of the English he laid siege to Berwick on the 12th March, 1333. Baker's 'circa festum Nativitatis sancti Johannis Baptiste' is far too late, that festival falling on the 24th June. Again, he sets Edward's arrival at the siege also too late, St. Margaret's day falling on the 20th July. In *Gesta Edwardi III* the event is placed 'after Easter,' which in this year fell on the 4th April.

—— l. 26. *Ubi obsessi multos cum rege Anglie,* etc. The *Brute* chronicle (Harley MS. 2279) describes the negotiations: 'And ye shulleþ understonde þat þo þat were in þe toune of Berwick, thurgh hire comon councele and hire assente, lete crie uppon þe wallis þat þei myȝte have pees of þe Englissh men, and þerof þei preyden þe kyng and of his grace, and prayed him of trewis for viij. dayes, uppon þis covenaunt: if þei were noȝt reskewed in þat side of þe toune towarde Scotlande of the Scottis within viij. dayes, þat þei wolde yelde hem unto þe kyng and þe toun also. And to hold þis covenaunte þei proferde to the kyng xij. hostages oute of þe toune of Berwike. Whan þe hostages were delyverede unto þe kynge, anone þo of the toune senten unto þe Scottis and tolde hem of hire sorwe and meschief. And þe Scottis comyn þo priveliche, over þe water of Twede, to þe bought of þe abbay. And sir William Dyket, þat þo was stiward of Scotlande, and meny oþer þat comen with him putte hem þer in grete perile of hem self atte þat tyme of hire life; for þei comen over a brugge þat was tobroken and þe stones away, and meny of hire companye were þer drenchede. But þe forsaide William wente over and oþer of his companye and come by þe shippes of Engelonde, and quelde in a barge of Hulle xij. men, and, after, þei wente into þe toune of Berwike bi þe water side. Wherfore þe Scottis helde þo þe toune rescuede, and axede hire hostages ayein of þe kyng of Engelonde. And þe kyng sente hem worde ayein þat þei askede þe hostages with wronge, sith þat þei comen into þe toune by Engelonde side; for covenaunt was bitwen hem þat þe toune shulde ben rescuede by þe half of Scotland. And anone kyng Edwarde comaundede to yelde þe toune or he wolde have þe hostages. And þe Scottis seiden þat þe toune was rescuede wel inowe, and þerto þei wolde holde hem. When kyng Edwarde sawe þe Scottis breke þe covenauntes þat þei made, he was wonder wroth, and anone lete take sir Thomas Fitz [William] and sir Alexander of Setone, wardeyne of Berwyke, þe whiche Thomas was person of Dunbarre, and lete ham be take firste before þe other hostages, for encheson þat sir Alexandres fader was keper of þe toune. And þe kyng comaundid evere day for to take ij. hostages of þe toune, til þat þei were alle done unto þe deþ, but if þei yelden the toune. When þei of þe toune herde þes tithinges, þei bicomen wonder sorye, and sente to þe kyng of Engelonde þat he wolde graunte hem oþer viij. dayes of respite, so þat bitwene ij^c. men of armes and xx^{ti}. men of armes myȝt by strength gone bitwene hem into þe toune of Berwyk, hem for to vitaile, so þat þe toune moste be holde for rescued. And if hit so were þat xxj. or xxij. or mo were slayne of þo cc. bifore seide, þat þe toune shulde nouȝt bene holde for reskewid. And þis covenaunt to ben halden, þei sente to him oþer xij. of þe toune in hostage.'

Page 51, l. 2. *In festo sancte virginis Margarete.* The battle was fought on the eve of St. Margaret's day, viz. the 19th July. The *Brute* chronicle gives the array of the Scottish army in *four* 'battles'; the English array is described in *Gesta Edwardi III.* Edward's letter to the archbishop of York, announcing the victory, is printed in *Gesta Edwardi III*, 116. The duplicate letter to the archbishop of Canterbury appears in the *Fœdera*, ii. 866.

—— l. 18. *In principio certaminis,* etc. 'Whereupon at length the two armies appoynted to fight, and setting out upon Halidowne hill, there commeth forth of the Scots campe a certaine stout champion of great stature, who, for a fact by him done, was called Turnebull . he, standing in the midst betwixt the two armies, challenged all the Englishmen, any one of them, to fight with him a combat: at length one Robert Venale, knight, a Norfolke man, requesting licence of the king, being armed, with his sword drawne, marcheth toward the champion, meeting by the way a certaine blacke mastiffe dogge, which waited on the champion, whom with his sword he sodanily strake and cut him off at his loynes; at the sight whereof the master of the dogge slaine was much abashed, and in his battell more warie and fearefull : whose left hand and head also afterward this worthy knight cut off.'—Stow, *Annales*, 359. Sir Robert de Benhale, the hero of this fight, was distinguished later in the reign in the foreign campaigns. He married Eva, daughter of sir John Clavering and widow of sir James Audley, and had with her the lordship of Horseford, co. Norfolk. He was summoned to parliament, as baron, in 1360.—Blomefield's *Norfolk*, x. 434.

Page 52, l. 13. *Rex ad obsidionem,* etc. Berwick surrendered on the 20th July. The siege of Dunbar, referred to in the next sentence, is the famous siege of 1338, when 'Black Agnes,' the earl of March's wife, so gallantly defended the fortress for some five months. March was not present.

Page 53, l. 10. *Profectus Eboracum, tenuit parliamentum.* The parliament of York sat from the 21st February to the 2nd March.

—— l. 17. *Ad sequens festum sancti Iohannis.* Baker is again careless in his dating. Balliol did homage to Edward at Newcastle on the 19th June. The Nativity of St. John Baptist falls on the 24th June. The form of homage, in French, is given in *Gesta Edwardi III*, 118.

—— l 22. *Parliamentum Londoniis celebrandum.* It sat 19th-23rd September.

—— l. 27. *Ceperunt R. de Talebot.* He was taken by sir William Keith, of Galston, when attempting to pass, with a body of soldiers, into England, and was sent prisoner to Dumbarton. See also *Gesta Edwardi III*, 119.

Page 54, l 8. *Sic metrificavit.* A full copy of the verses will be found in Murimuth, 173 :—

'Trigamus est Adam, ductus cupidine quadam.
Thomam neglexit: Wolstanum non bene rexit;
Swithunum maluit. Cur? Quia plus valuit.'

See also Wharton, *Angl. Sacr.*, ii. 534.

Page 55, l. 9. *Iohannes archiepiscopus*, etc. 'John, archbishop of Canterbury, went over the sea to Philip de Valoys, king of Fraunce, requesting of him the continuance of peace and amitie betwixt the two kingdomes to be maintained. Secondly, that all townes and castles taken before time by his father should be restored to the king of England. Thirdly, that the said French king should sweare never to give aid to the Scottes against the king of England. under which conditions the two kings of both realmes should prepare to travaile towards the Holy Land, and to fight against the enemies of Christ. But the French king accounted the king of England not worthie of his friendship, so long as he continued warres against the Scots, his friends, whome he said were just men. Unto the second petition he would not otherwise consent thereunto, than if all charges were repaid againe, which his father Charles de Valoys laid out in the warres of Gascoigne. Thirdly, he said that he was a friend and lover of justice and equitie, which he would never swarve from, neither for friendship nor affinitie, but he would, by all meanes he could, molest and vexe all breakers of the peace of the kingdome of Scotland. for (saith he) there shall never be perfect peace and quietnesse among Christians before the king of Fraunce sit in place of judgement for the right of the kingdomes of France, England, and Scotland.'—Stow, *Annales*, 361.

Page 56, l. 13. *Obsidionem fecit amoveri*. This is incorrect. Beaumont was besieged in the castle of Dundarg on the Moray Firth, and was at length compelled to surrender. See *Gesta Edwardi III*, 121.

—— l. 15. *Tirannus Francorum misit suos nuncios*. They were Jean Hautfrine, bishop of Avranches, and Pierre de Thierceleu. The king undertook to grant the truce by his letter to the ambassadors of the 4th April.—*Fœdera*, ii 904.

—— l. 21. *Parliamento apud Eboracum celebrato*. It sat from the 26th May to the 3rd June.

—— 26. *Comes de Morref*. The earl of Moray was taken prisoner near the border when returning from escorting the count of Namur, who had been taken prisoner, to the English frontier.—*Gesta Edwardi III*, 123. A safe-conduct was granted to sir William Keith and others bringing Richard Talbot, prisoner in Scotland, to the English marches, 2nd April, 1335.—*Fœdera*, ii. 904. Atholl was attacked and slain on his march to besiege the castle of Kildrummie, 29th November.

Page 57, l. 7. *Edwardus le Bohun*. Brother of John, earl of Hereford, and son of Humphrey, earl of Hereford, who was slain at Boroughbridge.

—— l. 20. *Multi tractatus pacis*. The abortive treaty with Atholl is given in Avesbury, 298. See the correspondence between Philip and Edward respecting negotiations, in *Gesta Edwardi III*, 124

Page 57, l. 25. *Parliamentum Northamptonie.* The parliaments of 1336 were: at Westminster 11th-20th March; and at Nottingham 23rd-26th September.—Stubbs, *Const. Hist.*, ii. 412 A council appears to have been held at Northampton in the latter part of June.—*Fœdera*, ii. 940. A parliament was held at Northampton in July-August, 1338.

Page 58, l. 22. *Pro sepultura domini Ioannis Deltham.* John of Eltham, Edward's younger brother, was born on the 15th August, 1315; created earl of Cornwall, 1328; and died at Perth, October, 1336.

—— l. 27. *Dominum Henricum*, etc. The six new earls were. Henry 'of Grosmont,' son of Henry, earl of Lancaster, born about 1299; summoned to parliament as Henry de Lancaster, 3rd Feb, 1335; created earl of Derby, 16th March, 1337; succeeded as 4th earl of Lancaster, 22nd Sept, 1345; created earl of Lincoln, 20th Aug., 1349; and duke of Lancaster, 6th March, 1352; died 13th March, 1361. William de Bohun, son of Humphrey, 4th earl of Hereford, born about 1314; created earl of Northampton, 16th March, 1337; constable of England, 12th June, 1338; died 16th Sept., 1360. William de Montagu, son of William, baron Montagu, born in 1301, succeeded as 3rd baron Montagu, 6th Nov., 1319; created earl of Salisbury, 16th March, 1337; marshal of England, 20th Sept., 1338; died 30th Jan, 1344. Robert de Ufford, son of Robert, baron Ufford, born in 1298; succeeded as 2nd baron Ufford, 9th Sept., 1316; created earl of Suffolk, 16th March, 1337; died 4th Nov, 1369. Hugh de Audley, son of Hugh, baron Audley, born before 1298; succeeded as 2nd baron Audley in 1326; created earl of Gloucester, 16th March, 1337; died 10th Nov., 1347. William de Clinton, son of John, 5th baron Clinton, born about 1304; created earl of Huntingdon, 16th March, 1337; died 31st Aug., 1354.—Doyle, *Baronage*.

Page 59, l. 16. *Habitis Londoniis parliamento*, etc. The parliament sat at Westminster from the 26th September to the 4th October.

—— l. 27 *Triginta milia saccorum.* See documents relating thereto, under dates of 1st and 16th August, in *Fœdera*, ii. 988, 989. See also Knyghton, 2570.

Page 60, l. 4. *Waltero le Magne.* Sir Walter Mauny, or Manny, was the son of a knight of Hainault, and was born at Valenciennes, thus being a fellow townsman of Froissart. He came to England in the train of queen Philippa. He was knighted in 1331, and rapidly rose to distinction, serving in the various campaigns of Edward's reign He was summoned to parliament, as baron, in 1347; became K G. in 1359; and died in January, 1372. He married Margaret, daughter of Thomas of Brotherton, earl of Norfolk.

—— l. 6. *Qui omnes amiciciam,* etc. The formal agreement with the counts of Hainault and Guelders and the marquis of Juliers, to levy troops, is dated 24th May, 1337.—*Fœdera*, ii. 970. The principal ambassador, with whom however many others were associated, was Henry Burghersh or Burwash, bishop of Lincoln.

Page 60, l. 8. *Præfatus Walterus,* etc. Baker here simply follows Murimuth. The attack on Cadzand, an island at the mouth of the western Scheldt, which was held by Guy, bastard brother of Louis of Flanders, was the object of an organized expedition under the earl of Derby. The garrison was routed on the 10th November.

—— l. 16. *Duos cardinales.* They were Pedro Gomez de Barroso, cardinal of St. Praxedes, and Bertrand de Montfavez, cardinal of St. Mary in Aquiro. They arrived in England at the end of November, 1337 On the 24th December Edward engaged himself to them not to invade France before the 1st March; and the time was afterwards extended to midsummer, but revoked on the 6th May.—*Fœdera,* ii. 1006, 1007, 1034.

Page 61, l. 4. *Optulit, inquam,* etc. Compare the schedule of negotiations, 28th August, 1337, in the *Gesta Edwardi III,* 131, and in *Fœdera,* ii 994.

—— l. 9. *Secum habuerunt Iohannem,* etc. John Stratford, archbishop of Canterbury, Richard Bury, bishop of Durham, Robert de Ufford, earl of Suffolk, sir Geoffrey le Scrope, and John de Ufford, archdeacon of Ely, were the English envoys, appointed on the 21st June.—*Fœdera,* ii. 1043.

—— l. 25. *Qui erat xvij. kalendas Augusti.* Edward sailed from Orwell (apparently in the ship 'Christopher') between six and seven o'clock in the morning ('media horâ inter horam primam et secundam') on the 16th July.—*Fœdera,* ii. 1050.

Page 62, l. 3. *Postea rex Coloniam adivit.* Baker, following Murimuth, has here got into confusion. There was but one meeting, that at Coblentz, between Edward and Louis of Bavaria. Edward set out from Antwerp on the 16th August, 1338, reached Cologne on the 23rd, and Coblentz on the 31st. The ceremony of his installation as vicar of the empire took place on the 5th September See Pauli, *Pictures of Old England* (English ed. 1861), pp. 151 sqq.; and Murimuth, 84.

—— l. 12. *Concessa fuit regi lana.* At the parliament of Northampton, 26th July—2nd August. See Murimuth, 85, 86; and Knyghton, 2571.

—— l. 22. *Ceperunt v. magnas naves.* Murimuth, p. 87, has the 29th September as the date of their capture. The continuator of Nangis, ii. 161, gives the names of two of the ships: the 'Christopher' and the 'Edward.' From Murimuth, 106, we learn that two, the 'Christopher' and the 'Black Cog,' were recaptured at the battle of Sluys; and Edward writing to his son after the battle (Nicolas, *Hist. of the Navy,* ii. 61) also mentions the recovery of the 'Christopher.' Hemingburgh, ii. 356, states that three cogs, the 'Edward,' the 'Catharine,' and the 'Rose,' 'olim de manibus Anglorum in mari sublatos,' were retaken. Baker, 69, it will be observed has, through misunderstanding Murimuth's narrative, assumed that the two great French ships, the 'Saint Denis' and the 'Saint George,' also formed part of the English shipping which the French had previously captured. Minot (*Poems,* ed. J Hall, 1887, p 8) has gone completely wrong in laying the scene off Yarmouth in the Isle of Wight, and in making the king take part in the fight.

Page 62, l. 24. *Feria sexta*, etc. Murimuth, 87, dates the attack on Southampton on Monday after Michaelmas, that is, the 5th October. Baker's 'feria sexta' appears to mean the same thing · the sixth day after the feast. Froissart, i. 158, says that the French admiral, Hue Quiéret, appeared before the place on a Sunday, when the people were at mass. He would thus place the event on the 4th October, a date followed by others. The son of the king of Sicily, who is here said to have been slain by the undiscriminating rustic, may have been a natural son of Robert of Anjou, king of Naples. As Minot says, p. 8 ·

'Sum was knokked on þe hevyd
þat þe body þare bilevid ;
Sum lay stareand on þe sternes,
And sum lay knoked out þaire hernes'

Stow, *Annales*, 365, translates thus . 'The fourth of October fiftie gallies, well manned and furnished, came to South-hampton about nine of the clocke, and sacked the towne, the townsmen running away for feare. By the break of the next day they which fled, by helpe of the countrey thereabout, came against the pyrats and fought with them, in the which skirmish were slaine to the number of three hundred pyrates, togither with their captaine, a young souldiour, the king of Sicils sonne. To this young man the French king had given whatsoever he got in the kingdome of England. But he, being beaten downe by a certaine man of the countrey, cryed "Rancon"; notwithstanding, the husbandman laid him on with his clubbe, till he had slaine him, speaking these words . "Yea (quoth he), I know well enough thou art a Francon, and therefore shalt thou dye," for he understood not his speech, neither had he any skill to take gentlemen prisoners and to keepe them for ransome. Wherefore the residue of those Gennowayes, after they had set the towne a fire and burnt it up quite, fled to their galleyes, and in their flying certaine of them were drowned. And after this the inhabitants of the town compassed it about with a strong and great wall.'

Knyghton, 2573, notices the attack. 'Et sic applicuerunt apud Suthamptoniam, et interfecerunt in ea quos repererunt, et rapuerunt, et plures de nobilioribus villæ in domibus propriis suspenderunt, et in flammam ignis totam villam in circuitu immani crudelitate dederunt; set, accurrentibus compatriotis, naves ascenderunt et altum mare petierunt.'

Page 63, l. 14. *Literas redargucionis.* Pope Benedict's remonstrance was dated the 13th November, 1338.—*Fœdera*, ii. 1063.

—— l. 18. *In vigilia Annunciacionis.* 'On the even of the Annunciation of our Lady, eleven gallies approching to the towne of Harwich, they cast fire therein: the force whereof by a contrary wind was staied, so that no great harm was done thereby. Furthermore, in the same yeere, about the feast of Pentecost, certaine pyrats of Normandie and Genoa (shipped in gallyes and pinnaces) made a shew on the sea about South-hampton, as they would have come aland, and threatened sore to spoile the town againe, but, perceiving the townsmen ready to resist them, they returned to the Ile of Wight, but entred not, being put backe by the inhabitants: whereupon they sailed about the coasts, seeking to land in places lesse defended, and after came to Hastings, where they brent fishers cottages, with their boats, and slew many men. Also, they made great shewes many times against the Ile of Thanet, Dover, and Fulkestone, but in those places they did little harme, except to poore fishermen: thence they sailed about to the havens of Cornwall and Devonshire, doing in all places much harme to the fishermen, and such ships as they found unmanned they fiered. At length they entred Plimmouth Haven, where they brent certaine great ships and a great part of the towne. These were met by Hugh Courtney, earle of Devonshire, a knight of fourescore yeeres old, being accompanied with many souldiours of his countrey, who, having lost at the first front a fewe of his men which were slaine by the quarels of the French, joyned to fight with them hand to hand, and, slaying many of the pyrates upon drie land, chased the residue which fledde to take their gallyes, and, being not able to come nigh them by wading, they were drowned in the sea to the number of five hundred.'—Stow, *Annales*, 366.

Page 63, l. 20. *Ulterius in anno*, etc. Knyghton, 2573, reports a second attack on Southampton as earlier in the year, but it was probably the one here referred to: 'Iterum, circa Pascha, redierunt Normanni, cum xj. galeis et viij. spinachiis, cum manu bene armata circiter iiij. mille virorum, et petierunt villam de Suthamptonia ad opus ducis Normanniæ; et, cum vidissent audaciam Anglorum sic paratam et defensionem resistibilem, non audebant terram Angliæ pede suo attingere, set altum mare tenuerunt præ timore ne Anglici eis insequerentur. Nam Anglici proferebant eis opportunum ingressum in terram Angliæ, ad refocillandum se et suos per duos dies, eo pacto quod post biduum pugnarent x. cum x. vel xx. cum xx. aut aliquo alio modo per assensum partium; et noluerunt, set absque opere abierunt.'

—— l. 27. *Apud Hastinghe*. According to Knyghton, 2573, a great part of the town was burnt. Corpus Christi day in 1339 fell on the 27th May.

Page 64, l. 5. *Hugo de Courtenay*. His age is here a little exaggerated. He was born in 1275, became 5th baron Courtenay in 1291, was summoned to parliament 5th Feb. 1299, was created earl of Devon 22nd Feb. 1335, and died before January, 1341. As chief commissioner of array for cos. Cornwall, Devon, Somerset, and Dorset, he would take command of the forces which repelled the French attack.—See Doyle, *Baronage*, i. 574.

Other details of the engagement are given in Harley MS. 1729, which was used by Hearne for his *Anon. Hist. Edwardi III.* See Murimuth, 90.

—— l. 12. *Nova funesta*, etc. 'Newes being brought to the king, lying in Brabant, that divers portes of England were spoyled with the pirates, hee declared to his friendes, to wit, the marques of Juliacense and a certaine cardinall, what great causes hee had to revenge himselfe upon them, and in the end was answered by the cardinall as followeth · "The kingdome of Fraunce (saide he) is compassed about with a threede of silke, which cannot bee broken by all the strength of the kingdome of England; wherefore, my lord king, you must stay for the comming of the Dutchmen and other your friends and confederates, the greater part whereof you now lacke." The king taking great disdaine hereat, staying nothing at all, said that he would ride into the land of France with banner displaied, and that there he would looke for that mightie power of the French men, and that he would either win the same against any man that should withstand him, or else honestly die in the field.'—Stow, *Annales*, 367.

Page 64, l. 29 *In vigilia sancti Mathei*, etc. ' In the vigil of S. Matthy king Edward began to ride, with banner displaied and twelve thousand men of armes, against the French king, burning towns and castles whersoever he came. In the first night, being very darke, Geffrey lord Scrope, one of the kings justices, led one of the cardinals, to wit, Bertrand de Mount Faventine, of the title of our Lady, up into an high tower, shewing him the whole land about toward Fraunce, for the compasse of fifteene leagues, to be in every place on fire, saying these words "Sir, doth not this silken threed, wherewith Fraunce is compassed, seeme to you to be broken?" The cardinal, answering nothing, fell down as dead for sorow and feare. In this sort king Edward made journeyes into Fraunce daily, continuing the space of five weekes, and caused his armie to travell in such sort that they destroyed the whole countrey of Cambray, Tourney, Vermoden, and Laudenew, excepting those cities which were sworne to him, with churches and castles. The inhabitants of the countrey fled, neither was there any man that durst resist his enterprises, although the French king had gathered great armies within the walled cities, himselfe lying in the strong towne of Saint Quintines, what time the Brabanters had determined to returne home againe and were entred into their journey, being forced thereunto partly by want of victuals and partly by the coldnesse of winter which grew on fast. The French king, understanding thereof, began to moove himselfe with his army toward the campe of the king of England, who, gladly looking for his comming, called backe againe the Brabanders, and, having received letters from the French king that he would joyne battell against him, he sent him word backe againe that he would stay for him three dayes. Wherefore on the fourth day, the king looking for the French kings comming, which would come no neerer them then two miles off, breaking bridges and felling of trees, that the king of England might not follow him, hee fled to Paris; whereupon king Edward returned by Hanonia into Brabant, where he continued almost the whole winter.'—Stow, *Annales*, 367.

Page 65, l. 1. *Galfridus Scrop.* Geoffrey le Scrope became justice of the Common Pleas in 1323, and chief justice of the King's Bench in 1324; after a brief removal at the beginning of Edward III.'s reign, he was restored in 1328. He died at Ghent in 1340. He was a diplomatist and soldier, as well as lawyer.—Foss, *Judges of England*, III. 493.

—— l. 8. *Per quinque septimanas.* Edward's incursion lasted just five weeks, from the 20th September to the 25th October.

Page 65, l. 27. *Phi nota,* etc. So in 'An Invective against France,' a poem printed in *Political Poems,* ed. Wright (Rolls Series), i. 26, is the line (21)
'Phy fœtet, lippus oculis nocet, ergo Philippus.'

—— l. 29. *Cumque Brabantini,* etc. 'In vigilia sancti Lucæ evangelistæ [17th October] venit ad regem dux Brabantiæ, victualium allegans penuriam, simul frigus hyemale quasi præsens amplius morari suum non esse commodum asserebat. Cui rex, tristis valde effectus, dixit · "Dilectissime consanguinee, procedamus ad perficiendum negotium inceptum supplico; Deus enim sicut incepit ita et auxilium nobiscum continuabit Copiam victualium nostrorum omnem tibi tuisque conferimus, carectas nostras onusque grande caragii, quod habemus, relinquimus, de peditibus equites faciemus, et, quousque inimicis nostris obviaverimus, equitando indies festinare debemus, et sic victualium abundantiam Deo propitio reperimus." Dux vero ceterique magnates, habito consilio, ulterius procedere suum nequaquam fore proficuum communiter inter se dicebant.'—Hemingburgh, ii. 341.

Page 66, l. 1. *Movit se versus exercitum.* On Sunday, the 17th October, Etienne de la Baume, the master of the French crossbowmen, wrote, from St. Quentin, to Hugh of Geneva, in Edward's service, to arrange a battle, and enclosed a challenge, in Philip's name, to Edward, to fight on the following Thursday or Friday. Hugh replied on the next day, writing from Origny-sainte-Benoite, Edward's headquarters, which lies a little to the east of St. Quentin, and accepting the challenge. On Tuesday, the 19th October, the king of Bohemia and the duke of Lorraine wrote a confirmatory letter to Hugh of Geneva, still dating from St. Quentin. On Wednesday Edward prepared for battle, falling back and choosing his ground, apparently, in front of Flamengerie; while Philip moved out to Buironfosse. The battle did not come off. Philip withdrew on the Saturday to St. Quentin; and Edward, after waiting in the neighbourhood till the following Monday, also retired. The correspondence arranging the battle is given, in French, in Lettenhove's Froissart, xviii. 87; and, in a Latin form, in Hemingburgh, ii. 342. It is rather curious that the challenge should have been conveyed by this means instead of directly. But the correspondents held high rank. Etienne de la Baume, called 'le Gallois,' lord of Valusin, was of an ancient Burgundian house. He afterwards became lieutenant of Languedoc and lieutenant-general of the king's armies He had served also under the count of Savoy, and in that service no doubt was the comrade of Hugh of Geneva, whom he also styles his cousin. The latter was the son of Amé ii, count of Geneva, and was lord of Vareys and Authon. He enlisted in Edward's service in 1337, and was employed in many embassies and affairs of trust down to 1360. He was appointed Edward's lieutenant in Aquitaine in 1340. (Lettenhove's Froissart, xx. 267, xxi. 401; *Dict. de la Noblesse,* ii. 530; *Fœdera,* ii. 291, etc.) Edward's own account of the campaign is contained in the letter which he addressed to his son Edward and his council from Brussels on the 1st November (Avesbury, 304). From this source Knyghton has taken details for his history. Froissart expresses rather the French view of things The continuator of Nangis, ii. 164, gives four reasons for Philip's delay in attacking : 'primo, Deo reverentiam, quia, ut dictum est, dies Veneris erat; secundo, quia cum exercitu suo jam per quinque leucas equitaverat; tertio, quia ipsi nec equi sui de tota ista die comederant nec biberant; quarto, difficultatem cujusdam passus inter ipsum et inimicos suos positi.' To add to these rather lame excuses, Froissart also states, i. 182, that king Robert of Naples sent word that the stars were unpropitious: 'Et avoit trouvé en l'astrologie et par experience que, se li rois de France se combatoit au roy d'Engleterre, il convenoit qu'il fust desconfis.'

Page 66, l. 6. *Arboribus cesis.* So in Edward's letter (Avesbury, 306) : 'Et fisrent fosses entour eaux, et couperent lez grosses arbres, pur nous tolir la venue a eaux.'

Minot (p. 13) has the verse ·

'It semid he was ferd for strokes
When he did fell his grete okes
Obout his pauilyoune ;
Abated was þan all his pride,
For langer þare durst he noght bide,
His bost was broght all doune.'

—— l. 11. *Medio tempore*, etc. 'In this winter time king Edward grewe into great friendship with the Flemings, who prepared at all times to shewe their selves as good subjects unto him, swearing to doe homage and fealtie, upon condition that he would call himselfe king of Fraunce, and in token thereof would from thenceforth give armes with flouredeluces, for otherwise they durst not obey him, for feare of the pope's curse, which was to be laid upon them, if at any time they rebelled against the king of Fraunce. Wherefore, by the counsell of the Flemings and consent of his noblemen, he agreed thereunto, and tooke upon him both the name and armes of the king of Fraunce. He also tooke Flaunders under his government, the people whereof long after in all matters were to him obedient, as unto the king of Fraunce conquerour. Touching the title and armes aforesaid, the French king said to certaine Englishmen sent unto him · "Our cousin (quoth he) doth wrongfully beare quartered armes of England and Fraunce, which matter notwithstanding doth not much displease us, for that he is descended from the weaker side of our kinne, and therefore, as being a bachelor, we would be content to graunt him licence to beare part of our armes of Fraunce ; but, whereas in his seales and letters patents he nameth himselfe as well king of England as of Fraunce, and doth set the first quarter of his armes with leopards, before the quarter of lilies, it doth grieve us very much, making apparent to the beholders that the little iland of England is to be preferred before the great kingdome of Fraunce" To whom sir John of Shordich, knight, made answere that it was the custome of men in those dayes to set the title and armes of their progenitors before the armes and title of the right descending of their mother ; "and thus of dutie and reason (said he) doth my lord the king of England preferre his armes "'—Stow, *Annales*, 368.

Page 66, l. 17. *Assumptis nomine et armis regis Francie.* Edward is said to have assumed the title of king of France as early as the 7th October, 1337; but he did not add his French regnal year in dating documents until the beginning of 1340. The earliest instance occurs in a deed dated at Ghent on the 26th January of that year, 'anno regni nostri Franciæ primo,' etc. On the 21st February he made known to the sheriffs his assumption of the title and the adoption of a new seal, quartering the French arms, which was delivered to the Master of the Rolls on the 1st March —Bond, *Handy Book for verifying Dates*, 281.

—— l 29. *Iohannes de Schordich.* John of Shoreditch, a lawyer, was first employed in diplomatic affairs in the reign of Edward ii, and for his services was made chief clerk of the Common Bench and received the manor of Passenham, co. Northampton. He was, however, disturbed in the enjoyment of these honours by queen Isabella; but received compensation on petition to parliament in 1330. He was frequently employed on diplomatic missions in the reign of Edward iii., and was appointed second baron of the Exchequer on the 10th November, 1336, having been knighted about 1333 (Foss, *Judges of England*, iii. 506). He was murdered by four of his servants, at Ware, on the 10th July, 1345: 'Dominus Johannes de Schordich, doctor legum advocatus et miles, de concilio regis exsistens, per quatuor familiares suos in quadam domo sua juxta Ware fuit clandestine suffocatus' (Murimuth, 171).

Page 67, l. 13. *Rex in Angliam regressus.* Edward returned on the 21st February, 1340. Parliament (the second of this year) met on the 29th March. 'Instead of a tenth, a ninth sheaf, fleece, and lamb were granted by the prelates, barons, and knights of the shires, for two years: the towns granted a ninth of goods; for the rest of the nation, who had no wool and yet did not come into the class of town population, a gift of a fifteenth was added: and besides all this a custom of forty shillings on each sack of wool, on each three hundred woolfells and every last of leather.'—Stubbs, *Const. Hist.*, ii. 415.

—— l. 18. *Quod nullus Anglicus*, etc. One of the four statutes passed this year that the English should not be rendered subject to the French crown by Edward's assumption of the title of king of France.

—— l. 20. *Cito post Pascha.* 'Immediately after Easter the earles of Salisburie and Suffolke, being accompanied but with a fewe men, gave an assault unto the towne of Lile in Flaunders, which towne was confederate with the French king; but they chasing the Frenchmen too farre within the gates, the percolices being let fall, they were beset with a multitude of men of armes, and being taken they were conveyed into France, fettered and shackeled with yron, although they had sworne to be true prisoners: they were drawne in a cart through the middest of every citie, towne, village, and hamlet, with great shoutes and cries, rayling on them: and at length being brought to the presence of the French king, he would have most shamefully slaine them, had he not been otherwise perswaded by the counsell of the king of Boemia.'—Stow, *Annales*, 369.

Froissart's account of their capture is quite different. They were on their way to join Artevelde, but, approaching too near to Lille, they fell into an ambush which the garrison had set for them.—*Chroniques*, ii. 5. There are extant, however, traces of a plot to betray Lille into the hands of Artevelde, which may have given rise to the statement that the two earls were actually attacking the town.—See Lettenhove's Froissart, xviii. 130. Salisbury was chief captain, and Suffolk was marshal, of the English forces in Flanders.

Page 68, l. 3. *Dominus rex tenuit festum.* 'King Edward kept his Whitsontide at Ipswich, for that he intended from thence to make his passage into Flaunders; but, being certified that the French king had sent a great navie of Spanish shippes and also the whole fleete of France to stoppe his passage, he caused his shippes of the Cinque Ports and other to be assembled, so that he had in his fleete, great and small, two hundred and threescore ships. Wherefore, on the Thursday before the nativitie of Saint John Baptist, having a prosperous wind, he began to sayle; and the next day, in the even of the sayd feast, they escried the French fleete lying in Swine haven. Wherefore the king caused all his fleete to come to anker. The next day, being the feast of Saint John Baptist, earely in the morning, the French fleete divided themselves into three parts and remooved themselves as it were a mile, approching towards the kings fleete. Which when the king perceived, about nine of the clocke, having the wind and sunne on his backe, set forward and met his enemies as he would have wished; wherewithall the whole fleete gave a terrible shoute, and a showre of arrowes out of long wooden bowes so powred downe on the Frenchmen that thousands were slaine in that meeting. At length they closed and came to hand blowes with pikes, polaxes, and swordes, and some threw stones from the toppes of shippes, wherewith many were brained. The greatnesse and height of the Spanish shippes caused many Englishmen to strike many a stroke in vaine. But, to be shorte, the French shippes being overcome and all the men spent of the first part, the Englishmen entred and tooke them. The French shippes were chayned together in such sort that they could not be separated one from another, so that a fewe Englishmen kept that parte of the fleete: wherefore they set upon the second warde and with great difficultie gave the charge, which being done, was sooner overcome then the first, for that the Frenchmen, leaving their shippes, many of them leapt over boorde. The Englishmen having thus overcome the first and second part of the fleete, and now having night drawing on, partly for want of light and partly for that they were wearie, they determined to take some rest till the nexte morning; wherefore that night thirtie shippes of the third crewe fledde away, and a great shippe called the James of Diepe, thinking to have carried away a certaine ship of Sandwich belonging to the prior of Canterbury, was stayed: for the sailers so stoutly defended themselves by the helpe of the earle of Huntingdon that they saved themselves and their ship from the Frenchmen. The fight continued all the night, and in the morning, the Normans being overcome and taken, there were found in the ship above foure hundreth men slaine. Moreover, the king understanding that the ships were fled, he sent fourtie ships well appointed to followe them, over the which he made John Crabbe governor: but what good speede he had is not knowen. In the first companie of shippes that were taken they found these conquered shippes, the Denis, the George, the Christopher, and the Blacke Cocke, all which shippes were taken by Frenchmen at Sluce and carried into Normandie. The number of ships of warre that were taken was about two hundred and thirtie barges; the number of enemies that were slaine and drowned were about five and twentie thousand, and of Englishmen about foure thousand, among whom were foure knights, sir Thomas Mortimer the kings cousin, sir Thomas Latimer his sonne, sir William Butler of Seortkorne, and sir Thomas Poynings.'—Stow, *Annales*, 369.

Page 68, l. 4. *Apud Gippeswicum.* Edward was at Shotley, co Suffolk, at the junction of the Stour and the Orwell, at the end of May, and again in June to the date of his setting sail.—*Fœdera*, ii. 1125-1128.

—— l. 14. *In festo vero sancti Iohannis.* Details, more or less full, of the battle of Sluys are to be found in Edward's own letters, in Murimuth, Avesbury, Hemingburgh, Knyghton, Minot, Nangis, Le Bel, and Froissart, and, later, in Walsingham. Among modern writers, sir N. Harris Nicolas, *History of the Royal Navy*, ii. 51, has given the most exact account. He has embodied all the information to be gathered from contemporary writers known to him, but, having found that which is given here in Baker's text and in Murimuth (whose chronicle was not then fully in print) only as quoted by Stow and other later historians, he excluded it from his narrative and placed it in a foot-note (p. 56) as being of an 'apocryphal character.' Murimuth and Baker are the authorities for the statement that the French fleet sailed out the space of a mile to meet the English; and the movement is also, though more obscurely, described by Knyghton ('divertit se de portu de Swyne'). The English fleet had lain the previous night off Blanckenberghe, some ten miles westward of the haven of Sluys. Edward would have therefore approached the enemy from nearly due west. But, before engaging, he executed a manœuvre which is thus described by Froissart (ii. 35): 'Quant li rois d'Engleterre et si mareschal eurent ordené leurs batailles et leur navies bellement et sagement, il fisent tendre et traire les voiles contremont, et vinrent au vent, de quartier, sus destre, pour avoir l'avantage dou soleil, qui en venant lor estoit ou visage. Si s'aviserent et regardèrent que ce les pooit trop nuire, et detrièrent un petit, et tournièrent tant qu'il l'eurent à leur volente.' That is to say, the wind blowing probably from the north or north-east, the English fleet went about and stood away to the north-west, thus getting the advantage of the wind for the attack. (The manœuvre, as appears both from Froissart and Avesbury, was mistaken by the enemy for a retreat.) But the object of the movement was, further, to get the advantage of the sun and also of the tide. Baker's words (following Murimuth) are 'post horam nonam, quando habuit ventum et solem a tergo et impetum fluminis secum.' Edward himself also, in his letter to his son describing the battle (Nicolas,

ii. 501), says that he attacked 'bien apres houre de nonne a la tyde.' High tide on this day at Sluys was at 11.23 A.M. (*ibid.* 51), and Nicolas, considering that the English ships could not have entered the haven except with deep water, has been at great pains to show that the attack was made at *high* tide and that therefore the 'hora nona' is to be translated 'noon.' He has not, however, taken into account the fact that the haven of Sluys was far deeper in the 14th century than now, and, more particularly, that it would have been a physical impossibility for the English, in the position which they occupied for attack, to get the sun on their backs at noon on Midsummer-day. Edward himself, Murimuth, Baker, and Knyghton, agree in fixing the time as near 'hora nona'; Hemingburgh at 'parum ante horam vesperam.' (Froissart says that the battle lasted 'de prime jusques à haute nonne,' but the morning hours, with the sun in the east, are out of question.) There seems to be no reason why the more ordinary sense of the ninth hour or 'nones,' that is, from two to three o'clock in the afternoon, should not be accepted, when the sun was well past the meridian and declining to the west. Minot's statement that the battle began at half-ebb bears out this view. half-ebb would be at about 3 P.M. But there is yet another apparent difficulty. Edward, in his letter already quoted, says 'entrames en dit port' If this meant that he had absolutely to enter a land-locked harbour, we should be forced to conclude that he could only have done so when the tide was running in, that is, before noon. But in the 14th century the harbour of Sluys was an open haven; moreover, as we have seen, the French fleet had made a forward movement; indeed, it lay in open water enough, even the day before, to be visible to the English from Blanckenberghe ('nous aviomns la vewe de la flotte de nos enemys qi estoyent tut amassez ensemble en port del Swyne.'—Edward's letter); and so large a number of ships could not have fought in close waters. Attacking in the afternoon from a position north-west of the enemy, Edward would bear down upon them with the tide running down channel, thus literally having the 'impetum fluminis,' the ebbing ocean stream, in his favour, and with the sun, not indeed actually 'a tergo' but, rapidly drawing away behind him.

Page 68, l. 25. *Quale vecors vidisse*, etc. 'Ceste bataille dont je vous parolle fu moult felenesse et très horrible, car batailles et assaus sus mer sont plus dur et plus fort que sus terre; car là ne poet on reculer ne fuir, mais se fault vendre et combatre, et attendre l'aventure, et cescun endroit de lui monstrer son hardement et se proèce.'—Froissart, ii. 37.

Page 69, l. 14. *Iohannem Crabbe.* A Flemish engineer of this name was employed by the Scots at Berwick after its capture in 1318. The sailor here mentioned may be the same man or his son. On Balliol's invasion of Scotland in 1332, Crabbe attacked the English ships, but was beaten off with loss. Soon after, he was made prisoner, when, for reasons explained in the Lanercost chronicle, 270, this 'pirata crudelis et solemnis, cognomento Crab, qui per multos annos praecedentes vexaverat Anglicos in terra et mari,' changed sides· 'Ille tamen Crab, propter ingratitudinem Scottorum de Berwico, qui tempore obsidionis ejusdem villae postea noluerunt eum redimere, immo suum filium occiderunt, data sibi vita a rege Angliæ, factus est postea persecutor acerrimus gentis suæ.' He must have been a very skilful sailor, for not only do we hear of his being employed in the immediate pursuit of the French after the battle of Sluys, as described in the text, but also, before Edward sailed from England, his advice was taken regarding the risk of crossing the sea in the face of the powerful French fleet.—Avesbury, 311.

Page 69, l. 23. *Thomas de Mounthermer*, etc. Thomas de Monthermer was son of Ralph de Monthermer, earl of Gloucester, and of Joan of Acre, daughter of Edward I. He was therefore the king's first cousin. William le Boteler of Northbourne (see Murimuth, 109), co. Kent, was no doubt a member of the family of Boteler of Eastry. The fourth knight, whose name was unknown to Baker, was Thomas de Poynings.—Dugdale, *Baronage*, II. 134.

—— l. 27. *Circa idem tempus Scoti*, etc. 'David de Bruys de Francia rediens in Scotiam, cum exercitu collecto, Northumbriam cæde et incendio usque ad fluvium Tyne devastavit et sine resistentia aliqua ad propria remeavit.'—*Chron. Lanercost*, 335.

Page 70, l. 6. *Postea, circa festum*, etc. This paragraph occurs only in certain MSS. of Murimuth (Murimuth, p. 109). The captain of the Isle of Wight was Theobald, not sir Peter, Russell.

—— l. 16. *Devota loca Anglie visitavit*. Edward did not return to England. He landed in Flanders some days after the battle, not earlier than the 28th June (Nicolas, *Hist Navy*, ii. 60), and went in pilgrimage to the church of Aardenburg (Froissart, ii. 39).

Page 71, l. 3. *Scripsit rex Philippo*. See the text of the challenge and reply in Murimuth, 110, and in Avesbury, 314.

—— l 9. *Comes Hanonie*. For accounts of this raid, see Murimuth, 114; Avesbury, 316; and Froissart, ii. 67.

—— l. 15. *Duravit obsidio Torneacensis*. The siege of Tournay lasted nine weeks, from the 23rd July. The truce was signed on the 25th September.—Avesbury, 317.

Page 72, l. 9. *Nacto navigio*, etc. The Brute Chronicle [Egerton MS. 650] has the following curious passage concerning Edward's return: 'And whene he had done þer þat he come for, he dressed him over þe see in to Englonde warde. And as he sayled toward Englond, in þe hye see come þe moost mysshappyn stormys and tempestes; þondres and lyghttynynges fell uppon hym in þe see, in so moche þat it was said þat it was done made and araysed þrogh evelle spretes, and made by sorcerye and nigramancye of þaim of Fraunce. Wherfore þe kynges hert was full of sorowe and anguysshe, waylyng, and sykeyng, and said to our lady one þis wyse, kneleyng uppon hys kneis: "O blessed lady, saynt Marie, what is þe cause þat ever more in my going in to Fraunce alle maner þinges fallen to me joyfull and lykyng and gladsome; and now I wold have þaim, I may not, but whene I turne in to Englond warde alle my þinges fallen unprofiteable and harmefull unto me. Bot, dere lady, now mercye." And, þonked be God, he escapit alle þe perelle of þe see, as God wolde, and come by nyght to þe toure of Londone.'

Page 72, l. 14. *Statim in aurora*, etc. Robert Stratford, bishop of Chichester and brother of the archbishop, was chancellor; Roger de Northburgh, bishop of Coventry, treasurer. John Stonore was chief justice of the Common Pleas ; he was restored 9th May, 1342. Richard Willoughby and William de Shareshull were justices of the Common Pleas. Nicholas de la Beche, constable of the Tower, became, in 1343, seneschal of Gascony. Michael Wath was Master of the Rolls, 1334-1337; and was succeeded by John of St. Paul, 1337-1340.—Foss, *Judges of England*, iii.

Page 73, l. 5. *Iterum in festo Purificacionis*. 'Also at Candlemas he kept a great justing at Langley, for the honour of the noble men of Vasconia, which he trained up there in feates of warre. He made Robert de Boursier, knight, lord chancellour of England, and Robert Parnike, knight, treasurer, the one to succeede the other. Also he sent out justiciars that should sit in every shire, to enquire concerning the collectours of the tenths and fifteenths, and of woolles, and to oversee all officers. And because the citie of London would not suffer that any such officers should sit as justices within their citie, as inquisitours of such matters, contrary to their liberties, the king provided that those justices should hold their sessions in the Tower of London, to make inquisition of the domages of the Londoners. but, because the Londoners would not answere there, untill their liberties were fully confirmed, neither any such confirmation could be had either of the king or his chancellour touching writtes and charters in the Tower, there rose thereof such a great tumult that the justices, appointed there to sit, famed that they would hold no session till after Easter. Whereupon the king, being highly offended for the said tumult and desirous to knowe the names of them that had raysed it, could not understand but that they were certaine meane persons, who claimed their liberties · whereupon the king, being pacified of his troubled minde, forgave all the offences committed by the Londoners, the justices breaking up all their sitting touching the said place.'—Stow, *Annales*, 371.

Sir Robert Bourchier was chief justice of the King's Bench in Ireland in 1334. He fought at Cadzand in 1337, and at Crécy in 1346. He was chancellor from the 14th December, 1340, to the 27th October, 1341. He was summoned to parliament in 1342, and died of the plague in 1349. Robert Parning was a sergeant-at-law only at the beginning of Edward's reign, but in 1340 was rapidly promoted to be justice of the Common Pleas, 23rd May; chief justice of the King's Bench, 24th July; and treasurer, 15th December. On Bourchier's resignation he became chancellor, 27th October, 1341; and died 26th August, 1343. Robert Sadington was chief baron of the Exchequer in 1337, and treasurer for a brief period, 2nd May to 21st June, 1340. He became chancellor in 1343, on the death of Parning, resigned in 1345, and died in 1350.—Foss, *Judges*, iii.

Page 73, l. 27. *Parliamento Londoniis.* Parliament met on the 26th April, 1341. Edward revoked, on the 1st October, all the concessions he had made. See Stubbs, *Const. Hist.*, ii 424-5.

Page 74, l. 31. *Comitatum Cantbriggie.* William, marquis of Juliers, Edward's brother-in-law, was created earl of Cambridge on the 7th May, 1340. He died in 1361. Baker appears to have confused John of Hainault with the marquis. It is probably from this passage that Camden (*Britannia*) has compiled his statement that the earldom was conferred on John of Hainault, but taken from him when he deserted to the French.

Page 75, l. 1. *Apud Novum castrum.* Edward was in the north in November; at Newcastle early in December; at Melrose late in the month and in January; and back in London in February, 1342. While he was collecting his forces, Stirling fell; and his provision ships were scattered by a storm. He therefore agreed to a short truce

—— l. 7. *Comes Sarisburie*, etc. This conquest of the Isle of Man is attributed variously to the years 1340 and 1342. 'Howt hildes' may perhaps mean 'Outer isles,' if it is not rather some blundering misreading of ' Hebrides.'

—— l. 15. *Bourdis.* O. F. *behourdis*, a tournament; from *behourt*, a tilting lance.

—— l. 17. *Iohannes archiepiscopus.* The reconciliation took place on the 7th May, 1341. See the account of the quarrel in Stubbs, *Const. Hist*, ii. 417-423.

—— l 24. *Auream monetam.* This is the gold coinage of nobles in 1344. On the 27th January, 1344, Edward had made proclamation of a coinage of gold florins of three values: six shillings, three shillings, and eighteen pence — the first gold coinage that had been struck since 1257. But it was found that they were valued at too high a rate, and they were therefore superseded by the coinage of nobles, and were finally recalled on the 20th August. The nobles were issued by proclamation of the 9th July, and were of the values stated in the text.—Ruding, *Annals of the Coinage*, i. 217; *Fœdera*, iii. 1, 16, 21. One of the MSS. of Murimuth's chronicle thus notices the change: 'Circa idem tempus ordinavit rex primo florenos aureos pro moneta ad currendum in Anglia; quod parum duravit, quia parum profuit . . . . Circa festum Assumptionis beatæ Mariæ, dominus rex ad utilitatem regni sui prohibuit antiquam monetam florenorum et ordinavit novam, scilicet majorem florenum de dimidia marca, minorem de iij. solidis iiij. denariis, et minimum de xx. denariis; et vocantur nobiles, et digne, quia nobiles sunt, pulchri et puri.'—Murimuth, 242.

—— l. 27. *Religiosi possessionati.* On the 16th November, 1342, the king demanded loans from some sixty bishops, abbats, priors, and deans.—*Fœdera*, ii. 1214.

Page 76, l. 2. *Aliis etiam committebatur.* The commons petitioned against commissions of array in 1344 and in 1346.—*Rot. Parl.* ii. 149, 160; Stubbs, *Const. Hist.*, ii 430, 588-593.

—— l. 10. *In auxilium domini Iohannis*, etc. 'King Edward, in succour of John

Mountfort, duke of Brytaine, and of his wife and children, who then remained in the kings custody, sent the earles of Northampton and of Oxford, Hugh Spencer and Richard Talbot, knights, and master William Killesby, clearke, every one of them having under them many men of armes and archers, into Brytaine; who entred thereinto, in despight of all their enemies which resisted them, making many conflicts. They tooke as well walled townes as other, with divers fortresses and castles, both by assault and surrender, by which meanes they had the whole countrey under their subjection, conquering till they came to the towne of Morleis, where Charles de Bloys met them with a great army. Therefore, in the champaine ground nigh unto Morleys, the two armies made great and most stoute battell, wherein the woorthinesse of both sorts did full appeare . for they fought so stoutly that in the first conflict it chaunced as the like had not been seene. for the chief captaines, Charles de Bioys, to whom the French king had given the dukedome of that countrey, and William de Bohune, earle of Northampton, who for the defence of the right of John de Mountfort, naturall heire and duke of that land, the king of England had made a generall over the armie of the Englishmen, fought so long with hand strokes in the fielde that day, that no man but a liar could give more praise to the one then to the other. Three times that day they, being wearied on both sides, withdrew themselves to take breath, and then fell to it againe with speare and shield, and sword and target   But in the end the right worthie and stout Charles de Bloys, his men fleeing away, was also forced to flee himselfe; whereupon, after many slaine on both sides, the victory fel to the Englishmen.'—Stow, *Annales*, 374. It is somewhat remarkable that this is the only event that Baker notices in the campaign in Brittany of 1342. But it is quite evident that he has received special knowledge regarding the battle from someone who had been present. Murimuth also obtained detailed information of the earl of Northampton's movements from the latter's despatches, and appears to have written an account of them and to have inserted it in his chronicle (126, 127) after he had already written a briefer notice (128). Northampton was appointed the king's lieutenant and captain in Brittany on the 20th July, 1342 (*Fœdera*, ii. 1205). According to Murimuth, 125, he sailed on the 14th August; relieved Brest; marched on Morlaix, which he unsuccessfully assaulted; and fought and defeated Charles of Blois on the 30th September. Morice, *Hist. de Bretagne* (1750), i. 260, has an exact account of the battle. The English, who were under supreme command of Robert of Artois, adopted Bruce's tactics at Bannockburn in digging concealed trenches on their front, into which the French fell and suffered great slaughter. Charles of Blois, however, was not so badly beaten but that he could afterwards blockade the Eng ish, who only escaped with difficulty.

Of Northampton's companions here named: John de Vere, who succeeded his uncle as earl of Oxford in April 1331, was born in 1313, served in the French wars, being one of the chief commanders both at Crécy and at Poitiers, and died on the 24th January, 1360, Hugh Despenser, son of the younger Despenser who was executed in 1326, was summoned to parliament in 1338, and died in 1349; Richard Talbot was also a baron by writ in 1331, and died in 1356; William

Kildesby, the king's clerk and keeper of the privy seal, was archbishop elect of York in 1340, but was set aside in favour of William de la Zouch.

Page 76, l. 18. *Castra de Bruske et de Templo Correntyn.* Baker's knowledge of the campaign is evidently very confused. 'Bruske' is no doubt Brest. As to 'Templum Correntyn,' there is a small place near Ploermel named Temple-le-Carentoir, which may have been the scene of some skirmish or assault during the war, perhaps after Edward landed, when operations were carried on in that direction.

Page 77, l. 7. *Henricus comes Derbie,* etc. He succeeded as earl of Lancaster, 22nd Sept. 1345, and was created duke on the 6th March, 1352. Hugh Courtenay succeeded as earl of Devon in 1341; died in 1377. Laurence de Hastings was created earl of Pembroke, 12th Oct. 1339; died in 1348. Ralph de Stafford succeeded as baron Stafford in 1308, and was created earl on the 5th March, 1351; died in 1372.

Baker is very confused as to the capture of the different places. Bergerac was first taken on the 24th August, 1345; Aiguillon, early in December; La Réole, in January, 1346. The 'villa sancti Johannis,' Saint-Jean-d'Angély, was not taken till September, 1346. Derby did not go near Toulouse, although it is not impossible that some incursion was made thither. Baker says that he had his information from persons who were besieged there; but he was quite capable of confusing events, and he is most probably referring to the expedition of 1349. See p. 108, l. 4, and the note on the same, p. 277.

—— l. 24. *Bernardo de Libreto.* Bernard, sire d'Albret; died 1358

—— l. 30. *Per armorum errancias.* This seems to mean: by the procession of his banner, on which the picture of the Virgin stood for his armorial device.

Page 78, l. 7. *Obsessit villam de Aguyloun.* The siege began some time between the 22nd March and the 15th April, 1346 (Luce's Froissart, iii p xxxii.), and was raised on the 20th August, as appears from Lancaster's own despatch, printed in Avesbury. Baker makes it last till after the Decollation of St. John, 29th August.

Page 79, l. 1. *Godefridus de Harecourt.* Godefroi d'Harcourt, son of Jean iii., comte d'Harcourt, was banished, in consequence of a duel, in July, 1344; and went over to Edward's side, doing homage to him in June, 1345. He went back to Philip at the time of the siege of Calais; but changed sides again in 1356, in which year he was slain.—Lettenhove's Froissart, xxi 514

—— l. 7. *Comes Norhamptonie et ceteri* The return of the English from Brittany after the campaign of 1345 is evidently confused by Baker ('ut descriptum est') with that of 1342.

—— l. 12. *Postea dominus rex.* The following is Stow's translation (*Annales*, 377): 'King Edward prepared to make a voyage into Normandy, his navy being ready to transport him from Portesmouth and Dorchester, with the earles of Northampton, Arundell, Warwicke, Harecourt, Huntingdon, Oxenford, and Suffolke, the bishop of Durham, and master William Killesby, clearke, every one of these, leading a great army of souldiours well appointed, were embarqued, and waited for the winde from the first of June to the fift of July, and then, having a good winde, they beganne to make saile with the number of one thousand shippes of burthen and pinases, and on the thirteenth day of July they landed at Hogges in Normandy, where on the shoare of the sea king Edward made his eldest sonne knight and also prince of Wales, and immediately the prince made knights, Mortimere, Montacute, Rose, and other. That night the king lodged in the towne of Hogges, and the next day the towne was brent by the army. The night following, king Edward lodged in Mercels, where he stayed five dayes, during which time all the countrey, with the towne of Barbefleete, was by his men consumed with fire. From thence they departed to Veloigns, which they set on fire; then they went to Senet comb de Mount, which is nigh the sea, and to Garantam; thence to Serins and to Saint Lewes, passing along unto the towne of **Tourney**, wasting all with fire, and that night the king lodged at Carmalin; then to Gerin, being a religious house belonging unto Cane, leaving nothing behind them unspoyled. Afterward they made an assault and entred the city of Cane, making their entrance by a bridge which was strongly defended. There was slaine an hundreth three and fourtie knights, among the which was taken the earles of Ewe and Camberlin de Tankervill, with divers other captaines, and of them of the citie were slaine above one thousand three hundred. At this citie the armie remained sixe dayes, and the spoile thereof they sold to those mariners which followed the coast as the king went. Then they went to the monasterie in the towne of Toward, a verie strong thing and well defended. Afterward they came unto Argons by night, burning still as they went, till they came to the citie of Liceus, where they found the cardinalles of Clarimount and of Naples, and one archbishop, who offered the king a treatie of peace; and there the king continued three dayes, refusing to treate of peace. Then they went to Lastentnoland and to the towne of Briue, and lodged at New Burge, and after at Lelelefe upon Sayne, and being resisted by the inhabitants they slewe many of them. Then they passed nigh to the towne and castell of Pount Darch, being strong places and not assaultable. This night he lodged at Lury upon Segan, nigh unto the good towne of Lovars, which they did burne. After, they passed by the towne and castell of Gailon, which they tooke and brent, and lodged at Lingevie, which is nigh the good towne and castle of Vernon, which they touched not; and there they first entred into Fraunce. And the same night they brent the castell of Roche Blanch, which standeth on the other side of Segan, and lodged at Fremble upon Segan. After that, they passed by the towne of Maunt, lodging that night at Oporne. On the next day they passed to Frigmas, and the next day to the good towne of Poecie, where being a bridge to passe over the river of Segan, the French had spoyled it, but the king caused it to be reedified. And the next day they came to Amias, where were three armies appointed to keepe the king from passing that way; but he slew three hundred of them at the first charge, put the residue to flight, and spoyled their tentes, burning three hundreth and two cartes and wagons laden with crosse-bowes, quarrels, armour and victualles. The king staying there two dayes, they went to Gresile nigh unto Pountoys; then to Autell. The next day they passed by the citie of Wenneys, which they touched not; and so by Trosolours at the water of Some, where they lodged. The next day they wanne the towne of Poys, and brent the castell. From thence they went to Aregnus; then to Acheu, where they lodged. The nexte day they came to Noell upon the sea side; the French men of Dabvile and the countrey came to the foorde side to hinder their passage, with whom the king had a sore conflict, but the enemies were put to the worse and more then two thousand slaine, and the towne of Croytoy taken and brent, and above three hundred Germaines slaine. The next day they followed the king on the river of Some, and on the banks side (where the king with his hoste were lodged) came traveling Philip de Valoys, the French king, with the kings of Boheme and Malegre, leading an armie of men innumerable, divided into eight great battelles. King Edward sent to the French king, offering him free passage over the foorde, if he would come and choose a place apt to fight a field in; but this Philip went to another place of passage. On the morrow king Edward removed to Cresifield, where the armie of the French king met him. The king therefore set his sonne the prince of Wales to governe the vaward; the middle warde the earle of Northampton; the third he tooke to guide himselfe. The armie of the Frenchmen were devided into nine troupes. The vaward was committed to the king of Boheme. The French king commaunded his banner called Oiliflame to be set up, after which time it was not lawfull under paine of death to take any man to save his life. [*Side note:* The French banner of oiliflame signified no mercy, more then fire in oile.] This banner, that it might differ from his standert, had in it lillies of gold very broad. On the other side king Edward commanded his banner to be erected of the dragon, which signified fiercenesse and cruelty to be turned against the lillies. These armies being thus appointed stoode in the fielde from one of the clocke untill the evening. About the sunne setting, after the armies had justed, they beganne by the sound of the trumpets to give signe of battaile, but they themselves felt the force of the English archers, and as for their quarrels, they fell short a great way. Moreover, their footemen, being placed among their owne horsemen, were by them (when they were gauled with the English shotte of arrowes) overrunne and troden upon, that a great outcry was made, as it were to the starres, and the whole forme of the array was broken, and they, fighting with the English armed men, are beaten downe with polaxes. In this so terrible a bickering the prince of Wales, being then but sixteenth yeeres old, shewed his wonderfull towardnesse, laying on very hotely with speare and shielde. This battell dured three partes of the night, in the which time the Frenchmen gave five great assaults against our men, but at the length they being conquered ran away. On the morrow there came foure armies of fresh souldiours to the French side, and, making semblance as though their part had suffered no harme, they came against the Englishmen and gave them a fresh battell. On the other side, the Englishmen withstood them very stoutely, and, after a sharpe conflict, they forced their foes to flie, and in chasing of them, together with them that were slaine in the conflict, they slew three thousand men in the said two dayes.'

Page 79, l. 25. *Tandem die tertio decimo.* The route of Edward's march in the Crécy campaign, across the north of France, from La Hougue to Calais, is here traced with great fulness, and there is no difficulty in identifying almost every place that is named. There is, however, a lack of dates, so that, were there no other means of checking the daily advance of the army, it would be hard, if not impossible, to make out the successive stages with perfect accuracy. Fortunately there is extant the journal of the king's kitchen, kept during the expedition, in which are recorded the names of the places where the king lodged, generally with accompanying dates. This document is quoted in 'Proofs of the early use of Gunpowder in the English Army,' by Mr. Joseph Hunter, printed in *Archaeologia*, xxxii. There is also a contemporary itinerary, copied in a hand of the 15th century, in the Cotton MS Cleopatra D. vii. f. 179. From these two documents and Baker's route a perfect itinerary can be constructed.

There are extant also several letters written during the campaign, which enter more or less into details. These are the letters of Edward to sir Thomas Lucy (Coxe, *The Black Prince, by Chandos Herald*, Roxburghe Club, 1842, p. 351), to the archbishop of Canterbury (Lettenhove's Froissart, xviii. 285), and to the archbishop of York (*Chron. Lanercost*, 342); of Bartholomew Burghersh (Murimuth, 200, 202); of Thomas Bradwardin, chancellor of St Paul's (*ibid.* 201); of Michael Northburgh (*ibid.* 212; Avesbury, 358, 367); and of Richard Wynkeley, the king's confessor (Murimuth, 215; Avesbury, 362).

I here give the stages as they appear in the Kitchen Journal (see also Brit. Mus, Add. MS. 25461, f 11); and also print the itinerary from the Cotton MS.—

Kitchen Journal.

12 July	(*Wednesday*).	Hok.
18 „	(*Tuesday*).	Valognes.
19 „	(*Wednesday*).	Saint Comb du Mont.
20 „	(*Thursday*).	Carentan.
21 „	(*Friday*)	Pount [Hébert].
22 „	(*Saturday*).	Saint Lo
23 „	(*Sunday*).	Sevaunce
24 „	(*Monday*).	Torteval.
25 „	(*Tuesday*).	Funtenay Paynel.
26 „	(*Wednesday*).	Caen.
31 „	(*Monday*).	Treward.
1 Aug	(*Tuesday*).	Leoperty.
2 „	(*Wednesday*).	Lisieux.
4 „	(*Friday*).	Durenvile.
5 „	(*Saturday*).	Limburgh.
7 Aug.	(*Monday*).	Oil de Boef.
8 „	(*Tuesday*).	Pount Vadreel.
9 „	(*Wednesday*).	Longville.
10 „	(*Thursday*).	Frenose.
11 „	(*Friday*).	Appone.
12 „	(*Saturday*).	Ferelaguillon.
13 „	(*Sunday*).	Poissy.
16 „	(*Wednesday*).	Grisy.
17 „	(*Thursday*).	Auty.
18 „	(*Friday*).	Trussereux.
19 „	(*Saturday*).	Somerreux.
20 „	(*Sunday*).	Canseamyneux.
21 „	(*Monday*).	Assheu.
24 „	(*Thursday*).	Sub foresta de Cressy.
25 „	(*Friday*)	In foresta de Cressy.

26 Aug. (*Saturday*). Adhuc sub foresta de Cressy.
27 „ (*Sunday*). In campis sub foresta de Cressy.
28 „ (*Monday*). Valoles.
29 „ (*Tuesday*). Mauntenay.

30 Aug. (*Wednesday*). Saint Joce in Pountif.
31 „ (*Thursday*). Chastelnoef.
2 Sept. (*Saturday*). Vintevill.
3 „ (*Sunday*). „
4 „ (*Monday*) Coram Calais.

Cotton MS. Cleopatra D. vit., f. 179.

Ceux sont les gistes et les descomfiturs que nostre seigneur le roi feat par my le roialme de France. Cest assaver · le xij^e jour de Juylle il arriva a Hogges, pris de la Barflete, en Normandye; et le prince a cele journe prist lordre de chivaler, et autres chivalers tut plein. Ou viendrent graunde poeple sour la rivee, pur defendre la terre; le quex furent descomfitz et mortz graunde fuyson des genz. Et le roi demura illoqes v. jours, tanque sez gentz et ses vitailles fuerent arrivez. Le Mardy ensuant [18 *July*] le roy remua et gist a nut a Valoignes, la quele ville fuist arsz et destrutz et tute la pays environ. Le Mescerdy [19 *July*] le roi gist a Cauney [*Coigny*]. Le Jeodi la fest de seint Margarete [20 *July*] le roi gist en les champs devant la ville de Carentan, ardant et destruant la pays environ. Le Venderdi [21 *July*] gist a Pount Hubert [*Pont Hébert*], ou yl trova que les Normans avoient desbrusee le pont, pur defendre la passage; et le roy fist refaire le pount et passa lendemain. Le Semady le jour de la Magdalene [22 *July*] le roy gist a Seint Loo, quele ville estoit bien enfossez et barres et estuffez de genz darmes; et quant ils vierent que noz genz lour presserent, ils fuyrent par un altre port aderere la ville; fuist gayne et arsz la ville et tute la pays environ. Le Dymenge [23 *July*] gist a Cormale [*Cormolain*]. Le Lundi ensuant [24 *July*] le roy gyst a Torteval. Le Mardy [25 *July*] gist a Malpertuz [*Mauperthuis*], en la feste de seint Jame. Le Mescerdy, Jeody, Vendredy, Semady, et Dymenge [26-30 *July*] le roy gyst a Came [*Caen*], ou il trova grant estouffure dez gentz darmes et a pee; la quele ville fust pris et gayne de bataille, et morrerent cel jour graunde nombre des gentz et pris le counte de Eu, le conestable de Fraunce, et le chamberleyn de Tankerville, et pris cvij. chivalers, saunz autre gentz questoient morz saunz nombre. Et viendrent illoqes le burgeys de la citee de Baieux a les pees, que ils net fuissent ars et destrutz. Le Lundy ensuant [31 *July*] le roy gist a Troard [*Troarn*]. Le Mardy [1 *Aug*] gist a seint Pier sour Dive [*Saint-Pierre*], le jour de seint Pier en August. Le Mescerdy et Joedy [2, 3 *Aug.*] le roy gist en la citee de Lysers [*Lisieux*], ou viendrent ij. cardinals au roi, pur treter la pees, et fuirent brevement responduz. Le Vendredy et le Semedy [4, 5 *Aug.*] le roi gist a la Tournalant juste Norburgh [*Le Teil-Nollent* near *Le Neubourg*]. Le Demenge [6 *Aug.*] gist a Elebeof sour Seyne [*Elbeuf*], ou viendrent les cardinalx autre foiz au roi, et vient ove eux une ercevesque de France, et tantost fuirent responduz. Le Lundy [7 *Aug.*] ensuant le roi gist a Alcre seur Seyne [*Léry*]; et mesme le jour fuirent pris le chastel de la Roche et le chastel de Gyonne sour

Seyne [*Gaillon*], les quex furent ars et destrutz et tute la pays environ. Le Mardy [8 *Aug.*] le roy gist a Longevil juste Vernoun et avoit passe par le Pount de Archeiis [*Pont-de-l'Arche*] ; et en le chastelle de Longevil estoient toutz pleyn de gentz darmez, et defendirent bien le chastel ; mes au fyn il fuyt gayniez par force et morrerent toutz les gentz darmes dedeinz le chastelle trovez. Et quant lez gentz darmes que furent deinz la ville de Longevil vierentz [que] lez gens darmes estoient descounfitz dedeinz le chastel, ils yssiierunt et fuyrent par une altre porte, et morrurent grant fuissoun de eux ; et prestrerent et ardirent la ville et tute la pays environ. Le Mescerdy [9 *Aug.*] le roy gist a Boneyis sour Seyne [*Freneuse*] en la douce France. Le Jeody en la jour de seint Laurence [10 *Aug.*] le roy gist a Epones sour Seyne [*Épone*]. Le Vendredy et le Samady [11, 12 *Aug.*] le roi gist a Frenes sour Seyn [*Fresnes*]. Le Dymenge, Lundy et Mardy [13-15 *Aug.*] le roy gist a Poycy sour Seyne [*Poissy*], ou il trova le pont debruse, et le roi fist tantost mettre une blanche, tanque le pount fuist refait ; et viendrent illoeques graunt nombre des gentz, ove lour cariage, pur garder et defender le pount et le passage ; les quex fuirent mortz et descounfiz graunt nombre des gens, et arsz et destruiz, et la pays tanque a seint Jermayn pris de Parys. Le Mescerdy ensuant [16 *Aug*] le roy remua et gist la nut a Grysyn en Vokezein [*Grisy en Vexin*]. Le Joedy [17 *Aug*] gist a Autoille [*Auteuil*]. Le Vendredy [18 *Aug.*] gyst a Troseres en Picardy [*Troissereux*]. Le Semady [19 *Aug*] gist a Sommereux. Dymenge [20 *Aug.*] gist a Canne en Amynoys [*Camps-en-Amienois*]. Lundy, Mardy [21, 22 *Aug.*] le roy gist a Arrens en Picardie [*Airaines*], et prist par le chymy le chastelle de Poys [*Poix*] par force, quele fuist ars et destrut et tute le pays. Le Mescerdy [23 *Aug*] le jour de seint Barthelmu [*Mem:* St. Bartholomew's day is the 24th Aug.] le roy gist a Assheu [*Acheux*]. Le Joedy [24 *Aug.*] le roy vien pur passer la rivere de Somme, que court outre Seyn Walri [*Saint-Valery*] a Crotoye, et trova tut la cost de lautre part sur la river abataillez de genz a chival et a pee, pur defendre la passage ; les quex fuirent descounfiz et mortz graunde nombre des genz, et mesme la nut le roy gist juste la foreste de Cressy en Pountyf. Le Vendredy [25 *Aug.*] le roy gist en un altre cost de la forest. Le Semady proschein apres la feste de seint Barthelmu [26 *Aug.*] nostre seignur le roy vient en les champs devaunt la ville de Cressy en Pountyf; ou il appercieut le roy de France devers ly, ove tute son poair et alliez a bataille. Parente nonne et vespres assemblerent et combatirent tute le jour et la nuyt tanque lendemain a demy prime, que, loyez en soit Dieu, les Franceys furent descounfiz, et durra la chasche plus que v. [milles]. Et en cel descounfiture morrerent le roy de Beame, le duk de Loreyne, lercevesque de Sauns, levesque de Noyoun, le haut priour del hospitalle de Fraunce, le counte Dalysoun, frere au roy de France, le counte de Bloys, le counte de Flandres, le counte de Nameur et son frere le counte de Harecourt, le counte de Monthbiliard, le counte de Sauves, le counte Dauncerre, le counte Daumarle, le counte de Mures, le counte de Grant Pree, le counte Damartyne, le counte de Baar, le seignour de Rosingburgh, que estoit le plus riche home de royalme apres le roy, le viscount de Tuard, monsire Jake de Borboun, frere au duk de Borboun, le seignour de Cayeu, le seignur de Seint

Venant, et autres plusours que home ne soet nomer. Le Dymenge proschein ensuant [27 *Aug.*] le roi gist en mesme le champ juste la forest. Le Lundy ensuant [28 *Aug.*] le roy gist a Abbevile juste Maunteney [*Valloire-Abbaye*]. Le Mardy [29 *Aug.*] gist en la ville de Maunteney [*Maintenay*]. Le Mesqerdy [30 *Aug.*] gist a Seint Josse en Pountyf. Le Jeody, Vendredy [31 *Aug.*, 1 *Sept*] le roi gist a Noef Chastell [*Neufchâtel*]. Le Semady, Dymenge [2, 3 *Sept.*] le roy gist entre Wytsand [*Wissant*]. Le Lundy suant [4 *Sept*] le roy vient logger devaunt la ville de Caleys, le iiij. jour de Septembre; et demura illoques tanque la ville serra gayne, al eyde de Dieu, ou rescours par sire Philippe de Valois. Et puis la venue a Caleys le countes de Warrewyk, de Arundell, et de Suffolk, ove la bone chivalerie de la chambre du roy, firent un chivache tanque a Torouwane; fut descounfiz et la cite ars et destrut, et tute le pays enviroun et xxx. lieux, alant et venante, et mortz grant nombre des gentz, et pris lerce[d]akne de la citee, chivalers, et autres graund fuysoun.

On comparing these two itineraries with that given in the text, it will be seen that there are certain discrepancies. In some instances these are no doubt due to mere blundering; but others may be accounted for as variations of three different statements written independently by persons marching with different divisions of the army. Putting the three itineraries together, we can lay down the following route :—

12 July (*Wednesday*) Landing at Saint-Vaast-de-la-Hougue. Baker has inadvertently dated this event the 13th July; but, as he speaks of the next day as Thursday, he is only wrong in the day of the month.

13 July (*Thursday*). Headquarters at Morsalines, only two or three miles from St. Vaast. The Kitchen Journal does not notice the removal. Halt of five days. The country wasted, and Barfleur burnt [on Friday, 14th July].

18 July (*Tuesday*). To Valognes, 9 miles S.W.

19 July (*Wednesday*). To Saint-Côme-du-Mont, just north of the river Douve, 14 miles S. by E. Cott. MS. fixes the halt at 'Caueny,' no doubt Coigny, 5 miles W. of Saint-Côme-du-Mont. Probably one of the divisions lay there.

20 July (*Thursday*). Across the Douve to Carentan, only two or three miles.

21 July (*Friday*). The K. J. and Cott. MS. name Pont-Hébert, a town lying 11 miles S.E. of Carentan and about 4 miles N.W. of Saint-Lo, as the halting place for this day. Baker records the march to 'Serins,' Saint-Lo, and Torigni, and their destruction, and then gives Cormolain as the king's headquarters for the night. He has clearly compressed the events of two days into one. 'Serins' is probably a clerical error for *Sevins*, Sept-Vents or Sevans, the place which K. J. calls 'Sevance.' If 'Serins' were the correct reading, it might mean Cérisy-la-Forêt or Cérisy-l'Abbaye, which however lies too much off the route.

22 July (*Saturday*). To Saint-Lo (K. J. and Cott. MS.).

23 July (*Sunday*). To Sept-Vents (K. J.) about 12 miles S.E. of Saint-Lo. Cormolain, mentioned by Baker and Cott. MS., is not far from Sept-Vents, and may be reckoned as the halting-place of some part of the army.

256   *NOTES AND ILLUSTRATIONS.*

24 July (*Monday*).   To Torteval (K. J. and Cott. MS.), only about 5 miles E. of Cormolain.   Baker makes this day's halt at 'Gerin,' a monastic cell, which may be identical with Cairon or le Quéron, a little S. of Fontenay-le-Pesnel.

25 July (*Tuesday*).   To Fontenay-le-Pesnel (K. J.), 7 or 8 miles E.   According to Cott. MS., only to Mauperthuis, just past Torteval.

26 July (*Wednesday*).   To Caen; taken by assault.   Halt of five days.   Baker dates the capture of Caen on the day before, and makes the halt to last six days.

31 July (*Monday*).   To 'Troward' (Troarn), 8 miles E.; and Argences, 4 miles S. of Troarn.

1 Aug. (*Tuesday*).   To Rumesnil, 9 miles E.   K.J. fixes the stage at Leaupartie, which is quite close to Rumesnil; Cott. MS. on the other hand, at Saint-Pierre-du-Jonque on the left of the Dives, only about 5 miles E. by S. of Troarn.

2, 3 Aug. (*Wednesday* and *Thursday*).   To Lisieux, 9 miles E by S.   Halt of two days.   Baker makes it three days.

4 Aug. (*Friday*).   To 'Lestintnoland' (Le Teil-Nollent), 14 miles E., or to Duranville (K. J.) adjoining Le Teil-Nollent.

5 Aug. (*Saturday*).   Through Brionne, 9 miles, to Le Neubourg, 9 miles further E.   The latter place appears as 'Limburgh' in K. J.   Cott. MS. makes a halt on both the 4th and 5th at Le Teil-Nollent.

6 Aug. (*Sunday*).   Apparently a halt.

7 Aug. (*Monday*).   To Elbeuf on the Seine, 11 miles N.E. 'Celebeef,' in Baker; 'Oil de Boef,' in K. J.   Cott. MS. makes the march to Elbeuf fall on Sunday, and continues a day in advance down to the 11th.

8 Aug. (*Tuesday*).   Passing Pont-de-l'Arche, to Léry, said to be on the Seine, but really on the Eure, 9 miles E.   K. J. makes this stage halt at 'Pount Vadreel,' no doubt St.-Cyr-de-Vaudreuil, a little S. of Léry.

9 Aug. (*Wednesday*).   Through Gaillon to Longueville, near Vernon.   Longueville does not appear in the maps.   Perhaps it was a suburb of Vernon; 17 miles S.E.

10 Aug. (*Thursday*)   Capture of the castle of Roche-blanche (not in the maps). This seems to be the 'chastel de la Roche,' of Cott. MS, there stated to have been captured on the 7th.   Advance to Freneuse, 9 miles up the Seine, incorrectly called 'Frevile' by Baker.

11 Aug. (*Friday*)   Through Mantes, to Epone, 12 miles S.E.

12 Aug. (*Saturday*).   To Fresnes, 5 or 6 miles E.   K. J. has 'Ferelaguillon,' which is no doubt a corruption of Fresnes-Ecquevilly.

13 Aug (*Sunday*).   To Poissy, 6 miles E.   According to Baker, the march to Fresnes was on Friday, and the arrival at Poissy on Saturday.   Skirmish with a detachment from Amiens.

14, 15 Aug. (*Monday* and *Tuesday*).   Halt.

16 Aug. (*Wednesday*)   To Grisy, 14 miles N.   Baker calls this place 'Gersile'

17 Aug. (*Thursday*).   To Auteuil, 15 miles N.

18 Aug. (*Friday*).   To Troissereux, 10 miles N.W.

19 Aug. (*Saturday*).   To Sommereux, 15 miles N.   In these last marches

Chron. Gelf. le Baker.

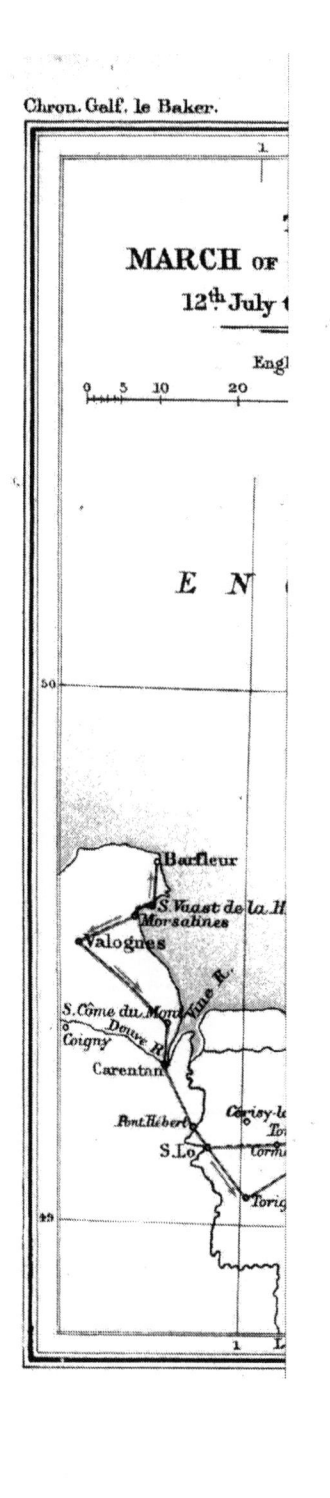

MARCH OF

12th July

Engl

0 5 10   20

E N

Barfleur
S. Vaast de la H
Morsalines
valognes
S. Côme du Mont
Coigny Douve R.
Carentan
Pont Hébert   Cerisy-l
S. Lo   Cor
Torig

Baker still continues a day in advance, making the stage of Auteuil on Wednesday, and from thence to Sommereux on Thursday and Friday.

20 Aug. (*Sunday*). Poix taken Then to Camps-en-Amienois (K J. and Cott. MS.), 8 miles N. Baker refers the capture of Poix alone to Sunday.

21, 22 Aug (*Monday* and *Tuesday*). To Airaines, 6 miles N. of Camps-en-Amienois. Halt. K. J. has 'Assheu' (Acheux) under date of the 21st; the king's kitchen must have been sent on far in advance.

23 Aug. (*Wednesday*). To Acheux, 13 miles N.W.

24 Aug. (*Thursday*). Passage of the Somme. Skirmish at Noyelle-sur-mer, 8 miles N. Le Crotoy taken. Camp 'sub foresta de Cressy' (K J).

25 Aug. (*Friday*). Pass through the forest (Cott. MS). 'In foresta' (K. J.). Attempt by the French to cross the river.

26 Aug. (*Saturday*). In the open field before Crécy (Cott MS), about 8 miles N.E. of Noyelle. 'Adhuc sub foresta' (K. J.). The battle fought.

27 Aug. (*Sunday*). On the field of battle. ' In campis sub foresta' (K. J.).

28 Aug. (*Monday*) To 'Abbeville' (Cott. MS.) or 'Valoles' (K. J), evidently Valloire-Abbaye, on the road to Maintenay.

29 Aug. (*Tuesday*). To Maintenay, 8 or 9 miles N. of Crécy.

30 Aug. (*Wednesday*). To Saint-Josse, 10 miles N.W.

31 Aug., 1 Sept. (*Thursday* and *Friday*). To Neufchâtel, 10 miles N. Halt.

2, 3 Sept. (*Saturday* and *Sunday*). To Wissant (Cott. MS.), 18 miles N. K. J. says 'Vintevill,' i e. Wimille, 10 miles N. Halt.

4 Sept. (*Monday*). To Calais.

Page 79, l. 28. *Statim princeps fecit milites.* Of the three here mentioned, Roger Mortimer was born about the year 1327, was restored to the earldom of March in April 1354, and died in 1360; William de Montacute, the young earl of Salisbury, was born in 1328, and died in 1397; and William de Roos was summoned to parliament in 1350, and died in the Holy Land in 1352.

Page 80, l. 11. *Comes de Ew*, etc. Raoul ii de Brienne, comte d'Eu, became constable of France, on the death of his father, in 1344. He remained prisoner in England for some years; and, returning to France in 1350, was beheaded by king John about the 19th November in that year.—See note on p. 113, l. 22, below. Villani states that he was suspected of a design to deliver the fortress of Guines to the English.—Lettenhove's Froissart, xxi. 168. Jean de Melun, sire de Tancarville, grand chamberlain of France, died in 1350. The abbess of the Abbé aux Dames (or of the Holy Trinity) at this time was Georgia de Mollay, who succeeded in 1336 and died in 1376. The letter of Bartholomew, lord Burghersh, written from Caen three days after the assault (Murimuth, 202) thus describes the losses of the French · 'Et tauntost le conestable de France se rendi a moun seignur Thomas de Holond ou tost pleyn de chivalers et equiers qe furunt ovesqe luy; et le chambelen de Tankerville fust pris dun bacheler mon seignur le prince, si qil est le prison moun seignur. Et furunt pris et mortz entre vj^{xx} et vij^{xx} chivalers pruis et vailauns, dount i sount unqore vifs entour c. ; et desquiers, burgeys, et de comune poeple pris et mortz entour v. mille.' Knyghton, 2586, gives pretty nearly the same account. Michael Northburgh (Avesbury, 359) says: 'Et adonqes furrent pris lez ditz conestable et chamberlain, et al mountance de c. chivalers, et dez esquiers vj^{xx} od vij^{xx}, et mortz chivalers, esquiers, et autres gentz de la ville graunt foisoun, en lez rues, mesouns, et es gardines.'

Page 80, l. 20. *Invenerunt cardinales.* These were Étienne Aubert, who had been bishop of Clermont in 1340, but became a cardinal and bishop of Ostia in 1342 and pope Innocent vi. in 1352; and Annibale Ceccano, archbishop of Naples. The words 'et unum archiepiscopum' no doubt refer to the latter, some confusion in regard to his title causing Baker to create a third envoy. Their safe-conduct is printed in *Fœdera*, iii. 88, dated 3rd August.

Page 81, l. 8. *Venerunt de Amyas*, etc. Richard Wynkeley, in his letter on this part of the campaign (Murimuth, 215), thus describes the repair of the bridge and the skirmish: 'Protensis tamen iij. vel iiij. trabibus ultra pontem fractum, transierunt quidam sagittarii, licet pauci. Interfectis secundum æstimationem hominibus mille vel circiter hostium, ceteri versi sunt in fugam.'

Northburgh (Avesbury, 367) has the following: 'Et en refesance du pount vindrent gentz darmes a graunt nombre od les comunes du pais et de Amyas, bien armez. Et le counte de Northamtone et ses gentz issirent sur eaux, issint qe fusrent mortz plus de D. de noz enemys, le mercie Dieux; et lez autres fusrent as chivals. Et aultre foitz noz gentz passerent leawe et tuerent graunt plente de comunes de Fraunce et de la ville de Paris et aultre du pais, bien armez, del host de roy de Fraunce.'

—— l. 16. *Expugnaverunt villam de Poys.* 'Et lendemain de lassumpcion nostre Dame nostre seignur le roy passa leawe de Seane et soi remua devers Poys, qest fort ville et enclose du mures et chastel tres fort dedeinz; et fust tenu dez enemys. Et qant lavaunt garde et la secunde garde fusrent passez la ville, la rergarde fist assaut a la ville et la prist; et fusrent mortz illesqes plus que ccc. hommes darmes de noz enemys.'—Northburgh's letter (Avesbury, 368).

—— l. 21. *Gallici de civitate Dabevile.* 'Et, fractis pontibus, via non patuit domino nostro regi nisi inter Croteye et Abbatis villam in refluxu maris, ubi totus exercitus transivit illæsus, licet in loco a populo illius terræ nesciretur esse vadum tutum, nisi situm ubi sex vel decem transire poterant simul. Nostri tamen indifferenter quasi omni loco, tanquam in vado tuto, transierunt; quod mirum est in oculis omnium qui noverant locum illum. Et adversarius domini nostri regis ordinavit circiter M. equites et v. millia peditum vel ultra pro custodia illius passagii, ad resistendum fortiter domino regi; sed per dominum comitem Northamptoniæ et dominum Reginaldum de Cobham, cum c. armatis et quibusdam sagittariis exercitum præcedentes, viriliter sunt repulsi, et, interfectis eo die duobus millibus vel ultra, ceteri fugerunt usque ad Abbatis villam, ubi dictus adversarius cum exercitu suo fuit.'—Wynkeley's letter (Murimuth, 216).

'Et le roi de Fraunce avoit ordeigne D. hommes darmes et M^l.M^l.M^l. des comunes armez de avoir garde le passage; et, mercie soit Dieux, le roi Dengleterre et son host pristrent cele eawe de Somme, ou unqes homme ne passa avaunt, saunz perir nul dez gentz, et combateront od lour enemys et tueront plus qe M^l.M^l. gentz darmes, et lez remenantz enchacerent droit a la porte Dabbeville, et pristrent de chivalers et esquiers a graunt nombre. Et mesme le jour monsire Hughe le Despenser prist la ville de Crotoye, et lui et sa gent tuerent illeosqes cccc. hommes darmes et tindrent la ville et troveront graunt plente du vitailles.'—Northburgh's letter (Avesbury, 368).

Page 81, l. 31. *Reges Boemie et Malogrie.* John of Luxemburg, king of Bohemia; and James ii., king of Majorca, who had been driven from his throne by Peter of Aragon, and was slain in 1349 in an attempt to regain it.

Page 82, l. 3. *Rex misit tiranno.* Philip had already challenged Edward and the latter had replied, on the 14th and 15th August, at the time of the passage of the Seine at Poissy. See the letters in Hemingburgh, ii. 423; Lettenhove's Froissart, iv. 496. Baker appears to be the only authority for the statement that Edward offered to allow the French to cross the Somme with a view to fighting a battle.

—— l. 9. *Igitur rex*, etc. The English army was divided, as Baker says, into three divisions or 'battles': the first under the prince of Wales, the second under Arundel and Northampton, and the third under the king. They were posted on the plateau running from south-west to north-east between Crécy and Wadicourt. The latest account of the battle will be found in Kohler, *Die Entwickelung des Kriegswesens in der Ritterzeit* (1886), ii. 385-416.

—— l 15. *In novem turmas divisus.* The different accounts of the disposition of the French forces are most conflicting. The only point upon which all are perfectly in accord is that the Genoese crossbowmen (6000 men under Carlo Grimani and Ottone Doria) led the van. As to the rest of the army, according to some, it was divided into two, according to others, into three or even more battles, the first being under Alençon, while Philip is variously placed in command of one of the others, but generally in the rear guard. The fact is, that the French advanced in such haste that the troops got quite out of hand and came into action, as Froissart says, 'sans arroy et ordonnance.' In the *Récits d'un Bourgeois de Valenciennes*, ed. Baron Kervyn de Lettenhove, 230, the French army is thus divided : ' Sy ordonna ses batailles, et charga le roy à monseigneur Othes Doire la première bataille, qui estoit capitaine de iij^{xx}. et x. hommes d'armes et de vj^{xx}. [? vj^m.] arbalestriers, tous Genevois et bonnes gens. La ij^e. bataille eurent ceulx de Rains et les aultres communes à milliers et à cens. La iij^e. bataille de gens d'armes mena le roy de Bohengne, Charles son fils, le conte d'Alenchon, le conte de Flandres et le conte de Blois. La iiij^e. bataille eult le duc de Loraine, le conte de Blans-Mons, le conte de Saumes, le conte de Sansoirre, le visconte de Thouart, le grant pryeur de France, et le visconte de Ventadour. La ve. bataile avoit le roy de France, monseigneur Jehan de Haynault et pluseurs barons, contes et ducqs et chevaliers de son conseil que je ne sçay point tous nommer.' The English, looking down upon the enemy from the high ground of their position, could no doubt form a good opinion of the French plan of attack. Froissart got his information chiefly from them and from John of Hainault, who was in the rear with the French king. Michael Northburgh, who was present (Avesbury, 369), says that the enemy advanced in four great battles. One of the MSS. of Murimuth comes near to Baker's account by making the number of divisions to be seven. (Murimuth, 246).

Page 82, l. 16. *Regi Boemie.* Villani, *Cronica*, ed. 1823, vi. 164, states that the king of Bohemia and his son, with three hundred knights, took up their position with the Genoese. However this may be, it is certain that John of Luxemburg joined in the battle at an early period of the contest. The continuator of Nangis, ii. 203, unchivalrously declares that he did as much damage to friends as to foes: 'tam suos quam alios, quia non videns, gladio feriebat.'

——l. 29. *Vocabatur inquam Oliflammum.* Baker's ingenious derivation is unique. The Oriflamme is said to have received its name from its orange-red colour.

Page 83, l. 7. *Ab hora prima.* This should refer only to the English army, which took up its position early. The French did not come on to the ground until late in the day, and the battle did not begin till towards evening.

——l. 27. *E contra Anglici.* Froissart, iii. 168, speaks of Edward's devotions on the night before the battle. He and his son and most of their followers heard mass and communicated early in the morning.

——l. 28. *Effodierunt multa foramina.* This is not stated by others; but is not an improbable proceeding. Le Bel describes a park, or lager, formed of the waggons, whereby Edward protected his left rear. The disposition of the archers on the flanks is also noticed only in Baker's narrative. Froissart says that the archers of the prince of Wales's battle were arranged in form of a harrow ('à manière d'une herce'), that is, in open order, like the points of a harrow, and that the mounted men were placed 'ou fons de leur bataille.' Modern writers place the archers along the front (Kohler, plan), or even in the centre with the men-at-arms on the flanks (Oman, *Art of War in the Middle Ages*, 104). Baker's statement must not be rejected without being duly weighed. It is quite evident that he got his information of the details of the battle which he embodies in his story from some person who was present; and his battle array is certainly best suited for the strictly defensive action which the English fought, scarcely moving a step from their position and yet slaughtering their enemies in great numbers with trifling loss to themselves. It will not be forgotten that it was to a fault in tactics in the disposal of the archers, 'prius armatorum a tergo stancium qui nunc a latere solent constare' (p. 9), that he partly attributes the disaster of Bannockburn.

Page 84, l. 10. *Edwardus de Wodestoke.* From the prominence given to the part taken by the prince of Wales's division, it is evident that Baker had his information chiefly from one of the prince's followers. The general course of the battle after the destruction of the Genoese crossbowmen he does not follow. Wynkeley, who, like Northburgh, was a non-combatant, and probably watched the battle from the rear, with the king's division, speaks of three charges, the third being the most desperate (Murimuth, 216). His letter has evidently formed the basis of other accounts (Murimuth, 246). Knyghton also describes three main attacks.

Page 84, l. 23. *Compellebatur genuflexus pugnare.* 'Et là eult le prince de Galles tant à faire qu'il fut mis à genous par deux fois, et que monseigneur Richart Fils-de-Symon, qui portoit sa bannière, print sa bannière et le mist dessoubs ses pieds et passa sus pour garandir et pour son maistre rescourre, et print son espée à ij. mains, et commencha le prinche à deffendre et à cryer: "Edouart à saint Jorge, au fils du roy!" Et à celle rescousse vint l'evesque de Duraines et maints vaillans chevaliers qui rescouyrent le prince, et là releva monseigneur Richart sa banière.' —*Bourg. de Valenciennes,* 232. Louandre, in his account of the battle, *Histoire d'Abbeville* (1844), i. 238, draws from another source the same anecdote of the young prince's rescue by his standard-bearer, whom however he names Richard de Beaumont. The knight who was despatched to the king to ask for help was, according to Froissart, iii. 183, Thomas of Norwich. The timely succour of twenty knights was a much more probable answer to the petition than the romantic words put into Edward's mouth by Froissart. The blank left by Baker for the name of the leader of the relieving force may, on the authority of the passage quoted above from the *Bourgeois de Valenciennes,* be filled up with that of the bishop of Durham. Froissart posts the bishop with the second division under Northampton, which he describes as advancing to the prince's support just when the message was sent to the king. The *Bourgeois de Valenciennes* is more probably correct (232) in placing him with Edward.

—— l. 30. *Quindecies nostris insultum.* This may be accepted as correct. Desultory attacks were no doubt made far into the night. Knyghton, 2588, confirms Baker almost to the letter: 'Rex Edwardus tota nocte cum exercitu suo stetit in campo, et Franci xvj. vicibus dederunt eis insultum antequam dies illucesceret.'

Page 85, l. 1. *Quatuor acies recencium Gallicorum.* 'Et lendemain matin, devaunt le solail leve, vint devaunt nous un autre bataille, graunt et fort. Et monsire le counte de Northamtone et lez countes de Northfolk et Warewyk isserount et lez descomfiteront, et pristrount de chivalers et esquiers a graunt nombre, et tueront M¹.M¹. et pluis, et lez enchaceront iij. lieues de la terre.'—Northburgh (Avesbury, 369). It should be noted that there was no earl of Norfolk at this time. Northburgh perhaps meant the earl of Suffolk.

—— l. 6. *Ter mille viros.* The total French loss has never been ascertained. They came into the field, according to Wynkeley and others, with about 12,000 men-at-arms and 60,000 infantry. This computation is probably fairly correct. Northburgh is very exact in one particular: 'La summe des bones gentz darmes qe fusrent mortz en la champ a ceste jour, saunz comunes et pedailles, amounte a mil D. xlij. acountez.' He probably got these figures from the officers who were appointed by Edward to examine the bodies. As we have seen, he counts the French loss in the fight on the morrow at upwards of 2000; this appears to be intended as a total of all ranks. One of the versions of Murimuth (248), in addition to the men of high rank who fell, computes 'de aliis militibus et armigeris plus quam duo millia, ac de hominibus de communi sine numero' Knyghton also makes a total of 2000 men-at-arms; but adds the improbable number of 32,000 common soldiers slain. Wynkeley appears to be the first authority for the statement that the English lost only two knights and one squire; he further adds that certain Welsh were also killed, 'quia se fatue exposuerunt.' It will be observed that lower down Baker estimates the French loss of 'virorum militarium et superioris dignitatis' at upwards of 4000, and that, as to the rest, 'nemo curavit numerare'; and the English loss at less than forty. Froissart's numbers are about 1300 great people and knights, and 15,000 or 16,000 others, on the French side; and three knights and twenty archers on the English side.

Page 85, l. 8. *Fuerunt in prelio de Cressi peremti.* The persons here enumerated are: Jean de Luxembourg, king of Bohemia; Guillaume de Melun, archbishop of Sens (who, however, was not slain in the battle); Bernard Le Brun, bishop of Noyon (who was only taken prisoner); Raoul, duke of Lorraine; Charles, comte d'Alençon, brother of the French king (the words 'et frater eius' being no doubt a misreading for 'frater regis'); Jean (not Philippe) iv. comte de Harcourt; Jean ii. comte d'Auxerre; Jean v. de Harcourt, son of the comte de Harcourt, comte d'Aumale (who was only wounded); Simon, comte de Salm; Louis de Châtillon, comte de Blois; Louis de Crécy, comte de Flandre; Henri de Montfaucon, comte de Montbéliard (who, however, did not fall in the battle); Louis ii. comte de Sancerre (this is probably the explanation of 'comes de Nauver' of the text); Jean ii (?), comte de Grandpré; Robert Bertrand, baron de Briquebecq, marshal; Peter Ursini, styled 'the Bold,' count of Rosenberg, high chamberlain of Bohemia (Baker has taken him for an officer of the French king; so also the Lanercost chronicle calls him 'major totius Franciæ post regem.' He is said to have died on the 14th Oct. 1346; he may therefore have been only wounded); (Jean de Nanteuil ?), grand prior of France; Hugues de Vers, abbat of Corbie (who, however, according to the *Gallia Christiana*, survived till 1351); Thibaut de Moreuil; Jean (?) de Cayeu; and Robert de Wavrin, seigneur de Saint-Venant, seneschal of Flanders. Particulars of most of them will be found in the useful indexes to Lettenhove's Froissart.

———l. 28. *Corpus regis Boemie.* The body was first laid in the abbey of Valloires, but was afterwards removed to Luxemburg. In the French revolution the remains were disturbed and found their way into a private museum of antiquities near Treves, from which degraded position they were rescued by the king of

Prussia, and were (in 1872) kept at Castel, near Saarburg.—Luce's Froissart, iii. lxi.

Page 86, l. 10. *Misit tirannus.* 'The French king in this meanetime sent a number of Genowayes and other hired souldiours unto David king of Scots, earnestly requesting him that he would invade England with all his force: wherefore about the 7 of October he with a mighty power entred England, passing along by Berwicke, which was strongly defended by the Englishmen, and so, ranging over the forest of Alnewike, they wonne a certaine mannour place called Luden, belonging to the lord Walter Wake, who yeelded himselfe on condition to be ransomed, where (Selby a knight being desirous by law of armes to save his life) he was taken, which when it was known to David, he commanded him to be slaine: but Selby intreated for him that he might be brought alive to the presence of David, who having obtained his request, he falleth downe before David, requesting his life for ransome, but he was againe adjudged to die. The malice of the tyrant was such, that he commanded two of the children of the poore knight to be strangled in sight of their father, and afterwards himselfe, being almost madde for sorrow, was beheaded. From thence the Scots passed forward, wasting along the countrey, wherein were many farmers belonging to the monasterie of Durham, and comming within two miles of Durham they tooke certaine of the monks, which they kept prisoners for their ransome, making covenant with the residue for a certaine summe of money and corne to redeeme their mannours from spoyling. The Englishmen of the marches fleeing before the face of the enemie, William de la Zouch, archbishop of Yorke, vicegerent to the king in the marches, calling together the bishop of Carleile, the earle of Anguise, the lord Mowbray, the lord Henry Percy, the lord Ralph Nevel, Ralph Hastings, with all their ayde, together with the archers of Lancashire, went towards the armie of the Scots, and on the eeven of saint Luke met them at a place called Bewre Parke, neere Nevils Crosse. The Scottish nation, not accustomed to flee, withstoode them stoutely, and having head-pieces on their heads and targets on their armes, preasing sore upon the Englishmen, they abode the brunt of the archers: but the men of armes, which were in the forefronts, gave their enemies many deadly wounds. The marshall of the Scottes, earle Patrike, who had the charge of the rereward, when he perceived his men to be beaten downe, he fled away with other that were privie to his cowardlines: he being fled, the residue of the Scottes, continuing faithfully with their king, stoode about him like a round tower, keeping him in the middle, who so continued till there was scarce fortie of them left alive, of the which not one of them could escape away. At length, David their king valiantly fighting and sore hurt, an esquire of Northumberland, named John Copland, tooke him, who with eight of his servants rode straite out of the field with the king, and so rode fifteen leagues from that place to a castle called Orgalus, the residue about him being taken or slaine; the Englishmen pursued the chase after them which were fled, slaying and taking them as farre as Prudihow and Corbridge.'—Stow, *Annales*, 380.

It will be noticed that, owing to the corrupt state of the Latin text, Stow has fallen into great confusion regarding the death of Selby, substituting an imaginary 'lord Walter Wake' for the unfortunate man.

Page 86, l. 12. *Per suas literas.* See a Latin version of Philip's letter to David, in Hemingburgh, ii. 422, bearing date 22nd July, in which he says: 'remansitque patria Angliæ vacua præsidio et immunita, nam major pars exercitus sui cum ipso [Edwardo] est, altera pars in Vasconia, et altera in partibus Flandriæ et Britanniæ divisa est; idcirco enim in Anglia fortium copia et armatorum esse non potest: cunctisque videtur quod in tota patria Angliæ, si diligentiam vestram et curam apponere vultis, maximum sibi damnum inferre potestis.'

> 'Sir Philip þe Valais, suth for to say,
> Sent unto sir David, and faire gan him pray
> At ride thurgh Ingland, þaire fomen to flay,
> And said none es at home to let hym þe way,
>   None letes him þe way, to wende whore he will:
>   Bot with schipherd staves fand he his fill.'—Minot, 31.

——— l. 19. *Oppugnarunt quoddam manerium.* The small fortress or pele of Liddel stood on a cliff overhanging a stream of the same name, two miles north of Netherby. It belonged to Thomas, lord Wake, who was sometimes styled 'Thomas de Wake de Lyddel.' It held out till the fourth day of the siege, when it was stormed: 'Tunc dominus Walterus de Selby, custos fortalitii, videns sibi, proh dolor! mortem imminere et nullo modo possibile se posse evadere, petiit a rege David suam pietatem, pluries implorando quod, ex quo mori debuit, sicut militem cum aliquo inimicorum posset prœliando ultimum diem vitæ suæ in campo finire. Sed hanc petitionem David, diu dolo demens, induratus ut alter Pharao, fremens, furibundus, vesania vexatus magis quam Herodes hostis Altissimi, nec prece nec pretio concedere volebat. Tunc miles ultra addidit. "O rex reverende, ex quo voluistis me vestrum videre, ex mero more regio, aliquam guttam gratiæ a fonte felicissimo vestræ bonitatis spero jam habere." O nefanda rabies regis reprobandi! heu! noluit promittere militem confiteri, sed illum indilate jussit decollari.'—*Chron. Lanercost*, 345.

It will be seen that here there is no mention of the murder of Selby's sons; so we may hope that the story is untrue. At all events Selby's eldest son was not slain; he was made prisoner and kept in Scotland for eight years.—*Cal. Doc. Scotland*, iii. 1670.

Page 87, l. 27. *Convocatis cum eorum copiis.* The English leaders here named are John Kirkeby, bishop of Carlisle; Gilbert Umfreville, earl of Angus; John, lord Mowbray; Henry, lord Percy; and Ralph, lord Neville, of Raby. See the carefully written account of the battle in *Archæologia Æliana*, new series (1856), i. 271.

Page 88, l. 9 *Comes Patricius.* Patrick Dunbar, 9th earl of Dunbar and March, now over sixty years of age, with Robert Stewart, commanded the rear division.

—— l. 18. *Iohannem de Copelond.* For his services in the battle of Neville's Cross, John of Coupland was made a knight banneret, with an annuity of £500, which however was afterwards commuted for a grant of land. See an account of him in *Archæol. Æliana*, n. s., i. 293.

—— l. 22. *In tanto certamine*, etc. Dalrymple (Lord Hailes), *Annals of Scotland* (ed. 1797), iii. 106, has compiled a list of the Scottish losses, based chiefly upon the names given by Knyghton. Baker's list furnishes some new names and otherwise differs from that of Dalrymple. It is as follows: Prisoners:—King David; John Graham, earl of Menteith; Duncan Macduff, earl of Fife; Malcolm Fleming, earl of Wigton; William Douglas (the knight of Liddesdale), William Livingstone, Walter Haliburton (of Dirleton), John Douglas (probably younger brother of William Douglas, of Liddesdale), David Annand, John St Clair, William Mowbray, David fitz Robert fitz Kenneth, William Ramsay (of Colluthy), Adam Moigne, John Stewart (of Dalswinton), Roger Kirkpatrick, John Hume, William More, knights; and three squires. Killed —John Randolph, earl of Moray; Maurice Moray, earl of Strathern; Alexander Strachan, John Haliburton, Henry Ramsay and Ness Ramsay (among the prisoners, in Dalrymple), Adam Nicholson, Thomas Boyd, John Stewart (of Dreghorn), Alan Stewart (his brother), David de la Haye (constable), Edward Keith, John Crawford, John Lindesay, Philip Meldrum, Henry Ramsay (a prisoner, in Dalrymple), Alexander More, Humphrey Boys, Gilbert Inchmartin, Robert Maitland (of Thirlestane) and his brother, Humphrey Kirkpatrick, John Strachan, and Patrick Heron (a prisoner, in Dalrymple), knights.

Page 89, l. 11. *Dum hæc in Anglia geruntur.* 'While these things were done in England, the king was busied at the siege of Caleis, which towne is situated in the marches of Artoys, being closed about with a double wall and a double ditch, hard on the shore of the English sea, right over against the castle of Dover. And there is belonging to the same towne an haven wherein ships may lie very safe without danger. This towne was sometime, with the castle thereof, very strongly built by the force and valiantnes of the Romans, for, after that Julius Cæsar had brought all Fraunce under his subjection, he built Caleis in Artoys, and the castle of Chepstow in Venedocia or Southwales, and the castle of Dover in Kent, what time he had conquered Brytaine (as saith mine author). King Edward cast a ditch about his campe, and laid his navie of ships against Caleis haven, to the intent that the Frenchmen should make no invasions upon his souldiours, neither they within receive any victuals by water. The Norman pirats at sundry times tooke 15 of his ships, whereof some of them they carried away for their owne occupying, the other they brent, and Sir Thomas Haclut with Sir William Borton, knights, as they were sailing into England, were taken prisoners on the sea. King Edward, having fortified the siege, lay without giving any assault, knowing that it was not possible to fight with his enemies without great losse of men, considering the depth of the ditches and height of the walles: neither would he erect any engines against the towne, for there wanted firme ground whereupon to place them. Besides that, if he should beate downe the walles, yet were the ditches so deepe and full of salte water let in on every side, that they were able to withstand all the world with little strength and defence.'—Stow, *Annales*, 381.

Page 89, l. 21. *Aut obsessis victualia per mare ministrarent.* Knyghton, 2592, tells us that as late as the spring of 1347 the French relieved the besieged: 'Post Pascha, anno gratiæ m.ccc.xlvii, venerunt xxx. naves et galeæ, et atrociter, sine impedimento regis Edwardi vel suorum, intulerunt victualia in villam Calesiæ, et absque dampno recesserunt, cernente populo Anglicano. Et ab ea hora fecit rex obturare viam introitus navium in villam. Et comes Warwych cepit custodiam maris cum lxxx. navibus.' This is perhaps dated too late, Edward having sat down before the place in September, 1346. The roll of the fleet which was assembled before Calais is printed in *Archæologia*, vi. 213, and by Nicolas, *Hist. Navy*, ii. 507. The English vessels were 700 in number, with 14,151 mariners.

—— l. 25 *Edmundus Haclut*, etc. Sir Edmund Hakluyt is perhaps the person of that name who died 34 Edw. III, seised of lands in cos. Hants and Wilts, and who married Emma, widow of John Berenger, with whom he had the moiety of the manor of Ebbesbourne, co Wilts—Hoare, *Modern Wilts*, Chalk Hundred, 162. Sir William Burton appears at a later period in the *Fœdera*, as engaged in various diplomatic missions.

—— l 29. *Parariorum.* 'Pararium,' another form of the word 'petraria,' a catapult.

Page 90, l. 8. *Ab arido ad mare profundum.* This passage appears to mean that the earl of Northampton set up a palisade, extending from the shore into deep water, to stop the people of Boulogne, who smuggled victuals into Calais, not in ships on the open sea, which was guarded, but in boats in shallow water along shore.

—— l. 12 *Et postmodum amirallo.* This was no doubt the action of the 25th June, 1347, described in a letter printed in Avesbury, 385.

—— l. 18. *Tirannus Francorum advenit.* The date of Philip's arrival at Guines, as here stated, is the 23rd July. Edward, in his letter to the archbishop of Canterbury (in Avesbury, 391), describes the whole affair. Philip moved from Guines and took up a position near Sangatte on Friday, the 27th July. Then followed fruitless negotiations for four days, ending in a challenge from Philip to Edward, which was accepted. The French, however, drew off on Thursday, the 2nd August. Of the three French envoys, Gauthier de Brienne, duc d'Athènes, and Pierre, duc de Bourbon, perished in the battle of Poitiers. The third, Jean, comte d'Armagnac, is not mentioned in Edward's letter; nor, on the English side, is the earl of Huntingdon.

Page 90, l. 28. *Obsessi interea per signa.* 'In the meane season, they which were besieged made known their state to the French king by signes and tokens, for at his first comming they within the towne set up his ancient on the chiefest tower of the castle, and also they set out banners of the dukes and earles of France, and a little after the shutting in of the evening they made a great light on the top of one of the highest towers which was towards the army of the Frenchmen, and therewithal they made a great shoute and noyse with trumpets and drummes. The second night they made the like, but some what lesse. The third night a very small fire, giving forth therewith a sorrowfull voyce, signifying thereby that their strength touching the keeping of the towne was quite spent and done. And the same night they tooke in all their flags and ancients, except their standart. At the last, the day of battell drew on, against which time there came out of England and Dutchland, toward the helpe of king Edward, 17,000 fighting men, whereupon the French king betimes in the morning of the second daye of August, making fire in his tents, fledde, whose taile the duke of Lancaster and earle of Northampton cutting off, they slewe and tooke many of them. When they of Caleis perceived this, they tooke their standart downe, and with great sorrow cast it from the tower downe into the ditch, and on the Satterday following John de Vienna, their captaine, a man very skilfull in warlike affayres, opening the gates of the towne, came out to the king of England, sitting on a little nagge, for that hee being lame on his feete could not well goe, with an halter about his necke, with the other burgesses and souldiours following on foote, bare headed and bare footed, having halters about their neckes. The captaine, comming thus before the king, offered him a warlike sworde, as unto the chiefest prince of armes amongst all Christian kings and as one that had taken that towne from the mightiest Christian king by noble chivalry. Then he delivered to him the keyes of the towne. Thirdly he, requesting of him pitte, asked pardon and delivered him the sworde of peace, wherewith he should give right judgement, spare and forbeare the humble and lowly, and chasten the proude hearted. The king receiving that which was offered him sent the captaine, with fifteene knights and as many burgesses, into England, enriching them with large gifts. The common sort of people and such as he found in the towne, being somewhat refreshed with the kings almes, he commaunded to be safe conducted to the castle of Guisnes.'—Stow, *Annales*, 382.

Avesbury dates the surrender of Calais on Friday the 3rd August, a day earlier than Knyghton and Baker. Knyghton's account, 2594, may be compared with our chronicle: 'Igitur cum vidissent cives Calesiæ vecordiam Francorum, subtraxerunt de muris vexilla Franciæ et vexilla regis Angliæ quartilata de armis Angliæ et Franciæ elevantes. Feceruntque ejulatum magnum, et voce lugubri clamaverunt ad regem Edwardum pro misericordia, tanquam gentes fame pereuntes sine subsidio ; et reddiderunt villam, se et cuncta sua ad gratiam regis Edwardi, scilicet iv. die Augusti, anno Domini m.ccc.xlvij, sub tali forma. Venerunt de Calesia reddere se et villam regi Edwardo dominus Joannes de Vienna capitanius cum aliis pluribus Milites, villæ custodes, veniunt distinctim cum discoopertis capitibus, habentes gladios transversos in manibus ; quorum unus gladius significavit quod rex vi et armis villam conquisierat ; alter vero quod subiciebant se ad voluntatem regis mittere eos ad mortem, vel aliter de eis faceret votum suum. Burgenses vero procedebant cum simili forma, habentes funes singuli in manibus suis, in signum quod rex eos laqueo suspenderet vel salvaret ad voluntatem suam ; et voce altisona regi clamabant quod false et proditiose villam tenuerant et defenderant contra eum. Rex vero misericordia motus suscepit eos in gratiam suam, et gratiose eos tractabat. Statimque misit victualia in villam ad recreationem populi ; set illi erant adeo famelici et fame affecti et adnichilati ac debilitati, et tantum sumpserunt de victu et potu, [quod] nocte proxima sequenti moriebantur in dicta villa plusquam ccc. personæ.'

During the sea-fight of 25th June, the letter which Jean de Vienne, the gallant captain of Calais, wrote to Philip, to tell him of the sore need of the town, was cast overboard the boat in which it was being conveyed, in order to prevent it falling into the hands of the English. But it was recovered and sent on by Edward to the French king. With grim humour the letter tells Philip how cats, dogs, and horses are all eaten, and nothing remains but human flesh ; but 'twere better to die with honour in the field than eat each other; and so, 'si briefment remedie et consail ne soit mys, vous naverez jammes plusors lettres du moy, et serra la ville perdue et nous qe sumes dedeinz.'—*Avesbury*, 386.

Page 92, l. 4. *Maneria de Merk et de Hoye.* Marck and Oye, between Calais and Gravelines.

—— l. 10. *Predones in Anglia.* In the parliament of this year the commons petitioned against maintenance of traitors, robbers, felons, and trespassers against the peace.

—— l. 23 *Ordinantur treuge.* The truce was signed on the 28th September, 1347, to last till the following 24th June. The comte d'Eu and the sire de Tancarville no doubt used their good offices, but they were not officially concerned in the negotiations.

Page 96, l. 4. *Dominum I. de Montgomory.* John, lord Montgomery, was appointed captain of Calais on the 8th October, 1347.—*Fœdera*, iii. 138. He died of the plague.

—— l. 6 *Versus Angliam.* Edward landed at Sandwich on the 12th October, and came to London on the 14th.—*Fœdera*, iii. 139.

—— l. 11. *Adducti sunt ad turrim.* David Bruce had been a prisoner in the Tower since the 1st January, 1347.—*Fœdera*, iii. 99. Charles of Blois was captured at the battle of Roche-Derien, 20th June, 1347.

NOTES AND ILLUSTRATIONS.

Page 96, l. 15. *Iacobus Douglas.* William (here wrongly called James) Douglas, the knight of Liddesdale, made his peace with, and engaged to serve, Edward; and was set free on the 17th July, 1352.—*Fœdera*, iii. 246. The next year he was murdered, when hunting in Ettrick Forest, by his kinsman William, afterwards earl Douglas.

—— l. 25. *Abbas de Donfermelyn.* Alexander of Berwick, abbat of Dunfermline, 1331-1353.

—— l. 25. *Venerunt eciam episcopus.* The members of this embassy, which arrived in April, 1348, were John Pilmore, bishop of Moray, Adam, bishop of Brechin, Robert Erskine of Erskine, and William Meldrum of Auchineve.—*Fœdera*, iii. 158. David was not restored to liberty till August, 1357.

Page 97, l. 8. *Comes de Mentez.* The earl of Menteith was executed early in 1347.

—— l. 16. *Eiis respondit.* Edward's envoys declining the imperial crown were despatched on the 10th May, 1348.—*Fœdera*, iii. 161.

—— l. 22. *Domina Iohanna.* The princess Joan was betrothed to Pedro (afterwards known as Pedro the Cruel), now in his fourteenth year, son of Alfonso xi. of Castille. Her death at Bordeaux was formally announced by Edward to the Spanish court by letter of the 15th September, 1348.—*Fœdera*, iii. 171.

Page 98, l. 7. *Convenerunt apud Calesiam.* The commission to the English envoys is dated 25th September, 1348. The French envoys were Hugues, bishop of Laon, Jean de Nesle, sire d'Offemont, Geoffroi de Charny, and the master of the crossbowmen. The prolongation of the truce to the 1st September (not December) of the following year was agreed to on the 13th November.—*Fœdera*, iii. 173, 177. Baker appears to have confused the negotiations of this and the next year

—— l. 19. *Homagium de comite Flandrie.* A treaty was made with the count of Flanders on the 4th December, 1348.—*Fœdera*, iii. 178. The negotiations were carried on at Dunquerque. See Lettenhove's Froissart, xviii. 317.

—— l. 20. *Missi quoque fuerunt nuncii.* There is no notice in the *Fœdera* of this mission. Sir Robert Herle was lieutenant, and on the 9th March, 1350, became captain, of Calais.—*Fœdera*, iii. 198.

—— l. 29. *Ab oriente Indorum.* 'There began amongst the East Indians and Tartarians a certaine pestilence, which at length waxed so general, infecting the middle region of the ayre so greatly, that it destroyed the Saracens, Turks, Syrians, Palestinians, and the Grecians with a woonderfull or rather incredible death, in so much that those peoples, being exceedingly dismaid with the terrour therof, consulted amongst themselves and thought it good to receive the Christian faith and Sacraments, for they had intelligence that the Christians which dwelt on this side the Greekish sea were not so greatly (more then common custome was) troubled with sicknesse and mortalitie. At length this terrible slaughter passed over into those countries which are on this side the Alpes, and from thence to the partes of Fraunce which are called Hesperia, and so by order along into Germany and Dutchland. And the seventh yeere after it began, it came into England and first began in the townes and ports joyning on the sea coasts, in Dorsetshire, where, even as in other countries, it made the country quite void of inhabitants, so that there were almost none left alive. From thence it passed into Devonshire and Somersetshire, even unto Bristow, and raged in such sort that the Glocestershire men would not suffer the Bristow men to have any accesse unto them or into their countrey by any meanes. But at length it came to Glocester, yea even to Oxford, and London, and finally it spred over all England, and so wasted and spoyled the people that scarce the tenth person of all sorts was left alive.'—Stow, *Annales*, 384.

The Black Death—so called from the dark blotches which appeared on the skin, owing to the infiltration of the blood into the disorganized tissues—was the Levant or oriental plague. This fearful outbreak is said to have had its origin in central China, in 1333. It reached Europe in 1347, and appeared at Avignon at the beginning of 1348. Thence it spread northwards through France and Germany, and reached England in August of that year. It is said to have extended even to Iceland and Greenland. After making the circuit of Europe it visited Russia in 1351, and seems to have been finally stopped at the Caucasus. Baker's account of its progress in England has formed the chief basis of all later notices, through the medium of Stow's *Annales*. According to Professor Thorold Rogers, from one-third to one-half the population of the country perished. See Hecker, *Epidemics of the Middle Ages* (Sydenham Society), 1846; Rogers, *History of Agriculture and Prices in England*, i. 292 sqq.; also, with regard to the extent of its ravages, see papers by Mr. Seebohm and Professor Rogers in *The Fortnightly Review*, ii. 149, 268, iii. 191; and *The Black Death in East Anglia*, by Dr. Jessopp, in *The Nineteenth Century*, xvi. 915, xvii 599.

It will be observed that Baker dates its appearance at Bristol on the festival of the Assumption of the Virgin (15th August); its first entry into the country on the Dorsetshire coast is placed by Avesbury, 406, at the beginning of the month. According to the *Eulogium Historiarum* (Rolls Series), iii. 213, it was imported at Melcombe. Baker states that London was attacked about Michaelmas; Avesbury, about All Saints. The progress of the epidemic into the Eastern counties was remarkably slow, for it does not seem to have made its mark in Norfolk until about the end of March, 1349 Knyghton, 2599-2601, gives very interesting particulars of the social effects of the plague, particularly in regard to labour.

Page 99, l. 15. *Episcopus Londoniensis.* 'Ralph Stratford, bishop of London, in the year 1348, bought a piece of ground called No Man's Land, which he inclosed with a wall of brick and dedicated for burial of the dead; built thereupon a proper chapel, which is now enlarged and made a dwelling-house. And this burying-place is become a fair garden, retaining the old name of Pardon Church-yard.'—Stow, *Survey of London*, ed. 1754–5, ii. 60. Sir Walter Manny purchased an adjoining piece of land of more than thirteen acres, the site of the Charterhouse which he founded in 1371. Stow says that he had seen a stone cross which stood in Manny's cemetery, bearing an inscription which recorded the burial of 50,000 victims of the plague.

Page 99, l. 20. *Iohannes de Montgomurri.* He died in 1348, for John Beauchamp was appointed captain of Calais on the 1st January, 1349. Owing to the transposition of words in the Bodleian MS. (or, at least, in the MS. which he used) Stow (*Annales*, 386) has made 'Lord Clisteles' captain of Calais. Who this Clisteles was, does not appear. He was, however, probably of the family of the lords of Ghistelles in Flanders. Wulfart de Ghistelles was in Edward's service, and was the officer who captured Poix in the Crécy campaign (*Bourgeois de Valenciennes*, 225). The name is not found in the list of persons buried in the church of the White Friars, in Stow's *Survey* (i. 742). There is however an Elianor Gristles, or Gistles, who may have been one of his family.

—— l. 27. *In crastino defuncti.* 'Pauci erant qui lectum occupabant ultra iij. dies vel duos dies et dimidium diem.'—Knyghton, 2599. 'Nullum quidem quem mori voluit ultra tres vel quatuor dies vivere vix permisit, sine delectu etiam personarum, paucis divitibus dumtaxat exceptis.'—Avesbury, 407.

Page 100, l. 10. *Scoti gavisi.* 'Scoti audientes de crudeli peste Anglorum suspicati sunt de manu Dei vindici hoc eis evenisse, et sumpserunt injuramentum, prout vulgaris rumor aures Anglorum personuit, sub hac forma, quando jurare volebant: *Per fœdam mortem Anglorum*, Anglice "Be the foul deth of Engelond." Et sic Scoti, credentes vindictam Dei horribilem Anglos obumbrasse, convenerunt in foresta de Selfchirche in proposito invasisse totum regnum Angliæ. Supervenit sæva mortalitas et ventilavit Scotos subita et immanis mortis crudelitas, et moriebantur in parvo tempore circiter v millia. Reliqui vero, quidam debiles, quidam fortes, repatriare se disponebant, set Angligenæ eos præoccupaverunt insequentes, et occiderunt ex eis multos nimis.'—Knyghton, 2599-2600.

—— l. 20. *Transfretarunt episcopus*, etc. The commissioners were the bishop of Norwich, the earls of Northampton and Huntingdon, the prior of Rochester, and others. On the 2nd May, 1349, the truce was prolonged to Whitsuntide, 1350.—*Fœdera*, iii. 182, 184.

—— l. 26. *Ceterum comes Flandriæ.* Baker is here evidently referring to the treaty of December, 1348. He has, with some excuse, a very vague idea of what was going on in the Low Countries, and in this paragraph and in the one on page 102 seems to have set down a confused statement of what he probably gathered from English solders who had served there. It was after the treaty of 1348 that Louis de Male returned to Ghent and the fight between the two factions of the fullers and the weavers took place, in which the latter were defeated. The count thus had the opportunity of repressing them still further and reducing them to obedience. Baker seems to have in his mind the battle of Cassel, fought in 1347, in which the English archers helped the Flemings to win the day.

Page 101, l. 7. *Iohannes de Filebert.* John de Saint-Philibert, baron by writ 1348, died 1359.

——l. 19. *Sub ducatu Radulphi de Caux.* Raoul de Cahors, who, after being lieutenant of Poitou and receiving various benefits in Edward's service, turned traitor and went over to the French; and, as an earnest of his repentance, slew his old comrade Dagworth in the manner described. By a deed of the 4th January, 1350, he undertook to hand over to the French the towns of Vannes, Brest, Quimper, and other places in Brittany (Lettenhove's Froissart xviii. 334). The attack on Dagworth took place near Auray, in the month of August. Dagworth was a gallant soldier, who pushed his fortunes with his sword and was appointed the king's lieutenant in Brittany on the 10th January, 1347. It does not appear what authority Baker had for calling Raoul de Cahors the son of a cobbler; in any case, he was a mere adventurer

Page 102, l. 13. *Nec minus Gallici.* In this paragraph Baker has again gone back to the events of 1348, before the treaty of December. Cf. Feyerabend, *Annal. Belg.* (1580), p. 178. 'Tum Luodovicus precibus Brugensium ex Bruccella venit in Flandriam, in qua ubique præterquam Gandavi et Hypris debita obedientia et honore acceptus est.... Idem autem cum Brugis tentaret, multosque perditos in carcerem conjecisset, textores aliique nonnulli plebeii armati in forum concurrunt, magnis clamoribus postulantes ut eorum socii captivitate dimitterentur: quorum comes improbitate exacerbatus, conversus in illos, multos interficit, reliquam omnem turbam fugat et dissipat, capitaque conspirationis quotquot apprehendere potest gladio punit et in rotas agit, multosque textores pellit in exilium. Profectus Hypram, postquam intelligit Gandavenses et Hyprenses pacem facere nolle absque rege Angliæ, Henricum Flandrensem Henrici filium, cognatum suum, in Angliam ad regem de pace mittit, atque conventum indici apud Duynkercam curat, ut cum Anglo de consensu etiam Philippi regis paciscatur.'

——l. 22. *Circa festum Omnium Sanctorum.* Edward was in Calais in November 1348, when the truce with France was prolonged and was followed by the treaty between Edward and Louis de Male. See above, p. 98, ll 7, 19, and the notes on the same.

——l. 27. *Deinde ad solempnitatem,* etc. Thomas Cantelupe, bishop of Hereford, 1275-1282, died at Orvieto. His bones and heart were brought to England, and his bones were buried in Hereford cathedral. He was canonized 17th April, 1320. His day was the 2nd October. Nicholas, third baron Cantelupe, was the bishop's grand-nephew. The translation here spoken of is also referred to by Knyghton and Walsingham. Knyghton places it in 1348, and fixes the day as the 25th October, which, however, would be too early to connect it with the period of Edward's visit to Calais. It will be observed that Baker describes the attempt on Calais as happening at this time, whereas we know that it took place a full year later.

Page 103, l. 1. *Instante prefata solempnitate.* Stow, *Annales*, 387, translates thus, not always correctly: 'During which feast and solemnitie, it was signified to the king by the secretaries of Emericus of Padua, who was a feed man to the king of England, that on the fourteenth day of Januarie next comming Geffrey Charney, knight, and many other Frenchmen should be received into Caleis, unto whom the said towne was solde by the said Emericus. But the towne being presently rescued by king Edwarde, the said Emericus of Padua with other Genoways continued in Caleis, being maintained there at the costs of the French king against the king of England, when he besieged it; who also, after the yeelding of it to the king of England, being pardoned both of life and limme, from thenceforth continued and dwelt as a feed man of the kings in the said towne for the defence thereof. At that time the said Geffrey was lord of Matas, a man more skilful in war than any French man in Fraunce. Wherfore he was greatly esteemed, even to the time of his death. This crafty deviser indevoured by his letters, wherein hee made promise of large giftes of gold and other sophisticall perswasions, quite to subvert the faith and loyaltie of the said Emericus. Finally, this craftie deviser agreed with this false man that for twentie thousand French crownes he should let in the French men to the town, and, as much as lay in him, deliver up to the French men both the towne and castle. This bargaine being most traiterously made by oath and breaking of the Sacrament betwixt them, yet, al this notwithstanding, he wrote letters unto the king touching the state of the whole matter, but very privily, how that he was readie to shew friendship to the French men, yet meaning to make frustrate their purpose, whereby they should be convicted of breaking the truce, and also many of them should bee taken to bee raunsomed. Wherefore king Edward speedily passed over, being accompanied with his eldest sonne, the earle of March, and a few other, comming before the time appointed for the yeelding of the towne certaine daies. Therefore, being come to Caleis, hee laid certaine men of armes within the vaultes which were betwixt the outter gate and the inner parte of the castle, building a thinne and slender wall before them newly set up, not made of plaister but of counterfaite matter, which joyned to the other wall, craftily devised and made like the olde woorke, so that no man would judge that any were enclosed therein. Also he caused the maine postes of the drawe bridge to bee sawed almost in sunder, yet in such sorte that armed horse-men might ride over it; and for the purpose he had a great stone, which was laid up in a hole made in form of an arch, being in the forepart of the tower hanging over the bridge, in which he appointed a faithfull souldier should bee, in due time to throwe downe the said stone upon the bridge, that with the fall thereof the bridge being halfe cut in two should bee broken in sunder, and so that hole, where the stone was laid, should bee wrought in such sort that hee within shoulde perceive through the hole how many did enter in. Fewe were made privie to this practise, neither did many know of the kings presence or of the prince of

Wales, who, when they had wrought this feate, secretly conveied themselves into the towne. The day before the time of deliverie of this towne, Geffrey Cherney sent fifteene of his faithfullest men with the greater parte of the golde which was to bee paide, who should also trie the faith of Emericus and the order of the castle, who, searching everie where, in everie tower and corner which they could finde open, could perceive nothing contrarie to their liking, whereupon, on the next day in the morning, they set up the French kings standerde in the highest tower of the castle, and the ancients also of Geffrey and of other lords upon other towers and places. Then the people of the towne, who kept common watch and ward, not knowing of this secrete devise, were greatly terrified therewith, in so much that they, taking weapon in hand, began to give a charge against the castell: by and by the French men, who had entred the day before, tooke Thomas Kingstone, then fleeing away, quite ignorant of that which was devised, and forceably they set him in the stockes. Then certaine of them being sent out to the French men, their companions and masters, who lay without in ambushes, shewed them the ancients and standard set up, and all to be well, even as they would have it, hastening them forward to come to the defence of the castle against the townes men: wherefore they, rising from their lurking places, advanced themselves in pride and bragging, and came by heapes in at the gates of the castle. The townes people, perceiving this, had much adoe to forbeare their hands from them, had not their chiefe leaders withdrawen them from it, least some danger should have happened to them that lay hid. By and by those that lay hid closed under the arches of the walles prepared themselves to breake out upon their enemies In like sort also he that with the great stone was shut up in the hole, after that he saw so many entred in, esteeming that his fellowes were sufficient to overthrow them, with that great stone put to his custodie he brake the drawbridge by the which the enemies had entred in, but being once in could not goe that way out againe. When the stone was thus downe and had discharged the thing for which it was laid up, and the French men deceived by that pollicie, they were enclosed safe ynough. At the noyse of this stone and the bridge that brake, these armed men, of whom before I spake, breaking downe their counterfaite wall, behinde the which all the deceite was hid, they presently set themselves in order to invade the French men, bitten (*sic*) to a bitter breakfast The conflict was sharpe for a good season, but at length the enemies being overcom yeelded themselves to the pleasure of the conquerours. They which were without and had not entred, as soone as they perceived their companions to be deceived, fled, after whom the king with scarce sixteene men of armes and as many archers followed apace, the runnawayes not knowing what companie would follow them: many in this chase were wearied, and many mo slaine, and in a small time the king overcame daungerous and great labours: but at length, when it was understood by them that fled how few there were that chased them, fourescore armed men turned them against the king. I dare not ascribe this boldnesse of the king in chasing his enemies to his wisdome, but onely to the stoutnesse of his minde, the which is well knowen through Gods grace to be brought to good effect by his meanes, though the daunger were never so great · for, when he perceived that the French men had turned themselves to withstand him, he cast away the scaberd of his sword, and comforting his men about him, setting them in good order, exhorted them to play the men lustily. The archers, being placed in the marish against the sides of the enemies, stood on drie hilles, which were compassed about with quagge-myres and foggie places, that neither horse-men nor foote-men might approch them, but they should rather be drowned in mudde then come neere to hurt them: these also did the king comfort, saying to them "Doe well, you archers, play the men lustily, and knowe that I am Edward of Windsore." Then the presence of the king and necessitie of the matter stirred up their hearts to doe well: the archers, uncovering their heads, stripping up their sleeves, bent themselves to bestow their arrowes in such sorte that they might not be lost. and, as the French men drew towards them, they saluted them after with their arrowes. The armed men of both parts stood in order to fight upon a long and narrowe causeway, the breadth whereof was not able to receive scarce twentie men of armes in a front, having on both sides thereof the marish, in the which the archers were placed, who gawled and wounded their enemies on the sides, fleeing as thicke as haile. The king and his men before with the archers on the side slewe and tooke a great many: and many of them stood stoutly to it, till at the length by the comming of the prince of Wales the French were put to flight. After a long chase in pursuing the enemies, they returning backe againe to Caleis numbred those which were fled, as well as those which were taken, and they found that for the taking of the castle (as the prisoners reported) there came a thousand men of armes and sixe hundred armed men, but they which served were above three thousand... ..... Thus by pollicie and devised treason the authors thereof came to death and destruction: neither Eustachius himselfe escaped scotfree from the snares, for he, within a while after, being taken by the French men, was burned alive with a hot yron, and degraded from the order of knighthood by the cutting off of his heeles and depriving of his tongue by abscition · afterward, he was hanged up, and last of all beheaded and quartered, receiving just punishment for his treason and false forswearing.'

The story of the attempt on Calais is best known from Froissart's picturesque narrative, founded on Le Bel. It is curious that there should be confusion regarding the date of the event. Le Bel gives the year 1348, and in this he is followed by certain MSS. of Froissart, while in others the more correct date 1349 is found. Baker also, as we have seen, inclines to 1348. The actual attempt took place in the night between the last day of 1349 and New Year's day 1350. The *Grandes Chroniques de France*, v. 491, and Avesbury, 408, whose account of the affair is very well given, are both in the right as regards the year. The confusion between 1348 and 1349 may have arisen (as it does appear to have arisen in Baker's mind) from the fact that Edward was at Calais at about the same time in both years.

Page 103, l. 2. *Emerici de Padua.* Americo di Pavia. The description here given of him seems to be a true one. He was apparently a Lombard mercenary (Avesbury calls him a Genoese) ' de cui le roy Edowart tant se fioit qu'il l'avoit fait chastellain et garde de Calays' (Le Bel, ii. 147). Froissart, iv. 72, with his usual embellishment, represents him as having been reared by Edward: 'Li gentilz rois d'Engleterre eut pité dou Lombart, que moult avoit amet, car il l'avoit nouri d'enfance.' Le Bel tells us that Edward discovered the intended treachery, not through the traitor's confession, but by some other means. Americo's position in Calais has been exaggerated. He is generally represented as captain of the castle; Froissart also puts him in command of the town, whereas John Beauchamp had held that command since 1st January, 1349. He was probably nothing more than captain of one of the towers forming part of the walls of the town, as stated in the text. He had been appointed captain of the king's galleys, 24th April, 1348.—*Fœdera*, iii. 159.

Page 103, l. 3. *Galfridus de Charny*. Geoffroi de Charny, seigneur de Pierre-Perthuis, de Montfort et de Savoisy, a soldier, who was at this time captain of Saint-Omer. In 1352 he was made one of the knights of the newly-founded order of the Star. He fell at Poitiers. In the present affair he was taken prisoner by sir John de Potenhale (Devon, *Issue Rolls of the Exchequer*, 158). Baker gives him the title of 'dominus de Matas,' which however is not found attached to his name in the French accounts of him. But it is a coincidence, if nothing else, that Chandos Herald, the author of *The Black Prince* (Roxburghe Club), names 'Matas' as one of the chief men who fell at Poitiers; and that Bartholomew, lord Burghersh, in his letter describing the battle (*ibid.* 369), gives the two names 'mons. Geffray Charny; mons. Geffrey Matas' in juxtaposition, in his list of the slain; and also that, in the same manner, the two names 'Mounsire Geffray Charny; Le sire de Mathas' come together in the list at the end of Avesbury's chronicle. With Baker's statement confronting us, we are tempted to think that in the Poitiers lists two men have been made out of one.

—— l. 18. *Milibus scutatorum*. The amount of the bribe was 20,000 écus d'or. This coin was worth a little more than a half-noble, or about 3s. 10d.

Page 105, l. 12. *Thomam de Kyngestone*. Sir Thomas Kingston must either have been carried away prisoner, or have surrendered unconditionally; for in 1352 the king gave him £100 in aid of his ransom.—*Issue Rolls Excheq.*, 156. Baker seems to imply that he allowed himself to be taken in order to keep up the delusion of the French that they were effecting a surprise. He was afterwards, 13 June, 1361, made warden of the castle of Calais.—*Fœdera*, iii. 619.

—— l. 13. *In bogis ligneis*. The stocks. 'Boga' or 'boia,' a Latinized form. A.-S. 'boga,' a bow.

Page 106, l. 8. *Extranei qui non intrarunt*. Froissart tells us that de Charny sent only a detachment of his men within the walls in company with Americo di Pavia, while he, leaving a strong body at the bridge of Nieuley, some little distance from the town, himself advanced to one of the gates (the Porte de Boulogne) and waited for it to be opened.

Page 106, l. 12. *Cognita demum*, etc. Avesbury, 410, says that Edward was left, by the action of the fight, with only thirty men-at-arms and a few archers : 'Hoc considerans prædictus dominus Galfridus de Charny, modicum distans a rege, cum una magna acie nobilium hominum armorum equitum de Francigenis movebat se versus regem. Tunc dictus dominus rex, in tali et tanto periculo constitutus, animum non submisit, sed, sicut miles strenuus et magnanimus, evaginavit gladium suum et alta voce protulit hæc verba : "A ! Edward, seint George ! A ! Edward, seint George !" Et cum Francigeni hæc verba audissent, adeo fuerant attoniti quod perdiderunt animum, sicut unus nobilis de eisdem Francigenis ibidem captus postea narravit.' The fight along the causeway is nowhere told so well as by Baker.

Page 107, l. 10. *Ex hiis fuerunt capti*, etc. The list of French names here given differs considerably from that found in Froissart ; and many of them are so disguised by misspelling that their identification is hopeless. Geoffroi de Charny had a son of the same name. Oudart de Renty commanded the party which was sent forward and was admitted within the walls. In 'Garinus Baillof' we recognize Gauvain de Bailleul, and in 'Ewstacius Rypplemont' Eustache de Ribemont, the gallant knight, on whose head Edward placed his own cap (*chapelet*) as he gave him his liberty, and who afterwards fell at Poitiers. Jean de Mortagne, seigneur de Landas, appears among the prisoners in Froissart's narrative. He also fell at Poitiers. He married, in 1344, Jeanne de Fiennes, widow of Jean de Châtillon, comte de Saint-Pol. Baker is wrong in giving this lady the title of countess of Pembroke , it was Marie, daughter of Gui de Châtillon, comte de Saint-Pol, and therefore sister of count Jean, who, in 1320, married Aylmer de Valence, earl of Pembroke. Robert, called Moreau, de Fiennes is also mentioned by Froissart as effecting his escape ; but, besides Henri du Bois, the same chronicler names Pepin de Wierre as slain. Who 'dominus Archebaud' may have been does not appear. Among the other names 'de Banquilo' may be a corruption of Boucicaut, and 'Dargemole,' of d'Argeville ; 'dominus de Mountmarissi' is possibly Charles de Montmorency; and 'dominus de Planke' may be the sire de Plancy As to the 'alius Eustacius de Ripplemont,' Eustache de Ribemont had a son Waleran who, according to the *Bourgeois de Valenciennes*, 266, was badly wounded and made prisoner ; there appears to have been no second Eustache.

—— **l. 26.** *Set nec Emericus evasit.* Froissart gives the story of Americo di Pavia's capture by Geoffroi de Charny at a small castle named Frethun, near Calais, and states that he was taken to Saint-Omer and there put to death. If this is correct, the date of the event must be early in 1352, when de Charny was again in those parts, after being ransomed in August, 1351.—Luce's Froissart, iv. xxxviii.

Page 108, l. 4. *Eodem anno comes Lancastriæ.* The earl of Lancaster was appointed lieutenant of Poitou on the 18th October, 1349.—*Fœdera*, iii. 190. Knyghton describes the campaign thus : 'Comes Lancastriæ Henricus equitavit cum Vasconicis medio tempore ad numerum xxx. millium super inimicos decem dies et amplius, et misit igni et flammæ totam patriam in circuitu per x. leucas ex omni parte, et conquisivit plusquam xlij. villas et castella. Et venit Tolosam cum exercitu suo, et petit villam nomine regis Angliæ, vel aliter egrederentur dimicaturi cum eo. Et qui inibi fuerunt promiserunt ei bellum, si expectare vellet per v. dies. At ille concessit eis inducias iv. dierum et tamdiu moram traxit ibidem coram villa Tolosæ. Et cum vidisset quod nollent pugnare, omnia suburbia villæ incendit igni, et quæcumque potuit vastavit et igne succendit et abiit devastando et deprædando cunctas patrias in regressu suo, adeo quod omnibus inimicis suis incussit magnum timorem.' See above, the note on page 77, l. 7. William, lord Greystock, succeeded in 1323 and died in 1358. The heirs of Percy and Nevill were Henry, afterwards 3rd lord Percy, 1352-1368, who had fought at Crécy, and was brother-in-law of Lancaster; and John Nevill, who had been present with his father at Nevile's Cross, married Percy's sister, and became 3rd lord Nevill, 1367-1388. Thomas, lord Furnival, had also fought at Crécy, and died about 1364. Both Bartholomew, lord Burghersh, and his son, of the same name, served in this campaign.

Page 108, l. 10. *Concilium regale ordinavit.* Baker seems to be referring to the ordinance of 1346.

—— l. 29. *Isto anno*, etc. 'This yeere, on Saint Georges day, the king held a great and solemne feast at his castle of Windsor, where he had augmented the chappel which Henry the first and other his progenitors, kings of England, had before erected, of eight chanons. He added to those eight chanons a deane and fifteene chanons more, and 24 poore and impotent knights, with other ministers and servants, as appeareth in his charter dated the two and twentieth of his reigne. Besides the king, there were other also that were contributors to the foundation of this colledge, as followeth: 1. The sovereigne king Edward the third, 2. Edward, his eldest sonne, prince of Wales, 3. Henry, duke of Lancaster, 4. the earle of Warwicke, 5. Captaine de Bouch, 6. Ralph, earle of Stafford, 7. William Montacute, earle of Salisburie, 8. Roger, lorde Mortimer, earle of March, 9. sir John de Lisle, 10. sir Bartholomew Burwash, 11. sir John Beauchampe, 12. sir John Mahune, 13. sir Hugh Courtney, 14. sir Thomas Holland, 15. sir John Grey, 16. sir Richard Fitz Simon, 17. sir Miles Stapleton, 18. sir Thomas Walle, 19. sir Hugh Wrothesley, 20. sir Nele Loring, 21. sir John Chandos, 22. sir James de Audley, 23. sir Othes Holland, 24. sir Henry Eme, 25. sir Sechet Dabridgecourt, 26. sir Wiliam Panell [Walter Paveley]. All these, together with the king, were clothed in gownes of russet, poudered with garters blew, wearing the like garters also on their right legges, and mantels of blew with scutcheons of S. George. In this sort of apparell they, being bare-headed, heard masse, which was celebrated by Simon Islip, archbishop of Canterbury, and the bishops of Winchester and Excester, and afterwards they went to the feast, setting themselves orderly at the table, for the honor of the feast, which they named to be of S. George the martyr and the choosing of the knights of the Garter.'—Stow, *Annales*, 390. It will be seen that Stow here alters the names to tally with the list of the original knights or First Founders of the order of the Garter. Baker seems to be anticipating. William Bohun, 1st earl of Northampton, and Robert Ufford, 1st earl of Suffolk, and sir William Fitz-Warine became knights of the order at an early date; but Roger Mortimer, here styled '*nunc* comes Marchie,' did not have that title before 1352, and sir Walter Manny did not receive the garter till the end of 1359.

The date of the foundation of the order of the Garter has never been exactly determined. Froissart, iii. 37, places it in the year 1344, but it is evident that the festival which he describes is the one in which Edward established the Round Table only. Murimuth, 155, gives a full account of this festival, which was celebrated at Windsor and began on the 19th Jan.; the Round Table was established on the 28th Jan., and its first festival was appointed for Whitsuntide, 23rd May. The *Brute* chronicle (*Egerton MS.* 650) has this description, although under a wrong year: 'And in the xix. yere of his regne, anone aftre, in Jannuere, before Lenten, þe same kyng Edward lete make fulle noble iustice and grete festes in þe place of hys byrth, at Wyndsore, þat þer were never none suche seyne before þat tyme, ne I trowe sythene. At whech iustice, festis and ryalte weryn ij. kinges, ij quenys, and þe prince of Wales and þe duke of Cornewale, x. erles, ix. countesse, many barons, knyghttes, and worthy burgesse, þe whech myght not lyghtly be nombrede; and also of dyverse londes as byyonde þe see were many strangers And at þat tyme, whene þe iustes had done, þe kyng Edward made a grete souper, in þe wheche he begone fyrst hys round table, and ordayned stedfastly the day of þe forsayd table to be holde þer at Wyndessore in þe Whytesonwyke evermore yerely.'

Relying on the date given in the statutes of the order and on this passage in Baker, writers on the subject have adopted 1349 or 1350 as the year of foundation. But an entry in the household-book of the Black Prince affords a reason for dating the event a year earlier, payment having been made on the 18th November, 1348, for twenty-four garters which were given by the prince 'militibus de societate garteriæ.'—Beltz, *Memorials of the Garter*, pp. xxxii, 383. Proof however is not conclusive, as the ministers' accounts in the household-book were rendered between 1352 and 1365, and there is therefore room for error; moreover, the garters in question may have been prepared in anticipation The date of 1349, which is given in the preamble to the earliest copies of the statutes, although it is true that those copies are not contemporary, is not to be lightly set aside. It is, indeed, most probable that the order was never solemnly instituted at an early period, but that it was gradually taking shape during the years following the foundation of the Round Table. Edward's patent, bearing date of 22nd August, 1348, whereby he instituted a chapel at Windsor, with a fraternity of eight secular canons and a warden, fifteen other canons, and four-and-twenty poor knights, appears to be the first formal document which can be quoted as a foundation-deed of the order. After this there is no direct reference to it 'until 1350, when robes were issued for the King against the coming Feast of St. George, together with a Garter containing the King's motto, *Hony soyt qui mal y pense.*'—Nicolas, *Hist. of Orders of Knighthood*, i 24.

NOTES AND ILLUSTRATIONS.

Page 109, l. 20. *In estate sequenti*, etc. 'In the sommer following, variance rising betweene the fleets of England and Spaine, the Spaniards beset the Brytaine sea with 44 great ships of warre, with the which they sunk ten English ships comming from Gascoigne towards England, after they had taken and spoyled them, and thus, their former injuries being revenged, they entred into Sluce in Flanders. King Edward, understanding heereof, furnished his navie of fiftie shippes and pinaces, forecasting to meete with the Spaniards in their return, having in his company the prince of Wales, the earles of Lancaster, Northhampton, Warwicke, Salisburie, Arundale, Huntington, Glocester, and other barons and knights with their servants and archers, and upon the feast of the decollation of S. John, about evensong time, the navies mette at Winchelsea, where the great Spanish vessels surmounting our ships and foystes, like as castles to cotages, sharpely assailed our men; the stones and quarels flying from the tops sore and cruelly wounded our men, who no lesse busie to fight aloofe with launce and sword and with the fore ward manfully defend themselves, at length our archers pearced their arbalisters with a further retch than they could strike againe, and thereby compelled them to forsake their place, and caused other, fighting from the hatches, to shade themselves with tables of the ships, and compelled them that threw stones from the toppes so to hide them, that they durst not shew their heads but tumble downe. Then our men, entring the Spanish vessels with swords and halberds, kill those they meete, within a while make voyde the vessels and furnish them with Englishmen, untill they, beeing beset with darknesse of the night, could not discerne the 27 yet remayning untaken: our men cast anker, studying of the hoped battell, supposing nothing finished whilest any thing remained undone, dressing the wounded, throwing the miserable Spaniards into the sea, refreshing themselves with victuals and sleepe, yet committing the vigilant watch to the armed band. The night overpassed, the Englishmen prepared (but in vaine) to a new battell; but when the sun began to appeare, they, viewing the seas, could perceive no signe of resistance, for 27 ships, flying away by night, left 17 spoiled in the evening to the kings pleasure, but against their will.'—Stow, *Annales*, 391.

Avesbury, 412, states that the attack by the Spaniards on English shipping took place on the feast of All Saints (1st November) in the previous year, in the Gironde. The battle of 'Les Espagnols sur Mer' was fought off Winchelsea on Sunday, the 29th August, 1350. The Spanish admiral was Carlos de la Cerda. Froissart's picturesque narrative of the action is the principal source of information. In Baker's account we have valuable details regarding the number and losses of the Spanish fleet and the prominent part taken in the struggle by the English archers.

—— l. 21. *Cum xliiij. magnis navibus.* Baker is here very exact in his numbers, and may no doubt be followed. Froissart, iv. 90, says that the Spaniards numbered 10,000 men, 'et estoient quarante grosses nefs tout d'un train, si fortes et si belles que plaisant les faisoit veoir et regarder.'

Page 109, l. 24. *Rex, suo navigio*, etc. Edward first issued orders for the gathering of ships at Sandwich on the 23rd July.—See Nicolas, *Hist. of the Navy*, ii. 103. Baker is wrong in including the earl of Gloucester among those present. The title had become extinct with the death of Hugh de Audeley in 1347.

Page 110, l. 3. *Magne buscee Ispanienses*. 'Et estoient cil Espagnol en ces grosses nefs plus hautes et plus grandes asses que les nefs Englesces ne fuissent, si avoient grant avantage de traire, de lancier et de getter grans bariaus de fier, dont it donnoient moult a souffrir les Engles.'—Froissart, iv. 94. The busse was a large vessel, comparatively short, but broad in the beam and deep in the hold.

—— l 19. *Vasa plena Ispanis vacuabant*. This was literally the case with the two ships which Edward and the Black Prince individually attacked, their own ships sinking from injuries done to them by collision with the heavier Spanish vessels.

Page 111, l. 1. *Muse cornubus*. The cornemuse was a kind of bagpipe.

—— l. 4. *Decem et septem*. Froissart states that the Spaniards lost 14 ships; Avesbury says 24; Walsingham, if he may be quoted as any account, gives the number at 26. Baker's number is probably correct.

Page 112, l. 8. *Iohannem Bateman*. The Christian name should be William. The bishop of Norwich was despatched, about Michaelmas of this year, with other envoys to negotiate at the papal court for a peace with France.—*Fœdera*, iii. 201. The creation here referred to consisted of fifteen new cardinals, eleven of whom, as Baker correctly informs us, were Frenchmen.

—— l. 17. *Duo milites*. 'Two hyred souldiers of the king of Armenia came into England, into the presence of the king, where they shewed the letters of the aforesaid king of Armenia, wherein it was signified that the one of them, to wit John de Viscount, a man borne in Cipres, had slanderously charged the other, that is, Thomas de la March, a French man borne and bastard sonne to Philip, late king of France, saying that the said Thomas should have received of the Turkes a certaine summe of gold, for the betraying the armie of the Christians unto the Emperour of the Turkes; and, for the proofe of this slander, this John challenged a combate with the said Thomas, to be tried by the judgement of Edward, king of England, and that by him (as by a most worthie prince) all strife should be ended. For this therefore were these two worthie souldiers appointed to fight, which they perfourmed within the listes of the kings palace at Westminster, on Munday next following after the feast of Saint Michael, where Thomas, in declaration of his innocencie, in that he was accused of, overcame his enemie, but yet killed him not, because he was not able to wounde him, being so armed, with any kinde of piercing weapon, except it were in his face, which was bare. For, after that they had runne at the tilte and fought on foote, as they were striving together on the ground, with certaine prickes both short and sharpe, then called gadlings, being closed in the joyntes of his right gauntlet, the said Thomas stroke the said John in the face and sore wounded him. But on the other side John had no such shorte kinde of weapon, wherewith he might hurt Thomas face, and therefore cryed out aloude most horribly; whereupon by the kings commaundement the combate was ended and the victorie adjudged to Thomas, who gave the said John, being thus overcome, to the prince of Wales, for a captive, and offered uppe his owne armour to Saint George in Saint Pauls church at London, with great devotion. These matters being thus finished, the Cipres man is manumitted and set at libertie as a free man againe. And Thomas, thinking boldely to goe into the presence of his brother, the French king, tooke his journey thither, and at his comming found the said king and the nobilitie of Fraunce greatly offended and in indignation against him, for that he agreed that the combate should be tried before the king of England. Wherefore Thomas, thinking secretly with himselfe how to winne the false friendship of his brother, being desirous to show that therein he had done well, among all other things he greatly praised the nobilitie of Edward and his worthie fame spread over al the world, and also the justice which he used in judging, "not accepting the person of the man of Cipres (yea, though hee loved the king himselfe very well), neither suffered him to be preferred before me, which am a Frenchman and brother and friend to thee, my. lord king of Fraunce, judge over the sayd king Edward my adversarie." Also the earle of Ewe highly praised the king of England, for that he had received great comfort and commoditie at his hands, during the time of his captivitie in England, shewing also how farre that good king had banished envie and hatred from his heart, who at a time of justing, being in the field at that exercise, and the king also, was commaunded by the king himselfe to beare away the price and pricke from them all. These commendations did the French king envie at, and for indignation hee most wickedly commaunded the setters forth of those prayses to bee beheaded. And for to colour the matter the better, hee fayned that the earle used too much familiaritie with the queene, his wife, and that his brother was guiltie of treason against the king of Fraunce, because he committed his cause and the combat to be thus tryed by the judgement of the king of England. After hee had thus murdered his brother, hee tormented his wife to death by famine, who was daughter of the noble king of Boheme, lately slaine in battaile by Geffrey [*i.e.* Cressy]'—Stow, *Annales*, 392. It will be noticed that Stow is at fault in one or two places.

On the 24th June, 1350, Edward issued a safe conduct for Thomas, bastard of France, to come to England with thirty followers, to fight the duel. On the 12th October he publicly announced the result of the combat.—*Fœdera*, iii 199, 205. From the latter document we are able to correct Baker's wild mistake about the Turks. Thomas de la Marche and Giovanni Visconti, both soldiers of fortune, were in the service of the king of Sicily, who was besieging Catania. Visconti brought a charge against de la Marche of conspiring to betray the king into the hands of the enemy; and challenged him to combat. The 'gadelinges,' which de la Marche used to such good effect, were apparently the sharp-pointed edges of the steel plates which protected the knuckles. The larger sharp spikes which were affixed to different parts of defensive armour were called 'gads' (= goads).

Thomas de la Marche was not put to death in the manner described. He is heard of as late as 1358. See Froissart, ed. Lettenhove, xxii. 157.

Page 113, l. 22. *Comes de Ew.* Raoul de Brienne, comte d'Eu et de Guines, had been detained a prisoner in England since his capture at Caen in 1346. He did not regain his freedom until near the end of October, 1350. At first received with favour by the French king John, he was suddenly arrested and executed. The day of his death is usually stated to be the 19th November, but there is reason for adopting the 18th.— Luce's Froissart, iv. xlviii. The story of his intrigue with the queen, Bona of Luxemburg, is an idle tale. She had already died on the 11th September, 1349.

Le Bel, ii. 165, has the following: 'Le comte de Eu et de Ghynes et connestable de France .... fit sa raenchon envers le roy Edowart parmi la somme de soixante mille escus, et eut congié de venir en France pour faire la fin de la ditte somme, ou de retourner en prison dudit roy par sa foy promise à certain jour. Quant il fut venu en France, il s'en ala par devers le roy Jehan, de cui il cuidoit moult bien estre amé, ainsy qu'il estoit ainchoys qu'il fut roy..... Le roy Jehan le mena seul en une chambre et luy dit. "Regardez ceste lettre, la vistes-vous oncques aultre part que cy?" Le connestable fut merveilleusement esbauby, quant il vit la lettre, ce dit-on. Quant le roy le vit esbauby, il luy dit : "Ha ! mauvaiz traitre, vous avez bien mort deservi, si n'y fauldrez pas, par l'âme de mon père." Si le fit tantost prendre..... Le roy jura lendemain, par devant les amez du connestable qui prioient pour luy, que jamais il ne dormiroit, ne jà pour ung ne pour aultre il ne le lairoit que il ne luy fist la teste copper ; et ainsy fut fait la nuit mesmes en la tour du Louvre, sans loy et sans jugement, de quoy toutes gens furent dolens et couroussiez, et le roy durement blasmé et moins amé ; et ne sceut-on pour quoy ce fut fait, fors que les plus privez du roy ; mais aucunes gens adevinoient que le roy avoit esté infourmé d'aucunes amours, lesquelles avoient esté ou debvoient estre entre madame Bonne et le gentil connestable. Je ne scay se oncques en fust rien à la vérité, mais la manière du fait en fit pluseurs gens soupeçonner.'

Page 114, l. 21. *In sequenti Quadragesima*, etc. These raids are also briefly noticed by Knyghton, 2602. Sir Robert Herle was temporarily appointed captain of Calais from the 1st April, 1350, probably during the absence of lord Beauchamp. When the latter was taken prisoner in 1351, Herle was appointed captain for a year, dating from the 24th June.—*Fœdera*, iii. 193, 222.

Page 115, l. 4. *Circa festum sancti Georgii*, etc. This action, which is here dated about the 23rd April, took place, according to Avesbury, 413, on the 8th of the month. It was fought near Saintes, some distance south of Saint-Jean-d'Angély, which was being besieged by the French. It was the result of an attempt to relieve the city, which was too closely invested for the garrison to take any part in it. Although the English were victorious and made many prisoners, including Gui de Nesle, sire d'Offemont, marshal of France, they failed to raise the siege; and the place fell early in September.

Page 115, l. 12. *Eodem anno eventus bellicus.* This combat was fought, according to Froissart, near Ardres, on Whitsun Monday, 1352. He is obviously wrong in the year; but he is probably right in the day, which would be the 6th June. The French leaders here named were Edouard, sire de Beaujeu, marshal of France, who was slain, and Robert, called Moreau, de Fiennes, at this time captain of Saint-Omer. The French won the day by the arrival of reinforcements from the garrison of that place, probably led by Fiennes. The English leader, lord Beauchamp, captain of Calais, was made prisoner. He was a younger son of Guy, 9th earl of Warwick, and was a famous soldier in his day, he carried the royal standard at Crécy. He was summoned to parliament as lord Beauchamp in 1350; was afterwards constable of Dover castle; and died in 1360.

Knyghton's account of this skirmish, 2602, is exact. 'Dominus Johannes de Beauchamp, capitaneus de Caleys, cum ccc. virorum armatorum et ij. sagittariorum perrexit de Calesia in Franciam, et prædatus est patriam ad x. leucas; et cum redirent cum præda sua, dominus de Bealren cum ij. millibus virorum armatorum surrexit de insidiis, et fortiter pugnavit cum Anglis. Tandem Johannes de Beauchamp occidit dominum de Bealren et ceteros vicisset, set subito supervenit alia fortis acies Francorum in equis et ceciderunt super Anglos lassos et læsos, et debellaverunt eos, et ceperunt dominum Johannem de Beauchamp capitaneum cum xx. militibus, et ceteros omnes occiderunt. Et cito post redempti sunt et venerunt in Angliam.'

Page 116, l. 12. *Ordinate sunt treuge.* The twenty years' truce with Spain was agreed to on the 1st August, 1351.—*Fœdera,* iii. 228. The truce with France was prolonged on the 11th September for a year.—*Ibid.,* iii. 232.

—— l 16. *Mutatum est aurum optimum,* etc. The indentures with the moneyers for the new issue of gold and silver coinage bear date 20th June, 1351. The proclamation announcing the change and forbidding export of coin was issued on the next day.—*Fœdera,* iii 222, 223. The gold pieces were of the same pattern and value as those which were recalled, but were of less weight. The gross of four sterlings and the half-gross of two sterlings were new silver coins.—Ruding, *Annals of the Coinage* (1840), i 226.

—— l 23. *Circa principium mensis Ianuarii.* 'About the beginning of Januarie, the Frenchmen being occupied about the repayring of the walles of Guisnes towne, being afore that time destroyed by the Englishmen, some men of armes of Caleis, understanding their doings, devised how they might overthrow the worke, in this sort. There was an archer, named John Dancaster, in prison in the castle of Guisnes, before that time taken, who, not having wherwith to pay his ransome, was let loose, with condition that he should worke there among the Frenchmen. This fellow chanced to lye with a laundres, a strumpet, and learned of her where, beyond the principall ditch, from the bottome of the ditch, there was a wall made of two foote broade, stretching from the rampiers to the brimme of the ditch within forth, so that, being covered with water, it could not be seen, but not so drowned but that a man going aloft thereon should not be wet past the knees, it being made for the use of fishers: and therefore in the middest it was discontinued for the space of two foote: and so the archer (his harlot shewing it to him) measured the height of the wall with a threede. These things thus knowne, one day, slipping downe from the wall, he passed the ditch by that hidden wall, and, lying hidde in the marish till evening, came in the night neere unto Caleis, where tarying for the cleare day, he then went into the towne (for else he might not). Here he instructed them that were greedie of pray and to scale the castle, how they might enter the same: they caused ladders to be made to the length by the archer appoynted. Thirtie men conspiring together, clothing themselves in black armour without any brightnesse, went to the castle by the guiding of the said John de Dancaster, and climing the wall with their ladders they slew the watchmen and threw them down headlong beside the wall. After this, in the hall they slew many whom they found unarmed, playing at the chesse and hazard Then they brake into the chambers and turrets upon the ladies and knights that lay there asleepe, and so were made masters of all that was within; and shutting all the prisoners into a strong chamber, being bereft of all their armour, they tooke out the Englishmen that had been taken the yeere before and there kept in prison, and, after they had relieved them well with meate and drinke, they made them guardeins over them that had them in custodie: and so they wan all the fortresses of the castle, unknown to them that were in the towne (appointed to oversee the repayring of the broken walles) what had happened to them within the castle. In the morning they commanded the workemen in the towne to cease from their workes, who, thereupon perceiving that the castle was wonne, straightwaies fled, and the new castilians suffered the ladies to depart on horsebacke, with their apparell, writings, and muniments, where they ought to hold their fees. And the same day there came from Caleis to their ayde such persons as they sent for, by whose ayde they kept the castle: and about three of the clock there came two knights, sent from the earle of Guisnes, who demanding a truce willed to know of them that were thus entred the castle, who they were, to whom they belonged, and by whose authoritie they kept the castle so taken in the time of truce; whereunto they answered that, being intruded, they would not declare to any man their purpose, till they had tryed a longer possession. and therefore on S. Maurice day, the abbot, (the king being busie in parliament,) the Frenchmen being sent from the said earle of Guisnes declared how, in prejudice of the truce, the said castle was taken and therefore by right of mutuall faith it ought to bee restored to them. The king answered that without his knowledge that enterprise was made, and therefore he gave commandement to his subjects that none of them should deteine the castle of Guisnes, but deliver it unto the lawfull lords thereof. The messengers being returned home and reporting what they had done, the earle of Guisnes commeth to the castle, demaunding of them within, as at other times, in whose name they kept it. Who constantly affirming that they kept it in the name of John Dancaster, hee required to know if the same John were the king of Englandes liegeman or would obey him; who answering that hee knew not what messengers had been in England, the earle offered for the castle, besides all the treasure found in it, many thousands of crownes, or possessions for exchange, and a perpetuall peace with the king of Fraunce. To this they answered that, before the taking of that castle, they were Englishmen by nation, but by their demerites banished for the peace of the king of England, wherefore the place which they thus held they would willingly sell or exchange, but to none sooner then to their naturall king of England, to whom they said they would sell their castle, to obtaine their peace; but if hee would not buy it, then they would sell it to the king of France or to whom soever would give most for it. The earle being thus shifted off from them, the king of England bought it in deede, and so had that place which he greatly desired.'—Stow, *Annales*, 394.

Le Bel, Froissart, and other French historians ascribe the capture of the castle of Guines to the treachery of the warden, Hugues de Beauconroy. It was surprised between the 6th and the 22nd January, 1352.—Froissart, ed. Luce, iv. xlviii; Avesbury, 414; Hall, *Poems of Laurence Minot*, 91.

Page 117, l. 31. *Missi a comite de Gynes.* Raoul de Brienne, comte d'Eu et de Guines, as noted above, p. 283, had been executed, leaving no heir of his body. Gautier, comte de Brienne, duke of Athens, who had married Raoul's sister Jeanne, may have adopted the title and be referred to in this place.

Page 119, l. 3. *Galfridum de Charny nuper redemptum.* Probably about August, 1351, the French king having aided him in paying his ransom on the 31st July —Froissart, ed. Lettenhove, xx. 543.

Page 120, l. 2. *Duci Selandie Willelmo.* William the Mad, count of Holland, son of Louis of Bavaria by his second marriage with Margaret of Hainault, queen Philippa's sister, married Maud, elder daughter of the duke of Lancaster, who had previously been married to Ralph, son of Ralph lord Stafford. She died in 1362.

—— **l. 5.** *In vigilia Assumpcionis*, etc. The information in the first part of this paragraph is obtained from sir Walter Bentley's letter to the chancellor, the bishop of Worcester, describing the action, which was fought near Mauron on the 14th August, 1352. The letter is given in Avesbury, 416. The names of the killed and prisoners, which are so disguised in the text, are . Gui de Nesle, sire d'Offemont, marshal of France; the sire de Quintin; Jean, sire de Tinténiac; the sires de Rochemont, de Montauban, and de Raguenel; Guillaume de Lannoy; Aufray de Montbouchier; Guillaume de Vielcastel; and Guillaume de la Marche—killed: and the sire de Briquebecq, son of Robert Bertrand, baron de Briquebecq, marshal; Tristan de Maignelais; the sire de Malestroit; the vicomte de Coetmen; Geoffroi de Coeyghem; Gui(?) de Laval; Charles d'Argeville; and Jean de la Muce—prisoners. The particulars of bringing the French to bay and punishing the runaway archers are not given elsewhere.

Page 120, l. 21. *De comitiva militum Stelle.* 'Le roy Jehan de France ordonna une belle compaignie grande et noble sur la Table Ronde, qui fut jadis ou temps du roy Artus. De la compaignie debvoient estre trois cents chevaliers des plus souffisans du royaume de France ; et debvoit estre appelée celle compaignie la compaignie de l'Estoille ; et debvoit un chascun chevalier tousjours porter une estoille d'or, ou d'argent dorée, ou de perles, pour recongnoissance de la compaignie .... Et leur convenoit jurer que jamais ilz ne fuiroient en battaille plus hault de quatre arpens à leur advis, ainchoys morroient et se rendroient pris et que chascun aideroit et secourroit l'aultre à toutes ses besongnes .... Mais il avint que lan mil cccliij. [*i.e.* 1352] vinrent grand foison de gens d'armes d'Angleterre en Bretaigne, pour conforter et aydier la vaillant contesse de Montfort, et pour gaster le pays qui estoit de la part messire Charles de Bloys. Tantost que le roy de France le sceut, il y envoya grand foison de gens d'armes et des chevaliers de la compaignie, mais, quant les Anglois sceurent leur venue, ilz firent si soubtillement, par une embusche qu'ilz firent, [que] tous ces Francoys qui trop avant et trop folement s'embatirent furent tous tuez et desconfis, et y furent bien tuez quatre-vingt et neuf chevaliers de l'Estoille, pour ce qu'ilz avoient juré que jamais ne fuiroient ; car, se le serment ne fut, ilz se fussent bien retrais arrière .... Oncques puis ne fut parlé de celle noble compaignie, et m'est advis qu'elle soit allée à néant, et la maison vague demourée ; si m'en tairay et parleray d'aultre matière.'—Le Bel, ii. 173. The order was founded on the 16th November, 1351.

Page 121, l. 1. *Comes Staffordie Vasconiam intravit.* Stafford was appointed lieutenant of Aquitaine on the 6th March, 1352.—*Fœdera*, iii. 239. Nothing is known of the battle here mentioned as fought early in September with French forces from Agen. 'Brusegaudus' is Jean le Meingre, called Boucicaut, whom Froissart (iv. 107) includes among the prisoners taken at the battle of Taillebourg (*i.e.* Saintes) in the previous year. The earl of Stafford received on the 22nd May, 1353, the sum of £1000 for his capture.—*Issues of the Exchequer*, 159.

—— l. 6. *I. Dodianseles et T. Wale.* Sir John de Odingsells, of Odingsells or Pirton Doddingsells, co. Herts, had been outlawed in the previous year. He died seised of a moiety of the manor of Pirton, and of lands in cos. Stafford, Suffolk, Warwick, and Oxon.—Clutterbuck, *Hist. Herts*, iii. 122 ; *Calend. Inq. P. M.*, ii. 182. Sir Thomas Wale, one of the Founders of the Garter, died 26th October, 1352.—Beltz, *Memorials of the Garter*, 63.

—— l. 10. *T. Coke et R. Totlesham.* Sir Thomas Coke appears at this time in command of a squadron to convoy merchantmen.—Nicolas, *Hist. Navy*, ii. 115. Sir Richard Totesham was employed on various missions.

—— l. 13. *Dum hec in mari*, etc. 'Whilest these things were a doing by sea and land, Otto, sonne to the duke of Brunswike, the French kings feed man, sent letters to the duke of Lancaster, being returned out of Spruce, by the tenour wherof he accused him, affirming that, as he returned out of Spruce by Colein, he maliciously informed the Coloners that the said Otto went about by stealth to have taken him prisoner and to have presented him to the French king, adding hereunto that, because he never ment any such taking of him, he was ready, in declaration of his good name, by a singular combat onely in the French kings court, to proove the duke of Lancaster a lyer, touching the said article. The letters were not sealed, and therefore, least it might have been thought folly to have given credite to the letter, delivered by a servant, the duke sent unto Otto two knights, to learne the cause of the chalenge and to demand thereof his letters patents, sealed with his seale of armes; which knights accomplishing the effect of their journey and returning with speede, the duke sent to the French king for a safe conduct for himselfe and his men, and, with much adoe obteining it, he went to Paris, where in the lists, in presence of the French king, the king of Navarre, and the duke of Burgoigne, and many peeres and other of the realme of Fraunce, he mounted on his steed in seemely wise, ready in all signes, without default, to trie the combate, and so staid till his adversary was ready, and the voyce of the herault and caution to be had by their common oath, for the assurance of his word and to obey the law. On the contrary part the said Otto scarcely was set on his horse and was not able decently to set on his helmet nor to weelde his speare (or else he fayned), whose unablenesse being perceived by the French king, the king of Navarre and other, the king tooke the quarrell into his hands, whereupon Otto was commaunded first to depart the lists, and so went his way, but the duke abode still within them. After this, by commaundement of the French king, Otto sware that he should never after that day appeach the duke of Lancaster of that article: and so from thence the duke returned home by Zeland.'—Stow, *Annales*, 397.

Knyghton has a very full account of the quarrel, and gives the text of Otho's challenge. Lancaster had licence to leave England, to meet his adversary, on the 23rd August (*Fœdera*, iii. 248), and crossed over to Calais with a retinue of fifty knights. He was met on French territory early in December ('in quindena ante Natale Domini') by the marshal Jean de Clermont and conducted in great state to Paris. Otho of Brunswick was the son of Henry ii. duke of Brunswick-Grubenhagen, and afterwards married queen Jane of Naples. He cut a very sorry figure in the lists: 'Tunc ascendunt dextrarios, quasi parati ad pugnam. Et, ut dicebatur, non videres elegantiorem aut ferociorem militem quam dux de Bronneswyk extitit ante praestitum juramentum, quo facto, contabuit et inpalluit vultus ejus. De quo convitiati sunt plures querelam suam non esse veram, aut nimis praesumptuosam. Et equum tulit vultu pallido et tristi, et, ut dicebatur, non habuit hillaritatem nec potestatem gratiose se habere in carpendo gladium, scutum, et lanceam, et caetera quae ei attinebant, et quasi attonitus et perturbatus defesse cuncta palpitat, et trina vice scutum suum evertebatur in accipiendo.' After the submission of Otho, 'rex Franciae fecit convivium et fecit concordiam inter duces. Deinde rex Franciae duxit ducem Lancastriae huc atque illuc, demonstrans ei multa delectabilia quae ei conferre proposuit, et nil horum voluit nisi solam spinam quae fuerat de corona Jesu

Christi, quam idem dux reliquit in ecclesia sua collegiali quam fundavit sub castro Leicestriæ.' It is remarkable that Froissart does not mention the quarrel, which would have provided ample material for a picturesque description.

Page 122, l. 16. *Fuit ordinatum*, etc. There is no record of this ordinance, but it need not be therefore assumed that a proclamation or some official warning was not issued. It was in the parliament of 1350-1351 that proclamation was made against games played by children in Westminster, among others that of knocking off the hats of passers-by ' come a oustier chaperons des gentz.'

—— l. 20. *Bladi caristia*. The price of wheat, which was high at the beginning of the year 1352, fell in some instances fifty per cent. in the course of six months. This fall, according to Professor Rogers, 'appears to have arisen in part at least, from anticipation of an abundant harvest.'—*Hist. of Agriculture and Prices*, i. 209. It may also, in some measure, be attributed to the importation here recorded.

—— l. 27. *Sancti Mathei vel Mathie*, etc. The parliament of 1353 was holden on the Monday after St. Matthew, the 23rd September. By the statute which was then passed, staples were established at Newcastle-upon-Tyne, York, Lincoln, Norwich, Westminster, Canterbury, Chichester, Winchester, Exeter, and Bristol, in England; at Caermarthen, in Wales; and at Dublin, Waterford, Cork, and Drogheda, in Ireland —*Rot. Parl.* ii. 246.

Page 123, l. 8. *Profectus est in Scociam*. This incursion does not appear to be noticed elsewhere. The attempts to negotiate with the Scots by means of the personal intervention of their king is described by Knyghton under the years 1352 and 1353: 'Rex Scotiæ David Brus, adhuc prisonarius, missus est in Scotiam sub custodia cum fidelitate jurata ad revocandum Scotos in fidelitatem regis Angliæ sicut solebant esse, et sicut idem rex David juratus fuerat esse legius homo regis Angliæ, et sicut reges Scotiæ solent esse. Scoti vero unanimi assensu sub una voce responderunt se velle regem suum redimere, set se subdere regi Angliæ nequaquam velle : unde rex David reversus est ad turrim Londoniensem' (2603). ' David rex Scotiæ transit apud Novum castrum super Tynam tractare de concordia inter Anglos et Scotos ; Scoti vero refutarunt regem suum nisi se in toto eximeret de consilio Anglorum et similiter de eorum subjectione Et minati sunt ei se nolle ipsum redimere nec redemptionem pro eo facere, nisi pardonaret eis omnes querelas et gravamina per eos facta cunctaque delicta a tempore captionis ejus, et de hoc eis securitatem faceret. Sin aliter, minabantur se velle alium regem super se erigere' (2606).

—— l. 17. *Obiit Clemens papa*. Clement died on the 6th December, 1352. Baker at once plunges into the negotiations of 1354 The cardinal of Boulogne was Guidon de Boulogne, archbishop of Lyons, who was made cardinal in 1342, and bishop of Porto in 1350; he died in 1373. A truce was agreed to on the 6th April (*Fœdera*, iii. 276), to last for a year, and it was arranged that both sides should send ambassadors to negotiate a peace in presence of the pope. The

English ambassadors, the bishops of Norwich and London, the duke of Lancaster, the earl of Arundel, and others were appointed on the 28th August (*Fœdera*, iii. 283). The French ambassadors were Pierre, duc de Bourbon, and Pierre de la Forêt, archbishop of Rouen.

Knyghton, 2608, describes the reception of the English at Avignon. 'Henricus dux Lancastriæ et cum eo comes de Arundel et cæteri venerunt Avinionem in vigilia Natalis Domini cum cc. equis, de quibus fuerunt xxxij. cum hernesiis cooperti, et moram traxit ibidem per vj. septimanas cum pleno honore. Et, eo appropinquante ad civitatem, occurrerunt ei de episcopis, proceribus, civibus, et communibus ad numerum ij. mille equorum; et tanta extitit turba obviantium, quod ab hora diei tertia usque ad horam vesperarum vix potuerunt pontem villæ pertransire. Et cum intrasset civitatem regratiabatur cunctis, et direxit iter suum usque palacium papæ. Quo cum pervenisset extra portam, descendit ab equo, et ingressus ad papam cum reverentia debita, prout bene sciebat, salutavit eum; et ut brevitas temporis exigebat mutuo colloquentes, abiit ad hospitium suum. Hillaritas dapium et poculentorum omnibus venire volentibus et refici cupientibus semper parata erat, quamdiu ibi moram traxit; et talem providentiam ibi fecerat quod tota curia mirabatur. Providentia vini ante adventum suum in cellaria sua erat c. doliorum. Et tantam humanitatem omnibus exhibuit, et præcipue papæ et cardinalibus, quod dicebant non esse ei parem in toto mundo. Post recessum suum de curia, Franci circumvenerunt eum insidiis, ut eum caperent, set, Deo adjuvante, per multas cautelas evasit et venit in Angliam cum honore.' See also Avesbury, 420. The negotiations had no better result than a prolongation of the truce to Midsummer.

Page 125, l. 7. *Rex Navarre*, etc. Charles the Bad, king of Navarre, assassinated Charles de la Cerda on the 8th January, 1354. The story of his negotiations with Lancaster and of the result was told by sir Walter Manny in the parliament of November 1355: 'Et durante la demoere des ditz missages a la court [the English ambassadors at Avignon] par la dite cause, si vient le roi de Navarre sovent au dit ducs, se compleingnant des grevaunces, tortz et duresces qu'il avoit suffert du roi de Fraunce, affermant et par serment affiant qu'il ferroit volentiers alliance ove nostre seignur le roi contre son dit adversair ove tut son poair: et tant empressa le dit ducs par ses somers parlances, qe le ducs lui promist qe l'alliance se prendroit s'il plust a nostre dit seignur, et qe sur ceo il s'apparaillereit se enforciement come il purroit et des gentz et de navie, et se vendroit a les isles de Gernereye et Jereseye, pur affermer et assurer l'alliance avant dite. Par quoi nostre dit seignur, a la revenue du dit ducs en Engleterre, entendues les choses issint parlez et acordez, fist apparailler un grande armee des grosses niefs, et des gentz d'armes et des archiers, et s'adrescea hors de l'eawe de Thamise devers les isles, mes totes voies le vent se monstra contrair a lui, si qe a grant peine il vient a Portesmuth, et y demora grant piece, tant qe certeins novels viendrent qe le dit roi de Navarre, entrelesse la dite alliance contre son promesse et serment, feust devenuz Fraunceys et adherdant au dit adversair nostre seignur le roi'—*Rot. Parl*, ii. 264. From Avesbury, 425, we learn that the English fleet set sail on the 10th July, but did not get beyond Sandwich before the Assumption of the Virgin, 15th August. Charles patched up a peace with the French king at Valognes, 10th September.

Page 126, l. 9 *Dominus rex et dux Lancastrie*, etc. To illustrate this short campaign, the rest of sir Walter Manny's speech in parliament may be quoted: 'Quelles novelles oiez et entendues, nostre dit seignur se retourna ove sa navie et gentz, et par cause qu'il ne poast aver la pees, et qe la dite alliance ne se poast tenir, et aussint qe son dit adversair se fist fort des gentz d'armes et d'autres sur les marches de Caleys, meisme nostre seignur, pensant de y aver hastif batail, se ordina ove ses dites navie et gentz de passer la meer devers Caleys Apres queu passage, par avis de son conseil, il ordeina l'arraie de ses gentz et de ses alliez queux il y trova, come de monsr. Henry de Flaundres, monsr. Fraunk de Vanhale, et autres gentz d'Alemaigne en grant noumbre, et ce commencea de mesner hors de Caleys le jour de la feste des Almes [2 Nov], et fist son progres en le roialme devers les lieux ou par espies et en autre manere il entendi qe son dit adversair estoit, s'il voleit aver eu la bataille ovesqe lui. Mes totes voies il fuist, et de nuyt et de jour, nient attendant la bataille, et nostre seignur le roi lui pursuyst, degastant, ardant, et bruillant le pais par tut, tant qe par assent de son conseil, par causes qe ses gentz furent molt lassez pur defaute de vyn, et ne beurent qe eawe bien par quatre jours, se retourna devers Caleys, et issint entendi d'avoir eue la bataille ovesqe lui, mes il ne y vient point. Et, a la revenue nostre dit seignur a Caleys, il fist paier ses alliez qi y avoient demorez par long temps bien et curtoisement, si qe ils se agrerent bien, et puis est revenuz en Engleterre ore a son parlement.'—*Rot. Parl.*, ii 264 See also details of the campaign in Avesbury, 428; Knyghton, 2610; Froissart, iv. 139.

—— l. 13. *Ceperunt villam Berewici*. The town of Berwick was taken by surprise on the 6th November, 1355, but the castle held out. Edward returned to England in the latter part of November. He marched north towards the end of the year, was at Durham on the 23rd December, when he issued a proclamation to raise forces to meet him at Newcastle-upon-Tyne, and arrived at the latter place early in the new year (*Fœdera*, iii. 314, 315). He appeared before Berwick on the 13th January, 1356, and re-occupied it on the 24th. Three days later he advanced into Scotland. See Avesbury, 431, 432, 450.

—— l. 20 *Naves Novi castri*. The victualling ships were wrecked or scattered by storms.—Avesbury, 455; Froissart, iv. 155.

—— l. 21. *Sequentibus in fine exercitus*. Froissart, iv 157, describes this skirmish as an attack made by Douglas on the English when marching through a mountain pass. Avesbury, 456, says that sir Robert Herle had retired with certain of his company to a manor of his, lying near the line of march, 'causa majoris recreationis ibidem habendæ quam in exercitu. Circa mediam noctem .... venit dictus Willelmus Douglas, cum Scotis suis bene armatis, infra dictum manerium, et tunc, facto clamore, dictus dominus Robertus Erle, excitatus a sompno, nudus pedes, cum camerario suo, vix evasit, et ceteri homines Anglici nudi in lectis suis capiebantur a Scotis.' Baker's plausible excuse for the runaways can hardly be taken seriously. Sir Robert Herle held many manors and lands in Northumberland. Of his companions here mentioned, sir Almaric de St. Amand was justiciary of Ireland in 1357-1359, was summoned to parliament in 1371, and died in 1381; sir Robert de Hildesley was probably of a Gloucestershire family, one of his name being the royal escheator in that county in 1350; and sir John Brancestre may be identified with John de Branketre, who was afterwards treasurer of York.

Page 127, l. 5. *Dux Lancastriæ*, etc. The duke landed at La Hougue on the 18th June, 1356. His raid through Normandy extended from the 22nd June to the 13th July. See the itinerary of his march given in Avesbury, 462; and the account in Knyghton, 2611, and Froissart, iv 186.

—— l. 9. *Regem Navarrorum*, etc. Charles of Navarre and Jean v., comte de Harcourt, were arrested by the king in person at Rouen, when dining at the table of his son Charles, duke of Normandy, and Harcourt was instantly executed; 5th April, 1356

—— l. 23. *A portu Suttone*. The prince of Wales sailed from Plymouth, the old name of which was Sutton, on the 9th Sept. Avesbury says the 8th. As to the date of his landing at Bordeaux, Baker is in accord with Froissart, who places it 'environ le Saint Michel'; but he was actually there as early as the 20th of the month, as appears from his comptroller's accompts.—Beltz, *Mem. Garter*, 390.

—— l. 29. *Comes Arminiacensis*. Jean 1, comte d'Armagnac, who, at a later date, was reconciled to the prince of Wales and accompanied him in his Spanish campaign. He died in 1373. See the prince of Wales's letter to the bishop of Winchester (Avesbury, 434): 'Accorde estoit par avys et conseil de toutz les seignurs esteauntz entour nous et de seignurs et barons de Gascoigne, par cause qe le counte Dermynak estoit chevetein des guerres nostre adversarie et soen lieutenaunt en tout le pais de Lange de ok, et plus avoit greve et destruit les lieges gentz nostre tres honure seignur et piere le roy et son pais qe nulle autre en ycelles parties, qe nous deverons treie vers son pays Dermynak.'

Page 128, l 12. *Prima die Dominica*, etc. Baker's itinerary of the prince of Wales's raid across the south of France, from Bordeaux to Narbonne and back, is by far the most complete one to be found anywhere. That it has not received more attention is, no doubt, chiefly due to the fact that the names of the various places on the line of march are a good deal disguised by uncouth and corrupt mispronunciation and spelling—faults which Stow aggravated in his translation Barnes refers to it as containing full details, 'tho' the names of the places are there most corruptly written; for which reason, as well as for the dryness and prolixity thereof, we forbear to add the particulars here.' With the aid of the French maps published by the Depôt de la Guerre there is not much difficulty in following the track ; although here and there a corruption, or perhaps the absolute disappearance of a place from the face of the country, may baffle all attempts at identification.

It is not improbable that a certain document quoted by Beltz in his *Memorials of the Garter*, appendix iv. (p. 390), may contain information which would help to identify the doubtful places. This document is the roll of payments made by the prince's comptroller, John Henxeworth, from the 20th September, 1355, to the 30th June, 1356, and is preserved among the records of the Duchy of Cornwall. I have not had access to these records ; and Beltz's extracts are unfortunately very meagre. I had hoped that possibly he might have taken a copy of Henxeworth's roll, which would be still in existence among his papers at the College of Arms ; but this is unhappily not the case, for an examination of the papers, which were kindly placed at my disposal by Sir Albert Woods, Garter, proved that Beltz contented himself with little more than the few extracts which he has printed.

In the following outline of the expedition, it should be noticed that the writer of the itinerary marched with the prince of Wales's 'battle' or division. In some instances he names the halting places of all three 'battles' into which the army was divided ; but generally he mentions only a single place, which, unless the whole force happened to be quartered there, would be the prince's bivouac. The distances between places, as given below, have been calculated by measurements from the maps ; they must not therefore be accepted as perfectly accurate, for no allowance is made for the inequalities of the surface of the country. For our present purpose, however, they may suffice.

5 Oct. (*Monday*). The army marches from Bordeaux, south, having the Garonne on its left, and halts at ' Urnoun,' said to be at a distance of 2 miles from the city. This place is probably Villenave d'Ornon, a little more than 4 miles from Bordeaux. Henxeworth's roll calls the place ' Ornoun.'

6 Oct (*Tuesday*). Along the course of the Garonne to Langon, about 21 miles, and thence to the castle of 'Andert' or 'Audert' (Henxeworth calls it ' Andotte,' ' Andorte,' and ' Endorte'), no doubt Castets-en-Dorthe, about 4 miles E. of Langon.

7 Oct. (*Wednesday*). Halt

8 Oct. (*Thursday*). To Bazas, 9 miles S. of Langon

9 Oct. (*Friday*). Halt.

10 Oct. (*Saturday*). To 'castrum Nau' (Castelnau), in the Landes, 11 miles S.S.E.

11 Oct. (*Sunday*). To Arouille a long march of 21 miles S. by W. Here, being about to enter the enemy's country, the army was arrayed in 'battles,' the whole numbering more than 60,000 men. (It should be noticed that MS C. confounds Arouille with La Réole on the Garonne)

12 Oct. (*Monday*). Halt. Various forays.

13 Oct (*Tuesday*). To Monclar, a short march of 7 or 8 miles S.E., in a hilly country. Three neighbouring towns burnt, one being Estang, 4 miles S. of Monclar.

14, 15 Oct. (*Wednesday, Thursday*). Halt.

16 Oct. (*Friday*). To 'Logeron' (Nogaro), 12 miles S.E , through hill country a strong place which was not entered.

17 Oct (*Saturday*). To Plaisance, on the Arros, 12 miles S. by E.

18 Oct. (*Sunday*). Halt. Capture and destruction of Galiax, 2 miles N.W. of Plaisance.

19 Oct. (*Monday*). Plaisance burnt. March through hill country, leaving Beaumarchez 2½ miles on the right, and halting before 'le Basse' (Bassoues), 10 miles E. by S.

20 Oct. (*Tuesday*). Surrender of Bassoues.

21 Oct. (*Wednesday*). 'Escamont' (Montesquiou) passed on the left, 4 miles, to Mirande, 8 miles E. by S., the prince's quarters being in the Cistercian monastery of Berdoues, 2 miles S. of Mirande.

22 Oct. (*Thursday*). Halt.

23 Oct. (*Friday*). Leaving the province of Armagnac, enter Astarac; to 'Saxante' (Seissan), 10 miles E. by S., which was burnt against the prince's orders. In this and the three following marches, near the 'lofty mountains of Aragon.'

24 Oct (*Saturday*). To 'Seint Morre' (Simorre), 8 miles S.E., quarters of the rear-guard; Villefranche, 2 miles S. of Simorre, middle-guard; and 'Tourmayn' (Tournan), 3 miles S E. of Simorre, van-guard.

25 Oct. (*Sunday*). Cross a stream [the Gimone], leaving Sauveterre on the left, marching near 'Wynbers' (Lombez), to 'Sotamon' (Samatan) on the Save, 11 miles N.E. of Villefranche. Samatan burnt.

26 Oct. (*Monday*). Through a wide, level, fair country, passing through Saint-Foi (11 miles) to Saint-Lys, 13 miles E.

27 Oct. (*Tuesday*). Halt.

28 Oct. (*Wednesday*). Cross the Garonne and the Ariège, probably some little distance S. of their confluence, and advance down-stream towards Toulouse. The prince's quarters at La-Croix-Falgarde, about 12 miles E. of Saint-Lys, and 7 miles (not 1 mile, as stated in the text) S of Toulouse.

29 Oct. (*Thursday*). To Montgiscard, 8 miles S E.

30 Oct. (*Friday*). Through Bazičge (2 miles) and Villefranche (7 miles) to Avignonet, 13 miles S.E. Burning of windmills.

31 Oct. (*Saturday*). To Castelnaudary, destroying Mas-Saintes-Puelles on the way, 10 miles S.E.

1 Nov. (*Sunday*). Halt. A town taken and ransomed.

2 Nov. (*Monday*). Pass through 'S.-Marthe-le-Port' (Saint-Martin-Lalande, 3½ miles) and 'Vilkapinche' (Villepinte, 4 miles), entering the district of Carcassonne, to 'Alse' (Alzonne), 12 miles S.E.

3 Nov. (*Tuesday*) To the 'bourg' of Carcassonne, 9 miles E. by S.

4, 5 Nov. (*Wednesday* and *Thursday*). Halt.

6 Nov. (*Friday*). The 'bourg' burnt. Through a difficult country, leaving on the left the castle of 'Botenake' (Bouillonac, 4½ miles), through the district of Rustiques, 6 miles E. of Carcassonne.

7 Nov. (*Saturday*). Passing on the left the great lake called 'Esebon,' *i.e.* the now dried-up lake of Marseillette, to 'Syloine' (Lezignan), 14 miles E. by S.; the prince quartering at Canet, 5 miles N.E. of Lezignan.

8 Nov. (*Sunday*). Cross the 'Saude' (the Orbieu, near its junction with the Aude) by the ford of 'Chastel-de-terre' and a bridge, to Narbonne, 9 miles S E. (The river Aude flows north of Narbonne; not through it, as stated in the text. A canal runs through the town.)

9 Nov. (*Monday*). Halt.

10 Nov. (*Tuesday*). The 'bourg' burnt. Retreat from Narbonne, across the 'torrens' (the Aude), the prince quartering at 'Ambian' (Aubian), a small place on the south-western shore of the Étang de Capestang, 8 miles N. of Narbonne.

11 Nov. (*Wednesday*) Difficult march through a rocky and waterless country. Wine used in place of water.

12 Nov. (*Thursday*). Through 'Ulmes' (Homps), 16 miles N.W. of Narbonne, to Azille, 3 miles W. of Homps. Pépieux, N. of Azille, destroyed.

13 Nov. (*Friday*). Through a difficult country to 'Lamyane' (probably Comigne), crossing the Aude, 9 miles S by W. of Azille.

14 Nov. (*Saturday*). March westward, leaving the lake of 'Esebon' and Carcassonne on the right, to 'Alieir' (rear-guard), 'Puchsiaucier' (middle-guard), and 'Pezence' (van-guard). I cannot identify the first two places, unless they be Saint-Hilaire and Pech, both of which are on the small river Lanquet, a tributary of the Aude. 'Pezence' is probably Preixan, beyond the Aude

15 Nov. (*Sunday*). Through a fair country to the abbey of 'Prolian' (Prouille), near Fanjeaux, about 13 miles N.W. Towns burnt on this day. 'Lemoyns' (Limoux), 'Falanges' (Fanjeaux), 'Vularde,' and 'Serre' (perhaps Lasserre, near Fanjeaux).

16 Nov. (*Monday*). To 'Ayollpuhbone,' probably Pechluna, 11 miles N.W. of Prouille.

17 Nov. (*Tuesday*) Cross the 'Besyle,' apparently a corruption of Vixiège, the name of one of the tributaries of the Hers. The passage, however, must have been lower down stream than the junction, in fact across the Hers. To the monastery of 'Burgbone' (Boulbonne), near Mazères. [This monastery, destroyed by the Calvinists at the end of the 16th century, was rebuilt in its present position, further west.] Through 'Maselle' (Mazères) and Calmont, passing 'Seint Cavele' (Cintegabelle) and 'Hautripe' (Auterive), across the Ariège to Miremont. A long day's march of 25 miles N.W.

18 Nov. (*Wednesday*). Through Montaut; across the Garonne to 'North' (Noé), which was taken by storm; thence up the stream to Marquefave, which was captured; across the river again, and thence further up to Carbonne, also taken by storm. 13 miles.

19 Nov. (*Thursday*). Halt.

20 Nov. (*Friday*). Skirmish with the French. To 'Muwos' (Mauvesin), 15 miles N.W.

21 Nov. (*Saturday*). To 'Oradue' (Auradé), 14 miles N.E.

22 Nov. (*Sunday*). Across the Save towards Gimont, where the enemy appeared in force. Skirmishing. Occupation of Aurimont and the small town of 'Celymont,' near Gimont. 11 miles.

23 Nov. (*Monday*). At Aurimont, reconnoitring.

24 Nov. (*Tuesday*). March continued. Camp in the open.

25 Nov. (*Wednesday*). March N.W., leaving Fleurance on the right, through 'Silarde' (probably Ste.-Radegonde, in the neighbourhood of which is the castle of Saint Lary, possibly the 'Silarde' of the text), to 'Realmont' (Réjaumont); 21 miles.

26 Nov. (*Thursday*). Halt.

27 Nov. (*Friday*). Cross 'a great water,' no doubt the Baise, swollen by rains, to 'Le Serde,' said to be a league from Condom. This place may be Lagardère, west of the Baise.

28 Nov. (*Saturday*). Cross a river, perhaps the Losse, to Mezin, 15 miles N. of Lagardère. Here a part of the troops dismissed, and the standards furled.

29 Nov. (*Sunday*). Halt.

30 Nov. (*Monday*). To 'Gelous' (Castel-Jaloux), 19 miles N. by W.

1 Dec. (*Tuesday*). To 'Melan' (Meilhan) on the Garonne, 16 miles N. Part of the prince's household traverse the forest near the monastery of 'Montguilliam' (Montpouillon).

2 Dec. (*Wednesday*). To La Réole.

Froissart's account of the raid differs materially from this. According to him, the Anglo-Gascon force crossed the Garonne from the northern bank at Port-Sainte-Marie, between Aiguillon and Agen, and thence marched on Toulouse, and so to Montgiscard, Villefranche, Avignonet, Castelnaudary, Carcassonne, Trèbes, Homps, Capestang, Narbonne. It will be seen that here are several places not mentioned in our itinerary, but these may very well have been visited by one or other of the two divisions not immediately under the prince's command. The return route Froissart traces through Limoux, Montréal, 'Fougans,' 'Rodais,' re-crossing the Garonne at Port-Sainte-Marie. This, as we know, is totally insufficient. 'Fougans' and 'Rodais' have caused some trouble. They have been identified with Fougax-et-Barrineuf and Bastide-de-Sérou, in Foix. But these two places are much too far to the south. 'Fougans' is no doubt a corrupt reading of 'Fongaus,' which there is no trouble in recognizing as Fanjeaux; and 'Rodais' is probably Routier, a town between Limoux and Fanjeaux.

The letters of the prince of Wales and sir John Wingfield to the bishop of Winchester (Avesbury, 434, 439), as far as they go, agree in detail with the itinerary. They mention the despatch of papal envoys from Avignon, who sought a safe-conduct from the prince at Narbonne, which he refused.

Henxeworth's accompt-roll shows that the prince was at Saint-Macaire on the Garonne, opposite Langon, on the 5th, and back in Bordeaux on the 9th December.

Page 129, l. 1. *In prima custodia*, etc. The leaders here named are. Thomas Beauchamp, earl of Warwick, 1315-1369, K.G (founder); Reginald, lord Cobham,

Chron. Galf. le Baker.

BORDEAUX
Villenave d'Or
Garonne R.
Langon
Bazas
Castelnau

Arouille
Monclc

Adour R.   No

1342-1361, K.G. 1352, John, lord Beauchamp of Hache, 1343-1360 (son-in-law of Warwick), Roger, afterwards lord Clifford, 1357-1390 (another son-in-law of Warwick); sir Thomas Hampton, warden of the Channel Isles in 1341-2, and now seneschal of the Landes of Bordeaux; John de Vere, earl of Oxford, 1331-1360; Bartholomew, lord Burghersh, 1355-1369, K.G (founder); Robert, lord Lisle of Rougemont, 1342-1355, K.G. (founder), killed at Estang in this expedition; John, lord Willoughby de Eresby, 1349-1372; Roger, lord de la Warr, 1347-1370; sir Maurice Berkeley, afterwards lord Berkeley, 1361-1368 (Dugdale is in error in stating that his father Thomas, lord Berkeley, was also present); John, lord Bourchier, 1349-1400, K.G 1392; Thomas (not John), lord Roos, 1352-1384, still a minor; the mayor of Bordeaux; Jean de Grailly, captal de Buch, K.G. (founder), died a prisoner of the French, 1377; Jean, sire de Caumont; Aimeri de Biron, sire de Montferrand; Robert Ufford, earl of Suffolk, 1337-1369, K.G. 1348; William Montacute, earl of Salisbury, 1343-1397, K.G. (founder); Guillaume de Pommiers.

Page 129, l. 16. *Biduers.* Bidowers. light-armed troops. The bidowe was some kind of side arm; derived by some from 'bidubium,' a bill-hook, by others, from Welsh 'bidog,' a dagger.—Murray, *New Engl. Dict.*

Page 130, l. 6. *Comes de Molasin.* This name is perhaps a corruption of Montlezun.

—— l. 8. *Adam de Lowches.* Adam de Louches appears as seised of lands in Essex, 1 Ric. ii.—*Calend. Inq. post Mortem*, iii. 10.

—— l. 13. *Ric. de Stafford.* Sir Richard Stafford, son of Edmund, lord Stafford, and brother of Ralph, 1st earl of Stafford.

Page 131, l. 7. *Semotis nigris monachis.* The diocese of Lombez was created by John xxii. in 1317. It was suppressed in 1801. The Benedictines had a monastery there until the 12th century, when they were succeeded by regular canons. —*Gallia Christ.*, xiii. 319.

—— l. 24. *Almerici de la Fossade.* Called by Chandos Herald, *The Black Prince*, l. 695, Ameniou de Faussard He fought at Poitiers.

—— l 28. *Constabularium Francie.* Jacques de Bourbon, comte de la Marche et de Ponthieu; taken prisoner at the battle of Poitiers, died 1361.

Page 132, l. 28. *Filii domini de Libreto*, etc. Bernard Ezi, sire d'Albret, took part in this expedition. Ralph, lord Basset of Drayton, 1343-1390, was at this time a young man of about twenty.

Page 133, l. 1. *Rolandus Daveys.* In the *Calend. Inq. post Mortem*, ii. 231, Roland Daveys is found seised of the manor of Lyndon, co. Rutland, in 1361

—— l. 20. *Ysidis de Britania.* This lady cannot be identified. One naturally thinks of the Yseult de Bretagne of romance May not Baker have inadvertently written down the name for a real Yseult or Isold?

Page 135, l 19. *Monasterio ordinis Cisterciensis*, etc. The abbey of Boulbonne was founded in 1129 as a Benedictine house, but in 1150 it was transferred to the Cistercian order. Roger Bernard, comte de Foix, was a benefactor in 1160 — *Gallia Christ.*, xiii. 288.

Page 135, l. 21. *Comes prefatus.* Gaston Phœbus, comte de Foix, sided with his brother-in-law, Charles of Navarre, against king John, who thereupon imprisoned him; but, on the prince of Wales's advance, he was liberated and sent to oppose it. Baker seems to be confusing Gaston with some younger man, for at this time he was quite in middle life. His son Gaston, who died before his father in 1381, may possibly be intended.

Page 136, l. 28. *Illo die Bartholomeus.* The prince of Wales's letter to the bishop of Winchester (Avesbury, 434) describes the skirmish: 'Et sur ceo mandasmes hors mounsire Barthelemeu de Burwessche, mounsire Johan Chaundos, mounsire James Daudele, mounsire Baudewyn Botour, mounsire Thomas de Filtone, et aultres de nostres, a la mountance de xxx. gleyves, de noz certefier de certeinete des dits enemis. Les queux chivachoient devers eaux, tantqe ils vindrent a une ville ou ils troverent cc. hommes darmes de lour, ou les queux ils avoient affaire et pristerount de eaux xxxv. hommes darmes.' The two famous comrades of the Black Prince, sir John Chandos and sir James Audley, were both founders of the Garter. Chandos was mortally wounded in a skirmish near Lussac in Poitou, 31st December, 1369. Audley died about 1371.

Page 137, l. 1 *Comitem de Romenie.* There was a seigneur de Romeny, but no count with that title.

Page 138, l. 1. *Lis non modica.* In one of the editions of Froissart it is stated that the people of Toulouse rose against the count of Armagnac, in disgust at his supineness —Froissart, ed Luce, iv. 380. The same story is told by the *Bourgeois de Valenciennes*, 283.

—— l. 29. *Crebro digressi.* See, for example, the letter of sir John Wingfield to sir Richard Stafford, giving an account of military movements —Avesbury, 445.

Page 139, l 17. *Igitur offerens*, etc. Baker is here going back upon Lancaster's raid, already referred to on p 127. Sir Miles Stapleton was one of the founders of the Garter; he died in 1364.

—— l. 24. *Castrum quoddam.* Verneuil was the furthest point reached by Lancaster

—— l. 26. *Annali proximo* This would imply that Baker intended to carry on his chronicle.

Page 140, l. 2. *Proinde congestis copiis.* There are four contemporary documents which provide valuable particulars concerning the campaign of the prince of Wales, which culminated in the battle of Poitiers They are . two letters of the prince, written to the bishop of Worcester and to the corporation of the city of London respectively, after his return to Bordeaux, on the 20th and 22nd October (printed by sir N. H Nicolas in his edition of the *Chronicle of London*, 1827, p. 204), the letter of Bartholomew, lord Burghersh, to sir John Montagu (printed by Rev H. O. Coxe in his edition of Chandos Herald's *Black Prince*, Roxburghe Club, 1842, p. 369); and, above all, the itinerary of the campaign which is embodied in the *Eulogium*, a chronicle attributed to a monk of Malmesbury (ed. F. S. Haydon,

Rolls Series, iii. 215). In his letter to the bishop of Worcester the prince says that he began the campaign on the eve of the Translation of saint Thomas of Canterbury, that is, on the 6th July. Baker begins with the prince's arrival at Bergerac, which he entered on the 4th August. Marching almost due north, his object being to join hands with the duke of Lancaster, who commanded in Brittany, he reached Argenton on the 21st, Chateauroux on the 23rd, and Vierzon on the 28th of the month. The combat with Philippe (called Grismouton) de Chambly took place on the latter day. 'Eodem die dominus Johannes Chaundos et dominus Jacobus de Audele ... fecerunt equitatum cum ducentis hominibus et obviaverunt uni Franco nomine Gris Motoun qui secum habuit iiij^{xx} lanceas, qui omnes fugarunt et occisi fuerunt; capti tamen fuerunt xviij. milites et armigeri Angli enim habebant x. lanceas tantum; le Gris Motoun primus fuit qui fugam fecit.'— *Eulogium*, iii 218.

Page 141, l. 1. *Processerunt versus Romorentyn*. Romorantin was reached on the 30th August and was captured next day, and the outworks of the castle were taken; but Amauri de Craon and Boucicaut held the keep until the 3rd September, when it was set on fire, and they, 'quod non possent bene ignem extinguere cum vino et aqua, quod in parva quantitate habebant intra se,' were forced to surrender.

—— l. 29. *Nunciantes quod coronatus Francorum*, etc. King John was at Meung-sur-Loire, below Orleans, on the 9th September, and no doubt crossed the river at Blois on the following day.—Froissart, ed. Luce, v iv.

Page 142, l 7. *Princeps vero Ligerim sequens*. The exact course of the prince of Wales's march immediately after leaving Romorantin is uncertain. Baker represents him as following the course of the Loire to the westward ('orientem' is a blunder for 'occidentem') direct to Tours, before which he sat down for four days, and thence rose in pursuit of the French who had crossed the river behind his back at Blois. The prince's own account agrees with this 'Et illeosqes estoions certifiez qe touz les pontz sur Leyre estoient debruses et qe nulle part purriens avoir passage; sur qei nous prismes nostre chemyn *tout droit* a Tours et la demourasmes devant la ville quatre jours' (letter to the corporation of London). Burghersh also states that 'le prince demorra devaunt le dit cite de Tours . . . par iiij. joures.' The *Eulogium*, after describing obscurely the march of the 5th and 6th September, goes on to say: 'die Mercurii [7th Sept] venit princeps ad Aumonk super Leir juxta Tours in Turonia . . . . . ibi moratus est per dies Jovis, Veneris, et Sabbati' This place has been taken to be Chaumont. But this is impossible, for Chaumont lies on the river not far below Blois, and very far away from Tours. 'Aumonk' must have been some place near the latter city, possibly Amboise. *Le Bel*, ii. 196, may also be quoted: 'Puis ardirent les Angles la ville de Remorentin et s'en vinrent parmi celluy pays qu'on clame Salongne, par devers la rivière de Loyre; mais quant ilz entendirent que le roy Jehan estoit à Bloys, ils sceurent bien que par là ilz ne purroient passer; si s'adreschièrent par devers Amboise, et le roy Jehan ala à l'encontre d'eulx par devers la cité de Tours; et demourèrent là le jour et lendemain, puis s'en partirent, car ilz virent bien qu'ilz n'auroient pas la cité ne le passage à leur volenté ; si ardirent aucunes maisons des fausbours et se mirent au retour par devers Poytou, toudis ardant et exillant.'

Page 142, l. 15. *Viam transversam* The two armies were now moving south on converging lines. Baker's 'torrentes tres' are the Indre, the Creuse, and the Vienne. The prince of Wales broke up his camp on the 11th September and passed that night and the next day at Montbazon on the Indre ; on the 13th he moved to La Haye on the Creuse ; and on the 14th to Châtellerault on the Vienne, where he halted the two following days. In the mean time king John had reached Loches on the 13th September, and the next day was at La Haye, which the prince had evacuated that morning. While the latter struck off rather to the west to Châtellerault, the king moved on due south to Chauvigny, where he arrived on the evening of Thursday the 15th. It seems incomprehensible how the two armies, each one being credited by its own historians with being in pursuit of the other, could have failed to come into collision during these days. From Chauvigny the French troops crossed the Vienne and marched westward on Poitiers, thus traversing the route of the English. The prince of Wales moved from Châtellerault on the morning of Saturday the 17th, and, marching up the left bank of the Vienne, came upon the French rear-guard at a place named La Chaboterie. In the skirmish which ensued Jean de Noyers, comte de Joigny, Jean III. de Châlon, comte d'Auxerre, and the marshal of Burgundy were made prisoners. The next day, Sunday the 18th, the English took up their position at Maupertuis.

—— l. 26. *Statim princeps*, etc. Before reviewing the details of Baker's account of the battle, Stow's translation (*Annales*, 408) may be read :—

'The prince therfore committed the vaward of the armie to the earles of Warwicke and Oxford, the middle ward was guided by the prince, and the rereward was led by the earles of Salisburie and Suffolke. In all the whole armie of the prince there was not above foure thousand men of armes, one thousand armed souldiours, and two thousand archers.

'The pompous nobility of the Frenchmen drew nigh, greatly disdaining the small company of the Englishmen, for they had in numbers eight thousand fighting souldiours, they had also seven antients. At this matter a great many of our men murmured, because of late a great part of our army was sent to defend Gascoigne There was among the Frenchmen a certaine Scot, called William Douglas, a man of great force and practise in the warres : this man did the French king make knight, and, because he knew he would be a deadly enemie to the Englishmen, he gladly hearkned to his advices. This William was captaine over two hundred Scots these men understood well that it was the custome of the Englishmen in those dayes to fight on foote, in which point they folowed the Scots, and the Scot also provoked the French king and other French men to fight in like manner. The French king, obeying his foolish counsell, gladly agreed unto his sayings, whereupon he sent light horsemen into the citie, that they should suffer no man to make any chase, but only 500 horsemen, wel appointed, to come out against the archers in the beginning of the conflict, and to run them over and to tread them under their horse feete but these performed not that which was commaunded them, as it appeared by the sequele thereof.

'The armies being set in a readinesse on both sides for to fight earely on Sonday in the morning, which was notable fayre, behold there came the cardinall of Petragoren, and charged the prince, in the name of God who was crucified, that it might please him to deferre the warre for a time, both for ecclesiasticall peace and also for the sparing of Christian blood, and to the end there might be a treatie had of peace, the which he promised should be performed with great honour on both sides. The prince neither feared nor refused peace, but modestly agreed to the request of this father. All this day now being appointed for the obtaining of peace, the armie of the Frenchmen encreased by the number of a thousand men of armes and also of other. On the morrowe after, the cardinall came againe from the French king, in his behalfe to request a truce which should endure for one whole yeere, the which the prince denyed, yet, at the importunate sute of that cardinall, he graunted a truce to continue till Christmas next comming Therefore the cardinall, returning to the French king, requested him of pledges for the truce; but the marshall Dawdenam, Geffrey de Charney, and Douglas the Scot perswaded him that by common reason it could not come to passe that the Englishmen should at that time prevaile, and especially because they were but fewe and in a strange countrey and wearied out miserably with their toyle in travell, and therefore not able to indure so great a number of the Frenchmen of France who stood in defence of their owne land.

'The prince of Wales being certified that the captaines of the French would have no kind of peace, but such as they could get by force of armes, and calling his men together, he made to them an oration, first in general and then to his archers, as foloweth. "Your manhood (saith he) hath bin alwaies known to me, in great dangers, which sheweth that you are not degenerate from true sonnes of English men, but to be descended from the blood of them which heretofore were under my fathers dukedome and his predecessors, kings of England, unto whom no labor was painefull, no place invincible, no ground unpassable, no hill (were it never so high) inaccessible, no tower unscaleable, no army impenetrable, no armed souldiour or whole hosts of men was formidable. Their lively couragious- nesse tamed the Frenchmen, the Ciprians, the Syracusians, the Calabrians, and the Palestines, and brought under the stiffe necked Scots and unruly Irishmen, yea, and the Welchmen also, which could well endure all labor. Occasion, time, and dangers maketh of fearefull very strong and stoute, and doth many times of dull witted men make wittie. honour also, and love of the countrey, and the desire of the rich spoyle of the Frenchmen, doth stirre you up to follow your fathers steps. Wherefore followe your antientes and wholy be intentive to follow the commandement of your captaines, as well in minde as in body, that, if victorie come with life, we may still continue in firme frendship together, having alwayes one will and one minde: but if envious Fortune (which God forbid) should let us at this present, to runne the race of all flesh, and that we ende both life and labour together, be you sure that your names shall not want eternall fame and heavenly joy, and we also, with these gentlemen our companions, will drinke of the same cuppe that you shall doe, unto whom it shall be an eternall glory and name to have wonne the nobilitie of France · but to be overcome (as God forbid) is not to be ascribed unto the danger of time but to the courage of the men "

' Having spoken these words, he perceived that there was a hill hard by which was planted on the top with hedges and ditches, the inside whereof was very plaine, and a pasture fielde on the one side thereof, with many rough bushes, and on the other side it was all planted with vines, and the residue was plaine, in the top whereof he did imagine the armie of the French to lye. Betwixt our men and the hill there were great and lowe valleys, and a piece of marish ground. One company of the prince, finding out a narrowe passage, entred the valley and tooke the hill, where among the bushes they hid themselves, taking the advantage of the place The fielde wherein our men lay, to witte, the vawarde and middle warde, was devided from the plaine where the French armie lay with a long hedge and ditch, the one end whereof did reach down to the marish aforesaid : that of the hill next the marish the earle of Warwicke kept, captaine of the vawarde In the upper part of the hedge, toward the hanging of the hill, there was a great gap, from the which a stones cast stood our rereward, over the which the earle of Salisbury was captaine.

' Our enemies perceyving our princes antient to be displayed and ofttimes to be remooved from place to place, and by reason of the hill to be sometime quite out of sight, they judged that the prince fled; yet Douglas the Scot and marshall de Clarimount said that it was not so, but marshall Dawdenam, being deceived in his owne opinion, thought otherwise, crying out stil to follow and chase the prince now fleeing, and with him also Douglas, to the intent to gette preferment and a worthie name of his new warfare. But Clarimount, to wash away the evill opinion which was conceived of him touching his fidelitie, was the more vehement to perswade them forward, for unto them the charge of the vaward was deputed. Before these went out, the fashion was, certaine to chase and to juste, against whom certaine that were under the hill of our vaward came to meete marshall Dawdenam, who, staying to see the ende of the justing, kept himselfe from encountring In the meantime Clarimount, thinking to come out by the gap in the hedge and so to come at the backe of our vawarde and to compasse them in, met with the earle of Salisburie, who, perceiving his comming and purpose, suspected his whole intent; and so they which governed our rereward, making haste to take the gap and keepe the enemie from passing that way, sustained the first charge of the battell. Then began a terrible meeting betwixt the armed men, who laid on load with swordes and speares, neither did the archers slacke their dutie, but, lying in safe trenches, start up above the ditche and shot over the hedge, prevailing more with their arrowes then they did that fought in armes thus our rerewarde, slaying the enemies who came stragling to the gap, and the vaward, which lay on the hanging of the hill toward the marish, being governed by the earle of Warwike, were alwayes readie and met with the Frenchmen, beating them downe.

'The archers of the vawarde were placed in the marish out of daunger from the horsemen, yet for all that they did prevaile there somewhat, for the horsemen were appointed to no other purpose but to overrunne the archers. The earle of Oxford, considering the discommoditie that might ensue thereof, departed from the prince's warde, and leading with him the archers set them on the one side of the Frenchmen, commaunding them to shoote at the hinder parts of the horses, by meanes whereof the horses being gauld and wounded fell to tumbling with them that sate on their backes, or els turned backe and ran upon them that followed after, making great slaughter upon their owne masters. The horsemen being thus beaten backe, the archers retired towards the place from whence they came, shooting and gawling the sides of the Frenchmen which fought right over against them.

'By this time the force and heate of the battell began to be in prime, when as the earles of Warwike and Salisbury, like fierce lions, endeavoured of purpose which of them should dung the land of Poyters most with Frenchmen's blood. Neither was the wise counsellor Thomas Dufford of Suffolke idle at that season, who right worthily in all his acts behaved himselfe, being expert and skilfull in activitie. For he, continually running from warde to warde and into all troupes and companies, comforted and stirred them up with good words to doe well, having a great regard that the youthfull sort of lustie souldiers, being too bolde upon their good hearts and courage, should not without regard goe out too farre, and placed the archers at sundry times to great advantages, and oftentimes, as leysure would suffer him, he would encourage up the minds of the souldiers. Clarimount was slaine, William Douglas also being wounded fled, having with him a fewe Scottes of his bande, with Archebald Douglas his brother. Our men retyring put themselves in good aray, and our vawarde and middle warde joyned themselves together.

'By and by there marcheth forth a new armie of the Frenchmen, the which the eldest sonne of the French king, Dolphin of Vienna, brought forth The order and aray of this armie was more terrible and fierce then the show of that which was last oppressed, yet for al that could it not make our men afraid, who were sharpe set and very desirous of honour and also of revenge, both for themselves and their fellowes, which a little before were slaine and wounded. And therefore boldely they go to it on both sides, making showtes and noyses, crying out : "Saint George to borow," and "Saint Denis for us." Within a while they were come to fight man to man, and, every man ready to die, fight now to save their lives, neither doth the lion make the wolfe more afraid, as the tiger is more terrible to the simple beast, then our lusty gentlemen were to their enemies, who chased them and slue them like as the wolves chase and kill sheepe. And though that this battel withstood our men more then the first, yet, after they had lost a great many of their men, they had such a devise that they saved many, and yet not by running away but by a faire retreate, which the Frenchmen are accustomed to use. But our men considering that the victorie of the fielde was doubtfull, as long as the French king might be in presence with his armie who lay there halfe hid in a valley, they would not afterward, when they had chased any that fled, goe out of the fielde.

'But the worthie man Maurice Barkeley, sonne of Thomas Barkley, had no regard thereunto, who for the space of two houres, together with his men, never spared, but would be still in the forefront of the battell, invading his enemies with the first. This Maurice, being in the middest of the Dolphins gard, sowed blowes among them, first with a speare, then with a sword, and at length, being all alone compassed with the multitude and sorely wounded, he was taken prisoner.

'In the meane time our men caried those which were wounded of their campe and laid them under bushes and hedges out of the way, other, having spent their weapons, tooke the speares and swordes from them whom they had overcome: and the archers, lacking arrowes, made hast to drawe them from poore wretches that were but halfe dead: there was not one of them al, but either he was wounded or quite wearied with great labour, except 400 men who, keeping the chiefe standert, were appointed to meete the French king.

'The Dolphin being thus put to flight, one came to the French king and said: "My lord king, the field is fallen to the Englishmen, and your eldest son hath withdrawn himselfe", unto whom the French king answered with an oth that he would not that day forsake the field, unlesse he were taken or slaine, and so by that meanes caried away by force. Wherefore the antient-bearers are commanded to march forwards, after whom followed two great companies of armed men into a wide field, shewing themselves to our men, and stroke a great feare into their heartes, in so much that they were out of hope to conquer any more. The which thing a man of great wisdom, standing by the prince, signified with a howling voice (saying: "Alas, we poore wretches are overcome"); but the prince, having a great trust and faith in Christ, checked him, saying. "Thou liest, thou dastardly fellow, for thou canst not say that we can be overcome as long as I live."

'Captaine de la Buche, a noble man in all affaires, as soone as he perceived the armies of the French king marching forth of their tentes, asking licence of the prince, departed away with sixty souldiors and a hundred archers, whom many of our men thought to have fled away; therefore our souldiors (excepting the chiefe captaines), being quite out of hope of victory, committed themselves wholy to the mercy of God.

'Then the prince commanded his antient bearer, sir Walter Woodland, to march forward toward his enemies, and with a fewe fresh men he joyned battell with the great armie of the French king: by and by they sounde their trumpets, one giving answere to another, they made such a noyse that the walles of Poyters sounded with the eccho thereof like a wood, in such sort that a man would have thought that the hils had bellowed out to the valleis, and that the cloudes had given foorth a most terrible thunder, to the which there wanted no cruel lightnings, whilest the aire shone on the bright armour and speares dashing against shining harneis.

Then came on the cruell company of crosbowmen, making a darknes in the skies with the multitud of quarrels which they shot, against whom came a worthy company of English bowmen; out flies also darts of ash which met with the enemie afar off: but the French armie, being ful of divers troupes and many armed men defending their brests with their shields, proceed forward against their enemies: wherefore our archers, having emptied their quivers in vaine, being armed onely with swordes and targets, are faine to encounter with them that were laden with armour. Then bestirreth himself the worthy prince of Wales, cutting and hewing the Frenchmen with a sharpe sword.

'In the meane time captaine de la Buche marcheth a compasse about, under the hanging of the hill, which he with the prince a little before forsooke, and, privily compassing about the fielde, at the length commeth close under the place where the French campe lay; from thence he ascended to the toppe of the hill that way which the Frenchmen had beaten with their travaile, and so sodainly breaking forth unlooked for, and shewing by the ensigne of Saint George that he was our friend, the prince with great courage giveth a fresh charge on the French armie, being desirous to breake their rankes, before the captaine aforesayde should set on the side of the battayle. The prince, lustily encountring with his enemies, goeth into the middle of the throng, and where he seeth most company, there hee layeth about him on every side.

'In the meane time, on every side, his friendes which served captaine de la Buche were at the backes of the enemies, beating downe and killing without pitte, and the archers also, placed for the purpose, shot so thicke, wounding the backes and sides of the Frenchmen, in such sort, that the fourme of the battaile was quite spoyled, neither could they put themselves in order or aray any more. This was the courage of the prince, who at the length thrusteth thorow the throngs of them that guarded the French king. Then should you see an antient beginne to nod and stumble, the bearers of them to fall downe; the blood of slaves and princes ran mingled together into the waters which were nigh. In like sorte the bore of Cornewall rageth, who seeketh to have none other way to the French king's standard then by blood onely. but, when they came there, they met with a company of stoute men to withstand them, the Englishmen fight, the Frenchmen also lay on, but at length, Fortune making haste to turne her wheele, the prince preaseth forward on his enemies, and, like a fierce lion beating downe the proud, he came to the yeelding up of the French king.

'The Frenchmen being scattered abroad in the fieldes of Poyters, perceyving that the standard with the flowredeluce was beaten downe, fled with all speede towards the towne, which was not farre off · the English men, perceyving them to be fleeing, though themselves were either sore wounded or wearied, followed them in chase even to the gates of Poyters, where in a great skirmish and very daungerous they slew a great number of Frenchmen.

'At the last, our men being called backe by retreate with the sound of trumpet, and assembling together, there were diverse pavilions and tents set up in the fields, and the whole company, being throughly comforted with this victorie, gave their whole endeavour to provide for them that were wounded, for the quiet rest of them that were wearied, for safe keeping of them that were taken prisoners, and for the refreshing of them that were almost famished, until they had ful understanding who and how many were wanting.'

Baker's account of the battle of Poitiers is very valuable. His details are unusually clear. They were evidently supplied by one who had taken part in the action, and they compare very favourably with the somewhat perplexed narrative of Froissart, the chief authority upon which all descriptions of the battle have been based Following the story in our chronicle, one can draw a plan of the battle so well that, on comparing it with the actual surveys of the ground, one is quite satisfied that we have here no mere fanciful picture of what happened. It is seldom that one meets with so precise a description of a battle in the chronicles of the middle ages The English army was divided into three battles . (1) the vanguard under Warwick and Oxford, (2) the main-guard under the prince, and (3) the rear-guard under Salisbury and Suffolk. The first and third (carelessly called the second) divisions were drawn up on ground ('campus,' p. 147), which was separated from the open space ('planicie') occupied by the French by a long hedge and ditch ('sepe longa subterfossata'). The position was a plateau which sloped down on the right into a valley, the bottom marshy and watered by a stream ('torrente quodam irriguus'); the hedge following the slope and running down into the marsh On this slope Warwick with the first division was posted ; higher up, on his left rear, stood the third division, drawn up on level ground and within reach of a gap in the upper part of the hedge ('a declivo bene remota'). This gap was an opening to allow the passage of carts, and, no doubt, was approached by a road of some sort. It had an important bearing on the fortunes of the day, and its existence has apparently been the main cause why the battle has been so often described as a mere struggle in a deep lane The prince's division ('principis turma') was led across the marshy valley on the right ('ad satis angustum vadum torrentem preterivit') and took possession of a hill on the right front, partly covered with vines and brambles which concealed the movement from the enemy The horsemen, with the exception of a small body reserved for skirmishing, were dismounted ; and archers of the first and third divisions were posted in the marshy ground in front of the first division, and along the hedge

Before proceeding to examine the French attack, let us see how far this statement of the English position agrees with that found in the pages of Froissart. The report brought back to the French king by Eustache de Ribemont, who had been sent out with others to reconnoitre, is put into these words ' "Sire," respondi messires Eustasses, " il sont en très fort liu, et ne poons veoir ne imaginer qu'il n'aient fait que une bataille ; mès trop bellement et trop sagement l'ont il ordonné. Et ont pris le lonc d'un chemin fortefiiet malement de haies et de buissons, et ont vesti celle haie, d'une part et d'autre, de leurs archiers, telement que on ne poet entrer ne chevaucier en leur chemin, fors que parmi yaus . se convient il aler celle voie, se on les voet combatre. En celle *voie* n'a que une seule entrée et issue, où espoir quatre hommes d'armes, ensi que ou chemin, poroient chevaucier de fronth.

Au coron de celle *haie*, entre vignes et espinètes, où on ne poet aler ne chevaucier, sont leurs gens d'armes, tout à piet ; et ont mis leurs gens d'armes tout devant yaus leurs arciers à manière d'une herce : dont c'est trop sagement ouvré, ce nous samble, car qui vodra ou pora venir par fait d'armes jusques à yaus, il n'i entera nullement, fors que parmi ces arciers, qui ne seront mies legier à desconfire "' (ed. Luce, v. 21).

For the moment it may be noted that, reading this passage by the light of another version, as given in the Amiens MS., it would seem that the italicized words *voie* and *haie* have been accidentally transposed. The Amiens version is as follows.—'Li quattre chevalier dessus nommés dissent enssi au roy qu'il avoient veu lez Englès, et pooient y estre environ douze mil hommez . troy mil hommez d'armes, cinq mil archiers, et quattre mil bidaus à piet, car tous les avoient veu entrer en leur ordounnanche et mettre en conroy de bataille, et avoient pris le lonch d'une haye et mis les archiers d'un lés et de l'autre Et n'avoit en toutte celle haye qu'une seulle entrée où quatre hommez d'armes poroient chevauchier de froncq . et estoit ceste entrée trop bien gardée d'archiers et de gens à piet. Apriès se tenoient ou fons de ce chemin les gens d'armes en bon couvenant, deux hayes d'archiers devant yaus, à mannière d'une herce, et estoient tout à piet, lez cevaux derierre yaus. Et ne pooit on aller ne venir à yaus de nul lés, fors par le chemin dont il estoient fortefiiet de le haye ; et avoient l'avantaige d'une petite montaingne dessus quoy leurs chevaux et leur aroy estoient A l'autre les, sus senestre, avoit ung petit plain, mès il l'avoient fortefiiet de fossés et de leur charroy, et ne leur pooit on porter nul dammaige de ce costet' (ed. Luce, v. 252).

Although the two versions differ in certain expressions, the second being manifestly the better written, the general meaning cannot be mistaken. Froissart plainly says that the English position could only be approached by a road which was flanked on either side by the archers who lined the hedge. But, although at the beginning of his first version he uses the words 'fortefiiet de *haies* et de buissons,' and although, in describing (p 36) the charge of the French cavalry, he says that they 'entrèrent dedens le chemin où li grosse haie et espesse estoit de deux costés,' he nowhere mentions two distinct hedges bordering the two sides of the road ; in other words, he did not mean an ordinary road running between hedges. On the contrary, he distinctly speaks of one single hedge . 'le lonch d'une haye,' 'celle haye,' etc , in agreement with Baker's single 'sepes subterfossata,' which covered the English front. This being so, we may reconcile the varying statements of the two chroniclers by assuming that at the gap spoken of by Baker a road entered the field from the country beyond, and that at this point the hedge trended back and so flanked the road on either side for some little distance into the field.

If in Froissart's account we really have the actual words or substance of Ribemont's report, it seems that the French reconnoitring party must have taken their chief view of the English forces through the gap; and that the particulars given of the disposition of the dismounted men-at-arms and archers apply chiefly to Salisbury's division in the rear. The report says that at the crown or end of the road, that is, facing the gap, the men-at-arms were placed, with a double rank of archers in their front, disposed 'à manière d'une herce,' in other words, in open formation like the points of a harrow. The English divisions must indeed have lain very close to one another if we are to accept Ribemont's words that they seemed to form one ' battle': ' ne poons veoir ne imaginer qu'il n'aient fait que une bataille.' The occupation of the hill on the right is noticed, and the left flank is said to have been protected with trenches and waggons. Such entrenchments, Froissart tells us in another place (p 29), were made during the fruitless negotiations on the Sunday: 'Le dimence, tout le jour, . . . fisent fosser et hauer leur arciers autour d'yaus, pour estre plus fort.' He also mentions the body of mounted men kept ready to meet the French cavalry; and further describes in more detail the position of the prince's division . ' Et avoient encores, sus leur destre lés, sus une montagne, qui n'estoit point trop haute ne trop roste à monter, ordonné trois cens hommes à chevaus et otant d'arciers, tout à cheval, pour costier à le couverte ceste montagne et venir autour sus èle ferir en le bataille le duc de Normendie qui estoit en se bataille à piet par desous celle montagne. . . . Et se tenoit li princes et se grosse bataille ou fons de ces vignes, tout à piet, leurs chevaus assés priès d'yaus pour tantost monter, se il leur besongnast; et estoient fortefiiet et enclos, au plus foible lés, de leur charoy et de tout leur harnas · si ne les pooit on approcier de ce costé ' (ed. Luce, v. 31).

With regard, however, to the body of horsemen and archers held ready to attack the flank of the duke of Normandy's division, the manœuvre being almost the same as that described by Baker as executed against king John's division by the captal de Buch, it would seem that Froissart may be describing, though incorrectly, the latter attack ; at the same time there may have been, though not probably, two distinct movements.

The French army attacked in three main divisions on foot, led by an advanced guard, or rather a forlorn hope of three hundred picked horsemen, chosen, by Ribemont's advice, to ride down the English archers and thus clear the way for the overwhelming weight of the three solid ' battles.' The first of these was commanded by the dauphin Charles, duke of Normandy, the second by Philip, duke of Orleans, the king's brother; and the third by the king in person The cavalry in advance was led, on the left, by the marshal Arnoul d'Audrehem, and, on the right, by the marshal Jean de Clermont, and was supported by a contingent of German horsemen.

To resume Baker's narrative . The movement of the prince of Wales's division to occupy the hill on the right front led the French to think that the English were retreating. Accordingly, the French cavalry advanced to the attack and some jousting took place between their left and the English knights who rode out in front of Warwick's division. Awaiting the result of this skirmish d'Audrehem kept his men in hand ; Clermont on the right made straight for the gap in the hedge with the intention of taking Warwick in rear, but was met by Salisbury's 'battle,' which was moved forward, the English rear-guard thus coming first into action. Here the English archers ('insistentes aggeri tuto supra fossam et ultra sepem') were terribly effective; but those of Warwick's (first) division, posted in the marsh, though out of reach of the enemy, could do little against the armour-clad horsemen, until moved by Oxford into a position (probably on the slope of the hill on the right) whence their arrows could hit the horses' hind-quarters. Thus the French cavalry were repulsed, and driven back upon their own advancing infantry, Clermont being slain and Audrehem a prisoner. Pursuit was restrained, and the English front consolidated by the union of the first and second divisions. From this statement we must understand that the prince's division (or the main part of it) was brought down from the hill which it had occupied[1] and joined to that of Warwick; but four hundred men were held in reserve. Then followed the onset of the second French line, or the first infantry division, under the dauphin, which, after a struggle, was repulsed[2], the English again being held well in hand. We hear nothing from Baker of Orleans' division, which, as we learn from Froissart, retreated from the field without striking a blow, leaving only king John's 'battle' to be accounted for This division, the largest, now advanced to the attack, and it is said that some of the English began to lose courage at the sight, one of the faint-hearted bringing down upon himself a sharp rebuke from the prince. Then was executed a flank movement by a small body (the numbers here given being apparently too low) of mounted men and archers under the captal de Buch, who was despatched round the hill on the right to fall upon the French rear. This was the moment chosen by the prince for the advance of the English line. His banner was carried forward; and, leading out his reserve, he charged down upon the enemy. The French, thus taken in front and reverse, were broken up; and the battle was won.

Froissart's account differs from this in many points. According to him, the duke of Normandy's division, after being shaken by the recoil of the French cavalry, was attacked in flank by the force posted on the hill on the English right, and was then driven from the field by the prince of Wales's advance; while king John's division marched forward and engaged the first and third 'battles' under Warwick and Suffolk.

Knyghton's account of the battle is of little or no value; but he mentions the exhaustion of the English after the repulse of the Dauphin's attack, and also gives a list of the French killed and prisoners. The description to be found in the historical poem, 'The Black Prince,' by Chandos Herald[3], demands a moment's

[1] That this was so, appears from the words used on p 151, l. 19 · 'a monte quem cum principe nuper dimisit'
[2] The Frenchmen's 'non fugam sed pulcram retraccionem,' p 149, l. 18, is exactly the modern 'strategic movement to the rear'
[3] Edited, with a translation and notes, by the Rev H O. Coxe, for the Roxburghe Club, in 1842 The work was again published by M Francisque Michel in 1883, with a title in French and English, thus . *Le Prince Noir, poème du Héraut Chandos, texte critique suivi de notes par Francisque Michel, correspondant de l'Institut de France, etc , etc   The Life and Feats of Arms of Edward the Black Prince, by Chandos Herald   A metrical chronicle with an English translation and notes by Francisque Michel, F A S. Lond , Scot and Normandy, etc , etc* It is worth while to quote the title in full, for it would hardly be believed that the introduction,

notice. Here it appears at first sight that the prince was in retreat when the battle began, his rear-guard being first attacked, and his vanguard being already 'outre la rivere' (l. 1376). But, read by the light of Baker's chronicle and the manœuvres therein so exactly described, the lines of Chandos take a different meaning ; and we see that he is only narrating, but not so clearly, the movements whereby Salisbury's division in the rear was brought into action at the gap and the prince of Wales first occupied and then withdrew from the hill across the valley. That the prince drew up his forces with a view either to retreat or fight, he himself announces in his letter to the city of London: 'Et par defaute des vitailles si bien par autres enchessons, acorde estoit qe nous deveriens prendre nostre chemyn encosteant par devant eux en tieu manere qe, sils voilont la bataille ou trere devers nous en lieu qe nestoit myc tres graundment a nostre desavauntage, qe nous le preindreins; et ensint estoit fait'—Nicolas, *Chronicle of London*, 206.

The battle of Poitiers was fought in the morning 'Si commença environ heure de prime et fu toute passée à nonne' (Froissart, v. 60), on 'les plains de Maupertuis,' 'ès camps de Biauvoir et de Maupetruis,' 'asses priès de Poitiers ès camps de Maupertuis,' 'es camps de Maupetruis à deux heuwes de Poitiers' (Froissart, v. 52, 249, 279, 284). The spot has been exactly identified. The ancient Maupertuis is now a farm called La Cardinerie, lying on the road between Poitiers and Nouaillé, and about two kilomètres from this village. The Miausson, a small winding stream flowing into the river Clain which passes by Poitiers, forms, near its source, the southern boundary of the field of battle. It will be seen from the accompanying map [1] that a long narrow valley passing from north-east to south-west and debouching on the stream, separates the position of La Cardinerie from a highland or ridge to which tradition has given the name of 'Champ de Bataille' It was on this ridge that the battle was fought. Recent plans represent the line of the action to run north-west and south-east, the French advancing direct from Poitiers, but, unless the identification of the ground is altogether at fault, Baker's account goes to prove that the direct attack on the English position was made from the north In support of this view it will be seen that La Chaboterie, the place at which the English came in contact with the French rear-guard on the Saturday before the battle, lies north of La Cardinerie; and again, Froissart tells us that the duke of Normandy retreated on Chauvigny, which he would have had some difficulty in doing, had he advanced direct from Poitiers. The French

notes, and the bulk of the translation (even misprints included), are bodily, or almost bodily, taken by M Michel from Mr Coxe's edition M Michel makes the most of presenting a more correct French text. But when he goes on to state that ' in the English rendering I have striven to be literal and to employ the corresponding English word, when possible, as an equivalent,' and even apologizes for want of ' elegance of expression,' one is scarcely prepared to find that the translation is absolutely Mr Coxe's rendering with a few alterations

[1] Compiled from the map which accompanies a memoir on the battle by M Saint-Hypolite in the *Spectateur Militaire*, vol xxxvi (1843), p 685, and which is repeated in *Mémoires de la Société des Antiquaires de l'Ouest*, année 1844, p 76; and from a plan by Capt F Vinet, which is to be found in Baissac's translation of Jamison's *Bertrand du Guesclin*, Paris, 1866

army being on the Poitiers-Chauvigny road, it would naturally march from that road as its base. Following Baker, then, we may venture to assume that Warwick's division was drawn up facing north, or nearly so, on the western slope of the valley just referred to; and that Salisbury stood on his left rear; their left being protected, as Froissart describes, by entrenchments, traces of which have been discovered. As regards the condition of the valley at the period of the battle, it is not too much to adopt Baker's description of it as marshy; and, although there is now no trace of a stream in it, the 'torrens' of which our chronicle speaks may have been some tiny brook, perhaps not much wider than a ditch, yet sufficiently troublesome for the passage of baggage-waggons. At all events it is quite clear that Baker cannot be speaking of the Miausson, the only stream now laid down near the field. Across the valley is the hill, lying behind La Cardinerie, which the prince's division occupied at the opening of the battle, and round which the captal de Buch led his men. That the prince of Wales, before taking possession of this hill, thought that it was already held by the enemy, and that, when he had taken up position there, he was 'hostibus altior incumbens,' is further proof that the French were approaching from the north.

Page 143, l. 5. *In toto exercitu*, etc. Baker's number of 7000, which he says is exact, may be accepted. The Bourgeois de Valenciennes (290) puts the English at 7000, and the French at 50,000. Froissart (v. 32) is nearly in agreement: 'Car il [the English] n'estoient, tout compté, non plus de huit mil hommes; et li François estoient bien cinquante mil combatans, dont il y avoit plus de trois mil chevaliers.' And again (v. 42) he states that 'li François estoient bien gens d'armes sept contre un'; although in the Amiens version, written under French influence, he reduces the proportion to 'cinq contre ung.' In all these calculations the light armed men, the bidowers, brigands, and others, do not seem to be included.

—— **l. 22.** *Instigavit coronatum*, etc. Le Bel, ii. 197, gives a very good reason for dismounting the French troops, which may in fact have had some effect: 'fut ordonné que tous se combateroient à pyé, pour la doubtance des archiers qui tousjours tuoient leurs chevaulx, comme à la bataille de Cressy.'

Page 144, l. 1. *Cardinalis Petragorisensis.* Talleyrand de Périgord, sometime bishop of Auxerre, became cardinal in 1331; died in 1364. See the account of his indefatigable endeavours to prevent the battle, as given in Le Bel and Froissart.

—— **l. 13.** *Concessit treugas.* Le Bel, ii. 198, reports the terms offered by the prince as follows. 'Enfin fut tant traittié que le prince de Galles, s'acordoit de laissier toutes les villes et chasteaulx qu'il avoit conquis, et quittier de prison le seigneur de Craon et pluseurs aultres prisonniers, mais que le roy Jehan le laissast issir hors de son pays; et avecques ce il créanteroit qu'il ne seroit armé jusques à sept ans contre le royaume de France.' Froissart repeats this, v. 26, adding that he had it from the cardinal's attendants.

Page 144, l. 15. *Marescallo de Claromonte*, etc. Jean de Clermont, seigneur de Chantilly; marshal in 1352; lieutenant of Poitou in 1354; killed in this battle. Arnoul d'Audrehem, who became marshal in 1351, was one of the defenders of Calais in 1346-7; lieutenant of Picardy in 1355; taken prisoner in this battle, when he undertook not to fight against the English until ransomed; but was made prisoner again at Najara, and was in danger of being executed, but was acquitted by a jury of knights; died in 1370.

—— **l. 25.** *Episcoporum Senonensis et Chalonensis*. Guillaume de Melun, son of Jean, vicomte de Melun; archbishop of Sens in 1346; made prisoner in the battle of Poitiers; died in 1378. Renaud Chauveau, bishop of Châlons-sur-Marne in 1352; killed in the battle of Poitiers.

Page 148, l. 29. *Willelmusque Dowglas*, etc. Sir William Douglas, afterwards earl Douglas, and his cousin (not brother) Archibald Douglas, natural son of 'the good sir James,' are placed by Froissart (Amiens MS.), v. 253, among the cavalry under marshal d'Audrehem. But they are also described as fighting in the final struggle, v. 271. 'En une autre routte se combatoient messires Guillaumes, comtes de Douglas, d'Escoce, messires Archebaux, ses cousins, et bien deux cens de leur compaignie, qui y fissent mainte belle appertisse d'armes' In the ordinary version Froissart says, v. 45: 'Encores en le bataille dou roy estoit li contes de Duglas, d'Escoce, et se combati une espasse assés vaillamment; mès, quant il vei que la desconfiture se contournoit dou tout sus les François, il se parti et se sauva au mieus qu'il peut, car nullement il ne volsist estre pris ne escheus ens ès mains des Englès: il euist eu plus chier à estre occis sus le place.'

Page 149, l. 23. *Mauricius de Berkeleye*. See the story of his capture in single combat, told by Froissart, v. 48, who calls him the 'sires de Bercler'; but the exploit of Eustache d'Aubrecicourt (v. 34) more closely resembles Berkeley's feat, as here described.

Page 150, l. 30. *Walterum de Wodelonde*. Walter de Wodelond appears in the prince's retinue in 1345 —*Fœdera*, III. 47.

Page 152, l. 3. *Ac rotat efferus*, etc. It is probable that Baker is here translating a verse of some ballad or song in honour of the victory.

Page 153, l. 28. *Inter semivivos*, etc. 'Among them which were found halfe dead was found the lord James Dawdley, by reason of his broad buckler, and, being carried in the armes of his souldiors, was brought to the princes lodging, and the prince himselfe rose from his supper, and came to him and caused him to be stripped and laid in a soft bed, and being somewhat better com to his remembraunce, the prince comforted him, swearing to him that he had the French king yeelded unto him; which newes when the languishing noble man heard, he straightwayes revived. The prince, returning to the French king, willed him not to denie that to be a worthie deede of his that rose from his supper to comfort him that was almost dead, who spared not his owne blood to purchase victorie. After that, they having had some talke concerning the warres which James

Dawdeley made, the French king said that, amongst all stoute champions which valiantly that day behaved themselves, he did greatly wonder at the noble deedes of that knight; and he spake not much more in all his supper but what he spake to the prince, who comforted his noble pray Such like words it is said that the French king spake: "Although it be our chance to fall into an everlasting sorow, yet for all that we thought it good to refraine from the same by a kind of measure, for, though we be under subjection by law and right of war under our noble cousin, yet are we not as rascals or faint hearted runne awayes, or taken lying hid close in a corner, but after the manner of the fielde by the ende and successe of warre, where we were as ready to dye as live for justice sake." And in the same field were many rich men taken, whose lives were reserved for ransome, the faint hearted and lewd chased away, but the woorthiest and stoutest were spoyled of their lives.'—Stow, *Annales*, 414 It will be noticed that Stow does not include the last sentence among the king's words.

The story of Audley's vow to strike the first stroke in the battle, of his desperate charge among the French cavalry, of his wounds, and of the prince's care for him, is so well known from Froissart's pages that it needs no repetition. But his interview with the prince is there placed immediately before the French king was brought in, and consequently there is no record of any words spoken by the latter. Baker's simple account rather mars the romance of the supper-scene in the French chronicle, in which the prince serves his royal prisoner and humbly refuses to sit at his table.

Page 154, l. 23. *Connumerati sunt captivi.* A list of the French killed and prisoners was enclosed in the letter announcing the victory from the prince of Wales to the bishop of Worcester, printed by Sir N. H. Nicolas, *Chronicle of London* (1827), p. 207; another is given by Avesbury, 469; and another is found in the letter of Bartholomew, lord Burghersh, printed by Coxe, *The Black Prince*, p. 369. Bouchet, *Annales d'Acquitaine*, also prints a list of the slain who were buried in churches at Poitiers, reprinted by Buchon in his edition of Froissart, i. 355. The prisoners here named, besides the king and his youngest son Philippe le Hardi, are: Guillaume de Melun, archbishop of Sens; Jacques de Bourbon, comte de la Marche et de Ponthieu; Jean d'Artois, comte d'Eu; Charles d'Artois, comte de Longueville; Jean de Melun, comte de Tancarville; Jean de Châlon, comte d'Auxerre; Bernard, comte de Ventadour; Jean, comte de Sancerre; Henri, sire de Joinville, comte de Vaudemont; Jean, comte de Vendôme; Jean de Noyers, comte de Joigny; Charles de Trie, comte de Dammartin; John, count of Saarbruck; John, count of Nassau; Aimeri Manrique de Lara vicomte de Narbonne; Louis d'Aubigny; marshal Arnoul d'Audrehem; Guichard d'Angle, seneschal of Saintogne; Maurice Mauvinet, seneschal of Touraine; Renaud de Guilhon, seneschal of Poitou; Juan Fernandez de Heredia, castellan of Amposta (here called the grand preceptor or master of the Hospitallers in Spain); Geoffroi de Saint-Dizier; Ingerger, sire d'Amboise, seneschal of Auvergne (?); Bertrand, sire de la Tour; Guichard, sire d'Ara; Bonabès de Rougé, sire de Derval;

sire de Ville-Arnoul ; Jean de Maignelais ; Jean de Plaunche, or Blaunche ; Louis de Brienne, vicomte de Beaumont ; and Louis, sire de Sully. The list sent to the bishop of Worcester adds 1933 'gentz d'armes'; Avesbury, 'plus qe MM. hommes darmes'; and Burghersh, 'ij. mille v. c. persones, des queux furent ij. mille hommes darmes.'

Page 155, l. 5. *Corpora quoque,* etc. The names of the killed, as here given, are · Pierre, duc de Bourbon ; Gauthier de Brienne, duc d'Athènes, constable ; Jean de Clermont, marshal ; Geoffroi de Charny, bearer of the oriflamme, Renaud de Pons ; Renaud Chauveau, bishop of Châlons-sur-Marne ; Jean de Mortagne, sire de Landas ; Eustache de Ribemont ; André de Chauvigny ; Jean de L'Isle ; Guillaume de Nesle ; Jean de Sancerre ; the sire de Montjouan ; the sire d'Argenton ; Louis de Chauvigny, vicomte de Brosse ; Robert de Duras ; Jean, vicomte de Rochechouart ; Jean de Thil-en-Auxois, sire de Château-Vilain. In addition, the list sent to the bishop of Worcester declares that 2426 'gentz d'armes' were slain ; Avesbury, ' MM. hommes d'armes et aultres a nombre de DCCC. et plusours'; and Burghersh, 'outre ceo furent mortz ij. mille et viij. cent persones, des queux furent ij. milles hommes darmes.'

—— l. 24. *Blayves et Mirabel.* Blaye, on the right bank of the Gironde, just below the junction of the Garonne and Dordogne ; and Mirambeau, a short distance north, between Blaye and Pons.

—— l 27. *Neil de Lehereyn,* etc. Sir Nigel Loryng, first distinguished at the battle of Sluys, and one of the founders of the Garter, who, besides serving in the various campaigns, was employed in many diplomatic missions ; died, 1386. Sir Roger Cotesford (not Totesford) is named as the bearer of the prince's letter to the bishop of Worcester. A certain sir Roger Cotesford, who is probably the same person, appears in the *Calend. Inq. post Mortem,* ii 349, as tenant of lands in Blechesden [Blechingdon], co Oxon., in 50 Edw. iii.

—— l. 28. *Nulla tamen pax,* etc. These words prove that Baker was writing two full years after the battle of Poitiers, that is, late in 1358 ; and some eighteen months before the treaty of Brétigny, which was concluded in May, 1360.

INDEX.

Acheux, in Picardy, Edward III marches through, 81, 251, 252, 254, 257

Agenois, occupied by Charles of Valois, 15

Ages the ages of the world, 157, 174

Aids and subsidies, 48, 230; 53, 57, 59; 62, 235; 67, 241; 75, 247, 78

Aiguillon, in Guienne, taken by the English, 77, 249, besieged by the French, 78, 249

Airaines, in Picardy, Edward III. marches through, 81, 251, 254, 257.

Albano, cardinal of. *See* **Aux**, Arnaud d'

Albret, Bernard Ezi, sire d', serves with the English in Aquitaine, 77, 249, his son aids in the defence of Aiguillon, 78, his sons knighted, 132, 297; he, with others, appointed to defend Aquitaine, 140.

Alençon, Charles, comte d', slain at Crécy, 85, 254, 262

Alieir [Saint-Hilaire?], in Languedoc, taken by the Black Prince, 135, 295.

Alzonne, in Languedoc, occupied by the Black Prince, 132, 294.

Amboise, Ingerger, sire d', seneschal of Auvergne, taken prisoner at Poitiers, 155, 313

Amiens, meeting there of Edward II and Philip IV., 10; skirmish at Poissy of troops from, with the English, 81, 250, 256, 258.

Anagni, Boniface VIII. made prisoner there, 1, 177.

Angle, Guichard d', seneschal of Saintogne, taken prisoner at Poitiers, 154, 313

Angus, earl of. *See* Umfreville, Gilbert de

Annand, sir David, taken prisoner at Neville's Cross, 88, 265

Antwerp, Edward III. lands and is quartered there, 61, 62.

Aquitaine restored to England, 1; given to Edward II. when prince, 3, 179; ceded by Edward II to his son Edward, 19, 195; Edward III does homage for it, 43, 220; tournament in honour of Gascon knights, 73, 246; Lancaster's campaigns in, 77, 78, 249, 108, 277, 278; the French defeated by the earl of Stafford, 121, 287; the Black Prince sent thither, 127, 292; his march through, 128-138, 292-298, military activity of the English, 138, 298, new coinage, 139.

Archebaud, dominus, slain at Calais, 107, 277

Argences, in Normandy, Edward III marches through, 80, 250, 256

Argentine, sir Giles de, slain at Bannockburn, 8, 171, 189.

Argenton, sire d', slain at Poitiers, 155, 314.

Argeville, Charles d', taken prisoner in Brittany, 120, 286

Argeville (?), Pierre d', taken prisoner at Calais, 107, 277

Ariège river, in Languedoc, crossed by the Black Prince, 131, 294; 135, 295

Armagnac, Jean, comte d', takes part in negotiations, 90, 267, anger of the Black Prince against him, and his county invaded, 128, 292, quartered at Toulouse, 131, 297; accused of cowardice, 138, 298.

Arouille, in Gascony, surrendered to the Black Prince, 129, 293

Artois, Charles d', comte de Longueville, taken prisoner at Poitiers, 154, 313.

Artois, Jean d', comte d'Eu, taken prisoner at Poitiers, 154, 313

Artois, Robert, comte d', accompanies Edward III to Flanders, 70

Arundel, earls of. *See* Fitz-Alan, Edmund; Fitz-Alan, Richard.

Arx, Guichard, sire d', taken prisoner at Poitiers, 155, 313

Athènes, duc d'. *See* Brienne, Gauthier de.

Atholl, earl of *See* **Strathbogie,** David
Aubert, Etienne, cardinal, attempts to intercede with Edward III at Lisieux, 80, 250, 253, 258, and at Elbeuf, 253
Aubian, near Narbonne, occupied by the Black Prince, 134, 295
Aubigny, Louis d', taken prisoner at Poitiers, 154, 313
Aude river, in Languedoc, crossed by the Black Prince, 134, 295.
Audley, Hugh de (the elder), baron, submits to the king, and is sent prisoner to Wallingford, 12, 172.
Audley, Hugh de (the younger), baron, created earl of Gloucester, 59, 173, 234; sent back to England from Flanders, 70; included in the list of those present in the sea-fight off Winchelsea [but then dead], 109, 281.
Audley, sir James, skirmishes with the French, 136, 298, accompanies the Black Prince into Poitou, 140; wounded at Poitiers and tended by the prince, 153, 154, 312, 313
Audrehem, Arnoul d', marshal of France, opposes mediation before the battle of Poitiers, 144, 301, 312; leads the attack, 147, 302, 308; made prisoner, 148, 154, 309, 313
Aumale, comte d' *See* **Harcourt,** Jean de.
Aunay, Philippe d', accused of adultery with the queen of France, 37.
Auradé, in Gascony, taken and burnt by the Black Prince, 137, 295
Aurimont, in Gascony, skirmish near, 137, 296· occupied by the Black Prince, *ibid*
Auterive, in Languedoc, passed on his march by the Black Prince, 135, 295
Auteuil, Isle of France, Edward III marches through, 81, 251, 252, 254, 256
Aux, Arnaud d', cardinal bishop of Albano, envoy to England, 6, 185.
Auxerre, comte d'. *See* **Châlon,** Jean de
Avignonet, in Languedoc, taken by the Black Prince, 132, 294
Avranches, bishop of *See* **Hautfrine,** Jean.
Ayollpuhbone. *See* **Pechluna**
Azille, in Languedoc, taken by the Black Prince, 134, 295.

Badlesmere, Bartholomew de, baron, declares against the Despensers, 11, attempts to stay the siege of his castle of Leeds, 12; members of his family made prisoners, 12, 190, he is executed, 171.
Bailleul, Gauvain de, taken prisoner at Calais, 107, 277.
Baker, Geoffrey le, his shorter chronicle written at request of sir T. de la More, 173.
Baldock, Robert, chancellor, interferes in the matter of homage for Aquitaine, 15; accompanies Edward II. in his flight, 22, 196; taken prisoner, 25; his ill-treatment and death, 26, 202.
Balliol, Edward, his expedition to Scotland, 49, 230; defeats the Scots at Kinghorn and Dupplin moor, *ibid*, takes Perth, *ibid*. *See* **Scotland**
Bamborough castle, co Northumb, Gaveston placed there for safety, 4, 181
Bannockburn, battle of, 7-9, 171, 185-188.
Banquilo [**Boucicaut?**], Robert de, taken prisoner at Calais, 107, 277
Barfleur, in Normandy, burnt by the English, 80, 250, 255
Basset of Drayton, Ralph, baron, knighted, 132, 294
Bassoues, in Gascony, taken by the Black Prince, 130, 294.
Baston, Robert, Carmelite, his poem on the battle of Bannockburn, 7, 186, 187.
Bateman, William, bishop of Norwich, envoy in negotiations with France, 98, 269; 100, 271, 124, 290, candidate for cardinalate, 112, 281, his death, 125
Bath and Wells, bishops of *See* **Drokenesford,** John de; **Shrewsbury,** Ralph de
Bayeux, in Normandy, submits to Edward III. 253
Bazas, in Guienne, halting-place of the Black Prince, 128, 293
Bazìege, in Languedoc, traversed by the Black Prince, 132, 294
Beauchamp, Ela de, countess of Warwick, buried at Osney, 169
Beauchamp, sir Giles de, accompanies Edward III. from Flanders, 72.
Beauchamp, Guy de, earl of Warwick, takes Gaveston prisoner, 5, 170, 182, 183
Beauchamp, sir John de, afterwards baron, accompanies Edward III from Flanders, 72, assists at the foundation of the Garter, 109, 278, as captain of Calais, defeated and taken prisoner, 115, 116, 284.

INDEX.   317

Beauchamp of Hache, John de, baron, serves in Aquitaine, 129, 297.

Beauchamp, Thomas de, earl of Warwick, takes part in the Crécy campaign, 79, 249, at Calais, 98; assists at the foundation of the Garter, 109, 278; in the sea-fight with the Spaniards, 109, 280; serves in Aquitaine, 127, 129, 296; commands the vanguard at the battle of Poitiers, 143, 147, 300, 302, 306; his prowess, 148, 303

Beaujeu, Édouard, sire de, marshal of France, slain, 115, 116, 284.

Beaumarchez, in Gascony, passed on his march by the Black Prince, 130, 294

Beaumont, vicomte de. *See* Brienne, Louis de

Beaumont, Henry de, baron, joins the Lancastrian party, 42, 218, 220; joins Edward Balliol's expedition to Scotland, 49, 173; deputy to excuse delay of Balliol's homage, 53; besieged in Scotland, 56, 233

Beauville, sire de, envoy to England, 15, 193

Beche, Nicholas de la, constable of the Tower, removed and imprisoned, 72, 246

Bedford, submission of the earl of Lancaster there, 42, 218, 220.

Benedict xi. and xii popes *See* Rome.

Benhale, sir Robert de, slays a Scottish champion at Halidon Hill, 51, 232

Bentley, sir Walter, defeats the French near Mauron, 120, 286.

Berdoues monastery, in Gascony, halting-place of the Black Prince, 130, 294.

Bereford, sir Simon de, executed, 48.

Berefort, Janekin de, knighted, 129

Bergerac, in Périgord, 'camera Francorum,' taken by the English, 77, 249

Berkeley, co Gloucester, Edward II removed to the castle, 30, 31, 209; murdered there, 33, 172, 210, 211.

Berkeley, James de, elected bishop of Exeter, 35; his death, *ibid.*

Berkeley, Maurice de, baron, declares against the Despensers, 11, submits and is sent prisoner to Wallingford, 12, 172

Berkeley, sir Maurice de [afterwards baron], serves in Aquitaine, 129, 297, his prowess at Poitiers, and is made prisoner, 149, 304, 312

Berkeley, Thomas de, baron, receives charge of Edward II 33, 210, later proceedings against him, 211.

Bertrand, obert, baron de Briquebecq, marshal of France, slain at Crécy, 85, 262

Berwick, taken by Bruce, 10; marriage of David Bruce there, 40, besieged and taken by the English, 50-52, 173, 231, 232; taken by the Scots, 126, 291, retaken, *ibid*

Beverley, co York, pays ransom to the Scots, 15

Bicknor, Alexander, archbishop of Dublin, joins queen Isabella, 21, 196

Birmingham, sir John de, defeats Edward Bruce in Ireland, 9, 189

Biron, Aimeri de, sire de Montferrand, serves in Aquitaine, 129, 297, takes prisoners at Plaisance, 130.

'Black Cog,' an English ship, recaptured at Sluys, 69, 235, 243

Black Death, the, outbreak in France, 92, its ravages in England and neighbouring countries, 98-100, 269-271

Blackmoor forest, co York, Edward II defeated there by the Scots, 14, 193

Blaye, in Guienne, proposed as a place for peace negotiations, 155, 314

Bliton, Richard, Carmelite, implicated in Kent's plot, 44, 225

Blois, comte de *See* Châtillon, Louis de

Blois, Charles of *See* Charles of Blois

Blount, sir Thomas, seneschal of Edward II, breaks his staff of office, 28

Bohemia, John, king of, mediates for the earls of Salisbury and Suffolk, 68, 242, at the battle of Crécy, 81, 82, 251, 259, 260, slain, 85, 254, 262, his funeral, 85, 86, 262

Bohun, Edward de, joins in the plot against Mortimer, 46, 229, drowned, 57, 233

Bohun, Humphrey de, earl of Hereford, takes part in Gaveston's execution, 5, 170, taken prisoner at Bannockburn, 8, 171, 189, declares against the Despensers, 11, accompanies the Lancastrians to the north, 12; defeated there by Burton-on-Trent, 13, 190, his loyalty to his party, 13; slain at Boroughbridge, 14, 171.

Bohun, William de, created earl of Northampton, 58, 173, 234; sent with wool to Brabant, 59, accompanies Edward III from Flanders, 72; sent with an expedition to Brittany, 76, 248; defeats Charles of Blois at Morlaix, 76, 77, 248; returns to England, 79, 249; takes part in the Crécy campaign, *ibid.* defeats attempts of the French to

318   *INDEX.*

victual Calais, 90, 266; takes part in negotiations, 90, attacks the rear of the French, 91, 267; envoy to extend the truce, 100, 271; assists at the foundation of the Garter, 109, in the sea-fight with the Spaniards, 109, 280, makes an incursion into Scotland, 123, 289.
Boniface viii, pope. *See* Rome.
Bordeaux, the Black Prince there, 127, 128, 292, 293; the mayor of, with the Black Prince in his march to Narbonne, 129, 297
Boroughbridge, co. York, defeat of the rebel barons, 13, 171
Boston, co Lincoln, plundered and partly burnt, 169
Boteler, James le, created earl of Ormond, 42.
Boteler, sir William le, of Northbourne, slain at Sluys, 69, 243, 245
Boucicaut, Jean (le Meingre), taken prisoner at Romorantin, 141, 299.
Bouillonac, in Languedoc, passed on his march by the Black Prince, 133, 294
Boulbonne monastery, in Languedoc, passed on his march by the Black Prince, 135, 295
Boulogne, in Picardy, shipping and stores destroyed by sailors of the Cinque Ports, 67, the people of, attempt to victual Calais, 90, 266, English envoys sent thither, 98; attacked by the duke of Lancaster, 114
Boulogne, Guidon de, cardinal, envoy to mediate between England and France, 123, 124, 289.
Bourbon, Jacques de, comte de la Marche et de Ponthieu, constable of France, quartered at Montauban, 131, 294; quarrels with the comte d'Armagnac, 138, 298; taken prisoner at Poitiers, 154, 313
Bourbon, Pierre, duc de, envoy in negotiations with England, 90, 266, 98, 124, 290, slain at Poitiers, 155, 314.
Bourchier, John, baron, serves in Aquitaine, 129, 297.
Bourchier, sir Robert, appointed chancellor, 73, 246.
Boyd, sir Thomas, slain at Neville's Cross, 89, 265.
Boys, sir Humphrey, slain at Neville's Cross, 89, 265
Brabant: English wool sent thither, 59; Edward iii's expedition to, 61, 235; the Brabanters unwilling to continue the campaign, 65, 239.
Brabant, John iii, duke of, in alliance with Edward iii, 90; [miscalled duke of Burgundy] joins in the siege of Tournay, 70; unwilling to continue the campaign, 71
Bradwardin, Thomas, consecrated archbishop of Canterbury and dies, 98, 108
Branketre, sir John de, taken prisoner by the Scots, 126, 292
Brechin castle, co. Forfar, taken by Edward i, 1
Brechin, Adam, bishop of [miscalled, of Glasgow], envoy to England, 96, 269
Brest, relieved by the English, 76, 248, 249
Bretagne, Isold de, 133, 297.
Bridgnorth, co. Salop, Edward ii storms the castle, 12
Brienne, Gauthier de, duc d'Athènes, constable of France, envoy in negotiations with England, 90, 98, 266; slain at Poitiers, 155, 314
Brienne, Louis de, vicomte de Beaumont, taken prisoner at Poitiers, 155, 314.
Brienne, Raoul de, comte d'Eu, constable of France, taken prisoner at Caen, 80, 250, 253, 257; said to have assisted in the truce after the fall of Calais, 92, 268, at a tournament at Windsor, 101, executed, 113, 114, 283
Brionne, in Normandy, Edward iii marches through, 80, 250, 256.
Briquebecq, baron de. *See* Bertrand, Robert
Briquebecq, sire de, son of marshal Bertrand, taken prisoner in Brittany, 120, 286
Bristol, held by the elder Despenser, 22, he and the earl of Arundel executed there, 172; Edward ii removed thither, 30, 31, 209; the Black Death there, 99, 270
Brittany: expedition thither, 76, 77, 247–249, defeat of Charles of Blois, 76, 77, 248; invaded by the French, 101, death of sir T. Dagworth, 101, 272, victory of sir W. Bentley, 120, 286, the duke of Lancaster appointed captain, and marches thither, 139.
— dukes of *See* Dreux, Arthur de; Dreux, John de; Montfort, John de
Brosse, vicomte de. *See* Chauvigny, Louis de.
Bruce, David *See* Scotland

INDEX.

Bruce, Edward, his expedition to Ireland, 9, 189
Bruce, Robert, English by birth, 2, 38, 178; slays Comyn and is crowned king of Scotland, 170. *See* Scotland.
Bruce, Robert, son of Robert Bruce, defeated with the Scots at Kinghorn, 49
Bruges, in Flanders, occupied by Louis de Male, 102, 272.
Brute chronicle, its origin, 183
Buch, captal de *See* Grailly, Jean de
Burghersh or Burwash, Bartholomew de, baron, serves in Aquitaine, 108, 278, 129, 297; in a skirmish, 136, 298
Burghersh or Burwash, Henry de, bishop of Lincoln, enemy of the Despensers, 17, 194; his plots with the queen, 19, 20, joins her army, 21; with the deputation to Edward 11. on his abdication, 27, 204, 205, dies at Ghent, 72, 73.
Burgundy, marshal of, taken prisoner at La Chabotene, 142, 300
Burton-on-Trent, co Stafford, defeat of rebel barons at, 13, 190
Burton, sir William, taken prisoner at sea, 89, 266.
Bury, Richard de, made bishop of Durham, 55; envoy to France, 61, 235, proceeds to Arras, 62.

Cadzand, island of, attack on, 60, 235
Caen, taken by the English, 80, 250, 252, 253, 256, 257, the abbess of the Abbé aux Dames taken prisoner, 80, 257
Cahors, Raoul de, attacks and slays sir T Dagworth, 101, 272
Cairon, or Le Guéron, in Normandy, Edward iii. marches through, 80, 250, 256
Calais, besieged by Edward iii, 86, 253, 255, 257; progress of the siege, 89-91, 265-268, its surrender, 91, 267; removal of inhabitants to Guines, 92; fortified, 96; lord Montgomery made captain, 96, 268, truce renewed there, 98, 269, attempt by the French to surprise it, 103-107, 273-277; raids thence into France, 114, 115, 283; defeat of part of the garrison, 115, 116, 284, the French make a fort to threaten it, which is destroyed, 119
Calmont, in Languedoc, traversed by the Black Prince, 135, 295

Cambresis, laid waste by Edward iii, 65, 238
Camps-en-Amienois, Edward iii. marches through, 252, 254, 257
Canet, in Languedoc, occupied by the Black Prince, 133, 295
Cantelupe, Nicholas de, baron, accompanies Edward iii from Flanders, 72, entertains the king at the festival of the translation of T de Cantelupe, 102, 272
Cantelupe, Thomas de, bishop of Hereford, festival of his translation, 102, 272
Canterbury, a ship of the prior of Christ Church fights at Sluys, 69, 242
Canterbury, archbishops of, succession, 162-164 *See* Bradwardin, Thomas, Islip, Simon; Mepham, Simon, Offord, John de; Reynolds, Walter; Stratford, John
Carbonne, in Languedoc, taken by the Black Prince, 136, 295
Carcassonne, taken and burnt by the Black Prince, 132, 133, 294
Cardinals, creation of, 112, 281.
Carentan, in Normandy, occupied by Edward iii., 80, 250, 252, 253, 255
Carlisle, bishop of *See* Kirkeby, John.
Carmelites, foundation of a Carmelite monastery at Oxford, 9, 189, the provincial of England implicated in Kent's plot, 44, 225.
Castel-Jaloux, in Gascony, traversed by the Black Prince, 138, 296
Castelnau, in Gascony, traversed by the Black Prince, 128, 293
Castelnaudary, in Languedoc, taken by the Black Prince and burnt, 132, 294.
Castets-en-Dorthe, in Guienne, halting-place of the Black Prince, 128, 293.
Castille· Pedro, son of Alphonso xi, betrothed to Joan of Woodstock, 97, 269; English ships taken by Spaniards, 109, 280; defeat of Spanish ships off Winchelsea, 109-111, 280, 281; truce with England, 116, 284.
Caumont, Jean, sire de, serves in Aquitaine, 129, 297
Cayeu, Jean de, slain at Crecy, 85, 254, 262.
Ceccano, Annibale, archbishop of Naples, attempts to mediate with Edward iii at Lisieux, 80, 250, 253, and at Elbeuf, 253.
Celymont, near Gimont, in Gascony, taken by the Black Prince, 137, 296

Cerda, Charles de la (Charles of Spain), assassinated, 125, 290.
Chaboterie, La, near Poitiers, skirmish there, 142, 300.
Châlon, Jean de (i.), comte d'Auxerre, slain at Crécy, 85, 254, 262.
Châlon, Jean de (ii.), comte d'Auxerre, taken prisoner at La Chaboterie, 142, 154, 300, 313.
Châlons-sur-Marne, bishop of. *See* Chauveau, Renaud.
Chambly, Philippe (Grismouton) de, skirmishes with the Black Prince, 140, 299.
Chandos, sir John, in a skirmish with the French, 136, 298; accompanies the Black Prince into Poitou, 140.
Charles iv. of France. *See* France.
Charles, duke of Normandy and dauphin, afterwards Charles v., leads the second line at Poitiers, 149, 303, 308, 309.
Charles of Blois, pretender to the duchy of Brittany, defeated at Morlaix, 76, 248; a prisoner in the Tower, 96, 268; at a tournament at Windsor, 101.
Charles of Luxemburg, emperor elect, accompanies the king of France to relieve Calais, 90.
Charles of Valois, present at Edward ii.'s coronation, 4, 181; occupies Ponthieu and Agenois, 15; his conspiracy and manner of his death, 36, 37, 38, 214.
Charlton, Thomas de, made bishop of Hereford, 42.
Charny, Geoffroi de, envoy to extend the truce with England, 98, 269; attempts to surprise Calais, 103-107, 273-277; he and his son taken prisoners, 107, 276; ransomed and employed on a fort to threaten Calais, 119, 286; envoy to negotiate peace, 124, 290; opposes mediation before the battle of Poitiers, 144, 301; slain, 155, 314.
Charterhouse, in London, founded by sir W. Manny, 99, 271.
Château-Vilain, sire de. *See* Thil-en-Auxois, Jean de.
Châtillon, Louis de, comte de Blois, slain at Crécy, 86, 254, 262.
Chauveau, Renaud. bishop of Châlons-sur-Marne, present at the battle of Poitiers, 144, 312; slain, 155, 314.
Chauvigny, André de, slain at Poitiers, 155, 314.

Chauvigny, Louis de, vicomte de Brosse, slain at Poitiers, 155, 314.
Chepstow, co. Monmouth, Edward ii. flees thither, 22, 196.
Chichester, bishop of. *See* Stratford, Robert.
Chipping-Norton, co. Oxon., monster found there, 108.
'Christopher,' an English ship, re-taken at Sluys, 69, 235, 243.
Chronicles: events from the Creation, 158; notes of sacred and ecclesiastical history from the birth of Christ, 158-164.
Cinque-Ports, sailors of, destroy shipping at Boulogne, 67.
Cintegabelle, in Languedoc, passed on his march by the Black Prince, 135, 295.
Clare, Gilbert de, 8th earl of Gloucester, slain at Bannockburn, 8, 171, 188.
Clare, Margaret de, daughter of Gilbert, 7th earl of Gloucester, married to Piers Gaveston, 4, 170.
Clarendon, co. Wilts, Edward iii. hunts there, 101.
Clavering, John de, baron, taken prisoner at Bannockburn, 8, 171, 189.
Clemence of Hungary, wife of Louis x. of France, 37.
Clement vi., pope. *See* Rome.
Clermont, cardinal of. *See* Aubert, Etienne.
Clermont, Jean de, marshal of France, in favour of mediation before the battle of Poitiers, 144, 312; leads the attack, 147, 302, 308; slain, 148, 155, 303, 309, 314.
Clifford, Robert de, baron, slain at Bannockburn, 8, 171, 188.
Clifford, Roger de, afterwards baron, serves in Aquitaine, 129, 297.
Clinton, William de, created earl of Huntingdon, 59, 173, 234; at the battle of Sluys, 69, 242; sent back to England from Flanders, 70; takes part in the Crécy campaign, 79, 249; and in negotiations, 90; in the sea-fight off Winchelsea, 109, 280.
Clisteles [Ghistelles?], lord of, dies of the Black Death, 99, 271.
Cobham, sir Reginald de, afterwards baron, accompanies Edward iii. from Flanders, 72; serves in Aquitaine, 129, 296.
Cobham, Thomas de, bishop of Worcester, his death, 42.
Coblentz, meeting there of Edward iii. with the emperor, 62, 235.

INDEX.

Coëtmen, vicomte de, taken prisoner in Brittany, 120, 286.
Coeyghem, Geoffroi de, taken prisoner in Brittany, 120, 286.
Coigny, in Normandy, Edward iii. marches through, 253, 255.
Coinage: gold coinage of nobles, 75, 247; adjustment, and new silver pieces, 116, 284; new coinage in Aquitaine, 139.
Coke, sir Thomas, sent against pirates, 121, 287.
Comigne, in Languedoc, taken by the Black Prince, 134, 295.
Comyn, John, slain, 3, 170.
Convocation, sessions of, 53, 59, 62.
Corbie, abbat of. *See* Vers, Hugues de.
Corf castle, co Dorset, Edward ii removed thither, 30; partly the scene of Kent's plot, 43, 220–222.
Cormolain, in Normandy, Edward iii. marches through, 80, 250, 253, 255.
Cornwall, county of, the coast attacked by the French, 63, 237.
Cornwall, duke of. *See* Edward, prince of Wales.
Cornwall, earls of. *See* Gaveston, Piers; John of Eltham.
Cotesford, sir Roger, sent home with news of the Poitiers campaign, 155, 314.
Councils, provincial, 12, 43, 220.
Coupland, John de, takes David Bruce prisoner, 88, 263, 265.
Courtenay, Hugh (i.), earl of Devon, beats off a French attack, 64, 237.
Courtenay, Hugh (ii), earl of Devon, serves in Aquitaine, 77, 249
Coventry, bishops of. *See* Lichfield and Coventry.
Crabbe, John, sent in pursuit of the French at Sluys, 69, 243, 244.
Craon, Amauri de, taken prisoner at Romorantin, 141, 299.
Crawford, sir John, slain at Neville's Cross, 89, 265.
Creation, the, account of, 156, 157.
Créçy, battle of, 81-85, 251-254, 257, 259-262
Croix-Falgarde, La, in Languedoc, taken by the Black Prince, 131, 294.
Crotoy, Le, in Picardy, taken by the English, 81, 251, 257
Crusade, proposed by Edward iii. to Philip of Valois, 53, 55, 233.

Dagworth, sir Thomas, slain in Brittany, 101, 102, 272.
Dale, Theodoric, knighted, 134.
Dammartin, comte de. *See* Trie, Charles de.
D'Amory, Roger, baron, declares against the Despensers, 11; joins the Lancastrians, 12.
Dancaster, John de, takes the castle of Guines, 116–118, 284–286
Dartford, co Kent, tournament there, 48, 230.
Daune, Philip. *See* Aunay, Philippe d'.
Daveys, Roland, knighted, 133, 297.
David fil Robert fil Kenneth, taken prisoner at Neville's Cross, 88, 265.
Dearth: in 1315–16 in England, 9; failure, in 1352, of harvest, 122, 289.
Deddington, co Oxon, Gaveston made prisoner there, 5, 170, 182.
Derby, earl of. *See* Plantagenet, Henry.
Derval, sire de. *See* Rougé, Bonabès de
Despenser, Hugh (the elder), baron, his character and indulgence of his son, 6, 7; confederacy against him, 10, 11, his lands laid waste, 11, 190, banished, *ibid*; the sentence reversed, 12, 190; made earl of Winchester, 14, enmity against him, 16-18; opposes the journey of Edward ii. to France, 18, 194; accompanies the king in his flight, 22, 196, placed in command of Bristol, 22; executed, 24, 172, 199.
Despenser, Hugh (the younger), made chamberlain, 6, 185; his character, 7; confederation against him, 10, 11, his lands laid waste, 11, 190; banished, *ibid*; the sentence reversed, 12, 190; interferes in the matter of homage for Aquitaine, 15; styled earl of Gloucester, 16, enmity against him, 16-18; opposes the journey of Edward ii to France, 18, 194, accompanies the king in his flight, 22, 196; taken prisoner and executed, 25, 172, 200, 201.
Despenser, Hugh (iii), in an expedition to Brittany, 76, 248; at the passage of the Somme, 81; takes Le Crotoy, 259.
Deverel, John, executed, 48; said to have known particulars of Edward ii.'s murder, *ibid*.
Devon, county of, the coasts attacked by the French, 64, 237.
Devon, earls of. *See* Courtenay, Hugh.
Dominicans, the provincial in England implicated in the earl of Kent's plot, 44

Dorset, county of, the Black Death first appears there, 99, 270.
Douglas, Archibald, at the battle of Poitiers, 148, 303, 312.
Douglas, sir James, his scornful words of David Bruce, 40; his death, 41, 216; Bruce's dying charge to him, 41, 42.
Douglas, sir John, taken prisoner at Neville's Cross, 88, 265.
Douglas, sir William (the knight of Liddesdale), taken prisoner at Neville's Cross, 88, 265; makes his peace with Edward iii., 96, 269; his death, *ibid.*
Douglas, sir William, afterwards earl, his advice to the French at Poitiers, 143, 300; opposes mediation, 144, 301; in the first attack, 147, 302; escapes wounded, 148, 303, 312.
Douve river, in Normandy, crossed by Edward iii., 80, 250, 255.
Dover, threatened by the French, 63, 237.
Dragon standard, unfurled at Crécy, 83, 251.
Dreux, Arthur de, duke of Brittany and earl of Richmond, present at Edward ii.'s coronation, 4.
Dreux, John (i.) de, earl of Richmond, taken prisoner by the Scots, 14.
Dreux, John (ii.) de, duke of Brittany, does homage for the earldom of Richmond, 53.
Drokenesford, John de, bishop of Bath and Wells, his death, 45.
Dublin, Archbishop of. *See* Bicknor, Alexander.
Du Bois, Henri, slain at Calais, 107, 277.
Dumfries, Comyn slain there, 3, 170.
Dunbar, reference to the siege of, 52, 232.
Dunbar, Patrick, earl of Dunbar and March, surrenders Berwick, 52; does homage to Edward iii., *ibid.*; escapes from the battle of Neville's Cross, 88, 263, 265.
Dunfermline, abbat of, envoy to England, 96, 269.
Dunquerque, in Flanders, negotiations there of Edward iii. and the count of Flanders, 98, 269.
Dunstable, co. Bedford, tournament there, 75.
Duplessis, Guillaume, takes part in seizing Boniface viii., 1, 177.
Dupplin moor, co. Perth, battle of, 49, 230.
Duranville, in Normandy, Edward iii. marches through, 252, 256.
Duras, Robert de, slain at Poitiers, 155, 314.

Durham, the country around wasted by the Scots, 87, 263.
Durham, bishops of, *See* Bury, Richard de; Hatfield, Thomas de.
Edingdon, William, bishop of Winchester, at Calais with the king, 98; officiates at the foundation of the Garter, 109, 278.
Edmund of Woodstock, earl of Kent, holds La Réole, 15; makes a truce, 15, 193; his plot for restoration of Edward ii., 43, 44, 220-225; beheaded at Winchester, 44, 172, 221, 224, 225; his death little regretted, 44, 221.
Edward i., ii., iii. *See* England.
Edward, prince of Wales, the Black Prince, his birth, 45, 48; created duke of Cornwall, 58, 173, 234; as guardian of the kingdom, holds a parliament, 62, 235; knighted at La Hougue and made prince of Wales [in 1343], 79, 250, 253; commands the vanguard at Crécy, 82, 251, 259; his prowess, 84, 251, 260, 261; accompanies the king to Calais, 98; takes part in the defence of Calais against surprise, 104, 107, 273, 275; assists at the foundation of the Garter, 109, 278; in the sea-fight off Winchelsea, 109, 280; G. Visconti given captive to him, 113, 282; prepares to invade France, 125; lands at Bordeaux, 127, 292; determines to punish the count of Armagnac, 127, 128, 292; diary of his march to Narbonne and back, 128-138, 292-298; coins gold for Aquitaine, 139; marches into Poitou, 140; skirmishes with Grismouton, 140, 299; takes Romorantin, 141, 299; advances to Tours, 142, 299; follows the French army and attacks the rear, 142, 299, 300; defeats the French in the battle of Poitiers, 143-153, 300-311; number of his troops, 143, 300, 311; accepts the mediation of cardinal Périgood, 144, 301, 311; addresses his troops, 145, 146, 301, 302; his prowess, 151, 152, 305; tends the wounded sir J. Audley, 154, 312; sends home despatches, 155, 314.
Eland, sir Robert, warden of Nottingham castle, joins the plot against Mortimer, 46, 227, 228.
Elbeuf, in Normandy, Edward iii. marches through, 80, 250, 252, 253, 256.
Elms, at Tyburn, London, Mortimer executed there, 47.

INDEX.

Ely, bishop of *See* Hotham, John.
England. brief chronology, 1065-1337, of succession of kings and other events, 164-173.
— Edward I :—his campaign in 1303 in Scotland, 1, 177; peace with France, 1; reduces Stirling castle, 2, 177, keeps Christmas 1304 at Lincoln, 2; issues commission of trailbaston, 2, 177; knights his son Edward and gives him Aquitaine, 3, 170, 179; advances to invade Scotland, 3; his death and burial, 3, 170.
— Edward II.,—knighted and made duke of Aquitaine, 3, 170, 179; accession, marriage, and coronation, *ibid*; recalls Gaveston, 4, 170; persons present at his coronation, 4, 181; birth of his son Edward, 6; mourns the death of Gaveston, *ibid*; defeated at Bannockburn, 7-9, 171, 185-188; vows and founds a Carmelite monastery at Oxford, 9, 189; makes peace with the earl of Lancaster, 10, 189; invades Scotland, 10; the Scots ravage the north of England, *ibid*; Edward visits France and receives back Ponthieu, 10, 190; confederation against the Despensers, 10, 11, 190, queen Isabella refused admission to Leeds castle, 11, 190; Edward reduces it, 11, 12, 190; marches west in pursuit of the rebel barons, 12, 190; defeats them at Burton-on-Trent, 13, 190; and at Boroughbridge, 13, 14, 171; executions, 14, 171, 190-193; he invades Scotland, 14; defeated at Blackmoor forest, 14, 193, makes truce, 15, 193, summoned to do homage for Aquitaine, *ibid.*; English possessions in France invaded, 15; truce in Aquitaine, 15, 193; hostility of the queen to the Despensers, 17 18, she goes to France to treat for peace, 18, 172, 194, 195; Edward awaits negotiations in Kent, 18; he transfers Aquitaine and Ponthieu to his son, 19, 195; prince Edward goes to France, 20; the king summons his wife and son to return, 20, 195; they retire to Hainault, 20; the prince betrothed to Philippa of Hainault, *ibid*, the queen gathers forces, 21, 172; she lands in Suffolk, 21, 172, 195; false reports in her favour, 21, 22, 196; Edward escapes to the west, 22, 196; he attempts to reach Lundy isle, *ibid*, takes refuge at Neath abbey, 23, 197; the queen advances to Oxford, *ibid.*; and to Gloucester, 23, general anarchy, 24; the queen takes Bristol, 24, 199; advances to Hereford, 25; Edward taken prisoner and sent to Kenilworth, 25, 199, 200, proceedings to procure his abdication, 26-28, 172, 203-206, homage to him renounced, 28, 205, 206; dower allowed to the queen, 28, allowance for the king, *ibid*; his grief, 29, 208; the queen's fears, 29, 206-208; the king removed from Lancaster's custody, 29, 208; his brutal treatment, 30, 31, 208-210; the queen's alarm, and his death determined on, 31, 209; his murder, 33, 172, 210, 211, he is buried at Gloucester, 172; punishment of his murderers, 34, 211, 212.
— Edward III :—his birth, 6, 171; Ponthieu and Aquitaine transferred to him, 19, 195; he goes to France to do homage, 20, 172; is betrothed to Philippa of Hainault, 20; his accession and coronation, 34, 172, 212; futile campaign against the Scots, 35, 212; riot at York in his army, 34, 213, 214, he holds a parliament at Northampton, 40; treaty with the Scots who get favourable terms, 40, 41, 215; the king's sister affianced to David Bruce, 40, 215; refusal to restore the stone of Scone, 40, 41, 216; the king present with his mother at the marriage of Mortimer's daughters, 42, holds a parliament at Salisbury, 42, 217; goes to France to do homage, 43, 220; Kent's plot for the restoration of Edward II, 43, 44, 220-225, parliament at Winchester, 44, 225; birth of the Black Prince, 45, 48, 173, parliament at Nottingham, 45, 225; Mortimer seized and executed, 46, 47, 226-230; papal grant on church goods, 48, 230; Edward makes a secret journey to France, *ibid.*; holds tournaments at Dartford and London, *ibid*; accident to the queen, *ibid.*, Edward receives aid from church property, 148, 230, keeps Christmas 1331 at Wells, 49; birth of his daughter Isabella, 173, refuses to allow the invasion of Scotland through England, 49; joins the siege of Berwick, 50, 231; defeats the Scots at Halidon Hill, 51, 173, 232; fall of Berwick, 52, 173; Edward keeps Christmas 1333 at Wallingford, 53; holds a parliament at York, *ibid*, receives Balliol's homage at Newcastle, *ibid.*; holds a council at Nottingham, and parliament at London, and receives aids, *ibid*; proposes a crusade, 53, 54; his anger at Orleton's translation to Winchester, 54; seizes his temporalities, 55; his negotia-

tions with France fail, 55, 56, 233; invades Scotland and keeps Christmas 1334 at Roxburgh, 56; French envoys arrive for peace between England and Scotland, 56, 233; truce, 56, parliament at York, 56, 233; advance into Scotland and negotiations, 56; Edward remains on the border, 57; abortive negotiations, 57, 233; grant of subsidies, 57; parliament [council?] at Northampton, 57, 234; Edward fortifies Perth, 57; despatches certain barons to aid Balliol, *ibid*; French envoys return home, 58; Philip of Valois determines on war with Edward, *ibid*; the king returns to England for the funeral of John of Eltham, *ibid*; holds a parliament and creates peers, 58, 173, 234; parliament and subsidy, 59, 173; Philip of Valois attacks English subjects and possessions in France, 59; Edward sends wool to Brabant, 59, 234; receives cardinal envoys and offers terms for peace with France, 60, 61, 235; sends envoys, 61, 235; sails for Antwerp, *ibid*.; is joined by Flemish princes, 61, 62; his conference with the emperor, 62, 235; subsidies, *ibid*.; the French harry the English coasts, 62-64, 235-237; birth of Edward's son Lionel, 63; the king made vicar of the Empire, *ibid*; the pope protests, 63, 236, the cardinals advise delay, 64, 237; Edward invades France, 64, 238; he lays waste the country, 65, 238; awaits Philip who avoids battle, 66, 239, 240; returns to Brabant, 66; his close alliance with the Flemings, 66, 240, assumes the arms and title of king of France, 66, 240, 241; remarks of Philip thereon, 66, 240; Edward returns to England leaving the queen at Ghent, 67, 241; parliament and subsidy, 67, 241, statute to protect Englishmen from becoming subjects of Edward as king of France, *ibid*.; Edward keeps Whitsuntide 1340 at Ipswich, 68, 242; assembles a fleet and sails for Flanders, *ibid*.; defeats the French fleet at Sluys, 68, 69, 242-244; the Scots make a raid into England, 69, 245; the French attack the southern coast, 70, 245; Edward said to have returned to England, *ibid*.; goes on pilgrimage, *ibid*; lays siege to Tournay, 70; challenges Philip, 71, 245; truce against Edward's wish, 71; he returns to Ghent, 72; suddenly returns to England, 72, 245; removes and imprisons certain officials, 72, 246; keeps Christmas 1340 at Guildford, and holds a tournament at Reading, 73; and a tournament at Langley, 73, 246; commission to enquire into the collection of the aids, 73; parliament at London, 73, 247; Edward resists a petition for reform of appointment of ministers, 73, 247, compromise, 74; his appointment as vicar of the Empire revoked, *ibid*.; keeps Christmas 1341 at Newcastle, 75, 247; invades Scotland, *ibid*; returns to England and holds a tournament at Dunstable, 75, reconciled with archbishop Stratford, 75, 247, Stratford's explanation regarding Edward's homage to Philip, *ibid*.; new coinage, *ibid*; grant from endowed monasteries, etc, *ibid*., inquest for military service, etc., 75, 76, 247; campaign of 1342 in Brittany, 76, 77, 247-249, campaign in Aquitaine, 77, 78, 249; subsidy and preparations for war, 78; Edward collects a fleet and invades Normandy, 79, 249; his march through north France, 79-81, 250-259; defeats the French at Crécy, 81-86, 251, 259-262, lays siege to Calais, 86; invasion by the Scots and battle of Neville's Cross, 86-89, 263-265; progress of the siege of Calais, 89-91, 265-268, ships taken by the French, 89, 265; the French defeated at sea, 90, 266; Philip opens negotiations, *ibid*.; Edward accepts his challenge, *ibid*; retreat of the French, 91, 266, 267; fall of Calais, 91, 267, punishment of robbers, 92, 268; truce with France, 92-95, 268; Edward fortifies Calais and returns to England, 96, 268; regulations of purveyance, 96; Scottish envoys sent to negotiate for release of David Bruce, 96, 269; Edward elected to the Empire but refuses it, 97, 269; his daughter Joan betrothed to Pedro of Castille, but dies of the plague, *ibid*; envoys sent to France to negotiate for peace, 98, 269; renewal of the truce, *ibid*., Edward at Calais for negotiations, 98, treaty with the count of Flanders, 98, 100, 102, 271, 272; the Black Death, 98-100, 269-271; the truce with France extended, 100, 271; Edward holds a tournament at Windsor and hunts at Clarendon, 101; crosses to Flanders [Calais?], 102, 272; present at the festival of the translation of bishop Cantelupe, *ibid*.; the French plot to betray Calais frustrated, 103-107, 273-277; Edward's part in the defence, 104-107, 273-275; expedition to Aquitaine, 108, 277;

ordinance against gifts to judges, 108, 278; truce in Aquitaine, 108; foundation of the Garter, 109, 278, 279; defeat of the Spanish fleet off Winchelsea, 109-111, 280, 281; Edward asks for a cardinal's hat for an Englishman, 111, 112; duel fought in his presence, 112, 281-283; parliament and creation of peers, 114; raids made from Calais, 114, 115, 283; the French defeated near Saintes, 115, 283; lord Beauchamp defeated near Calais, 115, 116, 284; truce with Spain and with France, 116, 284; adjustment of coinage, *ibid.*; Guines castle surprised and sold to Edward, 116-118, 284-286; victory in Brittany, 120, 286; and in Aquitaine, 121, 287; a fleet sent out against pirates, *ibid.*; parliament, 122, 289; ordinance on dress of loose women, *ibid.*; failure of the harvest and importation of corn, *ibid.*; parliament, *ibid.*; woolstaples established, *ibid.*; incursion into Scotland and negotiations, 123, 289; barren negotiations with French envoys at the papal court, 123-125, 289, 290; expedition prepared to aid Charles of Navarre, but abandoned, 125, 290, 291; preparations for invasion of France, 125; short incursion into France from Calais, 126, 291; campaign in Scotland, 126, 291; expedition of Lancaster to Normandy, 127, 292; 139, 298; the Black Prince sails for Bordeaux, 127, 292; diary of his march to Narbonne and back, 128-138, 292-298; campaign of the Black Prince in Poitou and battle of Poitiers, 140-155, 298-314; negotiations for peace with France proposed, 155, 314.

Epone, Isle of France, Edward iii. marches through, 81, 250, 252, 254, 256.

Esebon, lake of. *See* Marseillette.

Estang, in Gascony, taken by the Black Prince, 130, 293.

Etaples, in Picardy, attacked by the duke of Lancaster, 114.

Eu, comte d'. *See* Artois, Jean d'; Brienne, Raoul de.

Euse, Gaucelin d', cardinal, envoy to England, 9, 189; robbed on his way to Scotland, *ibid.*

Exeter, bishops of. *See* Berkeley, James de; Grandison, John; Stapleton, Walter.

Fanjeaux, in Languedoc, burnt by the Black Prince, 135, 295.

Fauquembergue, in Artois, attacked by the duke of Lancaster, 114.

Faussard, Ameuiou de, lord of Montgiscard, 131, 297.

Fernandez de Heredia, Juan, castellan of Amposta, taken prisoner at Poitiers, 155, 313.

Fiennes, Jeanne de, widow of Jean, comte de Saint-Pol, married to the seigneur de Landas, 107, 277.

Fiennes, Robert [called Moreau] de, takes part in the attempt on Calais, 107, 277; aids in defeating lord Beauchamp, 115, 116, 284.

Fieschi, Ludovico, cardinal, envoy to England, 9, 189; robbed on his way to Scotland, *ibid.*

Fife, earl of. *See* Macduff, Duncan.

Fitz-Alan, Edward, earl of Arundel, executed, 25, 200.

Fitz-Alan, Richard, earl of Arundel, sent back to England from Flanders, 70; takes part in the Crécy campaign, 79, 249; in the sea-fight off Winchelsea, 109, 280; envoy to negotiate with France, 124, 290.

Fitz-Warin [wrongly called Fitz-William], Fulk, baron, joins Edward Balliol's expedition, 49, 173.

Fitz-Warin, sir William, assists at the foundation of the Garter, 109.

Flanders: Edward iii.'s expedition to, 61-67, 235-241; his alliance with the Flemings, 66, 240.

— Louis de Crécy, count of, slain at Crécy, 85, 254, 262.

— Louis de Male, count of: treaty with Edward iii., 98, 269; submits to Edward, but afterwards invades Flanders with French aid, 100, 101, 102, 271, 272.

Flanders, [Guy] bastard of, taken at Cadzand, but released, 60, 235.

Fleming, Malcolm, earl of Wigton, taken prisoner at Neville's Cross, 88, 265.

Fleurance, in Gascony, passed on his march by the Black Prince, 137, 296.

Florence, Andrieu de, French envoy to England, 15, 193

Foix, Gaston Phœbus, comte de, [his son?] joins the Black Prince, 135, 298.

Folkestone, co. Kent, threatened by the French, 63, 237.

Fontenay-le-Pesnel, in Normandy, Edward iii. marches through, 252, 256.

Forêt, Pierre de la, envoy to negotiate peace with England, 124, 290

France: descent of the crown from Philip the Fair, 37.

— Philip IV. :—procures the seizure of Boniface VIII, 1, 177; his daughter married to Edward II, 3, 179; contrives the condemnation of the Templars, 5; restores Ponthieu to England, 10.

— Charles IV. —present at Edward II's coronation, 4; summons Edward to do homage, 15, 193, truce with England in Aquitaine, *ibid*; queen Isabella comes to France to negotiate, 18, 194, 195; prince Edward does homage, 20; death of Charles, 39.

— Philip VI (of Valois) — accession, 39; Edward III does homage, 43, 220; negotiations between him and Edward fail, 55, 56, 233; sends envoys to mediate peace between England and Scotland, 56, 233; return of his envoys, 58; he determines on war with England, 58; attacks English subjects and possessions in France, 59; refuses mediation of cardinal envoys and terms offered by Edward, 61; his privateers capture English ships at Sluys, 62, 235; harry the English coasts, 62-64, 235-237, English invasion of Cambresis, etc., 65, 238; Philip quartered at Saint-Quentin, *ibid*, insulting verses on him, 65, 239; he offers battle, but retires to Paris, 66, 239, 240, his remarks on Edward assuming the arms of France, 66, 240; defeat of the French fleet at Sluys, 68, 69, 242-244; Philip challenged by Edward before Tournay, 71, 245, defeat of the French at Saint-Amand, *ibid*, truce, 71; English campaign in Brittany, 76, 77, 247-249; campaign in Aquitaine, 77, 78, 249; the duke of Normandy besieges Aiguillon, 78, 249, preparations in England for war, 78; the Crécy campaign, 79-86, 249-262; French losses at Crécy, 85, 254, 261, 262, Philip sends troops to Scotland, and urges the invasion of England, 86, 263, 264, siege of Calais, 89-91, 265-268; French privateers capture English ships, 89, 265; the French defeated off Calais, 90, 266; Philip advances to relieve Calais and negotiates, *ibid.*, challenges Edward, *ibid*; retreats, 91, 266, 267, outbreak of the Black Death, 92, truce with England, 92-95, 268, English envoys sent to negotiate peace, 98, 269, renewal of the truce, 98, 269; 100, 271; attempt on Calais, 103-107, 273-277; French losses, 107, 277; English expedition to Aquitaine resulting in a truce, 108; Philip said to have repented his injustice to Edward, and dies, 111.

— John II. —as duke of Normandy, besieges Aiguillon, 78, 249; accompanies his father to the relief of Calais, 90; acts against the English in Aquitaine, 108; his accession, 111; puts to death his queen and the comte d'Eu, 114, 283; his evil life, *ibid*, raids by the English from Calais, 114, 115, 283; siege of Saint-Jean-d'Angély, 115, 283, defeat of the French near Saintes, *ibid.*; defeat of Lord Beauchamp, 115, 116, 284; extension of the truce with England, 116, 284; Guines captured and sold to Edward, 116-118, 284-286, the French defeated in Brittany, 120, 286; and in Aquitaine, 121, 287; barren negotiations between England and France at the papal court, 123-125, 289, 290; Charles of Navarre makes peace, 125, 290, 291; desertion of French troops, 126; imprisonment of Charles of Navarre, and execution of the comte de Harcourt, 127, 292, Lancaster's expedition into Normandy, 127, 292; 139, 298; the Black Prince's march from Bordeaux to Narbonne and back, 128-138, 292-298, rumour of an intended invasion of Normandy, 139, campaign in Poitou, and battle of Poitiers, 140-155, 298-314; John marches on Poitiers, 142, 299; his rear attacked, 142, 299, 300; he refuses mediation before the battle, 144, 301; leads the last attack, 150, 304, 309, taken prisoner, 153, 154, 305; his words spoken to the Black Prince, 154, 313; negotiations for peace proposed, 155, 314

— constables of *See* **Bourbon**, Jacques de, comte de la Marche; **Brienne**, Gauthier de, duc d'Athènes; **Brienne**, Raoul de, comte d'Eu

— marshals of *See* **Audrehem**, Arnoul d'; **Beaujeu**, Edouard, sire de; **Bertrand**, Robert; **Clermont**, Jean de, **Nesle**, Gui de.

Freneuse, Isle of France, Edward III marches through, 81, 250, 252, 254, 256.

Fresnes, Isle of France, Edward III. marches through, 81, 250, 252, 254, 256

Furnival, Thomas de, baron, serves in Aquitaine, 108, 278, taken prisoner, 108

INDEX.

Gaillon, in Normandy, Edward iii. marches through, 80, 250, 254, 256.
Galiax, in Gascony, taken and burnt by the Black Prince, 130, 294
Garonne river, in Languedoc, crossed by the Black Prince, 131, 294; 136, 295.
Garter, order of the, foundation, 109, 278, 279.
Gascony. *See* Aquitaine.
Gask moor. *See* Dupplin moor
Gaversike, near Warwick, Gaveston executed there, 5, 170, 183
Gaveston, Piers, banished, 3, 179; returns to England, 4, 170, 180; made earl of Cornwall, and marries Margaret de Clare, 4, 180; his character, *ibid*, his ostentation, 4, 181; sent to Ireland, *ibid*; returns, *ibid*; placed in Bamborough castle, *ibid*; his nicknames for the barons, 183, 184; his capture and death, 5, 170, 182, 183, buried at Langley, 5, 170, 184
Ghent, the citizens appeal to Edward iii, 102.
Gimont, in Gascony, held by the French but evacuated, 137, 296.
Gloucester, Edward ii passes through, 12; queen Isabella's army advances thither, 23; Edward ii. buried there, 172; the Black Death there, 99, 270
Gloucester, earls of *See* Audley, Hugh de, Clare, Gilbert de, Despenser, Hugh (the younger).
Goldsborough, sir Richard, slain in the seafight off Winchelsea, 111.
Gomez de Barroso, Pedro, cardinal, envoy to England, 60, 235; departs for France, 61; proceeds to Arras, 62.
Gournay, or Gurney, sir Thomas de, receives custody of Edward ii, 29, 208); his brutal treatment of the king, 30, 208-210; murders him, 33, 210, 211; his punishment and fate, 34, 211, 212.
Graham, John, earl of Menteith, taken prisoner at Neville's Cross, 88, 265; executed, 97, 269.
Grailly, Jean de, captal de Buch, serves in Aquitaine, 129, 297; takes prisoners at Plaisance, 130; attacks the French in rear at Poitiers, 150, 151, 304, 305, 309
Grandison, John, appointed bishop of Exeter, 36, his quarrel with archbishop Mepham, 50; officiates at the foundation of the Garter, 109, 278.

Grandpré, Jean, comte de, slain at Crécy, 85, 254, 262.
Gravesend, Stephen de, bishop of London, envoy from the barons to the king, 12, implicated in Kent's plot, 44
Greystock, William de, baron, serves in Aquitaine, 108, 278; as governor of Berwick, he neglects his charge, 126
Grismouton *See* Chambly, Philippe de
Grisy, Isle of France, Edward iii marches through, 81, 251, 252, 254, 256
Guelders, Rainald, count and duke of, in alliance with Edward iii, 60, 234, receives him at Antwerp, 61, joins in the siege of Tournay, 70
Guildford, co Surrey, Edward iii keeps Christmas 1340 there, 73.
Guilhon, Renaud de, seneschal of Poitou, taken prisoner at Poitiers, 154, 313.
Guines, in Picardy, Philip of Valois advances thither to relieve Calais, 90, 266, inhabitants of Calais removed thither, 92; capture of the castle by surprise, 116-118, 284-286.
Guines (?), comte de, envoy at Calais to extend the truce with England, 98, attempts to recover the castle of Guines, 117, 118, 285, 286
Gule, Otto de, taken prisoner at Calais, 107.

Hainault queen Isabella retires thither, 20; riot at York between Hainaulters and English troops, 35, 213, 214; the Hainaulters dismissed with rewards, 35, 214.
— William ii, count of, in alliance with Edward iii, 60, 234, receives him at Antwerp, 61; joins in the siege of Tournay, 70; defeats the French at Saint-Amand, 71, 245; opposed to the continuance of the war, 71.
Hainault, John of *See* John of Hainault.
Hakluyt, sir Edmund, taken prisoner at sea, 89, 266.
Haliburton, sir John, slain at Neville's Cross, 88, 265.
Haliburton, sir Walter, taken prisoner at Neville's Cross, 88, 265.
Halidon Hill, defeat of the Scots at, 51, 173, 232.
Hampton, sir Thomas, serves in Aquitaine, 129, 297
Harcla, Andrew, afterwards earl of Carlisle, aids in defeating the Lancastrians, 13, 14, 171.

Harcourt, Godefroi de, takes refuge with Edward III, 79, 249; takes part in the campaign in France, *ibid.*
Harcourt, Jean I. [miscalled Philippe], comte de, slain with his sons at Crécy, 85, 254, 262.
Harcourt, Jean II., comte de, executed, 127, 292.
Harcourt, Jean de, comte d'Aumale, slain [wounded] at Crécy, 85, 254, 262.
Harwich, co. Essex, fired by the French, 63, 236.
Hastings, co Sussex, attacked by the French, 63, 237.
Hastings, Laurence de, baron, afterwards earl of Pembroke, marries Mortimer's daughter, 42, 217; serves in Aquitaine, 77, 249
Hatfield, Thomas de, bishop of Durham, takes part in the Crécy campaign, 79, 250; officiates at the burial of the king of Bohemia, 85.
Hautfrine, Jean, bishop of Avranches, envoy to England, 56, 233
Haye, sir David de la, constable of Scotland, slain at Neville's Cross, 89, 265.
Henry VII of Luxemburg, emperor, present at Edward II.'s coronation, 4.
Hereford, queen Isabella advances thither, 25; the younger Despenser executed there, 25, 172, 200, 201; marriage of Mortimer's daughters there, 42, 217
Hereford, bishops of *See* Cantelupe, Thomas de; Charlton, Thomas de; Orleton, Adam.
Hereford, earl of. *See* Bohun, Humphrey de.
Herle, sir Robert, envoy to France, 98, as captain of Calais, makes a raid thence, 114, 283; surprised by the Scots, 126, 291, 292.
Heron, sir Patrick, slain (?) at Neville's Cross, 89, 265.
Hers river, in Languedoc, crossed by the Black Prince, 135, 295.
Hildesley, sir Robert, taken prisoner by the Scots, 126, 292
Holland, corn imported thence, 122, 289
Holland, William, count of, marries the duke of Lancaster's daughter, 120, 286.
Homps, in Languedoc, traversed by the Black Prince, 134, 295.
Hospitallers, endowed with the property of the Templars, 6; the grand prior of France slain at Crécy, 85, 254, 262

Hotham, John, bishop of Ely, joins queen Isabella, 21, 196.
Hougue, La, in Normandy, Edward III. lands there, 79, 250, 252, 253, 255
Household, royal, regulations concerning purveyance, 96.
Hume, sir John, taken prisoner at Neville's Cross, 88, 265.
Huntingdon, earl of. *See* Clinton, William de

Inchmartin, sir Gilbert, slain at Neville's Cross, 89, 265.
Innocent VI, pope *See* Rome.
Ipswich, co Suffolk, Edward III keeps Whitsuntide 1340 there, 68, 242
Ireland: Gaveston made viceroy, 4, 181; expedition of Edward Bruce, 9, 189; ravages of the Black Death, 100, 271; corn imported thence, 122, 289.
Isabella of France, married to Edward II. and crowned, 3, 170, 179. *See* England
Isabella, daughter of Edward III, her birth, 173
Islip, Simon, archbishop of Canterbury, officiates at the foundation of the Garter, 109, 278.

'James of Dieppe,' a French ship, taken at Sluys, 69, 242
Joan of the Tower, daughter of Edward II, married to David Bruce, 40, 215.
Joan of Woodstock, daughter of Edward III, betrothed to Pedro of Castille, but dies of the plague, 97, 269
John II., of France. *See* France.
John XXII, pope *See* Rome
John of Eltham, made warden of the city and Tower of London, 24, 199; created earl of Cornwall, 42; guardian of the kingdom, 43, 48; death and burial, 58, 234
John of Gaunt, created earl of Richmond, 114
John of Hainault, sire de Beaumont, a leader in queen Isabella's expedition, 21, 172; payments made to him, 214; said to have been created earl of Cambridge, 74, 247.
Joigny, comte de *See* Noyers, Jean de
Joinville, Henri de, comte de Vaudemont, taken prisoner at Poitiers, 154, 313.
Judges, ordinance against gifts to them, 108, 278.

INDEX.

Juliers, William, marquis of, in alliance with Edward iii, 60, 234; receives him at Antwerp, 61; joins in the siege of Tournay, 70

Keith, sir Edward, slain at Neville's Cross, 89, 265.
Kenilworth, co. Warwick, Edward ii. imprisoned there, 26, 30, 172.
Kent, earl of. *See* Edmund of Woodstock
Ker, Henry de, taken prisoner at Neville's Cross, 88, 265.
Kildesby, William de, accompanies Edward iii from Flanders, 72; in the expedition to Brittany, 76, 248, in the Crécy campaign, 79, 250.
Kinghorn, co. Fife, Edward Balliol lands there, 49, 230.
Kingston, co. Surrey, the confederate barons advance thither, 12
Kingston, sir Thomas, taken prisoner at Calais, 105, 274, 276.
Kirkeby, John, bishop of Carlisle, at the battle of Neville's Cross, 87, 263, 264
Kirkpatrick, sir Humphrey, slain at Neville's Cross, 89, 265
Kirkpatrick, sir Roger, taken prisoner at Neville's Cross, 88, 265
Knollys, sir Robert, aids in the defeat of the French in Brittany, 120, 286

Lancaster, earls of. *See* Plantagenet, Henry; Plantagenet, Thomas
Landas, seigneur de *See* Mortagne, Jean de
Langley, co. Herts, Gaveston buried there, 5, 170, 184; tournament there, 73, 246
Langon, in Guienne, halting-place of the Black Prince, 128, 293
Lannoy, Guillaume de, slain in Brittany, 120, 286.
Laon, district of, Isle of France, laid waste by Edward iii, 68, 238
Laon [miscalled Lyon], Hugues, bishop of, envoy to extend the truce with England, 98, 269.
Lasserre, in Languedoc, burnt by the Black Prince, 135, 295
Latimer, sir Thomas, slain in the battle of Sluys, 69, 243, 245.
Latimer, William de, baron, taken prisoner at Bannockburn, 8, 171, 189.

La Tour, Bertrand, sire de, taken prisoner at Poitiers, 155, 313
Laval, Gui (?) de, taken prisoner in Brittany, 120, 286
Lavington, Thomas de, Carmelite, witness of the death of sir James Douglas, 41.
Leaupartie, in Normandy, Edward iii. marches through, 252, 256
Le Brun, Bernard, bishop of Noyon, said to be slain at Crécy, 85, 254, 262.
Leeds castle, co Kent, queen Isabella refused admission, 11, 190, besieged and taken by the king, 11, 12, 190
Leicester, Mortimer passes through as a prisoner, 46
Leicester, earl of. *See* Plantagenet, Henry
Léry, in Normandy, Edward iii marches through, 80, 250, 253, 256
Le Serde [Lagardère?], in Gascony, taken by the Black Prince, formerly destroyed by the duke of Lancaster, 138, 296.
Lezignan, in Languedoc, taken by the Black Prince, 133, 295
Lichfield and Coventry, bishop of. *See* Northburgh, Roger de.
Liddel castle, co Cumberland, taken by the Scots, 86, 263, 264
Lille, in Flanders, the earls of Salisbury and Suffolk taken prisoners there, 67, 241, 242.
Limoux, in Languedoc, burnt by the Black Prince, 135, 295.
Lincoln, Edward i keeps Christmas 1304 there, 2; tournament there, 97
Lincoln, bishops of, succession, 163, 164 *See* Burghersh, Henry de
Lindesay, sir John, slain at Neville's Cross, 89, 265
Lionel of Antwerp, son of Edward iii, his birth, 63; created earl of Ulster, 114.
Lisieux, in Normandy, Edward iii marches through, 80, 250, 252, 253, 256
L'Isle, Jean de, slain at Poitiers, 155, 314.
Lisle, sir John de, assists at the foundation of the Garter, 109, 278.
Lisle of Rougemont, Robert de, baron, serves in Aquitaine, 129, 297, slain, 130, 293
Livingstone, sir William, taken prisoner at Neville's Cross, 88, 265
Lochmaben castle, co Dumfries, strengthened by the earl of Northampton, 123
Lombez, in Gascony, passed on his march by the Black Prince, 131, 294

London, provincial councils at, 12, 43, 220; parliaments at, 16; 26, 203, 34, 53; 58, 173; 73, 247; murder of bishop Stapleton, 23, 198; revolution, 23, 24; John of Eltham made warden of the city and Tower, 24, 199; Mortimer executed at Tyburn, 47; tournament, and accident to the queen, 48, 230; resistance of the citizens to a commission, 73; the Black Death, 99, 270, land bought for a burial place and foundation of the Charterhouse, 99, 270, 271

London, bishops of *See* **Gravesend**, Stephen de; **Stratford**, Ralph de.

Longueville, near Vernon, in Normandy, Edward iii. marches through, 80, 250, 252, 254, 256.

Longueville, comte de *See* **Artois**, Charles d'

Lorein, James, taken prisoner at Neville's Cross, 88, 265.

Lorraine, Raoul, duke of, slain at Crécy, 85, 254, 262

Loryng, sir Nigel, sent home with the account of the Poitiers campaign, 155, 314

Louches, Adam de, takes prisoners at Plaisance, and is knighted, 130, 297.

Loughborough, co. Leicester, Mortimer passes through as a prisoner, 46.

Louis of Bavaria, emperor, quarrels with the pope, 45; his conference with Edward iii, 62, 235, whom he makes vicar of the Empire, 63, but revokes the appointment, 74.

Lundy island, in the Bristol Channel, attempt of Edward ii. to escape thither, 22, 196; description of the island, *ibid*.

Macduff, Duncan, earl of Fife, defeated at Kinghorn, 49, 230; taken prisoner at Neville's Cross, 88, 265.

Maignelais, Jean de, taken prisoner at Poitiers, 155, 314.

Maignelais, Tristan de, taken prisoner in Brittany, 120, 286

Maintenay, in Picardy, Edward iii marches through, 86, 253, 255, 257

Maitland, sir Robert, he and his brother slain at Neville's Cross, 89, 265.

Majorca, James ii, king of, at the battle of Crécy, 81, 82, 251, 259

Malestroit, sire de, taken prisoner in Brittany, 120, 286.

Malines, in Flanders, Edward iii. quartered there, 62.

Maltravers, sir John, receives custody of Edward ii., 29, 208; his brutal treatment of the king, 30, 208–210; murders him, 33, 210, 211; his banishment and proceedings against him, 34, 211.

Man, Isle of, conquered by the earl of Salisbury, 75, 247.

Manrique de Lara, Aimeri, vicomte de Narbonne, taken prisoner at Poitiers, 154, 313.

Mantes, Isle of France, Edward iii. marches through, 81, 250, 256.

March, earl of. *See* **Mortimer**, Roger.

Marche, comte de la. *See* **Bourbon**, Jacques de.

Marche, Guillaume de la, slain in Brittany, 120, 286

Marche, Thomas de la, bastard of France, defeats G Visconti in a duel, 112, 113, 281, 282; said to have been put to death, 113, 114, 282, 283.

Marck, near Calais, fortified by the English, 92, 268

Margaret of Burgundy, wife of Louis x of France, put to death, 37

Marigny, Enguerrand de, put to death, 37

Marquefave, in Languedoc, taken by the Black Prince, 136, 295.

Marseillette lake, in Languedoc, passed on his march by the Black Prince, 133, 134, 295.

Martyngham, baron de, taken prisoner at Calais, 107

Mary, the Virgin, festival of the Conception to be observed, 43

Mas-Saintes-Puelles, in Languedoc, taken by the Black Prince and burnt, 132, 294.

Mauley, Edmund de, slain at Bannockburn, 8, 171, 188.

Mauny, or **Manny**, sir Walter, envoy to Flanders, 60; attacks Cadzand, 60, 235; serves in Aquitaine, 77, 249, envoy to extend the truce with France, 98, 100, 269; founds the Charterhouse, London, 99, 271; assists at the foundation of the Garter, 109; makes a raid from Calais, 114, 283

Mauperthuis, in Normandy, Edward iii marches through, 253, 256

Mauvesin, in Gascony, skirmish near, 136, 295, taken by the Black Prince, 137, 295.

INDEX.

Mauvinet, Maurice, seneschal of Touraine, taken prisoner at Poitiers, 154, 313.
Mazères, in Languedoc, traversed by the Black Prince, 135, 295.
Meilhan, in Guienne, halting-place of the Black Prince, 138, 296
Meldrum, sir Philip, slain at Neville's Cross, 89, 265.
Melun, Guillaume de, archbishop of Sens, said to be slain at Crécy, 85, 254, 262; present at the battle of Poitiers, 144, 312, taken prisoner, 154, 313
Melun, Jean de, sire de Tancarville, chamberlain of France, taken prisoner at Caen, 80, 250, 253, 257; said to have assisted in the truce after the fall of Calais, 92, 268, envoy to extend the truce, 98, at a tournament at Windsor, 101.
Melun, Jean de, comte de Tancarville, taken prisoner at Poitiers, 154, 313.
Menteith, earl of. *See* Graham, John.
Mepham, Simon, elected archbishop of Canterbury, 42; procures the submission of the earl of Lancaster, *ibid*; holds a provincial council, 43, 220; quarrels with the bishop of Exeter, 50; his death, 52
Mezin, in Gascony, traversed by the Black Prince, 138, 296
Micheldever, Thomas, executed, 25.
'Middleton, Gilbert de, executed for robbing papal envoys, 9, 189
Military service: inquest and commission of array, 75, 76, 247
Mirambeau, in Saintonge, proposed as headquarters for French negotiating peace with England, 155, 314.
Mirande, in Gascony, passed on his march by the Black Prince, 130, 294.
Miremont, in Languedoc, taken and burnt by the Black Prince, 136, 295.
Mohun, sir John de, assists at the foundation of the Garter, 109, 278
Moigne, sir Adam, taken prisoner at Neville's Cross, 88, 265.
Molasin [Montlezun?], comte de, taken prisoner at Plaisance, 130, 297
Molines, sir John de, imprisoned, 72.
Monclar, in Gascony, taken by the Black Prince, 129, 293
Montagu, or Montacute, William de, joins in the plot against Mortimer, 46, 226-228; accompanies Edward iii to France, 48; besieges Dunbar, 52; deputy to excuse the delay of Balliol's homage, 53; created earl of Salisbury, 58, 173, 234, taken prisoner at Lille, 67, 241, 242, conquers the Isle of Man, 75, 247
Montagu, or Montacute, William de, 2nd earl of Salisbury, knighted, 79, 257, assists at the foundation of the Garter, 109, 278; in the sea-fight off Winchelsea, 109, 280, serves in Aquitaine, 127, 129, 297; commands the rear-guard at Poitiers, 143, 147, 300, 302, 306, his prowess, 148, 303
Montauban, sire de, slain in Brittany, 120, 286.
Montaut, in Languedoc, traversed by the Black Prince, 136, 295.
Montbéliard, comte de. *See* Montfaucon, Henri de
Montbouchier, Aufray de, slain in Brittany, 120, 286.
Montesquiou, in Gascony, passed on his march by the Black Prince, 130, 294
Montfaucon, Henri de, comte de Montbéliard, said to be slain at Crécy, 85, 254, 262.
Montfavez, Bertrand de, cardinal, envoy to England, 60, 235; departs for France, 61, proceeds to Arras, 62; retort of Geoffrey le Scrope to him, 65, 238
Montferrand, sire de. *See* Biron, Aimeri de.
Montfort, John iv. de, duke of Brittany, expedition sent to his aid, 76, 247
Montgiscard, in Languedoc, occupied by the Black Prince, 131, 294
Montgomery, John de, baron, captain of Calais, 96, 268; dies of the Black Death, 99, 271.
Monthermer, sir Thomas de, slain at Sluys, 69, 243, 245
Montjouan, sire de, slain at Poitiers, 155, 314.
Montmorency, Charles (?) de, takes part in the attempt on Calais, 107.
Montpouillon, monastery of, in Guienne, passed on the march by the Black Prince's household, 138, 296.
Moray, bishop of. *See* Pilmore, John.
Moray, earl of. *See* Randolph, John
Moray, Maurice, earl of Strathern, slain at Neville's Cross, 88, 265.
More, sir Alexander, slain at Neville's Cross, 89, 265

INDEX.

More, sir William, taken prisoner at Neville's Cross, 88, 265.
More, sir Thomas de la, present in company with the bishop of Winchester at the abdication of Edward ii., 27; Baker's shorter chronicle written at his request, 173.
Moreuil, Thibaut de, slain at Crécy, 85, 262.
Morlaix, in Brittany, defeat of Charles of Blois at, 76, 248
Morsalines, in Normandy, Edward iii. quartered there, 80, 250, 252, 255.
Mortagne, Jean de, seigneur de Landas, takes part in the attempt on Calais, 107, 277; slain at Poitiers, 155, 314.
Mortimer, Roger (of Chirke), baron, submits to the king and is sent to the Tower, 12, 172.
Mortimer, Roger (of Wigmore), baron, submits to the king and is sent to the Tower, 12, 172; escapes to France, 15-16, 193; his intrigue with queen Isabella, 20; joins her expedition, 21, 172; his sons knighted, 35; favourable terms allowed to the Scots by his means, 41; marriage of his daughters, 42, 217; created earl of March, 42; his overbearing pride, 45, 225, 229, seized and executed, 46, 47, 226-229; charges against him, 47, 229.
Mortimer, Roger, afterwards earl of March, knighted, 79, 257; takes part in the defence of Calais, 104, 273; assists at the foundation of the Garter, 109, 278.
Mortival, Roger, bishop of Salisbury, his death, 45.
Mowbray, John de, baron, at the battle of Neville's Cross, 87, 263, 264.
Mowbray, sir William, taken prisoner at Neville's Cross, 88, 265
Muce, Jean de la, taken prisoner in Brittany, 120, 286.

Naples, archbishop of. *See* **Ceccano**, Annibale.
Narbonne, in Languedoc, taken and burnt by the Black Prince, 133, 134, 295.
Narbonne, vicomte de. *See* **Manrique de Lara**.
Nassau, John, count of, taken prisoner at Poitiers, 154, 313.
Navarre, Charles, king of, appeals to England for help, but makes peace with France, 125, 290, 291; seized and imprisoned, 127, 292.
Navarre, Joan, queen of, her kingdom restored to her, 39.
Navarre, Philip of. *See* **Philip of Navarre**
Neath abbey, co. Glamorgan, Edward ii takes refuge there, 23, 197.
Neckam, Alexander, description of cranes, 22, 197.
Nesle, Gui de, sire d'Offemont, marshal of France, slain in Brittany, 120, 286
Nesle, Guillaume de, slain at Poitiers, 155, 314.
Neubourg, Le, in Normandy, Edward iii. marches through, 80, 250, 252, 253, 256
Neufchâtel, in Picardy, Edward iii marches through, 86, 253, 255, 257
Nevill, sir John de, of Horneby, joins in the plot against Mortimer, 46, 226, 227.
Nevill, John, afterwards baron, serves in Aquitaine, 108, 278.
Nevill of Raby, Ralph de, baron, at the battle of Neville's Cross, 87, 263, 264
Neville's Cross, co. Durham, defeat of the Scots at, 87, 88, 263-265.
Newcastle-upon-Tyne, Edward Balliol and the duke of Brittany do homage there, 53.
Nicholson, sir Adam, slain at Neville's Cross, 89, 265.
Noé, in Languedoc, taken by the Black Prince, 136, 295.
Nogaret, Guillaume de, chancellor of France, takes part in seizing Boniface viii, 1, 177.
Nogaro, in Gascony, passed on his march by the Black Prince, 130, 294
No-man's-land, in London, burial place in the Black Death, 99, 270.
Norfolk, earl of *See* **Thomas of Brotherton**.
Normandy *See* **France**
Normandy, John, duke of, afterwards John ii. of France *See* **France**.
Northampton, parliaments at, 40, 62, 235; parliament [council?], 57, 234; tournament there, 75, 247.
Northampton, earl of. *See* **Bohun**, William de
Northburgh, Roger de, bishop of Coventry, removed from the treasurership, 72, 246
Norwich, bishop of. *See* **Bateman**, William; **Percy**, Thomas
Nottingham, parliament at, 45, 225; council at, 23; truce made there with Scotland, 56.

INDEX. 333

Nouveau, Arnaud de, cardinal, envoy to England, 6, 185.
Noyelle-sur-Mer, in Picardy, skirmish at, 81, 257.
Noyers, Jean de, comte de Joigny, taken prisoner at La Chaboterie, 142, 154, 300, 313.
Noyon, bishop of. *See* Le Brun, Bernard.

Odingselles, sir John de, his death, 121, 287.
Offemont, sire d'. *See* Nesle, Gui de.
Offord, John de, chancellor, appointed archbishop of Canterbury but dies, 98.
Olifant, William, defends Stirling castle, 2.
Orbieu river, in Languedoc, crossed by the Black Prince, 133, 295.
Oriflamme, the, unfurled at Crécy, 82, 251, 260.
Orleton, Adam, bishop of Hereford, tried by jury for treason and his temporalities seized, 16, 194; his hatred of the king and the Despensers, 16; his plots with the queen, 19, 20; joins the queen's expedition, 21; his sermon at Oxford, 23, 197; his ill-treatment of Baldock, 26, 202; one of the deputation to seek the abdication of Edward ii., 27, 28, 204, 205; his ambiguous letter to the king's keepers, 32, 209, 210; favourable terms allowed to the Scots by his means, 41; translated to Worcester, 42; translated to Winchester, 54; verses on him, 54, 233; his promotion attributed to French influence, 54; his temporalities seized, 55.
Ormond, earl of. *See* Boteler, James le.
Orwell haven, co. Suffolk, queen Isabella lands there, 21.
Osney abbey, co. Oxon., benefactions by John de Pagham, bishop of Worcester, 163; Ela, countess of Warwick, buried there, 169; Baker's shorter chronicle written there, 173.
Otho of Brunswick, defeated in a duel at Paris by the duke of Lancaster, 121, 122, 287-289.
Oxford, foundation of a Carmelite monastery on the site of the King's Hall, 9, 189; queen Isabella's army advances thither, 23, 197; the Black Death there, 99, 270; foundation of Merton college, 164.
Oxford, earl of. *See* Vere, John de.
Oye, near Calais, fortified by the English, 92, 268.

Pagham, John de, bishop of Worcester, benefactor of Osney abbey, 163.
Parliaments: in 1321 at Westminster, 11, 190; in 1322 at York, 14; in 1324 at London, 16; in 1327 at London, 26, 34, 203; in 1328 at Northampton, 40; at York, 40; at Salisbury, 42, 217; in 1330 at Winchester, 44, 225; at Nottingham, 45, 225; at Westminster, 47, 230; in 1334 at London, 53, 232; in 1335 at York, 56, 233; [? council] in 1336 at Northampton, 57, 234; in 1337 at London, 58, 173; at Westminster, 59, 234; in 1338 at Northampton, 62, 235; in 1340 at Westminster, 67, 241; in 1341 at London, 73, 247; at Westminster, 75; in 1353 at Westminster, 122, 289.
Parning, sir Robert, appointed treasurer, 73, 246.
Paveley, sir Walter de, assists at the foundation of the Garter, 109, 278.
Pavia, Americo di, concerned in the plot to betray Calais, 103-107, 273-277; his death, 107, 108, 277.
Pechluna, in Languedoc, taken by the Black Prince, 135, 295.
Pembroke, earls of. *See* Hastings, Laurence de; Valence, Aymer de.
Pépieux, in Languedoc, destroyed by the Black Prince, 134, 295.
Percy, Henry de, baron, at the battle of Neville's Cross, 87, 263, 264; serves in Aquitaine, 108, 278.
Percy, Thomas, appointed bishop of Norwich, 125.
Périgord, Talleyrand de, cardinal, attempts to mediate before the battle of Poitiers, 144, 301, 311; excuses himself, 155.
Perth, taken by Edward Balliol, 49, 230; Edward iii. visits it, 57.
Philip iv., vi. *See* France.
Philip (le Hardi), son of king John of France, taken prisoner at Poitiers, 154, 313.
Philip of Navarre, accompanies the duke of Lancaster in Normandy, 127, 292; does homage to Edward iii., 139.
Philippa of Hainault, betrothed to Edward iii., 20. *See* England.
Pilmore, John, bishop of Moray, envoy to England, 96, 269.
Plague, 9. *See* Black Death.
Plaisance, in Gascony, taken and burnt by the Black Prince, 130, 294.

Planke [**Plancy?**], sire de, takes part in the attempt on Calais, 107, 277.

Plantagenet, Henry, earl of Lancaster and Leicester, joins queen Isabella's army, 21, 196; takes the king and his followers prisoners, 25; the king given into his custody, 25, 200; present at his abdication, 27, 204, 205; the king removed from his custody, 29; refuses to attend parliament, but submits, 42, 43, 217-220; stricken with blindness, 43; exults in the fall of Mortimer, 46, 226.

Plantagenet, Henry, earl of Derby and Lancaster and duke of Lancaster. created earl of Derby, 58, 173, 234; his campaign in Aquitaine, 77, 78, 249; takes part in negotiations before Calais, 90; attacks the rear of the French, 91, 267; holds a tournament at Lincoln, 97; envoy to extend the truce with France, 98, 269; receives at Dunquerque the homage of the count of Flanders, 98; accompanies the king abroad, 102; his expedition to Aquitaine, 108, 277; makes a truce, 108; in the sea-fight off Winchelsea, 109, 280, made duke of Lancaster, 114; attacks Boulogne and other places, 114, 115, 283; travels in Prussia and Poland, 119, 120; marriage of his daughter, 120, 286; defeats Otho of Brunswick in a duel, 121, 122, 287-289; envoy to negotiate peace with France, 124, 290; an expedition prepared under him to aid Charles of Navarre, 125, 290, 291; with the king in incursions into France, 126, 291; made captain of Brittany, 127; his expedition to Normandy, 127, 292; 139, 298; he marches into Brittany, 139.

Plantagenet, Thomas, earl of Lancaster, takes part in Gaveston's execution, 5, 170, 183; reconciled to the king, 10, 189, joins the confederacy against the Despensers, 11, 190; marches north, 12; defeated, 13, 14, 190; taken prisoner and executed, 14, 171, 190-193.

Plaunche, or **Blaunche, Jean de,** taken prisoner at Poitiers, 155, 314.

Plymouth, fired by the French, 64, 237, again threatened, 70; the Black Prince sails thence, 127, 292.

Poissy, Isle of France, Edward iii arrives there, 81, 250, 252, 254, 256; skirmish with troops from Amiens, 81, 250, 254, 256, 258.

Poitiers, battle of, 143-153, 300-311.

Poix, in Picardy, taken by the English, 81, 251, 254, 257, 258

Pole, Richard and William de la, merchants, imprisoned, 72

Pommiers, Guillaume de, serves in Aquitaine, 129, 297.

Pons, Renaud de, slain at Poitiers, 155, 314

Pont-de-l'Arche, in Normandy, passed on his march by Edward iii, 80, 250, 254, 256.

Pont-Hébert, in Normandy, Edward iii. marches through, 252, 253, 255.

Ponthieu, county of, restored to England, 10; occupied by Charles of Valois, 15, transferred by Edward ii. to his son, 19, 195; Edward iii. does homage for it, 43, 220.

Ponthieu, comte de. *See* **Bourbon, Jacques de**

Porchester and **Portsmouth,** co. Hants, the fleet for invasion of France collected there, 79, 249.

Poynings, sir Thomas de, slain at Sluys, 69, 243, 245.

Prees, Henri de, taken prisoner at Calais, 107.

Preixan, in Languedoc, taken by the Black Prince, 135, 295.

Prouille abbey, in Languedoc, taken by the Black Prince, 135, 295

Puchsiaucier [**Pech?**], in Languedoc, taken by the Black Prince, 135, 295.

Pulteney, John de, merchant, imprisoned, 72.

Quintin, sire de, slain in Brittany, 120, 286.

Raguenel, sire de, slain in Brittany, 120, 286.

Ramsay, sir Henry (i.), slain (?) at Neville's Cross, 88, 265.

Ramsay, sir Henry (ii.), slain (?) at Neville's Cross, 89, 265.

Ramsay, sir James, taken prisoner by the earl of Northampton, 123.

Ramsay, sir Ness, slain at Neville's Cross, 89, 265.

Ramsay, sir William, taken prisoner at Neville's Cross, 88, 265

Randolph, John, earl of Moray, taken prisoner, 56, 233; slain at Neville's Cross, 88, 265.

Reading, co. Berks, tournament there, 73.

Reading, Simon de, taken prisoner and executed, 25, 172, 201

Rees ap Howel, sent in pursuit of Edward ii in Wales, 25.

Réjaumont, in Gascony, taken and burnt by the Black Prince, 137, 296.

Renty, Oudart de, taken prisoner at Calais, 107, 277.

Réole, La, in Guienne, held by the earl of Kent, 15; taken by the English, 77, 249; halting-place of the Black Prince, 138, 296.

Reymon, William de, captain of towns surrendered to the Black Prince, 129.

Reynolds, Walter, archbishop of Canterbury, envoy from the barons, 12, 190; officiates at the coronation of Edward iii, 34; his death, 42.

Ribemont, Eustache de, taken prisoner at Calais, 107, 277; slain at Poitiers, 155, 314.

Ribemont, Eustache [Waleran?] de, takes part in the attempt on Calais, 107, 277.

Richmond, earl of. *See* Dreux, Arthur de; Dreux, John de, John of Gaunt.

Ripon, co. York, ravaged by the Scots, 15.

Robbers in England, punished, 92, 268.

Rocheblanche castle, Isle of France, taken by the English, 81, 250, 253, 256.

Rochechouart, Jean, vicomte de, slain at Poitiers, 155, 314.

Rochemont, sire de, slain in Brittany, 120, 286.

Rome, popes of · early succession, 159-162.

— Boniface viii. —taken prisoner, 1, 177; his death, 2, 177; excommunication of his enemies, 2.

— Benedict xi :—his election, 2; excommunicates the enemies of Boniface viii, *ibid* ; his death, *ibid*

— John xxii .—quarrels with Louis of Bavaria, 45; sanctions taxation of church goods in England, 48, 230; his death, 57.

— Benedict xii .—his accession, 57, sends envoys for peace between England and France, 60, 235, protests against Edward iii's appointment as vicar of the Empire, 63, 236.

— Clement vi.:—his envoys attempt to mediate with Edward iii. in Normandy, 80, 258; negotiate the truce after the fall of Calais, 92; jubilee celebrated, 108, Edward iii asks for a cardinal's hat for an Englishman, 111, 112; creation of cardinals excluding English, 112; his death, 123, 289

— Innocent vi :—his accession, 123; mediates between England and France, 123-125, 289, 290.

Romeny, comte [seigneur?] de, taken prisoner, 137, 298.

Romorantin, in Blaisois, taken by the Black Prince, 141, 299.

Roos, Thomas de, baron, serves in Aquitaine, 129, 297.

Roos, William de, afterwards baron, knighted, 79, 257

Rose, Edmund, of Norfolk, in command of Saint-Jean-d'Angély, 115

Rosenberg, count of. *See* Ursini, Peter

Rouen, archbishop of. *See* Forêt, Pierre de la

Rougé, Bonabès de, sire de Derval, taken prisoner at Poitiers, 155, 313

Roxburgh, Edward iii keeps Christmas 1334 there, 56

Rumesnil, in Normandy, Edward iii marches through, 80, 250, 256

Russell, sir Peter (?), slain in repulsing the French from the Isle of Wight, 70, 245.

Rustiques, district of, in Languedoc, wasted by the Black Prince, 133, 294.

Rynel, Pierre, taken prisoner at Calais, 107.

Saarbruck, John, count of, taken prisoner at Poitiers, 154, 313

Sadington, sir Robert, appointed treasurer, 73, 246.

Sailly, Baudouin, taken prisoner at Calais, 107.

Saint-Amand, in Flanders, defeat of the French at, by the count of Hainault, 71, 245

Saint-Amand, sir Almaric de, surprised by the Scots, 126, 292.

Saint Botulph's *See* Boston.

Saint Clair, sir John, taken prisoner at Neville's Cross, 88, 265

Saint-Côme-du-Mont, in Normandy, Edward iii. marches through, 80, 250, 252, 255

Saint-Cyr-de-Vaudreuil, in Normandy, Edward iii. marches through, 252, 256.

'Saint Denis,' a French ship [erroneously called English], captured at the battle of Sluys, 69, 235, 243

Saint-Dizier, Geoffroi de, taken prisoner at Poitiers, 155, 313

INDEX.

Sainte-Foi, in Gascony, traversed by the Black Prince, 131, 294.
'Saint George,' a French ship [erroneously called English], captured at the battle of Sluys, 69, 235, 243.
Saint-Jean-d'Angély, in Saintogne, taken by the English, 77, 249; besieged by the French, 115, 283, 284.
Saint-Josse abbey, in Picardy, Edward III marches through, 86, 253, 255, 257.
Saint-Lo, in Normandy, Edward III. marches through, 80, 250, 252, 253, 255.
Saint-Lys, in Gascony, taken by the Black Prince, 131, 294.
Saint-Martin-Lalande, in Languedoc, traversed by the Black Prince, 132, 294
Saint-Omer, in Picardy, the duke of Lancaster carries a raid as far as, 115.
Saint Paul, John de, clerk in Chancery, imprisoned, 72, 246
Saint Philibert, John de, baron, aids in a defeat of the French in Flanders, 101, 272
Saint-Pierre-du-Jonque, in Normandy, Edward III. marches through, 253, 256.
Saint-Pol, countess of. *See* **Fiennes,** Jeanne de.
Saint-Venant, sire de *See* **Wavrin,** Robert de.
Salisbury, parliament at, 42, 217
Salisbury, bishops of *See* **Mortival,** Robert; **Wyville,** Robert.
Salisbury, earls of. *See* **Montagu,** or **Montacute,** William de.
Salm, Simon, comte de, slain at Crécy, 85, 254, 262.
Samatan, in Gascony, taken and burnt by the Black Prince, 131, 294.
Sancerre, Jean de, slain at Poitiers, 155, 314.
Sancerre, Jean, comte de, taken prisoner at Poitiers, 154, 313
Sancerre [miscalled Nauver and Nameur], Louis, comte de, slain at Crécy, 85, 254, 262.
Sandelflome, James, taken prisoner at Neville's Cross, 88, 265
Sandwich, co Kent, fight by a ship of, at Sluys, 69, 242; Edward III prepares to invade France from thence, 125
Sauveterre, in Gascony, passed on his march by the Black Prince, 131, 294.
Scone, stone of, its restoration to Scotland refused, 40, 41, 216.

Scotland: invaded by Edward I, 1, 3, 177; execution of Wallace, 2, 170, 178; Bruce slays Comyn, 3, 170; conquests by Bruce, 6; battle of Bannockburn, 7-9, 185-188; expedition of Edward Bruce to Ireland, 9, 189, Bruce refuses admission of papal envoys and is excommunicated, 10; takes Berwick, *ibid*, invasion by Edward II. and Scottish incursion into England, *ibid*, repeated English invasion, 14; the Scots defeat Edward II. and waste the north of England, 14, 15, truce, 15, 193, campaign of Edward III, 35, 212, descent of the crown, 38, 39, peace with England, 40, 215; terms favourable to Scotland, 40, 41; surrender by England of the Ragman charter, 40, 215; David Bruce married to Joan of the Tower, *ibid*; his nickname, *ibid.*, restoration of the stone of Scone refused, 40, 41, 216; Robert Bruce's dying charge to Douglas, 41, 42, his death, and accession of David Bruce, 38, Edward Balliol's invasion and battle of Dupplin moor, 49, 173, 230; siege of Berwick and battle of Halidon Hill, 50-52, 173, 231, 232, Balliol holds a parliament which English nobles attend, 53; he does homage to Edward III, 53, 232, rising against the English barons, 53; invasion by Edward III, 56, French envoys mediate between England and Scotland, 56, 233; truce with England, 56, advance of Edward III into Scotland, and negotiations, *ibid*; abortive negotiations, 57, 233, English sent to support Balliol, 57; raid into England, 69, 245; invasion by Edward III, 75, 247; French troops sent to Scotland, and invasion of England urged, 86, 263, 264, cruelty of David Bruce, 86, 87, 264, invasion of England and battle of Neville's Cross, 86-89, 263-265; losses, 88, 89, 265, David taken prisoner, 88, 263; in the Tower, 96, 268; Edward Balliol sends an envoy to England, 96, 269; envoys sent for release of David Bruce, *ibid*, ravages of the Black Death, 100, 271, David Bruce at a tournament at Windsor, 101, incursion by the earl of Northampton, and negotiations, 123, 289; invasion of Edward III, 126, 291, the Scots attack his rear-guard, 126, 291, 292.
Scrope, Le, sir Geoffrey, judge, envoy to France, 61, 235; his retort to cardinal Montfavez, 65, 238; dies at Ghent, 73

INDEX.

Segrave, John de, baron, taken prisoner at Bannockburn, 8, 171, 189.
Seine river, passage at Poissy by Edward iii., 81, 250, 254, 258.
Seissan, in Gascony, taken by the Black Prince and burnt, 130, 294.
Selby, sir Walter, put to death by the Scots, 86, 87, 263, 264.
Sens, archbishop of. *See* **Melun**, Guillaume de
Sept-Vents, in Normandy, Edward iii marches through, 80, 250, 252, 255
Shareshull, William de, judge, removed and imprisoned, 72, 246
Shoreditch, sir John de, envoy to France, 66, 241.
Shrewsbury, Edward ii arrives there in pursuit of the barons, 12.
Shrewsbury, Ralph de, elected bishop of Bath and Wells, 45
Sicily, the son of the king of, slain at Southampton, 63, 236
Silarde [Sainte-Radegonde ?], in Gascony, taken by the Black Prince, 137, 296.
Simorre, in Gascony, taken by the Black Prince, 130, 294.
Sluys, in Flanders, English ships captured there, 62, 235; defeat of the French fleet, 68, 69, 242-244.
Somme river, in Picardy, passage of, and skirmish, 81, 251, 254, 257-259.
Sommereux, in Picardy, Edward iii. marches through, 81, 251, 252, 254, 256
Southampton, sacked by the French, 62, 236; again threatened, 63, 236, 237; a fleet collected there, 125, 290, 291.
Spain *See* **Castille**.
Spain, Charles of *See* **Cerda**, Charles de la.
Stafford, Ralph, baron, joins Edward Balliol's expedition to Scotland, 49, 173, serves in Aquitaine, 77, 249; in command of Aiguillon, *ibid.*; defends it against the French, 78; envoy to extend the truce, 100; serves in Aquitaine, 108; created an earl, 114; defeats the French in Aquitaine, 121, 287.
Stafford, sir Richard, serves in Aquitaine, 130, 297.
Stanhope park, co. York, the Scots elude Edward iii. there, 35
Stapleton, sir Miles, sent into Normandy, 139, 298

Stapleton, Walter, bishop of Exeter, accompanies prince Edward to France, 20; escapes to England, 20, 195; murdered, 23, 198; his murderers excommunicated, 43
Star, French order of the knights slain and taken in Brittany and Aquitaine, 120, 121, 287.
Stewart, sir Alan, slain at Neville's Cross, 89, 265
Stewart, sir John, taken prisoner at Neville's Cross, 88, 265
Stewart (of Dreghorn), sir John, slain at Neville's Cross, 89, 265
Stirling, the castle taken by the Scots, 1, reduced by Edward i, 2, 177.
Stonore, sir John, judge, removed and imprisoned, 72, 246.
Strachan, sir Alexander, slain at Neville's Cross, 88, 265.
Strachan, sir John, slain at Neville's Cross, 89, 265.
Stratford, Henry, clerk in Chancery, imprisoned, 72.
Stratford, John, bishop of Winchester, sent to Edward ii, to procure his abdication, 27, 204, 205; accompanies Edward iii. to France, 48; translated to Canterbury, 53; sent abroad to arrange a crusade, 54; his negotiations in France fail, 55, 56, 233, returns from Scotland to the funeral of John of Eltham, 58; envoy to France, 61, 235; proceeds to Arras, 62, reconciled with the king, 75, 247; his explanation of Edward's homage to Philip, *ibid.*; his death, 97.
Stratford, Ralph, bishop of London, buys a burial ground for the victims of the Black Death, 99, 270; candidate for a cardinalate, 112.
Stratford, Robert, bishop of Chichester, removed from the chancellorship, 72, 246.
Strathbogie, David, earl of Atholl, joins Edward Balliol's expedition to Scotland, 49, 173; reported treason of, 56; makes peace with Edward iii., *ibid.*; slain, 56, 233
Strathern, earl of *See* **Moray**, Maurice.
Stratton, Gilot de, knighted, 129
Subsidies *See* **Aids**
Suffolk, earl of. *See* **Ufford**, Robert de.
Sully, Henri de, taken prisoner by the Scots, 14.
Sully, Louis, sire de, taken prisoner at Poitiers, 155, 314.

Sumptuary laws, against the use of foreign cloth and of furriery, 59.
Sutton. *See* **Plymouth**.

Talbot, sir Gilbert, with the Lancastrian party, 12; imprisoned, 172
Talbot, Richard, baron, joins Edward Balliol's expedition to Scotland, 49, 173; taken prisoner, 53, 232; ransomed, 56, 233; serves in Brittany, 76, 248; seneschal of the king's household, 96
Talbot, sir Richard, envoy to France, 100.
Tancarville, comte de, and sire de *See* **Melun**, Jean de.
Taunton, Robert de, implicated in Kent's plot, 44, 225.
Teignmouth, co Devon, burnt by the French, 70.
Teil-Nollent, Le, in Normandy, Edward iii marches through, 80, 250, 253, 256
Templars · their condemnation, 5; suppressed in England, 170.
Temple-le-Carentoir (?), in Brittany, taken by the English, 76, 249.
Thanet, Isle of, threatened by the French, 63, 237.
Thérouanne, in the Pas de Calais, attacked by the duke of Lancaster, 114
Thierceleu, Pierre de, envoy to England, 56, 233.
Thil-en-Auxois, Jean de, sire de Château-Vilain, slain at Poitiers, 155, 314
Thomas of Brotherton, earl of Norfolk and marshal, joins queen Isabella's army, 21, 196; marriage of his son with Mortimer's daughter, 42, 217; joins Lancaster's party, but submits, 42, 43, 217-220.
Thoresby, John, bishop of Worcester, chancellor, translated to York, 122
Thorp, John de, officer of the exchequer, imprisoned, 72.
Tibetot, or **Tiptoft**, Pain de, baron, slain at Bannockburn, 8, 171, 189
Tinténiac, Jean, sire de, slain in Brittany, 120, 286.
Torigni, in Normandy, Edward iii. marches through, 80, 250, 255.
Torteval, in Normandy, Edward iii. marches through, 252, 253, 256.
Totesham, sir Richard, sent out against pirates, 121, 287.
Toulouse, threatened by the earl of Lancaster, 77, 249, 277; threatened by the Black Prince, 131, 294.
Tournaments, at Hereford, 42; at Dartford, 48, 230; in London, *ibid.*; at Reading, 73, at Langley, 73, 246; at Dunstable and Northampton, 75, 247; at Lincoln, 97, at Windsor, 101
Tournan, in Gascony, taken by the Black Prince, 131, 294.
Tournay, district of, laid waste by Edward iii, 65, 238; city of, besieged, 70, 71, 245
Trailbaston, commission of, 2, 170, 177
Trie, Charles de, comte de Dammartin, taken prisoner at Poitiers, 154, 313.
Troarn, in Normandy, Edward iii. marches through, 80, 250, 252, 253, 256.
Troissereux, in Picardy, Edward iii marches through, 81, 251, 252, 254, 256.
Trussel, sir William, renounces homage to Edward ii, 28, 205, 206.
Turnbull, —, a Scottish champion at Halidon Hill, slain, 51, 232
Turpington, sir Hugh de, slain at the arrest of Mortimer, 46, 226-228
Tyes, Henry de, baron, joins the confederacy against the Despensers, 11; executed, 171, 193

Ufford, Robert de, created earl of Suffolk, 59, 234, taken prisoner at Lille, 67, 241, 242, serves in the Crécy campaign, 79, 249; envoy to renew the truce, 98, 269, accompanies the king abroad, 102; assists at the foundation of the Garter, 109, serves in Aquitaine, 127, 129, 297; at the battle of Poitiers, 143, 300, 306; his prowess, 148, 303.
Ulster, earl of. *See* **Lionel of Antwerp**.
Umfreville, Gilbert de, earl of Angus, takes part in the battle of Neville's Cross, 87, 263, 264
Ursini, Peter, count of Rosenberg, high chamberlain of Bohemia, said to be slain at Crécy, 85, 254, 262.

Valence, Aymer de, earl of Pembroke, has custody of Piers Gaveston, 5, 182; joins the confederacy against the Despensers, 11, 190; envoy from the barons to the king, 12.
Valloire-Abbaye, in Picardy, Edward iii. marches through, 86, 253, 255, 257.

INDEX.

Valognes, in Normandy, Edward iii. marches through, 80, 250, 252, 253, 255.
Vaudemont, comte de. *See* Joinville, Henri de
Vendôme, Jean, comte de, taken prisoner at Poitiers, 154, 313.
Ventadour, Bernard, comte de, taken prisoner at Poitiers, 154, 313.
Verdon, sir Thomas de, envoy to France, 98.
Vere, John de, earl of Oxford, serves in Brittany, 76, 248, in the Crécy campaign, 79, 249; in Aquitaine, 127, 129, 297, in the vanguard at the battle of Poitiers, 143, 300, 306; leads the archers against the French cavalry, 148, 303.
Vermandois, laid waste by Edward iii., 65, 238
Vers, Hugues de, abbat of Corbie, reported slain at Crécy, 85, 262
Vielcastel, Guillaume de, slain in Brittany, 120, 286.
Vienne, in Dauphiné, council at, 5.
Vienne, Jean de, captain of Calais, surrenders, 91, 267, 268.
Ville-Arnoul, sire de, taken prisoner at Poitiers, 155, 314.
Villefranche, in Gascony, taken by the Black Prince, 130, 294
Villefranche, in Languedoc, traversed by the Black Prince, 132, 294
Villenave-d'Ornon, in Guienne, halting-place of the Black Prince, 128, 293
Villepinte, in Languedoc, traversed by the Black Prince, 132, 294.
Visconti, Giovanni, defeated in a duel, 112, 113, 281, 282; given captive to the Black Prince, 113, 282.
Vularde, in Languedoc, burnt by the Black Prince, 135, 295.

Wake, Thomas de, baron, refuses to attend parliament, but submits, 42, 43, 218, his castle of Liddel taken by the Scots, 86, 263, 264.
Wale, sir Thomas, assists at the foundation of the Garter, 109, 278; his death, 121, 287
Wales, ravages of the Black Death in, 100, 271.
Wallace, sir William, executed, 2, 170, 178
Wallingford, co. Berks, Edward iii holds Christmas 1333 there, 53.

Warr, Roger de la, baron, serves in Aquitaine, 129, 297.
Warwick, countess of. *See* Beauchamp, Ela de
Warwick, earls of. *See* Beauchamp, Guy de, Beauchamp, Thomas de
Wath, Michael, clerk in Chancery, imprisoned, 72, 246
Wavrin, Robert de, sire de Saint-Venant, seneschal of Flanders, slain at Crécy, 85, 254, 262
Wells, co Somerset, Edward iii keeps Christmas 1331 there, 49.
Westminster, the abbat of, refuses to surrender the stone of Scone, 41; parliaments at, 47, 230; 59, 234; 67, 241; 75, 122, 289
Weston, Philip de, accompanies Edward iii from Flanders, 72
Wight, Isle of, threatened by the French, 63, 236, attacked, 70, 245
Wigton, earl of. *See* Fleming, Malcolm
Willoughby, Richard de, judge, removed and imprisoned, 72, 246
Willoughby de Eresby, John, baron, serves in Aquitaine, 129, 297
Wimille, in Picardy, Edward iii. marches through, 253, 257
Winchelsea, co Sussex, defeat of a Spanish fleet off, 109-111, 280, 281
Winchester, parliament at, 44, 225
Winchester, bishops of *See* Edingdon, William; Orleton, Adam, Stratford, John
Winchester, earl of *See* Despenser, Hugh (the elder).
Windsor, tournament at, 101.
Wissant, in Picardy, Edward iii marches through, 255, 257
Wodelond, Walter de, carries the standard of the Black Prince in the battle of Poitiers, 150, 304, 312
Woodstock, co. Oxon, the Black Prince born there, 45, 48
Wool, laws concerning, 59, sent to Brabant, 59, 234; grants of, to the king, 62, 235, 78
Wool-staples, establishment of, 122, 289.
Worcester, Edward ii. marches through, in pursuit of the barons, 12.
Worcester, bishops of *See* Cobham, Thomas de; Orleton, Adam; Pagham, John de; **Thoresby**, John

Wrothesley, sir Hugh de, assists at the foundation of the Garter, 109, 278.

Wyvill, Robert, made bishop of Salisbury, 45.

York, parliaments at, 14, 40, 53, 232; 56, 233; riot there between Hainaulters and English troops, 35, 213, 214.

York, archbishops of. *See* **Thoresby**, John; **Zouche**, William de la

Ypres, in Flanders, appeals to Edward III. for aid, 102.

Zouche, William de la, archbishop of York, defeats the Scots at Neville's Cross, 87, 88, 263; his death, 122.

THE END